Obst- und Gartenbauverlag München

Helga Briemle

# Gärten am Haus

Bayerischer Landesverband für Gartenbau und Landespflege e. V.

**Herausgeber:**
Bayerischer Landesverband für Gartenbau und Landespflege e. V.
Herzog-Heinrich-Straße 21

**E-Mail:**
info@gartenratgeber.de

**Internet:**
www.gartenratgeber.de

**Auflage:**
2. überarbeitete und erweiterte Neuauflage, 2009
ISBN 978-3-87596-126-3

**Bearbeitung:**
Texte: Helga Briemle; Fotos Helga Briemle, Bayerischer Landesverband für Gartenbau und Landespflege

**Reproduktion:**
MM Intec GmbH, Miesbach

**Druck:**
Mayr Miesbach GmbH, Miesbach

# Zu diesem Buch

Jeder Garten ist ein kleines Stück gestalteter Welt, ein Bereich, den wir nach den eigenen Vorstellungen und Bedürfnissen anlegen, weiterentwickeln und pflegen. Ursprünglich diente er ausschließlich dem Anbau von Obst, Gemüse, Kräutern und Heilpflanzen. Im Laufe der Zeit kamen dekorative Elemente, insbesondere schmückende Pflanzen hinzu. Die Gestaltung gewann an Bedeutung. In unserer Zeit hat der Garten vielerlei Funktionen zu erfüllen. Sicherlich haben Nutzpflanzen sogar in kleinen Gärten immer noch ihre Liebhaber. Der moderne Garten dient aber vor allem der Entspannung und Erholung. Er soll uns Ausgleich bieten vom Alltagsstress. Im konkreten Fall kann das sehr unterschiedlich aussehen. Manche Menschen genießen ihren Privatgarten am liebsten im Familienkreis und mit Freunden. Andere haben große Freude im Umgang mit Pflanzen. Genießer machen es sich im Liegestuhl bequem und lauschen dem Gesang der Vögel.

Nicht zuletzt können wir im Garten unserer Kreativität weitgehend freien Lauf lassen und den zur Verfügung stehenden Raum nach den eigenen Vorstellungen gestalten. Natürlich sollten wir dabei die gebotene Rücksicht auf die Nachbarn und das weitere Umfeld nehmen. Ganz ohne Erfolgsdruck lässt sich Neues ausprobieren, seien es Pflasterungen, Wasserspiele, Elemente aus Holz, Pflanzungen oder die künstlerische Ausstattung. Mit handwerklichem Geschick kann man manches selber herstellen. Doch wo umfangreiche Erd-, Belags- und Bauarbeiten erforderlich sind, ist es ratsam, eine Fachfirma mit den Arbeiten zu beauftragen. In jedem Fall sollte das Grundkonzept genau durchdacht sein, denn gebaute Elemente zu verändern, bringt einen viel größeren Aufwand mit sich und wenn Gehölze einmal angewachsen sind, lassen sie sich nicht mehr gut verpflanzen.

Wer mit gärtnerischem Können, gutem Geschmack, Fantasie und Experimentierfreude seinen Garten gestaltet, hat doppelt Freude daran: erst beim Entstehen des Werkes und dann immer wieder beim Betrachten des Ergebnisses. Außerdem hat man es hier nicht nur mit starren Materialien wie Stein, Holz, Glas oder Metall zu tun, sondern vor allem mit Pflanzen. Schließlich finden sich auch Tiere ein, die den Gartenraum bevölkern, vorausgesetzt, er bietet ihnen die entsprechende Lebensgrundlage. Im eigenen Garten erleben wir Natur direkt vor der eigenen Haustüre, ganz nebenbei und alltäglich. Wer aufmerksam beobachtet, kann unzählige Entdeckungen machen.

Deshalb sind Gärten auch für Kinder und Jugendliche von unschätzbarer Bedeutung. Hier können sie sich austoben, ihre Sinne schärfen, auf Entdeckungsreise gehen und kleine Abenteuer bestehen.

*Helga Briemle*

# Inhalt

# Gärten als Spiegel der Zeit

*Gärten in vorgeschichtlicher Zeit dienten ausschließlich dem Anbau von Nutzpflanzen. Ein dichter Flechtzaun schützte die Kulturen vor unerwünschten Eindringlingen. Rekonstruktionen findet man beispielsweise im Freilichtmuseum Glentleiten.*

Gärtnern zählt zu den ältesten und beglückendsten Tätigkeiten des Menschen. So gab es zu allen Zeiten verschieden ausgeprägte Gärten vom schlichten Gemüsegarten bis zum ausgefeilten Kunstobjekt voller Pracht und Herrlichkeit. Doch neben gesellschaftlicher Stellung und materiellen Verhältnissen der jeweiligen Gartenbesitzer spiegelt sich in den Gärten auch der herrschende Zeitgeist wider.

## Vorgeschichtliche Gärten

Jäger und Sammler hatten keine Gärten. Sie blieben nie so lange an einem Ort, bis sie die Frucht des Gesäten hätten ernten können. Das war erst der Fall, als die Menschen sesshaft wurden. Man vermutet, dass die ersten Gärten Grasplätze mit Obstkulturen waren. Zum Schutz gegen unerwünschte Eindringlinge wurden diese Kulturen mit einem einfachen Flechtzaun aus Gerten umgeben oder mit einer dornigen Hecke „eingehagt". So wurde ein Stück Land, das man für sich besitzen wollte, eingegrenzt und umschlossen. Man hatte es der Wildnis abgerungen und bewusst der Zweckmäßigkeit entsprechend gestaltet.

Wie Funde aus der Hallstatt-Zeit (800–500 v. Chr.) beweisen, pflanzte man darin einige Getreidearten, Färbe- und Faserpflanzen, aber auch schon Gemüsearten, die uns heute vertraut sind, darunter Erbsen, Bohnen, Linsen, Gelbe Rüben, Rüben, Kohl und Lauch, außerdem als Baumobst den Kulturapfel. Bereits vor 3000 Jahren entstand also die Urform des Nutzgartens.

Lange Zeit hindurch dienten Gärten ausschließlich dazu, den Bedarf an Obst, Gemüse, Kräutern und Heilpflanzen zu decken. Die Ästhetik spielte dabei keine große Rolle. Allerdings hielten nach und nach einige Pflanzen Einzug in die Gärten, die nur wegen ihrer Blütenpracht gepflanzt wurden. In bäuerlichen Gärten hat sich an dieser Grundstruktur bis heute nicht allzu viel geändert.

## Gärten der Römer

Einen entscheidenden Einfluss auf die Entwicklung der Gärten in Mitteleuropa hatten in den ersten Jahrhunderten n. Chr. die Römer. Ihre Gartenkultur war wesentlich weiter entwickelt als die der Germanen. Ihnen diente der Garten nicht nur zum Anbau von Nutz- und Nahrungspflanzen, sondern war für sie ein zusätzlicher Wohnraum im Freien. Deshalb wies er Schmuckelemente auf wie regelmäßige Beeteinteilung mit Buchseinfassung, ja sogar Verschnittformen, außerdem Blumen wie Rose und Lilie, die gleichzeitig zur Arzneiherstellung dienten.

Weil sich die römischen Legionäre auch nördlich der Alpen mit den ihnen vertrauten Nutz- und Zierpflanzen umgeben wollten, legten sie im Umfeld ihrer Kastelle Gärten nach heimischem Muster an. Dort hegten sie mediterrane Würz und Heilkräuter (Weinraute, Anis, Koriander, Dill, Kerbel), Gemüsepflanzen (Gurken, Kürbis, Sellerie, Spargel) und viele Obstarten (Kirsche, Pflaume, Walnuss, Pfirsich, Aprikose, Wein). Auf diesem Wege machten Kelten und Germanen Bekanntschaft mit der römischen Gartenkultur. Allerdings war das nördliche Klima für viele mediterrane Pflanzenarten zu rau, sodass die meisten nach dem Untergang der römischen Macht und in den Wirren der Völkerwanderung wieder in Vergessenheit gerieten. Nur widerstandsfähige Nutzpflanzen, vor allem Obstarten, wurden weiterhin gepflegt.

## Mittelalterliche Gärten

Im frühen Mittelalter brachten Wandermönche das Christentum in das Land der Heiden nördlich der Alpen. Erst später wurden Klöster gegründet und zwar vorwiegend nach der benediktinischen Ordensregel. Die Mönche legten Nutz- und Arzneigärten an. Hier fand man vieles wieder, was schon in römischen Gärten wuchs, zwischenzeitlich jedoch in Vergessenheit geraten war.

Von Klöstern übernahmen die Bauern gärtnerisches und heilkundliches Wissen. Ausformung und Pflanzenbestand klösterlicher Anlagen wurden so zum Vorbild für Bauerngärten.

Aus der Regierungszeit Karls des Großen (768–814 n. Chr.) ist uns in einer kaiserlichen Landgüterverordnung, der „Capitulare de villis vel curtis imperialibus" überliefert, welche Nutzpflanzen zu jener Zeit kultiviert wurden. In dieser Vorschrift sind 73 Gemüse-, Gewürz- und Arzneipflanzen und 16 Obstarten aufgelistet, die in den kaiserlichen Gütern angebaut werden mussten. Die meisten davon sind uns auch heute noch gut bekannt, wie die Haselnuss, Walnuss, Schwertlilie, Zwiebel, Salat, Rettich, Löwenzahn und die Hauswurz.

*Zum mittelalterlichen Garten gehörte neben Anbauflächen für Nutzpflanzen auch der Arzneigarten, der von großem heilkundlichem Wissen zeugt. In manchen Klosteranlagen, wie hier in Blaubeuren, sind solche Heilkräutergärten rekonstruiert.*

Während auf den Landgütern, in den Gärten der Bauern und Klöster nur Nutzpflanzen kultiviert wurden, waren mittelalterliche Burggärten vorwiegend Wohn- und Lebensraum für ihre Besitzer. Sie genossen es, wenigstens im Sommer der Enge und Unbequemlichkeit zwischen den dicken Burgmauern entfliehen zu können und verbrachten frohe Stunden in einem kleinen Lustgärtchen mit Rosenlaube, Blumen, Rasenbank und Brunnen. Sicherlich gab es dort auch Obstbäume, Gemüse und Kräuter.

Im Spätmittelalter verlor das Rittertum an Bedeutung. Die Städte wuchsen und wurden mit Mauern und Wehranlagen befestigt. Solange ausreichend Platz vorhanden war, hatten die Stadtbewohner ihre Gärten beim Haus. Bald jedoch wurde der Raum innerhalb der Stadtmauern knapp und auch zu wertvoll für Gärten. So verlegte man diese vor die Tore der Stadt. Da gab es dann Krautländer, also einfache Gärten, die den Bürgern zur Verfügung gestellt wurden und unseren Kleingärten vergleichbar sind, sowie die Lust- und Blumengärten der wohlhabenden Bürgerschaft.

## Einflüsse der Renaissance

In der Renaissance fand eine Rückbesinnung auf Ästhetik und Lebensauffassung der Griechen und Römer statt. Das wirkte sich auch auf die Gartenkunst aus und fand vor allem in herrschaftlichen Gärten Italiens ihren Niederschlag. Zugleich erwachte das Interesse für Naturwissenschaften und führte zur Gestaltung medizinisch-botanischer Gärten. Das waren zumeist Privatgärten von Ärzten, Apothekern und Botanikern, sofern sie nicht in Zusammenhang mit Universitäten entstanden. Die Erfindung des Buchdrucks ermöglichte die Verbreitung überlieferter Erfahrungen und neuen Wissens.

An der Wende zur Neuzeit entdeckten mutige Seefahrer die Neue Welt. Neben Wirtschaftsgütern brachten sie auch fremde und exotische Pflanzen mit in die Heimat. So gelangten Kapuzinerkresse, Sonnenblume und die Kartoffel zu uns. Gleichzeitig weiteten sich die Handelsbeziehungen aus und der Wohlstand der gehobenen Bürgerschaft wuchs. All das wirkte sich auch auf die Gestaltung der Privatgärten aus. Der Formen- und Blütenreichtum nahm zu. Blumenbögen, Lauben, Hochstammformen von Rosen und Beerenobst entstanden. Gehölze erhielten einen Formschnitt.

*Die Patriziergärten in Nürnberg sind entstanden, als wohlhabende Bürger im ausgehenden Mittelalter repräsentative Lust- und Blumengärten vor den Stadtmauern anlegten. Im Laufe der Zeit veränderten diese Gärten mehrmals ihre Ausstattung und ihr Erscheinungsbild. Ihre Blütezeit erreichten sie zu Beginn des 18. Jahrhunderts, als in diesen sog. „Hesperidengärten" die Kultur der Zitrusfrüchte in Mode kam und man sie nach dem Vorbild barocker Schlossanlagen gestaltete.*

Große, reich ausgestattete Gartenanlagen leisteten sich die Fugger in Augsburg. In Nürnberg legten Patrizier Lustgärten vor den Stadtmauern an. Dort erfreuten sie sich an Blumenbeeten, in denen sich Fremdländisches wie selbstverständlich mit Pflanzen aus der heimischen Flur mischte. So blühten Tagetes, Ringelblumen und Löwenmaul neben Akelei, Fingerhut und Kornblumen. Natürlich wurde mit dem Ertrag des Gartens auch die Küche beliefert. Deshalb hatten zahlreiche Kräuter sowie Kohl, Rote und Gelbe Rüben, Gurken, Salat, Rettich, Spargel, Fenchel, Zwiebeln und Knoblauch durchaus ihren Platz.

Aus dem Nahen Osten kam die Tulpe nach Mitteleuropa. Sie wurde zum begehrten Sammlerobjekt. Man zahlte große Summen für eine einzige Tulpenzwiebel und spekulierte sogar damit. Ein Pflanzensammler war auch der Fürstbischof von Eichstätt. Doch erfreute er sich nicht nur an einer einzigen Pflanzenart, sondern umgab sich in seinen Gärten mit all den Pflanzen, die Auge, Nase, Gaumen und Gemüt erfreuen. Das Besondere daran ist, dass der Fürstbischof diese Pflanzen in wunderschönen Kupferstichen abbilden ließ. So entstand 1613 mit „Hortus Eytstettensis" eines der ersten Gartenbücher, ein bedeutendes und besonders prachtvolles Werk, das als Faksimile wieder zur Verfügung steht.

## Gartenanlagen des Barock und Rokoko

In der Zeit des Absolutismus bestand zwischen verarmten Bauern einerseits und den Machthabern andererseits ein sehr starkes soziales Gefälle. Der Wunsch weltlicher und kirchlicher Herrscher nach Prunkentfaltung und Machtdemonstration fand seinen Niederschlag auch in der Bau- und Gartenkunst. Die Gärten wurden zum Raum für üppige, rauschende Feste. Ihre Formen erwuchsen aus denen der italienischen Renaissancegärten, die ihrerseits auf antike Vorbilder zurückgriffen. Aber stärker als dort wurde im Barockgarten die Natur dem Gestaltungswillen des Menschen unterworfen.

Auf geebnetem Gelände entstanden geometrisch geformte Parterres, hingebreitet wie ein Teppich voller Ornamente, von Bosketten umgeben und durchzogen von schnurgeraden Wegen. Die Sichtachsen des Parks gingen von seinem Zentrum, dem Schloss, aus. Gehölze wurden mittels Formschnitt nicht nur zu Hecken, Lauben und Bögen getrimmt, sondern auch zu Würfeln, Kegeln und anderen Figuren. Mit Fontänen und Wasserspielen hielt die Gartentechnik Einzug. Kunstvolle Bauten und Pavillons ergänzten den Park ebenso wie allerlei Statuen. Es ist ein Gartenbild, bestimmt von Ebenmaß und Klarheit.

Als zur Zeit des Rokoko der Feudalabsolutismus zu zerfallen begann, veränderten sich auch die majestätisch würdevollen Gärten.

*Der Rokokogarten in Veitshöchheim mit zahlreichen Skulpturen lässt auch heute noch etwas von der Lebensfreude des 18. Jahrhunderts ahnen. Obwohl auch im Rokoko noch Symmetrien, klare Linien und Sichtachsen dominieren, löst sich doch die barocke Strenge allmählich auf zugunsten einer gewissen Verspieltheit. Es entstehen intime Räume, reiche Wasserspiele, schattige Waldregionen mit Quellen und sogar ein Grottenhaus.*

Der große beherrschende Überblick war nicht mehr so wichtig. Die Gärten gliederten sich in intime Einzelräume. Steife Formen wurden beschwingt, fließend und zierlich. In dieser Zeit der Chinoiserien hielten mit Teehaus, Pagode und Tempel ostasiatische Versatzstücke Einzug in mitteleuropäische Gärten. All diese Strömungen machten auch die Bürger- und Patriziergärten mit. Am Rande der Stadt gelegen, waren sie oft sehr kunstvoll gestaltet. Hier vollzog sich Gartenkunst, ähnlich wie in den bedeutenden fürstlichen Parks, nur eben auf kleinerem Raum. Manchmal waren es reine Lustgärten, dann wieder gingen Zier- und Nutzgarten eine enge Verbindung ein, oder der Obst- und Gemüsebereich wurde vom Blumengarten abgerückt und räumlich getrennt. Manche Bürger besaßen ein Landgut außerhalb der Stadt als Sommersitz.

## Englische Landschaftsgärten

Die Gegenbewegung setzte in England ein. Hier entstanden im 18. Jahrhundert große Landschaftsgärten. Sie waren der dortigen Kulturlandschaft nachempfunden, oft idealisiert nach bestimmten Gemälden. Gartenkünstler wie William Kent und „Capability" Brown gestalteten romantische, malerische Parklandschaften mit sanft geschwungenen Hügeln, heckenumsäumten Wiesen, Baumgruppen, Wäldchen, verträumten Seen und Bächen.

Es kam sicher nicht von ungefähr, dass diese für Europa völlig neue Gartenform in England entstanden war. Der Demokratisierungsprozess war hier weiter fortgeschritten als in anderen europäischen Ländern, und der Wunsch der Bürger, sich der Reglementierung durch einen Machthaber zu entziehen, fiel mit einer aufkommenden Naturschwärmerei zusammen. Außerdem dürften ostasiatische Gärten Anstöße für die neue Gartenidee gegeben haben.

*Landschaftsgärten entstanden nach dem Vorbild der Natur – mit besonderen Blick- und Aussichtspunkten. Erstmals wurden große Parkanlagen dem einfachen Volk zugänglich gemacht oder wie der Englische Garten in Müchen (hier am künstlich aufgeschütteten Monopteros-Hügel, 1836/37) sogar als Volkspark angelegt.*

Das neue Gartenideal fand bald auch in Deutschland Eingang, zunächst in großen Landschaftsgärten wie beispielsweise denen des Fürsten Pückler-Muskau. Ganz neu entstanden Volksparks nach diesem Vorbild. Einer davon ist der Englische Garten in München. Der bürgerliche Privatgarten wurde von dieser Entwicklung zunächst jedoch nur wenig beeinflusst. Er erfuhr aber in dieser Zeit eine wesentliche pflanzliche Bereicherung, da viele Pflanzen aus fernen Ländern zu uns gelangten. Allerdings konnten nur jene Gartenbesitzer, die Zeit und materielle Möglichkeiten dazu hatten, sich der Pflege ihrer botanischen Raritäten widmen. In den Gärten der einfachen Leute hielten sich nur Pflanzen, die ohne Aufwand gediehen. Und dies waren jene der importierten Arten, die uns heute aus bäuerlichen Gärten bekannt und oft so vertraut sind, dass wir sie für heimisch halten. So kamen beispielsweise Tränendes Herz und Pfingstrosen zwischen 1820 und 1850 aus Ostasien in unsere Gärten. Spezielle Anlagen wie Steingärten, die damals in Mode kamen und „Alpinum" genannt wurden, waren etwas für Liebhabergärten.

## Entwicklungen seit der Gründerzeit

Die Gründerjahre im späten 19. Jahrhundert standen im Zeichen des erstarkten Kapitalismus. Mit der sich entwickelnden Industrieproduktion dehnten sich die Städte aus. In den Vororten entstanden Villenviertel. Gleichzeitig wuchs das Arbeiterproletariat. Die wohlhabenden Bürger, die sich von der Arbeiterschaft abzuheben suchten, errichteten Villen mit weiträumigen Gärten als Zeichen ihres gesellschaftlichen Herrschaftsanspruchs. Allerdings standen nicht nur Repräsentation und gesellschaftliche Stellung im Vordergrund. Der Garten wurde zunehmend als Wohnraum im Freien empfunden und nicht mehr nur als Fläche für Pflanzenkulturen. Bei gutem Wetter spielte sich das Familienleben oft im Garten ab. Man genoss die Natur. Gestaltungsideale des Landschaftsparks wurden in den Hausgarten übertragen, allerdings häufig schablonenhaft. Meist gab es einen regelmäßig gestalteten Gartenbereich am Haus mit Teppichbeeten und Sichtachsen. Daran schlossen sich landschaftliche Formen an: Teiche mit fließenden Konturen, schlängelnde Bäche. Der Zierrasen war von einem Rundweg umgeben, der verschiedene Ruheplätze erschloss. Besonderer Vorliebe erfreuten sich solitär stehende Gehölze mit auffallenden Formen und farbiger Belaubung.

In den Städten wuchs im Zeichen der aufkommenden Industrialisierung die Bevölkerungsdichte und mit ihr die Raumnot. Die Wohnungen waren eng und die Gärten knapp. In dieser Situation entstanden die von dem Leipziger Arzt Schreber angeregten Kleingärten. Zunächst waren dies Freiräume für Kinder, wo sie an der frischen Luft waren und lernten, Obst und Gemüse zu kultivieren. Offensichtlich hatten daran nicht nur Kinder, sondern auch Erwachsene großes Interesse. Auf diese Weise entstanden die sog. Schrebergärten auf unbebauten Pachtgrundstücken am Rande

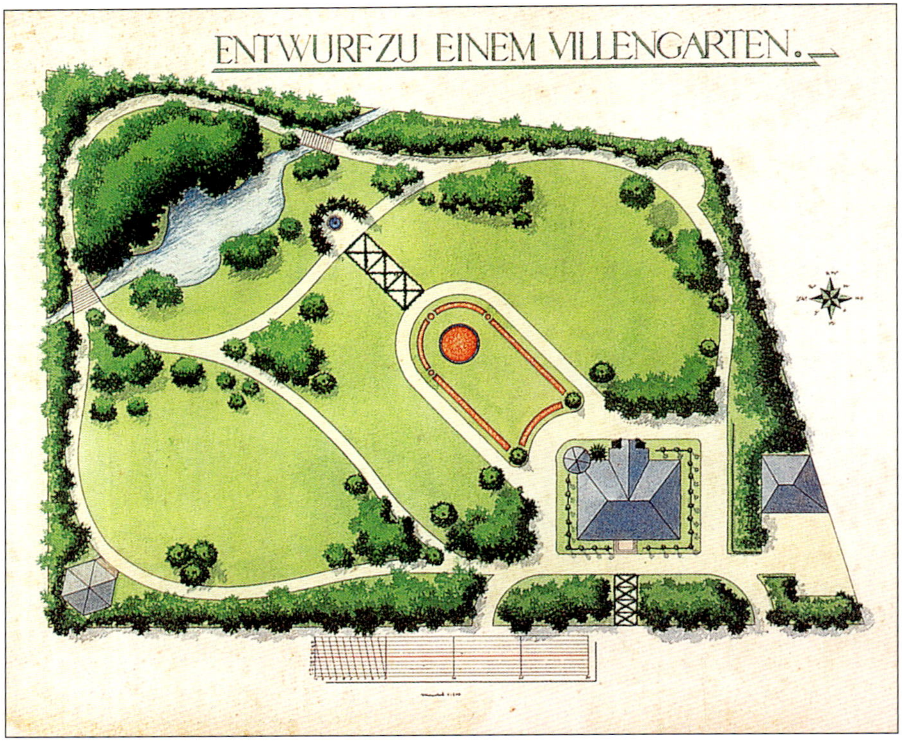


*Dieser Villengarten wurde 1910 von K. Flessa entworfen. Mit der Gestaltung des Teiches und der Wegeführung nimmt er Anleihen beim Englischen Landschaftspark. Eine diagonale Sichtachse verbindet das Teppichbeet am Haus mit einem Laubengang, der zum halbrunden Brunnenplatz führt.*

der Großstädte, denn inzwischen waren die Stadtumwallungen für die Verteidigung bedeutungslos geworden, und man konnte diese Anlagen in Gartenland umwandeln. In ähnlicher Weise legte man Gärten in den Arbeitersiedlungen an. Ihnen folgten zu Beginn des 20. Jahrhunderts die Mietergärten der Wohnblocks.

Die Mittelschicht bewohnte Siedlergärten am eigenen Haus. Man gestaltete sie als Wohn- und Nutzgärten. Dies ist eine Gartenform, die auch heute noch häufig anzutreffen ist.

*Dem großen Staudenzüchter Karl Foerster haben wir viele hervorragende Sorten von Pracht- und Wildstauden zu verdanken, die sich auch heute noch bewähren, und ohne die unsere Gärten um einiges ärmer wären.*

## Gartenideen seit 1900

Nun gab es also neben dem architektonischen auch den landschaftlich geformten Hausgarten. Er sollte vielseitig nutzbar sein. Behaglichkeit und Wohnlichkeit waren gefordert. Man wollte sich im Freien betätigen und hatte Freude an der Beschäftigung mit Pflanzen.

Die formale Gestaltung erhielt in den 20er-Jahren des vergangenen Jahrhunderts mit Aufkommen des Bauhaus-Stils wichtige Impulse. Klarheit und Sachlichkeit waren gefragt. Zentrale Achsen, rechte Winkel und geometrische Pflanzflächen prägten öffentliche Anlagen und private Gärten. Manchen Gartengestaltern war aber diese Formensprache zu streng. Sie strebten einen lebendigen Garten an. Dazu behielten sie zwar ein klares Gerüst für Raum und Fläche bei, füllten dies aber mit frei wachsenden Pflanzungen. So wurden die scharfen Konturen gemildert, und es entstand ein ausgewogenes Ganzes.

In dieser Zeit entdeckte man auch die Vielseitigkeit und Schönheit der Stauden. Karl Foerster trug zu dieser Entwicklung ganz wesentlich bei. Wertvolle Sorten sind seiner Arbeit als Pflanzenzüchter zu verdanken. Eine besondere Vorliebe hatte er für Wildstauden. Er schätzte ihre unverfälschten Pflanzengestalten. Aber nicht nur Auslesen und Zuchtformen waren ihm wichtig. In gleichem Maße lag ihm die Pflanzenverwendung am Herzen. Bei seinen Zusammenstellungen berücksichtigte er Erscheinungsbild und Blütenfarbe, Blattstrukturen und Laubfärbungen. Vor allem Gräser und Farne fanden seine Beachtung. Er verstand es, natürliche Vegetationsbilder nachzuempfinden. Erst auf diesem Wissen aufbauend konnte sich die heutige Pflanzenverwendung nach Lebensbereichen entwickeln.

Es liegt auf der Hand, dass sich zunächst nur die Wohlhabenden ein gartenkünstlerisch gestaltetes Wohnumfeld leisten konnten. Die einfachen Leute hatten gar keinen Garten oder mussten sich mit einem Kleingarten zufrieden geben. Die Mittelschicht bewirtschaftete Siedlergärten am eigenen Haus. Für sie alle stand der Anbau von Nutzpflanzen im Vordergrund. Erst in wirtschaftlich guten Zeiten wurden andere Schwerpunkte gesetzt. Neben den praktischen Erfordernissen hielt man dann ästhetische Ziele für erstrebenswert. Gute Raumbildung, ausgewogene Besonnung und ansprechende Gestaltung wurden zunehmend auch in Gärten einfacher Leute beachtet.

Die Nachkriegszeit der 1950er-Jahre und die Zeit des sog. Wirtschaftswunders standen zunächst im Zeichen des Wiederaufbaues. Zweckmäßigkeit bestimmte das Gesicht unserer Städte. Beton wurde der bevorzugte Baustoff und prägte als Sicht-, Struktur- und Waschbeton nicht nur Häuser und öffentliche Plätze, sondern auch die Gärten. Pflegeleichtigkeit war gefragt. Dem entsprechend bevorzugte man bei der Bepflanzung Koniferen, bodendeckende Cotoneaster-Arten und Rasenflächen allenfalls mit einem Rosenbeet an der Terrasse. Mit dem weitgehenden Wegfall von Laubgehölzen, Nutzpflanzen und Blumenschmuck war in diesen Gärten der Wechsel der Jahreszeiten kaum mehr ablesbar.

Da die Anlagen sich sauber und gepflegt präsentieren sollten, erforderten sie trotz ihrer vermeintlich pflegeleichten Ausstattung reichlich Arbeits- und Energieaufwand. Die bisher vorwiegend verwendeten Natursteine wurden nun von billigeren, industriell gefertigten Kunststeinen und Fertigteilen verdrängt. Die Verwendung von Waschbeton und Glasbausteinen erreichte ihren Höhepunkt.

## Naturnahe Gärten

Der naturnahe Garten ist als Gegenbewegung umweltzerstörerischer Prozesse in der Landschaft entstanden. Er sollte gleichermaßen dem Menschen dienen, als auch für die bedrohte Tier- und Pflanzenwelt ein Refugium bieten. Erreicht wurde dieses Ziel mit der Schaffung verschiedener Lebensräume und biologischem Pflanzenschutz.

Diese Zeit brachte für viele Menschen eine gewisse Naturentfremdung mit sich. Daneben wurde allmählich deutlich, welches Ausmaß die globale und lokale Umweltzerstörung erreicht hatte. Gegenbewegungen setzten in allen Lebensbereichen ein. Das Interesse an natürlichen Vorgängen und die wachsende Einsicht in ökologische Zusammenhänge ließen den Wunsch nach Gärten wach werden, die nicht nur Lebensräume für Tiere und Pflanzen boten, sondern auch die Erlebbarkeit natürlicher Abläufe und Zusammenhänge direkt vor der eigenen Haustüre ermöglichten. Die Dynamik der ewig wiederkehrenden Naturkreisläufe von Wachsen, Werden und Vergehen, von Keimen, Blühen und Fruchten sollte im privaten Naturraum ablesbar sein.

Es entstand die Idee, Ziele des Naturschutzes in den Freiflächen der Siedlungsräume zu verwirklichen. Für die Gartengestaltung bedeutete dies eine Umkehrung der Verhältnisse. War der Garten in seinen Anfängen ein der wilden Natur mühsam abgerungenes Stück Land, das man zum Schutz vor ungebetenen Gästen umzäunte und als Anbaufläche von Nutzpflanzen kultivierte, so öffnete man ihn jetzt für die Natur und schuf Lebensräume für die heimische Tier- und Pflanzenwelt, deren Existenz im Umfeld zunehmend bedroht war.

*Eine blühende Wiese bietet den Insekten Nahrung. Im Totholz finden solitär lebende Wildbienen- und Wespenarten ebenso Brutraum wie in dem eigens für sie gebauten „Insektenhotel“.*

In diesen naturnahen Gärten wurden folgende Grundsätze berücksichtigt:

- Bei der Bepflanzung bevorzugte man heimische Arten, weil diese direkt oder indirekt der heimischen Tierwelt als Lebensgrundlage dienen.
- Großen Wert legte man auf einen Reichtum an Standortstrukturen, wie z. B. feuchte und trockene Plätze, schattige und sonnige Bereiche.
- Daneben gab es Steinsetzungen voller Hohlräume und Altholzstrukturen, vom Reisighaufen bis zu Nisthilfen für Insekten.
- Die natürlichen Kreisläufe wurden aufrecht erhalten in Form von Kompost- und Mulchwirtschaft.
- Bei der Bodenpflege verwendete man vorwiegend organische Dünger und Gesteinsmehle. Entscheidend war bei alledem der Verzicht auf die Anwendung von Pflanzenschutzgiften und Herbiziden.
- Damit stieg die Anzahl an Tier- und Pflanzenarten in unseren Gärten. Heute kommen in den Grünflächen der Dörfer und Städte oft mehr Arten vor als im unbesiedelten Umland.

## Moderne Gärten

Nun ist die Ausstattung naturnaher Gärten zwar nicht von ihrer Formgebung abhängig, aber zugunsten von Biotopvielfalt wurde mancherorts nur wenig Wert auf eine klare Form gelegt. So verwundert es kaum, dass inzwischen die Tendenz zu deutlicherem Gestaltungswillen wieder zunahm. Man bevorzugt inzwischen klare Linien und schlichte Formen. Dazu greift man nicht selten auf historische Gestaltungselemente zurück, verfremdet sie und arrangiert sie neu, wodurch oftmals interessante Wirkungen entstehen.

Ein Beispiel dafür ist die Pyramide, die aber im Gegensatz zur klassischen Form nun auf der Grundfläche eines spitzwinkeligen Dreiecks steht. Ein anderes ist das Parterre mit seinen Sichtachsen, wie wir es aus dem Barock kennen, das jetzt klar gegliedert in Quadraten vor uns liegt und gelegentlich von schrägen Sichtachsen durchschnitten wird. Auffallend oft entstehen auf diese Weise spitzwinklige Dreiecke. Das ist eine spannungsvolle, energiegeladene Form, die bisher eher vermieden wurde. Neben den herkömmlichen Materialien wie Stein, Holz und Metall verwendet man vermehrt Glas, Spiegel, Kunststoffe und Textilien. Die Pflanzenausstattung bilden zuweilen Baumreihen, kubische Schnitthecken und flächige Pflanzungen, die mit nur einer oder sehr wenigen Pflanzenarten bestückt sind.

*Während in naturnahen Gärten der spontan aufkommenden Vegetation Raum gewährt wird, überlässt man in modernen, minimalistischen Gärten nichts dem Zufall. Klare Formen, hochwertige Materialien und perfekte Verarbeitung sind hier wichtig. Pflanzen finden nur spärlich Verwendung und dienen vor allem der Dekoration.*

*Scharfe Kanten, gerade Linien und farbliche Beschränkung bei der Pflanzenauswahl prägten viele Beiträge auf der Bundesgartenschau 2005 in München.*

Solche modernen oder gar postmodernen Gestaltungen haben überwiegend repräsentativen Charakter. Manchmal assoziieren sie eher Kunstinstallationen, als Gartenanlagen. Man findet sie daher meist im öffentlichen Raum, so wie im Umgriff von Banken, Versicherungen, Hotels oder Flughäfen. Natürlich sind auch auf Gartenschauen Beispiele moderner Freiraumgestaltung zu sehen. Da ein Hausgarten aber nicht nur zeitgemäß schön, sondern auch wohnlich sein soll und außerdem verschiedene, ganz praktische Funktionen zu erfüllen hat, bleibt abzuwarten, inwieweit diese moderne Gestaltung im privaten Bereich Eingang finden wird.

# Die Suche nach dem passenden Stil

*Auf einem großen Grundstück kann der Gartenfreund seine Passion voll entfalten.*

Wer heute einen Blick über die Gartenzäune wirft, wird eine Vielfalt von Stilrichtungen entdecken. Man kann fast sagen, erlaubt ist, was gefällt. Jeder Gartenbesitzer orientiert sich an den eigenen Vorlieben und formt sein Umfeld so, dass es die jeweiligen Bedürfnisse erfüllt. In unserer Zeit haben Gärten viele Gesichter: Das reicht vom Naturgarten mit seiner Artenvielfalt bis hin zum minimalistischen Designergarten. Da gibt es den bäuerlichen Nutzgarten mit einem seit alters bewährten Grundriss, den Landhausgarten voller Blütenpracht oder den pflegeleichten Freizeitgarten.

## Kleine und große Gärten

Allein aus den äußeren Verhältnissen und erst recht aus den unterschiedlichen Nutzungsformen ergeben sich zahlreiche Gartentypen. Ordnet man sie nach ihrer Größe, so kann dies vom Topfgarten bis zum privaten Park reichen. Schon ein Balkon oder eine Dachterrasse mag als kleines Gärtchen gelten. Was Pflanzenliebhaber hier in Töpfen, Kästen und Kübeln kultivieren, verdient so manches Mal Bewunderung.

In Bezug auf die Größe ist der Bewohner eines Gartenhofes schon besser dran. Zudem zeichnet sich beispielsweise ein Atriumhof durch Abgeschlossenheit aus. Das schafft Intimität. Man ist unter sich und wird von außen nicht gesehen. Wer hingegen einen Gartenanteil amm Mehrparteienhaus sein eigen nennt, fühlt sich nicht selten von oben her beobachtet. Hier schafft eine Pergola Abhilfe, in die man sich zurückziehen kann. Im Reihenhausgarten, der meist nur wenig größer ist, muss man sich diese Privatsphäre erst schaffen. Da kann sich schon glücklich schätzen, wer ein Reiheneckhaus oder eine Doppelhaushälfte mit etwas mehr Gartenfläche besitzt.

*Auch wer wenig Platz zur Verfügung hat, wie etwa einen Balkon oder eine Dachterrasse, kann sich doch gärtnerisch gestaltend betätigen. Ein Topfgärtchen mit Mauerpfeffer- und Dachwurzarten hat zudem den Vorteil, dass es sowohl Winterkälte als auch sommerliche Trockenzeiten schadlos übersteht.*

Als das Bauland im Umfeld der Städte noch nicht so knapp und teuer war wie heute, galt der Garten am frei stehenden Haus als der übliche Gartentyp. In ihm entstehen verschiedene Gartenräume, die auch unterschiedlich genutzt werden können.

Noch größere Fläche weist der Villengarten auf. Allein das gibt ihm schon einen Hauch von Luxus. So ist er meist ein Statussymbol und zeigt das erreichte Maß an Wohlstand. Anlage, Ausstattung, Möblierung und auch die Pflege lässt man sich etwas kosten.

## Gärten in Stadt und Land

**Hausgärten** unterscheiden sich nicht nur in ihrer Größe, sondern sind ganz wesentlich von ihrem Umfeld geprägt. Urbane Privatgärten haben einen anderen Charakter als ländliche. Während die aufgelockerte Bebauung der Dörfer noch deutlichen Bezug zur umgebenden Landschaft zeigt, bestimmen in Innenstädten Häuser und Verkehrsanlagen das Bild. Sicherlich prägen auch Besonderheiten der Topographie, Gewässer und Grünanlagen das Gesicht einer Stadt. Aber für die Gestaltung eines Stadtgartens ist eher die umgebende Bebauung und die Vorliebe seines Besitzers ausschlaggebend als ein regionaler Bezug. Supermodernes und Extravagantes hat seinen Platz vor allem in der Stadt.

**Balkongärten**, Dachgärten oder Anlagen auf einer Tiefgarage haben keinen Anschluss an den gewachsenen Boden. Allein dieser Umstand bedingt besondere Gestaltungsweisen. Auch gärtnerisch gestaltete Höfe findet man vorzugsweise in verdichteten Siedlungsräumen. Je kleiner und umschlossener solch ein Garten ist, umso deutlicher muss er mit dem Innenraum verknüpft sein.

*Kleingärten sind für Bewohner von Mehrfamilienhäusern gedacht, die sonst keine Gelegenheit haben, einen Garten zu bewirtschaften.*

**Kleingärten** wird man eher in der Stadt und ihren Außenbezirken finden. Sie stehen meist den Bewohnern von Mehrfamilienhäusern zur Verfügung, die sonst keine Gelegenheit haben, einen Garten zu bewirtschaften.

*Ländliche Gärten sind traditionell geprägt. Vielerorts baut man sein Gemüse selbst an, was nicht ausschließt, dass neben Karotten und Salat auch Stauden und Schnittblumen gedeihen.*

**Siedlungsgärten** am Stadtrand sehen denjenigen der Dörfer sehr ähnlich. Sie unterscheiden sich mehr in ihrer Nutzung und den persönlichen Vorlieben ihrer Bewohner als durch ihre räumliche Lage.

Eindeutig dem ländlichen Raum zugeordnet ist der **Bauerngarten**. Ursprünglich war er der Gemüse-, Kräuter- und Blumengarten vor dem Bauernhaus. Inzwischen ziert er oftmals Höfe, in denen schon längst keine Landwirtschaft mehr betrieben wird. Aber sein Prinzip, Dekoratives mit Nützlichem zu vereinen, wurde beibehalten. Ländliche Gärten haben sich aus ihrer Umgebung heraus entwickelt. Regionale Unterschiede sind ablesbar. Außerdem lebt man im Gegensatz zur Stadt auf dem Lande traditionsverbunden. Einflüsse von außen werden oft nur zögerlich aufgenommen, dann aber der jeweiligen Lebensweise angepasst und mit den örtlich verfügbaren Materialien umgesetzt.

## Repräsentative und funktionale Gärten

Ein ganz wesentliches Unterscheidungsmerkmal ist die Gartennutzung, wobei selbstverständlich ein und derselbe Garten mehrere Funktionen erfüllen kann. Da ist zunächst der Wunsch nach Selbstdarstellung zu nennen. In Verbindung mit dem Villengarten war davon bereits die Rede. Als besondere Formen des repräsentativen Gartens können Künstlergärten gelten, wobei der Schwerpunkt entweder mehr auf dem Design des Gartens selbst liegen kann oder auf den Kunstwerken.

Der ursprünglichste Gartentyp ist der **Nutzgarten**. Wir denken dabei an einen Obst-, Gemüse- und Kräutergarten. Wird er nach ökologischen Grundsätzen bewirtschaftet, so hat sich dafür der Begriff Biogarten eingebürgert.

*Für einen Familiengarten ist eine strapazierfähige Rasenfläche von außerordentlicher Bedeutung. Hier kann man sich ausruhen, Tisch und Stühle aufstellen, aber auch spielen und herumtoben.*

*Neben vielen Funktionen, die ein Garten zu erfüllen hat, bietet er auch Raum für eigene Kreativität, sei es, dass man ihn selbst gestaltet oder mit eigenen Kunstobjekten ausstattet. Was würde da besser passen als paradiesische Vögel?*

Wer besonderen Wert legt auf ansprechende Gestaltung, der besitzt einen **Ziergarten**. Meistens beinhaltet er verschiedene Pflanzungen und Gartenelemente. Man kann aber auch Schwerpunkte setzen und hat dann je nach Vorliebe einen Wasser- oder Waldgarten, einen Rhododendron-, Hortensien- oder Rosengarten, einen Stauden- oder Steingarten.

Ein **Wohngarten** dient vorwiegend der Erholung und dem geselligen Beisammensein. Dazu bedarf es ausreichend großer Sitzplätze mit guter Ausstattung und strapazierfähigen Rasenflächen für Sport und Spiel. Kinder wollen herumtoben, dazu brauchen sie das entsprechende Umfeld. Damit wandelt sich der Wohngarten zumindest für einige Jahre zum Familiengarten. Auf empfindliche Pflanzungen und alles, was für die Kleinen gefährlich ist, werden verständige Eltern solange verzichten.

## Gärten aus fremden Ländern

Es ist durchaus verständlich, dass jemand, der die Gartenkultur eines anderen Landes kennen und schätzen gelernt hat, zumindest einen Hauch davon im eigenen Umfeld verwirklichen möchte. Sofern die gewünschten Pflanzen in unserem Klima gedeihen und der Gartenstil sich gut in die Umgebung fügt, können Anlagen mit ganz besonderem Flair entstehen. Man denke an **mediterrane Gärten** mit dem Duft von Lavendel, Orangenblüte und Heliotrop, mit wintergrünen Gehölzen und graulaubigen Gewürzpflanzen in dekorativen Terrakottagefäßen, wo Wein die Pergola umrankt, ein Brunnen plätschert und die Schritte auf dem Kiesweg knirschen.

Großer Beliebtheit erfreuen sich Anlagen nach dem Vorbild **englischer Landhaus-Gärten**. Gerade die vielfältigen Staudenpflanzungen mit ihren dezent aufeinander abgestimmten Blütenfarben machen hierzulande Schule. Derbe Steinmauern, rustikale Holzzäune und geschnittene Eibenhecken umfassen diese Gärten. Üppig blühende Rosen lehnen sich an eine schützende Backsteinmauer. Im lichten Schatten hoher Bäume blühen die Rhododendren. Würdig ergraute, edle Gartenmöbel laden zum Tee auf der Terrasse ein. Solche Gärten haben etwas Romantisches. Und sie verraten den begeisterten, ja leidenschaftlichen Gartenfreund.

*Die gärtnerischen Schöpfungen und Pflanzenkombinationen der Gertrude Jekyll haben die Gartengestaltung weit über England hinaus wesentlich beeinflusst. Hier der „dutch garden", ein Gartenteil von Hestercombe House bei Taunton, Somerset.*

*Japanische Gärten haben einen ganz besonderen Reiz. Am überzeugendsten sind sie, wenn sie von japanischen Gartenarchitekten der ostasiatischen Lebensphilosophie entsprechend angelegt wurden. Beim Japangarten in Augsburg ist das der Fall.*

In **Japangärten** ist hinsichtlich der Blütenfülle Zurückhaltung geboten. Er sind Landschaften im Kleinen, beschränkt auf das Wesentliche. Alles hat symbolische Bedeutung: jede Pflanze, ruhendes und fließendes Wasser, die Gestalt der Sandfläche, jeder Stein, ja sogar die Goldfische im Teich. Jedes Gartenelement hat seinen genau zugewiesenen Platz. Unerwünscht ist die der Natur innewohnende Dynamik. Daher werden Koniferen und einzelne Laubgehölze in eine gewünschte Form getrimmt und Büsche sorgfältig beschnitten. So entstehen meditative Gärten voller Eleganz und Klarheit.

Gelegentlich wird auch hier versucht, solch einen ostasiatischen Garten nachzuempfinden. Wegen der erheblichen Unterschiede in Kultur und Lebensphilosophie ist das allerdings schwierig. Die Verwendung von Bambus und Rhododendren, Wasser, Kies und Steinen macht noch keinen Japangarten aus. Vielmehr ist eine meditative Haltung gefragt, ebenso Achtsamkeit und Beschränkung in der Wahl der Mittel. Das Ziel eines harmonischen Ganzen wird erreicht durch einen Ausgleich der Gegensätze. Einfühlsam und kenntnisreich gestaltet wird ein Japangarten zu einem Raum, wo der Mensch zu sich selbst findet und im Einklang steht mit sich, der Welt und dem Göttlichen. Aber das ist ein hoher Anspruch.

Da ist es vielleicht sinnvoller, ein fernöstliches Lebensprinzip mit westeuropäischen Gestaltungsmitteln zu verwirklichen. Mit der Anlage eines **Feng-Shui-Gartens** wird dies versucht. Die uralte Tradition des Feng Shui beschäftigt sich mit Lebenskräften und Energieflüssen. Das Lebensumfeld soll nach den Kräften des Universums ausgerichtet werden. Entstehen soll eine harmonische Beziehung zwischen Mensch, Bauwerk und Natur. Das ist jedoch nichts Statisches, sondern alles unterliegt einer ständigen Veränderung. Das Ziel ist ein Glück verheißendes Zusammenfließen von Kräften für ein gesundes und harmonisches Leben. Vom Gestalter erfordert dies ein hohes Maß an Kenntnis, Intuition und Sensibilität.

Bedauerlicherweise ist diese hohe Kunst ostasiatischer Geomantie in der westlichen Welt in vielen Fällen zur Modeerscheinung verkommen. Da werden Spiegelchen, Bambusflöten und für unseren Kulturraum fremde Symbole willkürlich eingesetzt. Dabei gab es einst auch bei uns geomantisches Wissen, das der Wiederbelebung bedarf. Die Prinzipien sind mit denen des asiatischen Feng Shui vergleichbar. Es geht darum, eine Situation zu erfassen und Blockaden zu lösen, sodass Energien frei fließen können. Das Ergebnis ist weniger zu sehen als zu spüren: In einem solchermaßen gut gestalteten Raum fühlt man sich einfach wohl und verweilt dort gerne.

Allerdings gibt es in unseren Breiten weder das klare Licht des Mittelmeerraumes und erst recht nicht die gleißende Hitze des Orients, die nach Schatten und leise plätschernden Brunnen verlangt. Und viele Pflanzen, die im milden Klima Englands gedeihen, überstehen bei uns weder die Winterkälte noch sommerliche Hitzeperioden. Auch asiatische Weltanschauung dürfte uns Mitteleuropäern eher fremd sein. Mit einer japanischen Steinlaterne aus dem Baumarkt lässt sich noch kein fernöstlicher Garten gestalten, auch dann nicht, wenn man sie vor Bambus stellt und mit Fächerahorn umgibt. Die bloße Nachahmung fremder, exotischer und unzeitgemäßer Gartenstile wird immer oberflächlich bleiben. So etwas ist eine momentane Laune, eine kurzfristige Mode, deren man nach kurzer Zeit überdrüssig wird. Guter Stil aber ist langlebig, etwa wie qualitätvolle Möbel, die man an Kinder und Enkel vererbt.

## Ortstypische Gestaltung

Wer einen Garten anlegt und pflegt, der setzt sich mit seiner natürlichen Umgebung auseinander. Er spürt die Erde, die Grundsubstanz aller Fruchtbarkeit und erfährt, welche Pflanzen darin gedeihen. Auch die geologischen Voraussetzungen nimmt er wahr und ebenso die Kräfte, die die Landschaft geformt und den Boden gebildet haben. Ein Garten hat ein eigenes Kleinklima. Seine Bewohner, vor allem die Pflanzen, sind der Witterung ausgesetzt. Auch daran muss sich die Gartenarbeit orientieren. Weil diese natürlichen Gegebenheiten regional oft sehr unterschiedlich sind, hat jede Landschaft ihre besondere Prägung. Sie kann eben und weiträumig sein oder schroff und abweisend.

*Wer das Glück hat, einen Garten mit weitem Blick in die freie Landschaft zu besitzen, sollte ihn so gestalten, dass Vordergrund und Umgebung gut zusammenklingen.*

Ein Landstrich wird aber nicht nur von seinen naturräumlichen Bedingungen bestimmt, sondern in gleicher Weise durch die Art der Landnutzung und durch tradierte Bauweisen. In früheren Zeiten verwendete man zum Hausbau vorzugsweise Materialien, die vor Ort zu haben waren, beispielsweise Naturstein aus einem nahe gelegenen Steinbruch oder Backsteine, die aus dem vorliegenden Ton gebrannt waren. Heute sind Baustoffe, die von weit her kommen, oft wesentlich preisgünstiger zu bekommen, als das ortstypische Material, das der Region ihre lokale Prägung gegeben hat. Das Angebot ist vielfältiger geworden, aber die Auswahl wird schwieriger. Sie muss mit gutem Geschmack und Einfühlungsvermögen getroffen werden.

Ein Garten sollte immer mit seiner Umgebung korrespondieren. So kann ein markanter Baum das Thema für den Gartenraum ebenso vorgeben, wie der Kies einer Flusslandschaft, der nur dünn von steiniger Erde überdeckt wird. Wer sich in der glücklichen Lage befindet, ein Grundstück mit Ausblick in eine schöne Landschaft zu besitzen, wäre unklug, wenn er solch ein gestalterisches Kapital nicht nutzen würde. Dann darf dem Fernblick nichts im Wege sein. Das Auge sollte im Vordergrund einen ruhigen Halt finden, jedoch nichts, was den Blick zu sehr ablenkt. Vielmehr sollte der Eindruck entstehen, die ferne Landschaft finde in der Nähe ihre Fortsetzung.

## Zeitgemäße Gestaltung

Jede Epoche hat ihre eigene Gartenkunst. Darin spiegelt sich der Zeitgeschmack wider und er ist Ausdruck der jeweiligen gesellschaftlichen Bedingungen. Aber was bedeutet das für unsere heutige Zeit?

Unser Alltag ist hektisch geworden. Als Gegenpol dazu könnte man im Privatgarten das Luxusgut der Muße kultivieren. Das bedeutet, sich Zeit nehmen, ausruhen, sich dem Rhythmus der Natur überlassen. Sie macht es uns vor, im Tages- und Jahreslauf. Die Vorgänge von Keimen, Wachsen, Blühen und Fruchten lassen sich nicht beschleunigen. Für den Gärtner, in dessen Vorstellung die Tomaten bereits reifen, während er das Samenkorn in die Erde legt, hat Zeit eine ganz andere Dimension. Da gibt es keinen Termindruck. Gegenwart und Zukunft fließen zusammen. Man sieht zu und wartet ab.

Unsere Gegenwart wird von der Technik bestimmt. Moderne Anlagen antworten darauf mit der Verwendung von Glas, Metall und Kunststoffen und mit einer klaren Formensprache. Der Raum ist übersichtlich gegliedert. Alles sitzt perfekt. Die Fläche ist glatt, die Pflanzen sind beschnitten. Nichts kräuselt sich in ungewollter Weise. Hier regiert sachlicher Verstand. Man konstruiert Gärten wie Maschinen oder elektronische Steuerungen.

Allerdings passt solch ein postmoderner Garten nicht überall und er entspricht auch nicht jedem Menschen. Zeitgemäße Gestaltung beinhaltet daher auch die Vielfalt, die unserer pluralistischen Gesellschaft entspricht. Im Grunde kann jeder sein Eigentum gestalten, wie er will, solange er gewisse Rahmenbedingungen berücksichtigt. Deshalb haben traditionelle Formen auch heute noch ihre Bedeutung, sofern sie in ihr Umfeld passen und dem Lebensstil der jeweiligen Gartennutzer entsprechen. So sollte eine Anlage, die an eine alte Stadtmauer angelehnt ist, in Formensprache und Materialauswahl mit dem historischen Ambiente harmonieren.

*Zur alten restaurierten Laube passt selbstverständlich auch ein Garten nach historischem Vorbild.*

Gute Gestaltung ist in jedem Fall authentisch. Gedankenlose Nachahmung sowohl fremder als auch historischer Gartenstile hinterlässt einen faden Eindruck. So wirkt die Kopie eines mittelalterlichen Gärtchens, wie man es im Freilichtmuseum bewundern kann, in einer Neubausiedlung sehr anachronistisch.

## Individuelle Gestaltung

*Im Schatten des Walnussbaumes kann man sich gut niederlassen. Hohe Gräser und eine Säuleneibe geben Rückendeckung.*

Gärten sind so unterschiedlich, wie die Menschen, die sie gestalten, bewirtschaften und bewohnen. Da gibt es den verträumten Garten mit einem plätschernden Brunnen vor einer lauschigen Pergola. Zarte Blütenfarben bestimmen das Bild. Abends, wenn das Geißblatt seine Blüten öffnet, erfüllt ein wundervoller Duft den Raum. Hier lebt jemand, der all das genießt. Gerne lässt er sich auf einer nostalgischen Gartenbank nieder, lauscht dem Lied der Amsel und beobachtet, wie die Nachtkerzen ihre Blüten öffnen.

Daran hat der Bewohner eines extravaganten Gartens wahrscheinlich wenig Interesse. Sein Gartenraum ist mit hohen Mauern umgrenzt. Bambus wirft seinen grazilen Schatten auf die weiß gekalkten Wände. Davor steht in einer Kiesfläche eine Reihe akkurat geschnittener Würfel aus Buchs. In der Gartenmitte liegt ein rechteckiger Rasenteppich. Ein lang gestrecktes Wasserbecken trennt ihn von der Terrasse, die mit großformatigen, hellgrauen Platten befestigt ist. Exklusive Designermöbel runden das Bild ab. Der Garten ist so angelegt, dass er kaum Pflege benötigt und doch stets elegant wirkt.

Dem passionierten Gärtner und Staudenfreund wäre das zu farblos. Wenn es seine Zeit erlaubt, ist er von früh bis spät in seinem Garten, sät, pflanzt und jätet oder beschneidet, was zu üppig gewachsen ist. Auf buchsumrandeten Beeten gedeihen Blumen und

*Ein formal gestalteter Blumen- und Nutzgarten geht direkt in den Wassergarten über.*

Gemüse. Gerne vermehrt er Stauden, Farne, Gräser und tauscht sie mit anderen Gartenfreunden gegen neue Pflanzenschätze ein. Die Gesamterscheinung seines Gartens ist ihm nicht ganz so wichtig wie das Wohlergehen seiner Schützlinge.

Einem Künstler dient der Garten als Kulisse, um seine Skulpturen optimal zur Geltung zu bringen. Es kann aber auch der Garten selbst zum Kunstwerk werden und durch Ideenreichtum bestechen. Der Naturfreund möchte in seinem Garten Wildpflanzen ansiedeln und Tiere beobachten. Er legt Wert auf eine Vielfalt von Biotopen.

So hat jeder Mensch seinen Lebensstil, der sich nicht nur in der bevorzugten Kleidung, der gewählten Frisur oder der Wohnungseinrichtung ausdrückt, sondern auch in der Art, wie er seinen Garten gestaltet.

Zugegeben, es ist bestimmt nicht leicht, aus der Flut von Stilrichtungen und Gartenbildern, die über Bücher, Zeitschriften und Gartensendungen auf uns einstürmen, das auszuwählen, was für die jeweilige Situation richtig ist. Russel Page, ein bedeutender englischer Gartenarchitekt des 20. Jahrhunderts, hat es einmal so ausgedrückt: „Du musst wissen, was du willst; versuche dann, es so einfach auszudrücken, wie du kannst."

Man muss sich also die eigenen Wünsche genauso klar machen wie die Bedingungen des Standortes. Auf der Grundlage dieser Kenntnis gilt es, Bauwerke in die Landschaft einzufügen, Pflanzen mit ihrem Standort zu verbinden sowie Menschen mit der Natur in Einklang zu bringen. Selbstverständlich kann man sich Anregungen holen. Aber sie müssen verarbeitet und integriert werden. Es muss etwas Eigenes daraus erwachsen, das der Situation, den Bedürfnissen und den aktuellen Bedingungen entspricht. Gelingt dies, so entsteht ein kleines Stückchen Paradies, das Herz und Sinne erfreut, wo Pflanzen gedeihen und Tiere sich einfinden. Solch ein Garten hat eine wohltuende Ausstrahlung für seine Umgebung.

# Gesetzliche Bestimmungen

Zum Glück unterliegt die Gestaltung des eignen Gartens, sieht man von einigen Einschränkungen ab, kaum rechtlichen Vorgaben. Hier kann und soll jeder seine eigene Kreativität entfalten und seiner Fantasie freien Lauf lassen. Das gilt, solange der Nachbar nichts dagegen hat. Wenn doch, kommt das Nachbarrecht zum Tragen, das allerdings in den einzelnen Bundesländern unterschiedlich ist.

Mit kurzlebigen Gewächsen wie Gemüse und Sommerblumen kann der Gärtner nach Belieben verfahren. Es gibt allenfalls eine Gemeindeordnung über die Pflege von Grundstücken, die verhindern soll, dass sich Unkräuter hemmungslos durch Samenflug ausbreiten. Die Verordnung beschränkt sich in der Regel auf die Pflicht, ein- oder zweimal jährlich zu mähen.

Bei ausdauernden Gewächsen wie Stauden und Gehölzen gilt, dass sie mit dem Einpflanzen zum Bestandteil des Bodens werden. Das hat Bedeutung bei gepachteten Gärten, weil diese Pflanzen dann in den Besitz des Grundstückseigentümers übergehen.

### Grenzabstand von Bäumen und Sträuchern

Nachbarrecht ist Ländersache, jedes Bundesland schreibt andere Bestimmungen vor. Das macht den Überblick kompliziert. Ein verhältnismäßig einfaches Nachbarrecht hat der Freistaat Bayern. Es besagt, dass Hecken und Gehölze, die nicht höher als 2 m wachsen bzw. auf diese Maximalhöhe beschnitten werden, bis auf 50 cm an die Grenze gerückt werden dürfen. Werden die Bäume und Sträucher höher als 2 m, so gilt ein Mindestgrenzabstand von 2 m. Gegenüber landwirtschaftlichen Flächen gibt es Sonderregelungen.

Die meisten anderen Bundesländer sehen eine Staffelung der Grenzabstände in Abhängigkeit von der zu erwartenden Wuchshöhe der Gehölze vor. Das ist zwar meist komplizierter als in Bayern, aber auch gerechter. Der Anspruch auf Beseitigung zu groß gewordener Gehölze verjährt fast überall, wie auch in Bayern, nach fünf Jahren. Die einzelnen Regelungen hier zu nennen, würde zu weit führen. Deshalb muss auf die jeweiligen Länderbestimmungen verwiesen werden.

### Eindringende Wurzeln und überhängende Äste

Auch wenn wir bei der Bepflanzung unseres Gartens alle Bestimmungen genauestens eingehalten haben, kann es noch Ärger geben. Bäume wachsen nicht nur in die Höhe, sondern auch in die Breite. Dabei ragen womöglich ihre Äste über den Zaun, und die Wurzeln saugen Wasser und Nährstoffe aus Nachbars Garten. Grundsätzlich muss dieser das dulden. Nur wenn sein Grundstück dadurch eine Beeinträchtigung erfährt, darf er die eingedrungenen Wurzeln abschneiden und die Entfernung überhängender Zweige fordern.

Früchte, die von unserem Baum auf Nachbars Grundstück fallen, gehen in dessen Eigentum über. Das mag für ihn erfreulich sein, solange es sich um Äpfel oder Birnen handelt. Weniger glücklich ist er vielleicht, wenn der "Segen" aus Kiefernnadeln oder dem herbstlichen Laubfall besteht, der ihm Arbeit verursacht oder seine Dachrinne verstopft. Unglücklicherweise ist dies weder in Bundes- noch in Ländergesetzen eindeutig geregelt und beschäftigt des öfteren die Gerichte.

Nicht selten lässt sich am Garten die Einstellung dessen ablesen, der ihn gestaltet und pflegt. Häufig erregt gerade dies das Missfallen des Nachbarn. Doch weil man auf die jeweilige Lebensauffassung wenig Einfluss nehmen kann, entzündet sich ein Streit womöglich an einem Ersatzobjekt, sei es der Baum mit den überragenden Ästen oder eine Hecke, die zu hoch geworden ist. Zeit, Geld und Energie werden in einen Streit investiert, der vielleicht gar nicht sein müsste. Viel besser ist da die Devise der Toleranz: Leben und leben lassen! Unstimmigkeiten und Konflikte lassen sich erfahrungsgemäß viel besser mit einem offenen und fairen Gespräch aus der Welt schaffen. Manchmal ist dabei die Vermittlung einer neutralen dritten Person hilfreich.

### Baumschutzverordnung

Insbesondere in Ballungsräumen ist alter Baumbestand aus ökologischen Gründen, vor allem aber wegen seiner Schönheit von großem Wert. Deshalb haben viele Städte und Gemeinden eine Baumschutzverordnung erlassen. Mit solch einer Satzung werden Bäume auf Privatgrundstücken unter Schutz gestellt. Meistens gilt dies für Laub- und Nadelbäume ab einer gewissen Größe. Üblicherweise ist das Maß dafür ein festgelegter Stammumfang, gemessen in 1 m Höhe. Obstbäume sind zumeist ausgenommen, nicht jedoch Nussbäume.

Verboten ist nicht nur die Beseitigung, sondern auch die Beschädigung der Gehölze. Ausnahmeregelungen gibt es für die fachgerechte Pflege und die Verkehrssicherungspflicht. Die Entfernung solch eines geschützten Baumes bedarf also der Genehmigung. Die wird häufig auch erteilt, allerdings mit der Auflage einer Ersatzpflanzung. Auskünfte über eine bestehende Baumschutzverordnung erteilt die jeweilige Gemeinde- oder Stadtverwaltung.

## Vorgaben des Bebauungsplanes

Für Neubaugebiete werden Bebauungspläne und Grünordnungspläne erlassen. Sie regeln neben Verkehrsfragen, Städtebau und Architektur auch die Gestaltung der Freiflächen. So können bestimmte Pflanzenbestände geschützt sein. Gelegentlich gibt es darüber hinaus Vorschriften zur Bepflanzung der Privatgärten. Viele Bebauungspläne machen Aussagen darüber, ob und in welchem Umfang Nebengebäude errichtet werden dürfen. Und fast immer werden Aussagen bezüglich der Einfriedungen getroffen, sei es, dass Vorgärten offen bleiben müssen oder welche Höhe der Zaun haben darf. Auch Material und Bauweise der Einfriedung sind oft festgelegt. In Zweifelsfällen empfiehlt es sich, bei der örtlichen Gemeindeverwaltung nachzufragen.

## Zäune und Sichtschutzwände

Nicht jedes Grundstück liegt im Geltungsbereich eines Bebauungsplanes. Dann ist bei der Anlage und Ausgestaltung der Einfriedung das öffentliche Baurecht zu beachten. Auch hier gilt Länderrecht. So lässt z.B. die Bayerische Bauordnung Mauern und Einfriedungen bis zu einer Höhe von 1,80 m zu. Nur im Einmündungsbereich von Straßen dürfen sie nicht höher als 1 m sein. Terrassentrennwände zwischen Reihenhäusern sind bis zu 2 m Höhe auf eine Länge von 4 m zulässig. Für höhere Einfriedungen ist eine Genehmigung erforderlich.

## Genehmigungsfreie Gebäude

Ist nichts anderes festgelegt, so sind z.B. laut Bayerischer Bauordnung „Gebäude ohne Feuerungsanlagen" mit einem umbauten Raum bis zu 75 $m^3$ genehmigungsfrei. Das gilt genauso für die Pergola oder für einen überdachten Stellplatz. Eine Hütte auf einem Wochenendgrundstück am Waldrand zu errichten, ist allerdings nicht erlaubt oder bedarf zumindest der Genehmigung.

*Birken sind wunderschöne Bäume, aber für Hausgärten eignen sie sich nicht gut, denn sie werden ziemlich hoch, bilden ein flach und weit streichendes, dichtes Wurzelwerk aus und lassen fast ganzjährig Laub, Ästchen oder Samen fallen. Das alles führt nicht selten zu Streitigkeiten mit den Nachbarn.*

# Gute Planung lohnt sich

Jede Gartenplanung beginnt mit einer Idee, aus der die ganze Gestaltung erwächst. Solch eine grundlegende Vorstellung kann aus dem Charakter des Grundstücks oder seiner Umgebung erwachsen, sei es ein besonderer Baumbestand, ein Fels, ein vorüberfließender Bach, Obstgärten in der Umgebung, eine Hanglage oder dergleichen mehr. Ein hofartig umschlossenes Gelände lässt eine andere Gestaltung zu als eines, das nach außen offen ist. Sogar klimatische Bedingungen können das Grundthema vorgeben. So liegt es in Regionen mit großer Sommertrockenheit nahe, sich an Zwiebelpflanzen, graulaubige Stauden und hitzeverträgliche Schattenspender zu halten, während in Gebieten mit hohen Niederschlägen eher ein regengeschützter Aufenthaltsort im Freien gefragt ist. Selbstverständlich sind auch die Wünsche der Gartennutzer entscheidend für das Grundkonzept.

## Vorüberlegungen

### Spezielle Erfordernisse

Es ist natürlich ein Unterschied, ob nur eine Einzelperson den Garten nutzen möchte oder ob er einer Familie als Aufenthaltsort dienen soll. Eventuell sind Spieleinrichtungen für kleine Kinder vorzusehen. Dann muss bei der Planung aber auch bedacht werden, was nach ein paar Jahren anstelle von Sandkasten, Schaukel und Rutsche platziert wird. Eine robuste Rasenfläche und unempfindliche Pflanzungen sind für einen Familiengarten auf jeden Fall anzuraten. Größere Kinder wünschen sich vielleicht Haustiere oder sie möchten ein Baumhaus errichten.

Wer Geselligkeit liebt, wird sich eine ausreichend große Terrasse wünschen, möglicherweise überdacht und mit einem offenen Kamin als Feuerplatz. In schmalen Reihenhausgärten kann es recht

*Vom kahlen Grundstück bis zum eingewachsenen Garten ist es ein weiter Weg und ehe man mit der konkreten Planung beginnt, gibt es etliches, was bedacht, diskutiert und entschieden werden muss, weil es die Grundlage für das weitere Vorgehen bildet. Doch der Aufwand lohnt sich, wie man sieht.*

störend sein, wenn der Hauptsitzplatz gleich neben dem des Nachbarn liegt. Dann sollte man überlegen, ob es nicht besser ist, ihn in eine entferntere Gartenecke zu verlegen. Eventuell möchte man mehrere Sitzplätze, einen schattigen Winkel zum Lesen oder eine uneinsehbare Sonnenterrasse.

Manch einer erträumt sich den Garten als stille Insel im Meer des Alltagsgetriebes. Dann muss er etwas Meditatives haben. Es sollte ein Ort sein, wo man sich entspannt und zu sich selbst findet. Das

*Für Naturbeobachtungen muss man keine Fernreisen unternehmen, lassen sich doch direkt vor der Haustüre ganz spannende Entdeckungen machen. Wer weiß schon, was alles in einem schmalen Wassergraben lebt? Gerade Kinder und Jugendliche sind von Molchen, Kaulquappen und Libellenlarven immer wieder fasziniert.*

Mittel dazu ist die Beschränkung auf Wesentliches. Als Elemente bieten sich beispielsweise Wasser, Stein und Pflanzen an. Es ist gut, wenn sich darin Symbole ablesen lassen.

Auch Naturbegegnung ist vielen ein Grundbedürfnis, das sich nicht nur beim Wandern in schöner Landschaft befriedigen lässt, sondern vielleicht noch besser vor der eigenen Haustüre. Wer das Staunen nicht verlernt hat, wird immer wieder Neues entdecken, sei es die Tätigkeit der Regenwürmer im Kompost, Bestäubungsmechanismen der Insekten oder Vögel beim Nestbau. Für Kinder sind Entdeckungen in der Natur ein kleines Abenteuer. Ein Garten bietet Großen und Kleinen ein Forschungsfeld, das umso interessanter wird, je mehr entsprechende Lebensräume sich für Pflanzen und vor allem für Tiere darin finden. Dazu dienen dichte Hecken und Gehölzbestände, ein guter Grundstock heimischer Pflanzen, Nischen und Nisträume für Kleinsäuger, Vögel und Insekten und ein Gartenfreund mit etwas Toleranz für spontan aufkommende Vegetation.

### Pflegeaufwand

Viele Menschen erholen sich vom Berufsalltag mit Gartenarbeit. Sie haben Freude am Umgang mit Pflanzen und wünschen sich Beete voller Rosen, Stauden und Einjahresblumen. Obst, Gemüse und Kräuter möchten sie aus eigener Anzucht ernten. Ihre Terrasse steht voller Kübelpflanzen. Sie trimmen Schnittgehölze und probieren gerne Neues im Garten aus.

*Ausgedehnte Pflanzflächen voller Rosen und Blütenstauden, umgeben von tadellos gepflegtem Rasen, das alles lässt sich nur mit großem Arbeitsaufwand erhalten, den ein Gärtner aus Passion jedoch nicht scheut.*

*Ein Garten kann aber auch pflegeleicht gestaltet sein, ohne steril zu wirken. Wer es mit den „Rasenunkräutern“ nicht allzu genau nimmt, muss nur regelmäßig mähen. Gehölze und bodendeckende Stauden benötigen wenig Zuwendung und erfreuen uns trotzdem mit Blüte, Laub- und Fruchtschmuck.*

**Checkliste**
Wozu soll der Garten dienen?
- Geselligkeit
- Spielbereich für Kinder
- Naturbegegnung
- Nutzpflanzenanbau
- Erholung

Andere wieder ziehen es vor, sich auszuruhen. Ihnen ist es gerade recht, wenn sich die Arbeit auf gelegentliches Rasen mähen beschränkt. Sie werden wohl einen Garten bevorzugen, der im Wesentlichen aus Rasenflächen und einem Gerüst frei wachsender Gehölze besteht, unterpflanzt mit einer Bodendecke, die keiner großen Zuwendung bedarf.

Zwischen diesen beiden Extremen liegt eine große Bandbreite der Pflegeintensität mit allen Übergängen. Das reicht eben von fast gar nichts tun wollen bis zur täglichen Beschäftigung. Meistens findet sich das Ideal irgendwo in der Mitte. Aber bei der Planung sollte man sich darüber klar sein, welche Gartenbereiche viel Arbeit machen und ob man das zu leisten vermag.

### Praktische Einrichtungen

Selbstverständlich muss ein Garten mit Wegen und Platzflächen erschlossen werden. Wichtige Wege werden breiter angelegt als untergeordnete Verbindungen. Manchmal genügen Trittplatten oder Rasenwege. Ist außer der Garageneinfahrt ein nur zeitweilig genutzter Stellplatz erforderlich, so sollte man überlegen, ob dieser mit Rasenpflaster befestigt werden kann.

Wenn das Gelände Höhenunterschiede aufweist, kann sich eine Terrassierung als sinnvoll erweisen. Solch ein Garten lässt sich intensiver nutzen, als dies bei einem Hang oder einer Böschung der Fall wäre. Mauern stützen das Gelände ab. Treppen dienen der Erschließung.

Soll der Garten von einem Zaun umschlossen sein, und wo kann dieser Zaun verlaufen? Bleibt der Vorgarten zur Straße hin offen oder wird er umzäunt? Wo muss für Sicht- und Windschutz gesorgt werden? Eventuell muss man sich vor Verkehrslärm schützen. Diese Funktion können Mauern oder Holzwände, aber auch eine Gartenhütte übernehmen. Vielleicht ist solch ein Nebengebäude ohnehin erforderlich, weil man sonst nicht wüsste, wo Fahrräder, Gartengeräte und der Rasenmäher unterzubringen wären.

Gibt es ein flaches oder gering geneigtes Dach, das eine extensive Dachbegrünung erhalten sollte? Sehr zu empfehlen wäre dies bei Garagen, die in den Hang gebaut sind und auf deren Dach man von Haus und Garten aus blickt.

*Im Idealfall sind Haus und Garage so gebaut, dass man alles darin unterbringt und keine weiteren Nebengebäude benötigt. Wo aber für Fahrräder, Gerätschaften oder Brennholz noch eine Gartenhütte erforderlich ist, sollte man sie so stellen, dass sie zugleich als Raumteiler, Sicht oder Windschutz dient.*

Zu den alltäglichen Dingen, die ihren Platz brauchen, gehören der Kompostplatz, die Restmüll- und Wertstoffbehälter. Sie alle müssen gut erreichbar sein, auch im Winter und bei Dunkelheit. Es soll keine große Mühe bereiten, die Transportgefäße zur Abholung an die Straße zu bringen. Und bei alledem dürfen sie das Gesamtbild nicht stören. Ähnliches gilt für den Wäschetrockenplatz. Er sollte einen sonnigen Standort erhalten, aber nicht ins Auge fallen.

Ein Nutzgarten sollte einen windgeschützten, sonnigen Platz mit gutem Boden erhalten. Nur dann kann man auf eine gute Ernte hoffen. Selbstversorger mit einem großen Wirtschaftsgarten sind heutzutage eher die Ausnahme. Meistens legt man nur wenige Beete an, auf denen Salate, Tomaten und Kräuter für die Küche kultiviert werden. Mehrjährige Gewürzkräuter wie Salbei, Gewürzthymian oder Bergbohnenkraut lassen sich gut mit Sonne liebenden Stauden und Rosen kombinieren. Dazu ist kein eigenes Beet erforderlich. Der passionierte Gartenliebhaber wünscht sich ein Gewächshaus, um empfindliche Pflanzen unabhängig von der Witterung heranzuziehen.

**Checkliste**
Was benötigen wir?
- Zufahrt und Stellplatz
- Haupt- und Nebenwege
- Sitzplätze, Pergola, Pavillon
- Sicht- und Windschutz
- Mauern
- Treppen
- Spieleinrichtungen
- Wasseranlagen
- Dachbegrünung
- Einfriedung

## Formale Gestaltung

Gegenwärtig kann man keinen einheitlich gültigen Gartenstil feststellen. Jeder wird seinem Grundstück das Erscheinungsbild verleihen, das den eigenen Vorstellungen und Bedürfnissen sowie der jeweiligen Situation entspricht. Daraus ergibt sich die formale Gestaltung des Gartens.

Freunde guten Designs gestalten nicht nur ihre Wohnung, sondern auch das Umfeld des Hauses in klaren Formen und Linien, reduziert in der Auswahl der Mittel, mit wenig Farbe, aber ausgesuchten Materialien. Rechteck und Quadrat, Kreis und Oval bestimmen die Formen von Wegen, Sitzplätzen, Wasseranlagen und Rasenflächen. Schnittgehölze, sei es in Kugel-, Würfel- oder Kegelform, fügen sich gut in dieses Bild. Die Pflanzungen sind geprägt von wenigen, ausgesuchten Arten. Bevorzugt werden ornamentale Pflanzen mit auffallender Textur. Meist sind die Blattstrukturen wichtiger als die Blüten. Sofern man blühende Pflanzen verwendet, beschränkt man sich auf wenige Farben. Solche Gärten wirken repräsentativ und elegant.

*Für Rasen, Beete, Gehölzgruppen oder Wasserflächen kann man sehr gut naturhafte Formen wählen. Doch sollten sich immer Gartenräume ergeben und ein Ordnungsprinzip erkennbar sein.*

*Klare Formen, eine Beschränkung auf wenige Materialien und der Verzicht auf bunten Blumenflor zeichnen diesen Garten aus. Für Beläge und Mauern wurde Klinker gewählt, der Treppenlauf aus Granit hebt sich davon ab. Die Bepflanzung ist ganz in Grün und Weiß gehalten.*

Allerdings ist es keine moderne Erfindung, Gärten ein geometrisches Gerüst zu geben. Dieses Prinzip finden wir immer wieder im Laufe der Gartengeschichte. Die klassische Form ist das Quadrat mit Wegekreuz und einem Kreis zur Betonung der Mitte. Ländliche Nutzgärten haben häufig diesen Grundriss. Das gilt auch heute noch, nur sind jetzt die Beete meist mit weniger Gemüse aber größerer Blumenfülle bestückt.

Selbstverständlich kann man auch ein anderes geometrisches Grundschema konsequent auf die gesamte Gartenplanung anwenden: die symmetrische Anordnung von Beeten oder die rhythmische Wiederholung gleicher Elemente, etwa von Schnittgehölzen. Das wirkt überzeugend und ruhig.

*Das Quadrat mit Wegekreuz und einer kreisförmigen Betonung in der Mitte stellt einen klassischen Grundriss für Gärten dar, der von der Antike bis in unsere Zeit nichts von seiner Gültigkeit verloren hat.*

Eine andere, sehr sinnvolle Vorgehensweise besteht darin, dass man für den hausnahen Bereich die Architekturformen aufnimmt und fortführt, um sie nach außen hin immer mehr aufzulösen. Das ist vor allem dann anzuraten, wenn am Haus besondere Formen vorherrschen, wie beispielsweise Rundungen oder 120°-Winkel. Dann sollte ein Sitzplatz oder ein Wasserbecken in ähnlicher Weise anschließen. Der Weg zu einem entlegeneren Gartenteil kann aber durchaus geschwungen verlaufen.

Wer naturhafte Formen bevorzugt, wird auch Wege und Platzflächen locker gestalten wollen, vielleicht so, wie es sich beim Gang durch den Garten ergibt. Im Einzelfall kann das reizvoll sein. Es besteht aber die Gefahr, dass es ziemlich ungeordnet wirkt. Deshalb sollte man auch naturhafte Gestaltung nicht ganz dem Zufall überlassen, sondern ein klares Ordnungsprinzip vorgeben. Wichtig ist eine eindeutige Raumaufteilung, eine gewisse Spannung zwischen ruhigen, freien Flächen und abwechslungsreichen Randzonen sowie Blickachsen, die auf besondere Punkte wie Sitzplatz, Pavillon, Wasserbecken, eine Skulptur, besondere Pflanzen usw. zielen.

**Checkliste**
Wie soll der Garten aussehen?

- repräsentativ
- elegant
- sachlich
- großzügig
- traditionell
- romantisch
- vielfältig
- natürlich

## Bepflanzung

Man kann sagen, dass die Standortverhältnisse den Charakter eines Gartens vorgeben. Die Pflanzungen müssen darauf abgestimmt sein. So ruft die anfängliche Kargheit eines brachliegenden, noch unbepflanzten Grundstücks nach Bäumen und Sträuchern, die den Raum begrenzen. Ist der Boden roh und arm an Humus, dann sind als Erstes schnellwüchsige, aber meist kurzlebige Pionierpflanzen gefragt. Dabei ist es natürlich ein Unterschied, ob sandiges Substrat vorliegt, auf dem z. B. Ginster gedeiht, oder schwerer, toniger Boden, in dem die Salweide wächst. Steiniges Gelände dagegen verlangt nach Steppenstauden und Polsterpflanzen, vielleicht aber auch nach Heide, Wacholder und Wildrosen.

Es kann reizvoll sein, wenigstens auf einem Teil des Geländes den Boden unverändert roh zu belassen, sodass die Vegetation ihre aufeinanderfolgenden Stadien durchläuft. Dann siedeln sich als Erstes Arten der Ackerwildflora an, unter ihnen Mohn und Kornblumen. Später bildet sich eine Wiesenvegetation und schließlich ein Reifestadium mit Moos und Farnen im Gehölzschatten.

Normalerweise wird man jedoch bei der Anlage des Gartens Maßnahmen der Bodenverbesserung vornehmen, wozu auch die Anreicherung mit Humus gehört. Bei günstigem Klima bringt dann fruchtbarer Boden eine Fülle von Blüten und Früchten hervor. Rosen, Stauden, Gemüse, Beeren- und Baumobst könnten hier gedeihen und Thema der Gestaltung sein.

Hoher Baumbestand verleiht älteren Gärten einen Waldcharakter. Er atmet Kühle, schenkt uns ein Gefühl der Geborgenheit unter dem Blätterdach. Sommerliche Blütenfülle wäre hier fehl am Platze. Nur im Frühjahr breitet der Waldboden einen Teppich von Anemonen, Leberblümchen und Lerchensporn aus.

Diese Beispiele zeigen, wie wichtig es ist, die Verhältnisse von Boden, Klima und Vegetation zu erfassen, aber auch das Besondere des Standorts zu erspüren.

# Bestandsaufnahme

Im Idealfall plant man Haus und Garten gleichzeitig. Eine ganz wichtige Entscheidung wird bereits mit der Lage des Hauses innerhalb des Grundstücks getroffen, was insbesondere bei einer Hanglage gut überlegt sein will. Lange Eingangswege und allzu große Zufahrten sollten vermieden werden. Wenn möglich, soll der Wohn- und Ziergarten auf der Sonnenseite des Hauses liegen.

Der nächste Schritt ist die Zeichnung eines Grundrissplanes im Maßstab 1:100 (1 m = 1 cm auf dem Papier).

## Haus und Grundstück

Als Erstes werden die Grundstücksgrenzen und die Lage des Hauses sowie aller Nebengebäude inklusive aller Türen und Fenster eingetragen, soweit sie in Kontakt mit dem Garten stehen. Im ebenen Gelände ist dies das Erdgeschoss. Am Hang kann auch ein Untergeschoss einen Gartenausgang haben. Dabei sollte man sich bereits überlegen, welche Ein- und Ausgänge vermutlich am häufigsten begangen werden. Weil man den Garten im Winterhalbjahr meistens von den Innenräumen aus erlebt, muss auch dieser Blickwinkel bedacht werden. Der Dachüberstand muss markiert werden, damit man nicht Pflanzungen plant, die später im Regenschatten vertrocknen würden. Um die Himmelsrichtungen darzustellen, nordet man den Bestandsplan mit einem Pfeil.

## Geländehöhen und Leitungen

Die Höhenabwicklung innerhalb des Grundstückes und zu den Nachbarn abzuschätzen, ist manchmal gar nicht so einfach. Am besten lässt man ein Nivellement anfertigen. Auf einer kleinen Grundfläche lassen sich Höhenunterschiede auch ganz gut mithilfe einer langen, geraden Latte, mit Wasserwaage, Senklot und Maßstab ermitteln. Dass ein Aufmaß der Höhen bei einem Hanggrundstück erforderlich ist, leuchtet ein. Es ist aber auch bei relativ ebenen oder leicht geneigten Lagen ratsam, da dort später beim Wegebau eventuell Treppen erforderlich werden, die Mehrkosten verursachen. So sollte man auf jeden Fall die Anschlusshöhen auf allen Seiten des Hauses, an bereits vorhandenen Belagsflächen, Treppen, Mauern usw., zur Straße und zu den Nachbargrundstücken ermitteln. Auch die Geländehöhe am Fuß von vorhandenen Bäumen und Sträuchern sollte aufgenommen werden.

Damit bei späteren Baumaßnahmen keine Leitungen beschädigt werden, ist es hilfreich, alle im Boden verlegten Rohre und Kabel im Bestandsplan einzutragen.

*Für die Pflanzenauswahl ist neben anderen Faktoren vor allem der vorliegende Boden von entscheidender Bedeutung. Links: Auf einem dichten, tonigen Untergrund wie dem Pseudogley muss man mit Staunässe rechnen. Rechts: Dagegen trocknet Sandboden schnell aus und enthält wenig Nährstoffe. Um fruchtbaren Gartenboden zu erhalten, sind jeweils umfangreiche Maßnahmen der Bodenverbesserung erforderlich. Andernfalls reduziert sich die Pflanzenliste auf wenige angepasste Arten.*

## Bodenbeschaffenheit

Jeder Gartenfreund weiß, wie wichtig fruchtbarer Boden für ein gutes Gedeihen aller Pflanzen ist. Wer würde sich nicht eine lockere, krümelige, nährstoffreiche Gartenerde wünschen, die bei Regen nicht verschlämmt und ausreichend Feuchtigkeit speichert, sodass auch im heißen, trockenen Sommer nicht täglich gegossen werden muss?

Aber nicht jedes Grundstück verfügt von Natur aus über solch ideale Bodenverhältnisse. Sandige und steinige Böden sind sehr durchlässig. Niederschläge versickern schnell. Wenn es im Sommer einige Zeit nicht regnet, trocknen sie tiefgründig aus. Sandböden weisen zudem oft eine saure Bodenreaktion auf und sind von Natur aus meist nährstoffarm. Es gibt nicht allzu viele Pflanzen, die solche Verhältnisse bevorzugen.

Das Gegenteil stellen schwere Lehm- und Tonböden dar. Hier versickert das Regenwasser nur langsam. Es besteht die Gefahr der Staunässe. Das macht eventuell eine Dränage erforderlich. Außerdem wird jede Bodenbearbeitung hier zur mühevollen, schweißtreibenden Arbeit. Die Nährstoffversorgung ist allerdings gut.

Zur Bestandserfassung gehört also auch, Struktur und Nährstoffversorgung des Bodens zu prüfen. Dazu sollte man vielleicht schon zu Beginn der Planung eine Bodenprobe auf den Gehalt an Hauptnährstoffen und den Säuregrad hin untersuchen lassen.

## Licht und Schatten

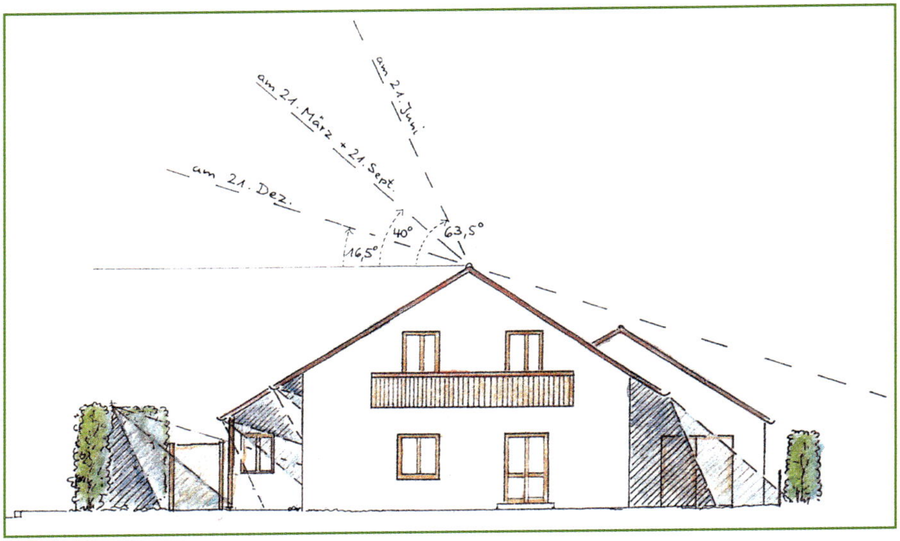


*Haus im Aufriss mit Sonnenstand und Schattenwurf im Jahreslauf jeweils mittags auf 50° nördlicher Breite.*

Im klimatisch begünstigten Weinbaugebiet gedeihen Wärme liebende Pflanzen, die in raueren Höhenlagen erfrieren würden. Und in Meeresnähe kann man mit einer anderen Verteilung der jährlichen Niederschläge rechnen als in eher kontinental geprägten Gegenden. Es ist also zumindest für die Pflanzenauswahl von Bedeutung, mit welchen Temperaturschwankungen und welchem Niederschlagsverlauf man zu rechnen hat.

An der großklimatischen Lage können wir nichts ändern. Aber vor Wind kann man sich schützen. Dazu muss jedoch bekannt sein, woher der Wind vorwiegend weht und wie sehr er das Grundstück beeinträchtigt. Oft zieht es gehörig um die Hausecken. Durch einen schmalen Gang zwischen Gebäudeteilen verstärkt sich das noch. Dann spricht man vom „Düseneffekt". Wer dies im Vorfeld erkennt, kann Windschutz einplanen.

Innerhalb eines Gartens gibt es sonnige und schattige Stellen. Und dies verändert sich im Lauf des Jahres oft stärker als man denkt. Im Winter beschreibt die Sonne nur einen flachen und kurzen Bogen. Sie geht im Südwesten auf, steigt in unseren Breiten auf eine Höhe, die ungefähr einem 18°-Winkel entspricht, und geht schon im Südwesten wieder unter. Zu dieser Zeit werfen Gebäude, Zäune und Mauern lange Schatten. Im Hochsommer dagegen erreicht die Sonne ihren Höchststand mit etwa 65° gegenüber der Waagrechten. Dadurch ist der Schattenwurf deutlich kürzer. Im Tageslauf beschreibt sie einen Bogen, der im Nordosten beginnt und erst im Nordwesten endet. Zu dieser Zeit bekommen auch Stellen an der Nordseite des Hauses morgens und abends Sonne ab.

Auf der Südseite des Hauses zeigt es sich, dass die Sonnenstrahlen im Winter weit in die Zimmer scheinen, während im Sommer ein Dachüberstand bei ausreichender Tiefe den Fenstern und eventuell auch einem Sitzplatz Schatten spendet.

Wer den Schattenwurf seines Hauses im Jahresverlauf einschätzen will, sollte sich eine Skizze in der Ansicht von Osten oder Westen machen und den höchsten und niedrigsten Sonnenstand des Jahres eintragen. Daraus ergibt sich die zu erwartende Beschattung.

## Das Umfeld

*Schöne Ausblicke hält man sich offen und betont sie, Störendes wird verdeckt.*

*Wo ein Blick in die Landschaft lohnend ist, sollte man ihn offen halten.*

Jedes Grundstück steht in Beziehung zu seiner Umgebung. Zunächst sind das die unmittelbaren Nachbarn. Nachdem man auf dem Bestandsplan Grundstücksgrenzen, Gebäude und Geländehöhen vermerkt hat, sollte man auch die Kontaktzonen nach außen berücksichtigen. Wie sehen die Einfriedungen aus? Gibt es in der unmittelbaren Nachbarschaft Gebäude, Hecken, Sträucher oder Bäume, die auf das eigene Grundstück einwirken? Und ist dies begrüßenswert oder eher problematisch?

Wo ist Sichtschutz wünschenswert? An welcher Stelle wäre ein Ausblick lohnend? Hanggrundstücke bieten diesen Vorteil. Aber erfreut uns der Blick in die Weite oder stört vielleicht etwas Unansehnliches die Aussicht? Falls Kinder im Garten spielen sollen, muss man auf mögliche Gefahren achten, etwa eine verkehrsreiche Straße, ein Gewässer, ein Geländeabsturz oder Ähnliches.

Jeder Garten sollte sich gut in das Ortsbild einfügen. Ländliche Gärten wirken eher traditionell, Stadtgärten dürfen moderner gestaltet sein.

## Pflanzenbestände

In Neubaugebieten sind meistens noch keine nennenswerten Pflanzenbestände vorhanden. Anders verhält es sich bei der Umgestaltung eines älteren Gartens. Dann müssen Bäume, Solitärsträucher, Heckengehölze, ja sogar Stauden erfasst und bewertet werden. Nur so kann man entscheiden, was zu roden ist, was noch verpflanzt oder was einfach, so wie es ist, in die Neugestaltung aufgenommen werden kann. Bei einem dicht bewachsenen Grundstück erweist sich diese Arbeit als recht aufwendig. Und meistens ist es sehr zu empfehlen, den Garten eine Vegetationsperiode lang zu beobachten und all sein Inventar kennen zu lernen. Um Fehlentscheidungen zu vermeiden, macht man am besten alle paar Wochen Fotos oder notiert, was wächst, blüht, gedeiht oder was kümmert.

Etwas leichter ist zu entscheiden, ob vorhandene Terrassen- und Wegebeläge, Stützmauern oder Zäune, eine Sichtschutzwand oder andere Bauteile erhalten bleiben.

## Planungsbeispiel Familiengarten

An einem konkreten Beispiel sollen hier die einzelnen Planungsschritte verdeutlicht werden:

Das Grundstück von etwa 600-m²-Größe liegt im Siedlungsbereich eines Dorfes. Es weist keine nennenswerten Höhenunterschiede auf. Der größte Teil der Gartenfläche liegt auf der Ostseite des Hauses. Dort gibt es einen Ausgang aus der Küche. Vor dem Wohnzimmer mit seiner breiten Tür bietet sich ein überdachter Sitzplatz an. Der Abstand zur Straße beträgt hier allerdings nur 6 m. Eine überalterte Thujahecke schirmt den Garten notdürftig nach außen ab. Außer einem großen Kirschbaum und einem Apfelbaum gibt es keinen weiteren Gehölzbestand. Auf der Nordseite schließt ein Nachbargarten mit einer geschnittenen Hecke an. Daneben gibt es Nutzgärten mit Gemüse und Beerenobst. Vom östlich gelegenen Haus aus ist der eigene Garten einsehbar. Hier wäre Sichtschutz wünschenswert. Der Vorgarten beschränkt sich auf einen Platz vor der Garage, der zugleich Einfahrt und Zugangsweg zum Haus ist. Ein Birnbaum, der in der Nachbareinfahrt steht, ragt in diesen Platz herein. Der fruchtbare Boden lässt gutes Pflanzenwachstum erwarten. Im Winter ist mit mittelstarken Frösten zu rechnen. Die höchste Regenmenge fällt in den Monaten Juni und Juli.

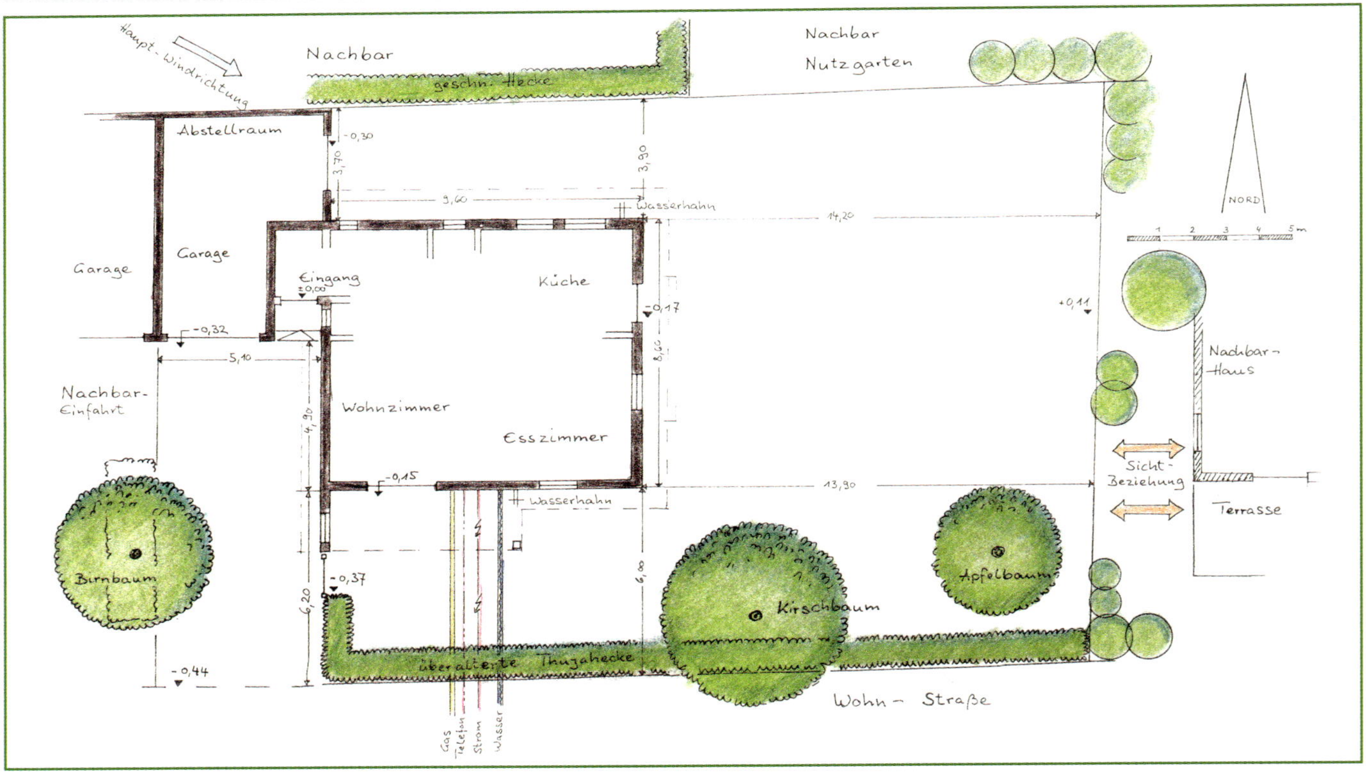


**Checkliste** (In einen Bestandsplan einzeichnen):

- Grundstücksgrenzen, Haus, Nebengebäude mit Türen, Fenstern
- Geländehöhen, Leitungen, Pflanzenbestände, Kontaktzonen (Nachbarn, Straße), Nordpfeil

Zu prüfen ist:

- Klima (Windverhältnisse, Besonnung), Bodenbeschaffenheit
- rechtliche Voraussetzungen (Bebauungsplan)
- Blickbeziehungen (Haus + Garten + Umfeld)

## Planungsschritte

Es gibt also viele Wege, die zu einer Gestaltungsidee führen. Sie ist die Basis der Planung, die nach und nach Gestalt annimmt. Dabei beginnt man mit dem Großen und Ganzen und arbeitet sich immer differenzierter zu den Einzelheiten vor. Oft wird der Fehler gemacht, dass man mit den Details beginnt. Dann steht womöglich schon fest, welche Rosen demnächst vor dem Wohnzimmerfenster blühen und wie der Terrassenbelag gemustert sein soll. Aber wie der Garten grundsätzlich aussehen soll, wie man allen Erfordernissen gerecht wird, Gartenräume bildet und das Gelände formt, bleibt zunächst völlig unklar. Das ist so ähnlich, als würde man bei der Planung eines Hauses mit Überlegungen zur Wohnungseinrichtung beginnen, obwohl der Grundriss noch gar nicht feststeht.

*Falls auch Haustiere den Garten nutzen, sollte dies bei der Planung bedacht werden.*

### Der Vorentwurf

Sobald Klarheit über die Nutzungswünsche und alle Erfordernisse besteht, kann man auf der Grundlage des Bestandsplanes erste Vorentwürfe erarbeiten. Am besten legt man dazu Transparentpapier über den Bestandsplan, übernimmt daraus die Grundrisse von Haus und Grundstück sowie von vorhandenen Bäumen und allem, was erhalten bleiben soll.

Dann werden die einzelnen Nutzungsbereiche festgelegt. Damit ist entschieden, welchen Raum der Wohngarten einnimmt, wo Kinder spielen können, wo man den Wirtschaftsgarten anlegt usw. Als Nächstes wird die Ausformung des Geländes und die Raumbildung bedacht. Dann erst plant man Wegeverlauf und Platzflächen, Mauern, Treppen, Sichtschutzelemente, Pergola, Gerätehütte, Spieleinrichtungen, Wasseranlagen usw.

Außer den wichtigsten Bäumen legt man in der Vorentwurfsphase einzelne Pflanzenarten noch nicht genau fest. Nur die Größe und Gestalt der Gehölze ist zu diesem Zeitpunkt von Bedeutung. Solitärsträucher und Hecken, ob frei wachsend oder geschnitten, werden bestimmt. Vielleicht wählt man auch besondere Wuchsformen aus, wie etwa Trauerbäume oder Säulenwuchs. Bei der Unterpflanzung wird nur zwischen Staudenbeeten und Rasen oder Wiese unterschieden.

Auf diese Weise könnte skizzenhaft eine Reihe von Vorentwürfen entstehen. Es ist vernünftig, die Wünsche aller Beteiligten zu Papier zu bringen, auch dann, wenn man sie später wieder verwirft, denn so werden alle Ideen festgehalten und können diskutiert werden. Meistens ist die Wunschliste viel zu umfangreich, als dass sich alles auf der bestehenden Fläche und mit den vorhandenen Mitteln realisieren ließe. Man muss Schwerpunkte setzen und festlegen, was wichtig ist und worauf eventuell verzichtet werden kann.

Manchen bereitet es Schwierigkeiten, sich anhand eines (zweidimensionalen) Grundrisses den Garten räumlich vorzustellen. Geländeschnitte und Ansichten erleichtern dies. Noch besser wäre eine Vogelperspektive. Aber die zu zeichnen, ist nicht ganz leicht. Es gibt aber noch die Möglichkeit, ein Modell zu bauen. Dazu füllt man eine flache Kiste mit Sand, in die man Pappmodelle der Gebäude stellt. Dann ist es nicht mehr schwierig, das Gelände im kleinen Maßstab zu modellieren. Für Wände und Zäune nimmt man beispielsweise Pappe, für die Wiese flaches Moos, für Bäume und Sträucher zerknülltes Seidenpapier oder trockene Samenstände. Auf diese Weise lassen sich verschiedene Varianten durchspielen und anschaulich darstellen.

*Wer sich schwer tut, einen Grundriss von seinem Garten zu zeichnen, kann ihn auch am Modell planen. Hier waren Kinder am Werk. Sie wünschen sich ein Schwimmbad, einen großen Spielbereich mit einem „Penthouse" auf der Garage. Auch einen blumenreichen Nutzgarten haben sie vorgesehen.*

**Gartenwünsche einer Familie**

Vater: abgeschirmter Sitzplatz mit Gartengrill
Platz für handwerkliche Tätigkeiten nahe der Garage
Brennholzstapel, geschnittene Hecken, Obstgehölze
Pflegeleichtigkeit

Mutter: große Terrasse für die ganze Familie
Rückzugsecke mit kleinem Sitzplatz, Hängematte
Brunnen und Schöpfbecken, frei wachsende Sträucher,
blühende Stauden von Frühjahr bis Herbst
Kräuterbeet, Beet für Tomaten und Salat
romantischer Garten

Sohn (7 Jahre):
Platz zum Fußballspielen
Kletterbaum und Baumhaus mit Rutsche
Seilbahn, Trampolin, Schwimmbecken

Tochter (4 Jahre):
Schaukel, Sandplatz, Wasserrinne und Mühlrad
Höhle als Spielwohnung

Großmutter (wohnt in der Nähe, kommt öfter nachmittags):
Hausbank nahe der Küche
Nutzgarten für Gemüse und Obst, Kompostplatz

Aus den örtlichen Gegebenheiten und den Wünschen wird ein erster Vorentwurf entwickelt. Abgesehen vom Eingangsbereich gliedert sich der Garten in drei Räume:

- Südseitig ein kleiner Wohngarten mit Terrasse und Staudenbeet. Eine geschnittene Hecke schirmt ihn zur Straße hin ab.
- Die Rasenfläche wird von Ziersträuchern umschlossen. Die Kinderwünsche von Fußballfeld, Seilbahn und Schwimmbecken lassen sich auf diesem kleinen Grundstück leider nicht verwirklichen. Der Kirschbaum trägt eine Baumhütte mit Rutsche, im Schatten des Apfelbaumes befindet sich die Sandkiste. Gegenüber kann der Nutzgarten angelegt werden.
- Auf der schattigen Nordseite liegt der Wirtschaftshof. Brennholz lagert unter dem Dachüberstand. Daneben sind die Abfalltonnen untergebracht, am Zaun der Kompostplatz und das Beerenobst.

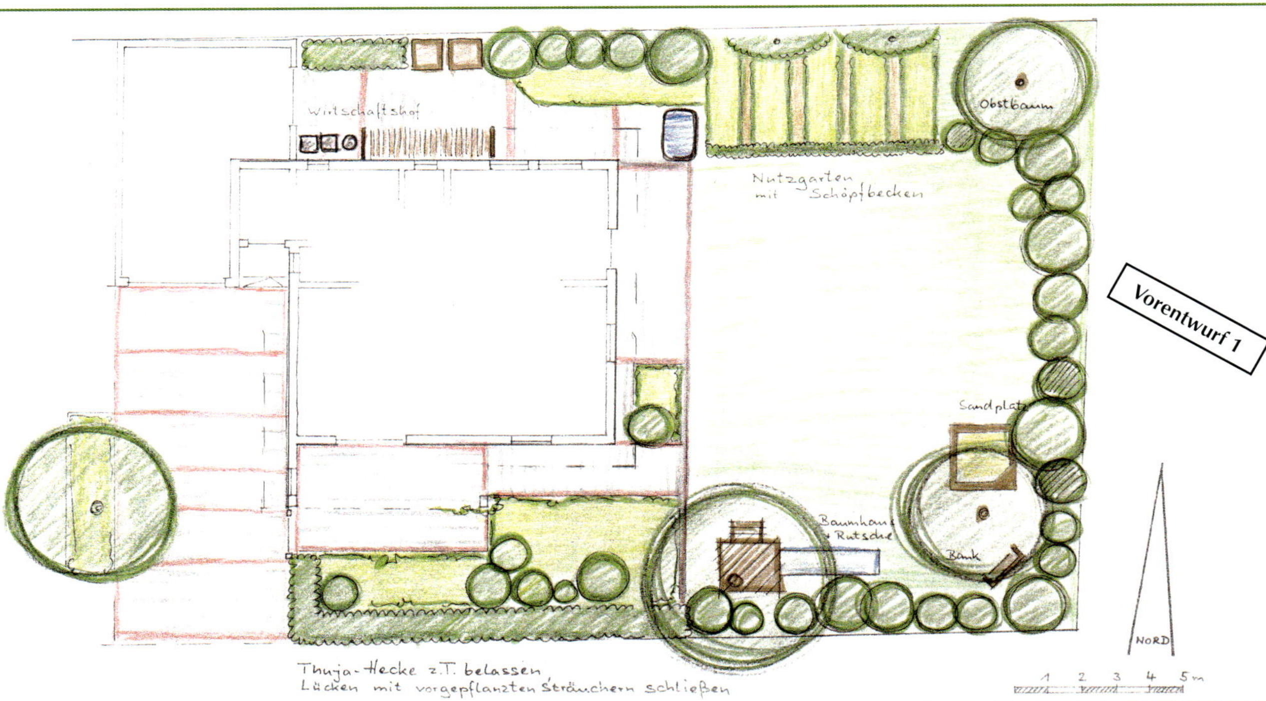

Nun wird dieser erste Vorentwurf besprochen.
Es zeigt sich, dass

- die Terrasse größer sein sollte,
- der Nutzgarten zunächst nicht so wichtig ist,
- die Linienführung geschwungener sein dürfte.

Daraus ergeben sich Veränderungen:

- Für den Hauptsitzplatz wird die ganze Fläche zwischen Haus und Schnitthecke vorgesehen. Auflockerung bringen einige Kübelpflanzen und ein Staudenbeet mit Quellstein. Dieser kleine Gartenteil gewinnt den Charakter eines Hofes, indem man ihn zum größeren Gartenraum hin mit Rankgerüst und Rosenbogen abschließt. Die geschnittene Hecke erstreckt sich entlang der ganzen Straßenfront.
- Auf den Nutzgarten wird vorerst verzichtet. Er könnte eventuell später anstelle eines Spielbereiches angelegt werden. Dann sollten die Sandspielecke mit Schwengelpumpe, Wasserrinnen und Matschtisch, eine Schaukel und ein Kletterturm mit Baumhaus und Rutsche besser in der Nordostecke des Gartens liegen. Das Oval der Rasenfläche wird mit einem breiten Klinkerband eingefasst. Im Schatten der Hecke findet eine Ruhebank Platz. Unter Bäumen und Sträuchern sind bodendeckende Stauden vorgesehen, die wenig Pflegeaufwand erfordern.
- Zwischen Spielbereich und Wirtschaftshof gibt es ein Beet mit Beerenobst. Auf Kosten von Himbeersträuchern wurde ein zweiter Holzstapel vorgesehen.
- Der Eingangsbereich soll eine Natursteinpflasterung in Segmentbögen erhalten.

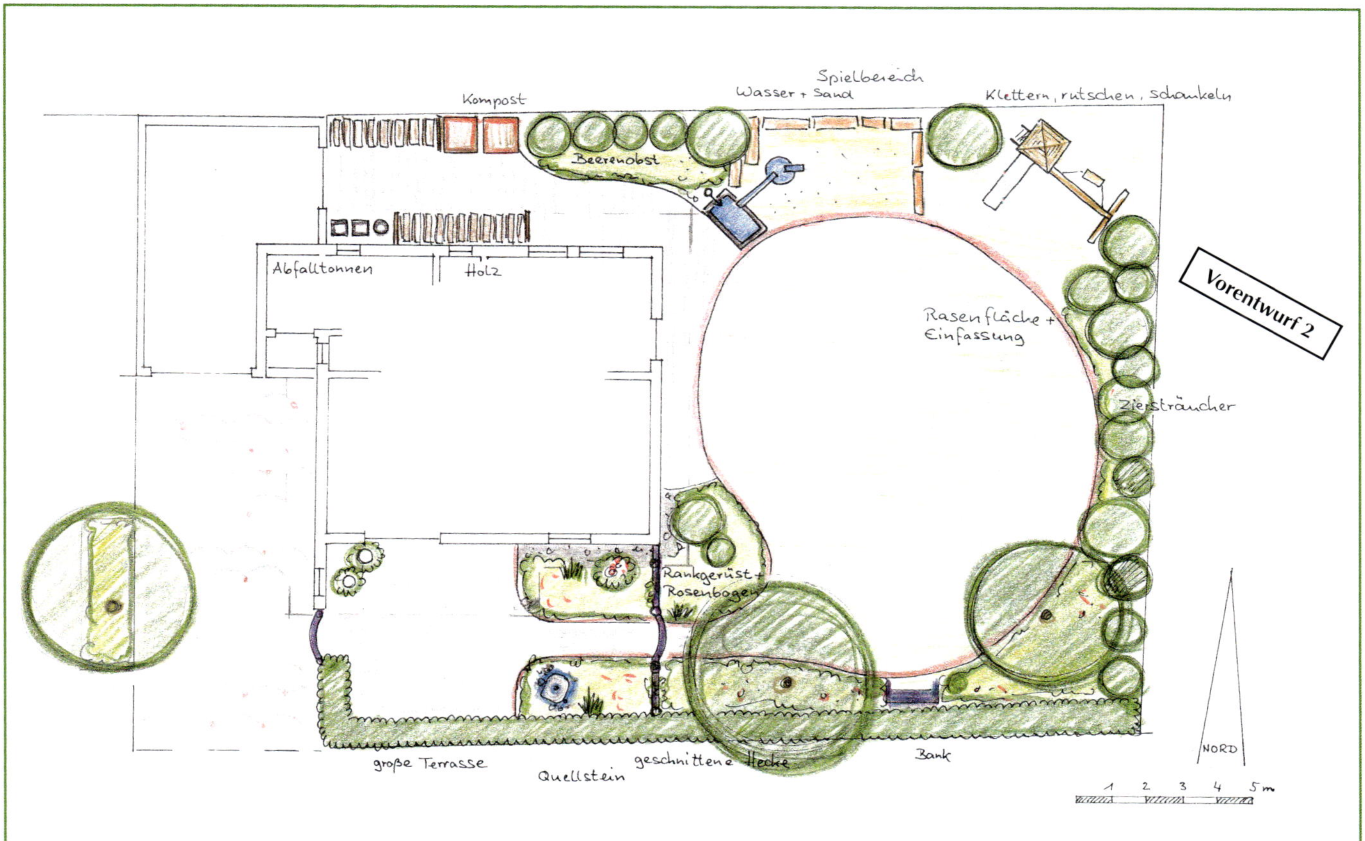

Bei der weiteren Diskussion der Vorentwürfe hat sich herausgestellt, dass

- Natursteinbeläge zu teuer sind
- die Terrasse besser gegliedert sein sollte
- die Schnitthecke durch eine berankte Sichtschutzwand zu ersetzen ist
- in Hausnähe rechteckige Formen zu bevorzugen sind, die zu den Grundstücksgrenzen hin in weichere Linien und freie Formen übergehen.

So ergibt sich ein umschlossener Terrassenhof mit einem größeren und einem kleineren Sitzplatz. Ein Brunnen liegt so, dass man ihn auch vom Innenraum aus gut wahrnimmt. Kletterrosen und Clematis umranken die Sichtschutzwand. In den Beeten davor bezaubern Kleinstrauchrosen und begleitende Stauden vom Frühling bis zum Herbst mit ihrer Blüte. Gräser und Buchskugeln verleihen der Pflanzung auch im Winter Struktur.

Auf eine geschnittene Hecke wurde zugunsten von Blütensträuchern verzichtet. Sie umrahmen den Wohngarten auf zwei Seiten. Zur Straße hin schließt ein Lattenzaun das Grundstück ab. Eine umrankte Sichtschutzwand aus Holz sorgt in der Nähe der Nachbarterrasse von Anfang an für Privatsphäre. Den Kindern steht nicht nur der Spielbereich sondern auch die Rasenfläche zur Verfügung. Sie soll leicht ausgemuldet werden, damit der Garten größer wirkt, als er tatsächlich ist. Eine Hausbank steht unter dem Dachüberstand.

Im Wirtschaftshof ergibt sich außer einer kleinen Umstellung der Abfallbehälter keine nennenswerte Änderung.

Für den Eingangsbereich wurde graues Betonpflaster mit einer rotbraunen Musterung vorgesehen. Die übrigen Flächen erhalten eine Befestigung aus grauen Betonplatten und Bändern aus Porphyr zur Gliederung.

Der Spielbereich ist mit Sand und Wasser, Spielhaus, Rutsche und Schaukel ausgestattet.

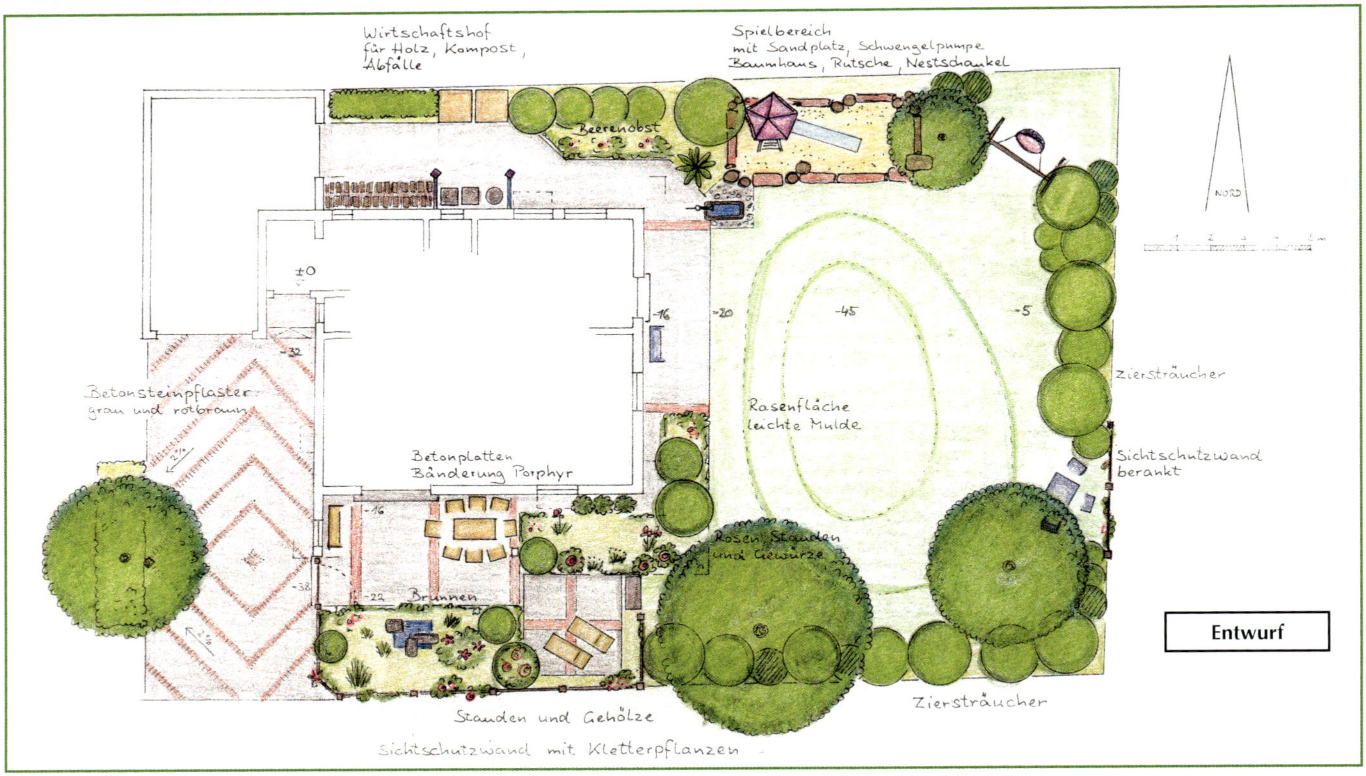

## Der Entwurf

Die verschiedenen Ideen und Vorstellungen, die als Vorentwürfe skizziert wurden, sollen zu einem passenden Konzept führen. Dazu ist ein Abwägen aller Vor- und Nachteile erforderlich. Man sollte die zu erwartenden Kosten bereits jetzt grob abschätzen. Vielleicht ist auch ein Gespräch mit Nachbarn hilfreich, um deren Zustimmung für die eine oder andere Maßnahme einzuholen.

Hat man mithilfe verschiedener Vorentwürfe ein Konzept erarbeitet, das dem Traumgarten möglichst nahe kommt, so entsteht nun daraus die endgültige Planfassung in Form des Entwurfs. Er dient als Grundlage für die Ausführung. Deshalb müssen Materialauswahl, alle Einzelheiten, Höhenangaben und nicht zuletzt die Bepflanzung bedacht werden. Der Entwurf wird wesentlich genauer gezeichnet als die skizzierten Vorentwürfe.

## Der finanzielle Rahmen

Schon bei der Vorplanung sollte man die Verwirklichung im Auge behalten. Dazu gehört auch, wenigstens grob abzuschätzen, welche Kosten zu veranschlagen sind. Denn manches Mal sind hochfliegende Gartenträume aus finanziellen Gründen später nicht realisierbar und das wäre wirklich schade. Da ist es besser, von vornherein zu entscheiden, was geht und was nicht.

Dringend geboten ist eine Kostenberechnung aber, sobald die endgültige Konzeption feststeht. Dazu bedarf es jedoch einiger Erfahrung, und deshalb ist es ratsam, sich professioneller Hilfe zu bedienen. Zunächst sind dazu alle Flächen- und Raummaße zu ermitteln. Sämtliche Arbeitsschritte und natürlich alle Materialien inklusive der Pflanzen gehen in die Kostenermittlung ein. Der Berechnung liegen marktübliche Preise zugrunde. Das ergibt dann die Kosten, die bei einer Vergabe aller Arbeiten voraussichtlich entstehen.

Erfahrungsgemäß hat man mit weit weniger Ausgaben gerechnet. Und manch einer ist überrascht, wie wenig die Pflanzungen im Verhältnis zu den Gesamtkosten ausmachen. Kostspielig ist alles Gebaute: Mauern, Treppen, Belagsflächen, Wasseranlagen, auch größere Bauten aus Holz oder Metall. Naturstein ist in der Regel teurer als Klinker und Betonstein, wobei es wiederum jeweils große Preisunterschiede gibt. Hier lässt sich also notfalls etwas einsparen. Für kleinere Flächen kann man sich vielleicht hochwertigeres Material leisten, während man für große Flächen, etwa die Garageneinfahrt, auf ein Industrieprodukt zurückgreift. Erdarbeiten fallen nur bei größerem Umfang und erschwerten Bedingungen (Hanglage, Handarbeit wegen fehlender Zufahrt ...) deutlich ins Gewicht. Pflanzmaßnahmen sind meistens der geringste Posten, es sei denn, man verwendet größere Gehölze in der Qualität von Ballen- oder Containerware.

Wer handwerklich geschickt und körperlich fit ist, kann sicherlich das eine oder andere selbst ausführen. Man denke dabei an Zaunarbeiten oder den Bau einer Pergola. Pflanzmaßnahmen und Rasenansaat stellen für einen passionierten Gartenfreund meist keine nennenswerte Herausforderung dar, aber größere Belagsflächen, Treppen oder Hangabstützungen selbst zu bauen, kann durchaus schwierig werden. Das sollte jemand machen, der fachlich kompetent ist. Bei umfangreichen Planiearbeiten lohnt sich der Maschineneinsatz. Ein Gelände, das ein Landschaftsgärtner in wenigen Stunden modelliert, würde von Hand tagelange Arbeit erfordern.

Manche Landschaftsbaubetriebe akzeptieren es, wenn der Auftraggeber auf der Baustelle mitarbeitet. Das kann durchaus für beide Seiten Vorteile haben. Der Auftraggeber spart sich Kosten und kann sich einiges vom Fachmann abschauen. Andererseits muss sich der Gartenbauer nicht mit zeitraubenden Kleinarbeiten abgeben. Zudem kann Unvorhergesehenes ohne Zeitverzug geklärt werden.

Einige Ausgaben lassen sich auf einen späteren Zeitpunkt verschieben. Das gilt für Belagsflächen, für die zunächst nur ein tragfähiger Unterbau aus Schotter erstellt und mit einer dünnen Abdeckung aus Feinkies versehen wird. Ein paar Jahre später, wenn sich die finanzielle Lage entspannt hat, kann man die Deckschicht entfernen und den endgültigen Belag aufbringen. Man muss nur von vornherein die endgültige Bauhöhe berücksichtigen.

*Die baulichen Anlagen wie Terrasse und Gartenteich, Mauern, Treppen und Beläge sind wesentlich kostspieliger als alle Pflanzmaßnahmen.*

### Die Ausführungsplanung

Viele Landschaftsgärtner sind durchaus in der Lage, aufgrund eines gut ausgearbeiteten Entwurfs die Kosten zu kalkulieren und den Plan in die Realität umzusetzen. Voraussetzung ist eine gute Vermaßung oder zumindest Maßgenauigkeit, exakte Materialangaben und eine komplette Pflanzenliste.

Es wird natürlich übersichtlicher, wenn man dies in einzelnen Ausführungsplänen darstellt. So enthält der Absteckplan alle Materialangaben und Maße für Höhen und Flächen. Eventuell bedarf es einiger Geländeschnitte und großmaßstäblicher Detailzeichnungen. Das kann beispielsweise die Konstruktion einer Pergola betreffen oder die Ausgestaltung von Gartenteich und Brunnen. Es ist immer dann erforderlich, wenn man sich selbst über die Bauweise Klarheit verschaffen will oder diese anderen vermitteln muss.

Im Bepflanzungsplan wird schließlich festgelegt, welche Bäume und Sträucher, Stauden, Gräser und Farne den Garten schmücken sollten. Ihn zu erstellen erfordert Pflanzenkenntnis und Erfahrung. Da muss die Auswahl stimmen, sowohl hinsichtlich der Funktion, welche die Pflanzung erfüllen soll, als auch bezüglich der Standortverhältnisse. Man muss Höhen- und Breitenwachstum einschätzen können. Und alles zusammen soll natürlich ein harmonisches Bild ergeben. Zum Bepflanzungsplan gehört eine Pflanzenliste, die alle Arten und Sorten mit Qualitätsangaben enthält.

Wer den Garten oder auch nur Teilbereiche von einem Landschaftsgärtner gestalten lassen möchte, sollte sich Angebote einholen. Dazu muss ein Leistungsverzeichnis erstellt werden, das jeden Arbeitsschritt und jede Materialverwendung in Qualität und Menge unmissverständlich festlegt. Nur auf dieser Grundlage lassen sich die Preise vergleichen.

*Mit handwerklichem Geschick lassen sich einfache Verlegearbeiten im Garten in Eigenleistung ausführen.*

**Was Sie bei der Planung bedenken sollten:**

- Sammeln Sie Ideen im Kreise der ganzen Familie. Kinder haben oft verblüffende Vorschläge.
- Machen Sie sich kundig bezüglich der örtlichen Gegebenheiten.
- Setzen Sie Schwerpunkte. Nicht alles lässt sich verwirklichen.
- Bestimmen Sie, wie die erforderlichen Funktionen in verschiedenen Gartenbereichen erfüllt werden können.
- Bilden Sie Gartenräume.
- Legen Sie die formale Gestaltung fest.
- Ordnen Sie die Gehölze an.
- Bestimmen Sie Rasen- und Pflanzflächen
- Formen Sie Mauern, Wege, Treppen und Platzflächen, Pergolen, Wasseranlagen usw.
- Wählen Sie die Materialien aus.
- Planen Sie die baulichen Details.
- Vergessen Sie die Leitungen für Wasser und Strom nicht.
- Arrangieren Sie eine standortgerechte Bepflanzung, die farblich und formal harmoniert.

Dies sind die Planungsphasen, wie sie üblicherweise ein Garten- und Landschaftsarchitekt durchführt. Hinzu kämen noch die Maßnahmen der Bauleitung bis zur Endabrechnung und Dokumentation. Der Planungsaufwand ist unterschiedlich, je nachdem, welche Schwierigkeiten zu überwinden sind und was realisiert werden soll. Professionelle Gartenplaner verwenden für ihre Arbeit den PC. Spezielle Software ermöglicht es, alle Planungsschritte am Computer zu erledigen. Viele Planer gehen dabei so vor, dass sie einen Entwurf zunächst von Hand auf Transparentpapier zeichnen, ihn dann scannen, um ihn schließlich am PC weiterzubearbeiten. Andere zeichnen schon den ersten Entwurf am Bildschirm.

Computergestütztes Design ist besonders hilfreich, wenn es darum geht, eine Planung mit vielen Varianten durchzuspielen. Die einmal erstellte Zeichnung lässt sich ohne großen Aufwand beliebig verändern. Dabei sind auch dreidimensionale Darstellungen und virtuelle Spaziergänge durch den Garten möglich. Wirklich lohnend ist die Arbeit mit dem PC, wenn Geländeprofile, Vermaßungs-, Detail- und Bepflanzungspläne zu erarbeiten sind, außerdem bei der Massenermittlung, für Ausschreibungstexte, Aufmaß und Abrechnung. Insofern ist die computergestützte Bearbeitung für Planungsbüros unentbehrlich und gängige Praxis.

An einige Planungsschritte kann man sich auch als Laie wagen, ob mit oder ohne PC. Voraussetzung ist ein gutes Vorstellungsvermögen, handwerkliche und gärtnerische Vorkenntnisse. Oft ist es aber ratsam, sich professioneller Hilfe zu bedienen. Das ist um so mehr der Fall, je schwieriger die Voraussetzungen sind.

Für Gartenbesitzer, die vorhaben, ihren Garten nicht auf einmal, sondern in mehreren Abschnitten anzulegen, ist eine Gesamtplanung als Grundkonzept auf jeden Fall erforderlich. Sie stellt eine Orientierungshilfe dar, auch wenn im Laufe der Baumaßnahmen einiges anders wird, als es ursprünglich gedacht war.

## Den Garten anlegen

Wenn die Planung abgeschlossen und die Finanzierung gesichert ist, kann es an die Ausführung gehen. Einerlei, ob man dazu eine Fachfirma heranzieht oder selbst Hand anlegt, immer müssen die Arbeiten in einer sinnvollen Abfolge verrichtet werden.

Falls man vorhat, nicht alles auf einmal anzulegen, sondern den Garten nacheinander in mehreren Abschnitten zu gestalten, dann ist es wichtig, dass man in schwer erreichbaren Ecken anfängt (also meistens im hinteren Gartenteil) und sich in Richtung Zufahrt, Vorgarten oder Straße vorarbeitet. Man läuft sonst Gefahr, dass man bereits fertiggestellte Bereiche bei späteren Bauarbeiten wieder beschädigt.

Gibt es auf dem Grundstück erhaltenswerte Pflanzenbestände, wie Bäume, Sträucher oder andere wertvolle Vegetationsflächen, so sollten diese während der Bauarbeiten geschützt werden. Am besten geschieht das mit einer stabilen Umzäunung, die auch den Wurzelbereich der Gehölze umfasst. Vorhandene Pflanzenbestände sind für eine Neuanlage von großer Bedeutung, weil sie dazu beitragen, dass der Garten schon bald eine wohnliche Atmosphäre bietet. Nicht der Platzbedarf für die Baumaschinen, sondern nur die gewünschte, künftige Gartenfläche rechtfertigt Rodungen.

Vor Beginn der Bauarbeiten wird der Oberboden abgetragen und in Erdmieten aufgesetzt. Dieser belebte Mutterboden ist kostbar. Er stellt die Grundlage für Fruchtbarkeit und gutes Pflanzenwachstum dar. Deshalb sollte die Erdmiete während der Bauzeit mit einer eingesäten Gründüngung vor Austrocknung und Erosion geschützt werden. Man hat dann später auch weniger Probleme mit aufkeimenden Unkräutern.

Wenn alle Gebäude stehen, ist es Zeit für die Rohplanierung. Das Gelände wird in der gewünschten Form modelliert. Es ist sinnvoll, in diesem Zuge auch alle Auskofferungsarbeiten (Bodenaushub) für Wege, Plätze und erforderliche Fundamente vorzunehmen. Bei den Erdarbeiten sind die späteren Aufbau- und Andeckungshöhen zu berücksichtigen.

Dann kann man daran gehen, Mauern, Wasseranlagen, Treppen und Belagsflächen zu bauen. Falls erforderlich, müssen dabei Entwässerungsanlagen und Stromleitungen vorgesehen werden. Auch Gartenwasserleitungen werden in diesem Zusammenhang verlegt.

Bevor man den Oberboden wieder andeckt, muss der Untergrund im Bereich von Bodenverdichtungen tiefgründig gelockert werden. Versäumt man dies, so hat man später mit Staunässe zu kämpfen. Pflanzen können verdichtete Böden kaum durchwurzeln.

Schließlich wird der Oberboden wieder angedeckt. Meist ist es ratsam, ihn mit Kompost zu verbessern. Wer die Geduld dazu aufbringt, stellt Pflanzarbeiten und Rasenanlage noch ein wenig zurück und sät eine für den Boden passende Gründüngung ein. Dadurch wird der Boden frisch durchwurzelt und mit Bodenorganismen belebt.

Die letzen Schritte zur fertigen Gartenanlage sind Feinplanierung, Pflanzungen und Ansaaten. Dann kann man zusehen, wie es wächst und sich am neu angelegten Garten erfreuen.

*Bis der fertig angelegte Garten so eingewachsen und gereift ist, braucht er noch einige Jahre.*

# Grundlagen der Gartengestaltung

## Ausgleich der Gegensätze

Unsere Welt definiert sich durch Gegensatzpaare. Was warm ist, wüssten wir nicht, würden wir nicht auch Kaltes kennen. Ohne die Beziehung zum Großen wäre uns das Kleine kein Begriff. Vergleichbare Polaritäten spielen auch in der Gartengestaltung eine Rolle. Und wie immer kommt es auch hier darauf an, einen Ausgleich herzustellen. Dann entsteht ein harmonisches Ganzes.

### Architektonisch oder landschaftlich

Aus der Geschichte der Gartenarchitektur ersehen wir, dass sich strenge, geometrische Stilrichtungen immer wieder mit landschaftlichen, frei fließenden Formen abgewechselt haben, wobei allerdings architektonische Gärten den Keim des Naturhaften in sich tragen und Landschaftsgärten durchaus eine sinnvolle Ordnung erkennen lassen. Auf der einen Seite geht es um das Prinzip der Ordnung mit Symmetrien und Achsen, mit regelmäßigen Rhythmen, scharfen Kanten und rechten Winkeln. Im Gegensatz dazu steht das Malerische, Landschaftliche, Unregelmäßige. Wo aber nur strengste Ordnung herrscht, entsteht eine unangenehme Wirkung von Starre und Steifheit. Würden wir andererseits unseren Garten dem Spiel der Natur, dem Wildwuchs überlassen, dann entstünde der Eindruck von Chaos.

Harmonisch und ausgewogen wirkt ein Garten, wenn er zumindest ansatzweise beides hat: Ordnung und Lebendigkeit. Ein Beispiel dafür sind englische Cottage-Gärten. Hier entfaltet sich im strengen Rahmen von Mauern und geschnittenen Hecken,

*Das geometrische Formgerüst dieses Buchsgartens verliert durch die lockere Bepflanzung seine Strenge.*

entlang axialer Wege die farbenfrohe Pracht von Staudenrabatten. Auch beim klassischen Bauerngarten hat sich etwas Ähnliches erhalten. Hier wächst eine bunte Vielfalt von Nutzpflanzen, Einjahresblumen, Stauden, Heil- und Gewürzkräutern. Aber sowohl die Umzäunung als auch die Beeteinteilung geben dem ganzen Halt und Ordnung.

Ganz allgemein benötigt ein Garten ein formales Gerüst. Das muss nicht geometrisch sein. Aber eine gewisse Ordnung muss man ablesen können. Wo wir jedoch geometrische Formen verwenden, sollten sie von Vegetation gemildert werden. Eine Kante verliert ihre Schärfe, wenn Polsterstauden sie umspielen. Mit Rosen und Clematis umrankt wirkt eine Mauer weniger abweisend.

## Waagrecht und senkrecht

Horizontale Linien wirken ruhig, für sich alleine aber fast langweilig. Sie bedürfen der Vertikalen: Dann kommt Spannung ins Bild. Als eines von vielen Beispielen aus dem Garten mag uns das Heidebeet das Verhältnis von Horizontaler und Vertikaler verdeutlichen. Bestünde diese Pflanzung nur aus nadeligen Polstern der Schnee- und Besenheide, so könnten wir uns wohl kaum dafür begeistern. Erst senkrechte Strukturen, wie die des Säulenwacholders machen einen ansprechenden Heidegarten aus. Die Senkrechte wirkt wie ein Ausrufezeichen. Sie zieht den Blick auf sich.

## Ruhe und Bewegung

Die Gegensätze von Ruhe und Bewegung finden wir vor allem bei den verschiedenen Formen, die Wasser im Garten haben kann. Da steht der stille, flache Wasserspiegel des Teiches im Kontrast zum bewegten Wasser einer Fontäne, eines Brunnens, eines Quellsteins. Im Übrigen kann man das nicht nur sehen, sondern auch hören. Dadurch verstärkt sich die Wahrnehmung.

Am Wasser kommt außerdem der Gegensatz von hart und weich zum Tragen. Während das weiche Wasser sich jeder Form anpasst, gibt der harte Stein am Rand die Bedingungen vor. Hier wird deutlich, dass Gegensätze nicht nur für Spannung sorgen, sondern die Wirkung einzelner Gartenelemente durch kontrastierende Zuordnung sogar noch eine Steigerung erfährt.

*Der unbewegte Spiegel eines flachen Teiches steht im Kontrast zum munteren Plätschern einer Kaskade.*

## Konvex und konkav

Aus der Landschaft ist dieses Formenspiel nicht wegzudenken: Berg und Tal, Hügel und Mulde, Fels und Höhle. Im Garten wenden wir es bei der Geländemodellierung an. Ganz natürlich erwächst aus einer Rasenmulde die Überhöhung am Rand.

Das Konkave gibt uns ein Gefühl der Geborgenheit. Bei jeder Art der Raumbildung schaffen wir solch eine Form. Wer sich jedoch zu sehr einschließt und keinerlei Blick nach außen mehr hat, sei es auch nur der Durchblick in einen anderen Gartenraum, der kann sich eingesperrt fühlen.

*Als Beispiel für eine konvexe Form mag die erhöht liegende Terrasse am Haus mit allseitiger Böschung dienen. Nicht ganz zu Unrecht bezeichnet man diese Gartensituation als „Feldherrenhügel". Von hier aus mag man wohl einen guten Ausblick genießen, Privatsphäre kommt aber erst auf, wenn man diese exponierte Lage verändert: Seitlich bietet eine Wand Sicht- und Windschutz. Ein Mäuerchen stützt das Gelände ab. Man hat ein blühendes Beet vor dem Sitzplatz und einen freien Blick in den Garten.*

## Licht und Schatten

Im neu angelegten Garten bieten die Gehölze noch keinen nennenswerten Schatten. Man sehnt sich danach und spannt als Ersatz dafür an warmen Sommertagen einen Schirm auf. Der alt eingewachsene Garten dagegen bietet Schatten im Überfluss. Dann ist es wichtig, dass er auch Lichtungen hat, denn jetzt sehnt man sich nach Sonne. Warme Plätze und kühler Schatten stehen hier im Gegensatz zueinander und ergänzen sich. Je nach Jahreszeit und Wetter wünschen wir uns das eine oder das andere. Unser Garten sollte beides bieten.

## Vordergrund und Hintergrund

Bilder ohne Tiefe wirken langweilig. Das gilt genauso für den Blick in den Garten. Von einem Sitzplatz aus gesehen sollte sich der Garten in die Tiefe staffeln. Das wird erreicht, wenn der Blick im Vordergrund Halt findet, über ein ruhiges Mittelfeld gleitet, um schließlich einen Zielpunkt im Hintergrund zu finden. Auf die Gartensituation übertragen würde das bedeuten, dass man nahe an der Terrasse einen optischen Bezugspunkt schafft, etwa in Form einer Pflanzung oder eines Brunnens. Dahinter sollte sich eine ruhige Fläche ausdehnen, sei es Rasen oder unbewegtes Wasser. Den Hintergrund könnte schließlich eine Hecke mit Blütengehölzen bilden, eine Pergola, ein Gartenpavillon oder auch ein Heckenfenster mit Blick in die fernere Landschaft.

## Rechte und linke Seite

Genauso wichtig ist eine Ausgewogenheit zwischen beiden Hälften des Gartenbildes. Liegt ein optischer Schwerpunkt auf einer Seite des Gartenraumes, so sollte er ein gleichwertiges Gegenüber erhalten. Die Anordnung kann symmetrisch sein, muss es aber keineswegs. Man stelle sich auf der einen Seite einen malerisch gewachsenen Baum vor. Er verlangt ein Gegenüber, vielleicht in Form einer schönen Gartenbank. Dabei können Baum und Bank durchaus in unterschiedlicher Entfernung zum Betrachter stehen.

## Spannung und Gleichförmigkeit

Es gibt Pflanzungen, die wirken unruhig, ja verwirrend, weil sie zu bunt sind oder zu viele verschiedene Strukturen aufweisen. Andere dagegen betrachtet man nach ihrer Hauptblütezeit gar nicht mehr, weil alles gleichförmig aussieht. Dabei kann eine gut arrangierte Pflanzung auch außerhalb ihrer Hauptblütezeit durchaus dekorativ

*Tiefenwirkung kommt zustande, wenn es einen Blickfang im Vordergrund gibt, ein ruhiges Mittelfeld und einen Zielpunkt im Hintergrund.*

wirken. Das erreicht man durch die Kombination verschiedener Blattstrukturen. Man denke an flächige Blattformen von Bergenien oder Funkien zusammen mit grasartigen Strukturen der Taglilien oder dem feingliedrigen Laub von Prachtspieren oder Farnen.

Ein lebhaftes Bild entsteht durch Farbkontraste. Gerade bei Pflanzungen lässt sich gut damit arbeiten. Wenige gelbe Farbtupfer können ein Beet mit vorwiegend blauvioletten Blüten sehr zum Leuchten bringen und damit aufwerten. Rot gereifte Beeren in der Hecke ziehen die Blicke auf sich. So wird der Garten durch angemessen gesetzte Kontraste erst interessant.

Ähnlich ist es mit dem Spannungsverhältnis von Hell und Dunkel. Ein Schattengarten braucht Lichtpunkte in Form von weißen Blüten oder weißbuntem Laub. Andernfalls wirkt er düster und wenig einladend.

## Das feste Gerüst

Gestalten heißt ordnen. Das kann eine geometrische, strenge Anordnung sein, muss es aber nicht. Wichtig ist ein erkennbares Grundmuster. Man stelle sich vor, die Pflanzen im Garten wären breitwürfig verstreut. Es gäbe keinen erkennbaren Raum, keine ruhige Rasenfläche. In solch einem Garten kann man sich nicht orientieren. Es fehlt die Ordnung. Allein dadurch, dass man die vorhandenen Pflanzen in Gruppen zusammenfasst und zueinander in Beziehung setzt, wird eine deutliche Verbesserung erreicht. Zum einen ergibt sich eine ruhige Fläche. Andererseits hat die Vielfalt der höher wachsenden Pflanzen eine Fassung gefunden. Sie ist geordnet und die vertikalen Elemente stehen in gutem Verhältnis zur hingebreiteten Fläche. Ein Raum ist entstanden.

*Auf den beiden Skizzen wurden Gehölze einmal wahllos verstreut (links) und dann so gruppiert, dass sie ein ordnendes Gerüst bilden und Raumwirkung zustande kommt (rechts).*

*Der Gartenweg zum Haus bildet eine Achse, die von rhythmisch angeordneten Schnittgehölzen nahezu symmetrisch flankiert wird.*

## Achse

Ein ganz klassisches Ordnungsmuster ist die Achse, die einen Garten durchzieht. Renaissance- und Barockgärten sind ohne Achsensystem nicht denkbar. In kleinerer Form hat die Wegeachse im traditionellen Bauerngarten Eingang gefunden. Hier bilden eine Längs- und eine Querachse das klassische Wegekreuz. Meistens wird solch eine Achse durch einen Weg oder einen Wasserlauf hervorgehoben. Genauso gut kann es aber ein Laubengang sein. Oder wir bilden einfach eine Sichtachse, die frei gehalten wird von Hindernissen, die den Blick verstellen würden. Eine Achse zieht den Blick in die Tiefe. Deshalb sollte sie einen Zielpunkt haben. Das kann eine Skulptur sein, eine schöne Gartenbank, ein Brunnen oder eine besondere Pflanze, das Gartentor oder der Hauseingang. Solange die Sichtachse offen bleibt, kann sie sogar Einengungen, Betonungen und Auflockerungen erfahren. Das verstärkt noch die perspektivische Wirkung.

## Symmetrie

Die Wirkung einer Achse wird durch symmetrische Anordnung einzelner Gartenelemente besonders betont. Verwendet man dazu Bäume, so entsteht eine Allee. Im Privatgarten könnten diese Funktion Rosenstämmchen beiderseits eines Weges übernehmen. Auch Schnittgehölze, sei es in Form einer Hecke oder als Kugeln, Pyramiden, Kegel usw. eignen sich gut in spiegelbildlicher Anordnung. Flankiert man einen Weg mit zwei gleichen Bäumen, dann bilden sie ein Baumtor. Es markiert eine Raumgrenze, wie z. B. das Eingangstor.

*Die Symmetrie der Hausfassade findet ihre Entsprechung im Vorgarten. Rosenbogen, Gartentüre und Weg sind zentral auf den Hauseingang ausgerichtet.*

Oft bietet sich der Vorgarten für eine symmetrische Gestaltung an. Besonders dann, wenn die Hausfassade dies vorgibt, etwa mit der Eingangstüre in der Mitte und gleich vielen Fenstern zu beiden Seiten. Dann ist es nur konsequent, auch den Gartenraum davor spiegelbildlich zu gestalten mit dem Weg als Mittelachse.

## Rhythmus

Auffallende und regelmäßig wiederkehrende Elemente geben im Garten den Rhythmus vor, ganz gleich, ob dies Pflanzen, Bauteile, Objekte, besondere Formen oder auffallende Farben sind. So können Pfosten einem Gartenzaun Struktur verleihen, sofern sie diesen überragen oder aus anderem Material gefertigt sind. In ähnlicher Weise dienen die Stützen eines Laubenganges als Rhythmusgeber. Beide Male sind es senkrecht aufragende Bauteile, die in gleichem Abstand wiederkehren.

*Gelbe Rudbeckien leuchten in regelmäßigem Abstand in der blauen Rabatte auf und geben der Pflanzung ihren Rhythmus.*

Auch Pflanzungen sollten wir rhythmisch strukturieren. Man stelle sich eine lange Rabatte vor, in der eine bestimmte Gehölzart in Abständen gepflanzt immer wieder auftaucht. Bei kleineren Pflanzflächen kann diese Funktion ein Ziergras oder eine Leitstaude wie z. B. Phlox übernehmen. Oder man wählt einen bestimmten Farbakzent aus, etwa gelbe Schafgarben zwischen dunkelviolettem Steppensalbei. Immer ist es etwas, das durch Größe, Struktur oder Farbe aus der übrigen Pflanzung hervorsticht, in gleichen oder auch ungleichen Abständen wiederkehrt und damit dem ganzen Halt gibt. Dabei müssen die Rhythmusgeber nicht linear aufgereiht stehen. Gruppiert man die Solitärgräser eines Beetes im Dreieck zueinander, so entsteht ein interessantes Bild. Größere Gestalten, wie etwa Bäume, markieren bereits einen Gartenraum, wenn man sie im Dreieck anordnet.

## Proportionen

Ein Gartenraum wirkt überzeugend, wenn die Größenverhältnisse stimmen. Das betrifft Gebautes und Gepflanztes gleichermaßen. Passt ein kompakter Pavillon in den engen Reihenhausgarten oder kommt er dort gar nicht zur Geltung? Ist die Wasserfläche des Gartenteichs groß genug oder wirkt sie neben der geräumigen Terrasse eher mickrig? Wie groß darf der Baum im Vorgarten sein?

Alle Gestaltungselemente müssen in der Größe zueinander und zum ganzen Gartenraum passen. Das lässt sich bei Wegen, Plätzen, Mauern und Zäunen ganz gut abschätzen. Schwierig wird es aber bei Bäumen, die frisch gepflanzt noch kaum erkennen lassen, zu welcher Größe sie sich in Jahrzehnten auswachsen. Doch genau damit muss ein Gartenplaner rechnen und eine Baumart auswählen, die im ausgewachsenen Zustand zu Haus und Garten passt.

**Wie Formen wirken**

- Quadrat, Sechseck, Achteck und Kreis sind statische Formen, die in sich ruhen.
- Das Dreieck weist nach außen. Es verlangt nach einer Ergänzung zum Viereck.
- Lange, schmale, geschwungene Formen wirken bewegt wie ein Fluss.
- Senkrechte Strukturen erinnern an ein Ausrufezeichen. Sie ziehen den Blick auf sich.
- Pflanzen mit Kugel-, Säulen-, Hänge- oder Schirmform setzen besondere Akzente.

*Alles muss im richtigen Verhältnis zueinander stehen. Der Teich sollte nicht zu klein sein, der Baum darf nicht zu groß werden und er benötigt den richtigen Abstand zum Haus.*

Nicht nur Haus, Baum und Vorgarten müssen die richtigen Proportionen aufweisen. So gibt die vorhandene Fläche eines Beetes auch die Pflanzengröße vor. Rittersporn kommt erst im Verein mit anderen Prachtstauden und auf ausreichender Fläche zur Geltung. Sogar bei Baudetails sind die Proportionen zu beachten. Für eine niedrige Stützmauer wird man keine allzu großen Steine verwenden, wogegen größere Hangabstützungen kaum mit kleinen Kalkscherben zu bewerkstelligen sind. In kleinen Gärten kann es vorkommen, dass eine Rasenfläche so winzig ausfiele, dass man besser zugunsten von Pflanzen und Belagsflächen darauf verzichten sollte. Ähnlich verhält es sich mit der Wiese, die nur in entsprechender Ausdehnung überzeugend wirkt.

Ein bewährtes Mittel, in der Gartenplanung die richtige Proportion zu finden, ist der „Goldene Schnitt". Er bezeichnet die Größenverhältnisse und besagt, dass bei einer Streckenteilung die Gesamtlänge zur größeren Teilstrecke im selben Verhältnis steht, wie die größere Teilstrecke zur kleineren. Dieses Gesetz des „Goldenen Schnittes" wurde bereits in der Antike von griechischen Bildhauern entdeckt und zwar anhand der Proportionen des menschlichen Körpers. Ihnen war aufgefallen, dass der Unterkörper länger ist als der Oberkörper und zwar um den Faktor 1,6. Weicht der Körperbau eines Menschen von diesem Verhältnis deutlich ab, so empfinden wir das als unproportional.

Der Faktor 1,6 steckt auch in den Zahlen der sogenannten Fibonacci-Folge: 0, 1, 1, 2, 3, 5, 8, 13, 21, 34, 55 … Jede Zahl dieser Reihe ist die Summe der beiden vorhergehenden Zahlen. Diese Zahlenfolge erleichtert uns die Anwendung des „Goldenen Schnittes" in der Praxis der Gartengestaltung. Aus ihr ergeben sich harmonische Proportionen für die Länge und Breite einer Fläche oder deren Aufteilung.

Den „Goldenen Schnitt" können wir auch heranziehen, wenn es darum geht, Bäume oder Solitärpflanzen im Dreieck zueinander zu setzen. Könner machen das ganz intuitiv und ohne Berechnung.

*Durch die Spiegelung im Wasser und die Verwendung einer blauen Gartenbank im Hintergrund erscheint der sehr kleine Gartenraum größer, als er tatsächlich ist.*

*Ein kleiner Garten wirkt größer, wenn man den Hintergrund leicht absenkt und im Vordergrund Höheres platziert.*

## Wie kleine Gärten größer wirken

Vielleicht ist Ihnen Ihr Garten zu klein und Sie fühlen sich darin beengt? Sie wünschen sich mehr Raumtiefe und mehr Weite? Sofern Sie nicht in der Lage sind, ein anderes Grundstück zu erwerben, müssen Sie sich entweder mit den vorhandenen Verhältnissen zufrieden geben oder sich etwas anderes einfallen lassen. Die Grundstücksfläche stellt eine feste Größe dar, die man nicht verändern kann. Aber mit ein paar Kunstgriffen kann man einen Garten größer erscheinen lassen, als er tatsächlich ist. Wie das geht? Man wendet einfach Erkenntnisse menschlicher Sehgewohnheiten und der Perspektive an.

Uns erscheinen alle Dinge, die nahe vor uns liegen, größer als die weiter entfernten. Das sehen wir deutlich auf einem Bild mit einer Baumreihe neben einer Straße, die in die Ferne führt. Im Vordergrund füllen die Bäume die gesamte Bildhöhe aus, während sie im Hintergrund auf eine Winzigkeit zusammenschrumpfen.

*Ein Gartenraum, in dem das Gelände nach hinten ansteigt, erscheint uns verkürzt. Auch hinsichtlich des Wasserabflusses ist diese Situation ungünstig. Man sollte direkt am Haus eine ebene Fläche schaffen und den Höhenunterschied in einiger Entfernung mit einer Stützmauer abfangen.*

Ähnlich verhält es sich mit der Straße. Sie benötigt vorne die ganze Breite und verengt sich in der Bildtiefe fast auf einen Punkt.

Diese Seherfahrung können wir nun auf den Garten anwenden und auf diese Weise den Betrachter ein wenig täuschen. Dazu muss unser "Gartenbild" einen Vorder- und einen Hintergrund sowie eine Sichtachse haben, die beides verbindet. Pflanzen wir nun im Vordergrund, gleich an der Terrasse einen großen Solitärstrauch und im hinteren Gartenteil kleinere Sträucher, dann kommt uns der Abstand zwischen hier und dort größer vor, als er ist. Auf ähnliche Weise können wir mit Blattstrukturen spielen: Setzen wir also vorne großblättrige Pflanzen und im Hintergrund fein strukturierte, so erzielen wir eine ähnliche Wirkung. Durch die Spiegelung in einem Gartenteich lässt sich dieser Effekt sogar noch steigern.

Nicht nur Größenverhältnisse sondern auch Farbwirkungen können wir für unsere Ziele einsetzen. Wir beobachten, dass uns beim Blick in eine Landschaft die nahe liegenden Bereiche in leuchtenden Farben erscheinen, aber die Hügel in der Ferne blau verschwinden. Umgeben wir nun unseren Gartensitzplatz mit leuchtend warmen Farben und wählen für den Hintergrund kühle, blaue Töne, so machen wir uns diese Seherfahrung zunutze und erzielen wiederum Tiefenwirkung. Dabei sollte die Bildtiefe hell erscheinen. Dunkleres darf im Vordergrund sein. Sollte man aus anderen Gründen im Hintergrund eine dichte Hecke benötigen, die verhältnismäßig dunkel wirkt, dann setzt man am besten weiß blühende Pflanzen davor oder man platziert dort eine hellblau gestrichene Bank.

Ein Garten wirkt auch dann größer als er tatsächlich ist, wenn er sich nicht auf den ersten Blick erfassen lässt. Das weckt die Neugier des Betrachters. Dieser Effekt lässt sich mithilfe von Pflanzengruppen oder vergleichbaren Gestaltungselementen erreichen, die sich wie Theaterkulissen von den Seiten her ins Bild schieben. Die Sichtachse bleibt frei. Aber man weiß nicht, was sich hinter der nächsten Strauchgruppe verbirgt oder wie es hinter der Pergola aussieht. Diese Wirkung kann man mit einem Weg unterstreichen, den man entlang der seitlichen Begrenzung führt. Er lässt den weiteren Verlauf immer nur ein Stück weit erkennen. Erst hinter der Biegung wird sichtbar, was einen erwartet.

Das Blickziel der Sichtachse muss zwar erkennbar sein, wenn es sich aber ein wenig hinter einem lockeren Strauch versteckt, ist die Entfernung bis dorthin schwerer einzuschätzen. Das hat den Erfolg, dass uns die Strecke länger vorkommt, als sie in Wirklichkeit ist.

Vielleicht besteht auch die Möglichkeit, sich ein Stück „Landschaft zu leihen". Das wäre der Fall, wenn man einen Ausblick in die Ferne, und sei es auch nur in die nachbarliche Umgebung in das eigene Gartenbild einbeziehen könnte. Natürlich lohnt sich das nur, wenn dieser Ausblick angenehm erscheint. Aber dann sollte man sich diese Chance nicht entgehen lassen. Mit einer Lücke in der Pflanzung oder einem Fenster in der Hecke verschafft man sich einen Blick in die Ferne.

Ansteigendes Gelände erscheint uns kürzer als fallendes. Sollte also das Grundstück nach hinten ansteigen, so wäre es ratsam, das zu ändern. Am besten schafft man nahe am Haus eine ebene Fläche und fängt den Höhenunterschied mit einer Hangabstützung im Hintergrund auf. Der Gartenraum wirkt dadurch geräumiger. Zudem lässt sich der so modellierte Raum besser nutzen.

## Räume bilden

Ein ansprechend gestalteter Garten lässt nicht nur eine gute Gliederung erkennen, sondern auch eine Einteilung in wohl proportionierte Räume. Wie wichtig das ist, wird uns deutlich, wenn wir einen Garten betreten, in dem es noch keine Hecke und keinen Zaun gibt. Der Wind fegt über die Fläche. Der Verkehrslärm erscheint uns besonders unangenehm. Hilflos fühlen wir uns allen Blicken ausgesetzt. Kurzum, hier fühlt man sich nicht wohl.

Deshalb wird man als Erstes daran gehen, den Garten in geeigneter Weise einzufrieden, nicht nur mit einem Zaun, sondern zusätzlich mit einer Hecke oder ähnlich raumwirksamen Gestaltungselementen. Wer einen größeren Garten besitzt, wird ihn außerdem in einzelne Räume einteilen, wobei jeder sein

*In einem Garten fühlt man sich erst richtig wohl, wenn er räumlich gegliedert ist.*

eigenes Thema haben kann. Meist leitet sich das aus der Nutzung ab. So entsteht ein Wohngarten, ein Spielbereich der Kinder, ein Nutzgarten usw. Oder man widmet einen Raum dem Thema Wasser, ein anderer wird zum Rosengärtchen, und ein schattiger Teil erhält Waldcharakter.

Ein Gartenraum wird allerdings erst als solcher für uns erlebbar, wenn seine Umgrenzung die Augenhöhe übersteigt. Erst dann fühlen wir uns darin geborgen und geschützt. Aber nicht nur Hecken und Gehölzgruppen vermitteln uns solch ein Raumgefühl, noch deutlicher entsteht es durch Gebäude und Gebäudewinkel, Mauern, Rankgerüste und Sichtblenden. Niedrigere Begrenzungen, wie etwa der Gartenzaun, eine Balustrade am Sitzplatz oder ein flacher Wall dienen eher zur Gliederung des Raumes, sofern sie nicht die Gartengrenze markieren. In jedem Fall gewähren sie Einblick.

Auch bei der Raumbegrenzung gilt es, wie immer, das rechte Maß zu finden. Je kleiner ein Garten ist, umso deutlicher wird der Wunsch nach Privatsphäre. Man umgibt ihn mit einer blickdichten Einfriedung. Das verleiht ihm die Qualität eines Gartenhofes. Obwohl man sich einen solchermaßen geschützten Raum grundsätzlich zwar wünscht, kann man sich darin doch eingeengt fühlen. Das ist vor allem dann der Fall, wenn die umgrenzenden Gartenwände zu hoch und zu dicht sind. Da hilft es viel, die Umgrenzung auf eine vertretbare Höhe zu reduzieren und Ausblicke zu schaffen, wo es etwas Schönes zu sehen gibt. Das kann ein Durchblick in der Hecke sein, ein Fenster in der Gartenmauer, ein Gitterelement in der Sichtschutzwand oder eine Türe, die sich nach Belieben öffnen oder schließen lässt.

Im Gegensatz zum dicht geschlossenen Raum, wie ihn ein Hof bietet, können Gartenräume auch sehr luftig und transparent gestaltet werden. Das Mittel dazu ist eine lockere Pflanzung oder ein transparentes Rankgerüst. Manchmal genügt es bereits, nur die Raumecken zu markieren, etwa mit einem Baum oder einem Solitärstrauch. Eine gute Lösung entsteht, wenn wir für einen Sitzplatz Rückendeckung schaffen, einen lockeren seitlichen Schutz vorsehen und den Ausblick nach vorne weitgehend frei halten.

Im Freien bildet der Himmel die Raumdecke. Für Nischen und Sitzplätze kann es aber sehr reizvoll sein, den Raum auch nach oben zu begrenzen. Das gibt uns zusätzlich Geborgenheit. Sommernachmittage unter dem Kronendach eines hochstämmigen Baumes bleiben unvergessen. Diesen Schatten aus Licht durchflutetem Grün empfindet man viel angenehmer als den unter einem Sonnenschirm. Einen ähnlichen Effekt erreichen wir mit einer Per-

*Auch wenn das Fenster in der Hecke kaum Einblick gewährt, so verleiht es der schützenden Einfriedung doch eine freundliche Note.*

gola. Und unter einem regendichten Dach kann man es sogar noch aushalten, wenn draußen ein paar Tropfen fallen. Gehölzgruppen, Hecken oder gebaute Gartenelemente trennen einzelne Gartenräume voneinander. So entstehen Überraschungseffekte. Der Betrachter kann nicht alles auf einmal überschauen. Er wird neugierig auf etwas, das sich hinter der nächsten Ecke verbirgt. Nischen und lauschige Winkel machen den Garten interessanter. Kulissenartig hintereinander gestaffelte Raumteiler verleihen ihm Tiefe. Den Durchgang von einem Gartenraum in den nächsten kann man noch betonen, sei es mit einem Blumenbogen, einem Baumtor oder Ähnlichem. Es ist ein Spiel von Verbergen und Präsentieren. Beides zusammen macht den Reiz der Gestaltung aus.

*Durch die sanfte Modellierung der Rasenfläche und die seitliche Bepflanzung mit Gehölzen wirkt dieser Garten wie ein Wiesental.*

## Das Gelände formen

Ebenes Gelände lässt sich zwar sehr gut nutzen, gestalterisch interessanter wird ein Garten aber erst durch angemessene und gezielt eingesetzte Bodenmodellierung. Kleine Gärten profitieren manchmal davon, dass man ihre Fläche zur Mitte hin leicht ausmuldet. Damit wird die räumliche Wirkung unterstrichen. Der Garten wirkt größer. Vor allem bei einer Rasenfläche kommt das gut zur Geltung. Dabei genügt eine Vertiefung von 20–40 cm.

*Oben: Wird eine Rasenfläche leicht ausgemuldet, so wirkt sie größer, als sie tatsächlich ist. Unten: Den gleichen Effekt erreicht man mit der Absenkung eines Gartenteils. Stützmauern betonen diese Ausformung.*

Eine ähnliche Wirkung wird mit einem Senkgarten erzielt. Dabei legt man einen runden oder rechteckigen Gartenteil um wenige Stufen tiefer und fasst ihn mit Stützmauern ein. Gerade für kleine Gärten kann das eine sehr reizvolle Lösung sein.

Aufschüttungen und Erdwälle benötigen ziemlich viel Platz und sind deshalb nur etwas für größere Gärten. Ein Wall von 1 m Höhe und mit einer Böschungsneigung im Verhältnis 1:3 beansprucht eine Breite von ca. 7 m. Diese Fläche für den Wall oder den Hügel geht allerdings nicht verloren. Vielmehr erhöht sie den Erlebniswert des Gartens. Mit Hilfe von Erhebungen und Vertiefungen lässt sich eine größere Fläche angenehm gliedern und Tiefenwirkung erzeugen. Pflanzungen auf den Höhenrücken verstärken diesen Effekt.

Bei der Reliefgestaltung müssen die natürlichen Gegebenheiten berücksichtigt und die Dimensionen auf jeden Fall gewahrt bleiben. Steile, hohe Aufschüttungen wirken nicht überzeugend. Je flacher Hügel und Wälle ausgeformt sind, umso besser fügen sie sich ins Gelände. Schon eine 30 cm tiefe Ausmuldung ist gut wahrnehmbar. Für einen Erdwall genügen meist schon 80–100 cm Höhe.

*Oben: Wird ein Hanggrundstück terrassiert, so erhält man ebene, gut nutzbare Flächen. Unten: Ein Rasen- oder Wiesenhang mit weitgehend natürlichem Geländeverlauf wirkt weich und fügt sich gut in die umgebende Landschaft.*

Hanggrundstücke sind wegen ihres landschaftlichen Reizes beliebt, aber in der Geländegestaltung nicht ganz einfach. Ratsam ist es, den Geländeverlauf für die Planung genau einzumessen und ihn sich mit Höhenlinien anhand von Geländeschnitten oder notfalls mit einem Modell klarzumachen. Das erspart spätere, unliebsame Überraschungen.

Direkt am Haus sollte man einen ebenen Platz schaffen, vielleicht umgeben von einer Pflanzfläche. Zum Hang hin kann er abgestützt sein. Je nach Gartengröße und Höhenunterschied kann das weitere Gelände frei fallen oder terrassiert werden. Die Schaffung ebener Flächen ist natürlich aufwendiger und wegen der Abstützungen und der Erschließung mit Treppen auch teurer. Dafür lässt sich das so gewonnene Terrain viel besser nutzen.

Aber ein Hang mit Rasen oder Wiese hat auch seine Vorteile, denn er fügt sich gut in die Landschaft ein. Schön ist es, wenn er an seinem Fuß eben ausläuft oder eine leichte gegenläufige Erhöhung erfährt, was mit einer Bepflanzung noch betont werden kann.

## Mit Farbe gestalten

Die formale Gestaltung gibt einem Garten Halt und Festigkeit. Sie ist das Skelett, das tragende Gerüst. Erst die Farbe haucht ihm die Seele ein. Sie lässt ihn lebendig werden und verleiht ihm seine besondere Atmosphäre.

Deshalb sollten wir uns gut überlegen, welche Farben wir auswählen und wie wir sie kombinieren. Das gilt nicht nur für die Pflanzen. Andere Gartenelemente treten farblich oft noch deutlicher in Erscheinung, vor allem ist ihre Färbung keinem jahreszeitlichen Wechsel unterlegen. Haupt- und Nebengebäude sollten wir also in die Farbgestaltung genauso einbeziehen wie Belagsflächen und Ausstattung.

Eine weiße Hausfassade bietet einen neutralen Hintergrund, der außer Weiß fast jeden Farbton zur Geltung bringt. Vor allem kräftige, satte und dunkle Farben heben sich davor gut ab. In ähnlicher Weise neutral verhält sich eine Wand in Cremeweiß oder in ganz hellem Gelb. Zeigt ein Haus aber deutlich Farbe, so wäre zu überlegen, ob man den an der Fassade vorhandenen Farbton in der Pflanzung wiederholen könnte. Auf diese Weise verschmelzen Haus und Garten zu einem Ganzen.

Beläge, Treppen und Mauern sollen miteinander und mit den Gebäuden harmonieren. Zusammen bilden sie den Rahmen für die Pflanzungen. Meistens haben die angebotenen Materialien gedeckte Farben. Das reicht von hellen Grau-, Ocker- und Beigetönen über braune und rötliche Erdfarben bis zu Dunkelgrau. All das lässt sich mit Pflanzen problemlos kombinieren. Schwierig kann es mit blauen Belägen werden, die auch im Handel zu haben

*Das Blau von Eingangstüre und Hausbank und das Weiß der Fassade wiederholen sich in den Blütenfarben der Bepflanzung.*

*Gartenbereiche, in denen Grün vorherrscht, vertragen farbige Akzente, wobei jedoch nicht jeder den Mut zu einer gelben Gartenbank hat*

sind. Verwendet man dazu aber ganz bewusst Pflanzenarten mit silbergrauem Laub und zarten Blütenfarben; so kann auch das ein bezauberndes Bild ergeben.

Ausstattungsgegenstände wie Gartenmöbel, Sonnenschirm, Pflanzgefäße usw. können entweder deutliche Akzente setzen oder sich unauffällig ins Bild fügen. Beides kann reizvoll sein, muss aber zum Gartenstil passen. Gartenbänke in Rot oder Gelb sind etwas für mutige Gestalter. Weiß, Blau und Grau lassen sich gut in architektonisch geprägten Gärten verwenden, während gedämpfte Farbtöne besser in eine naturnahe Umgebung passen.

Genauso wie bei der Formensprache gibt es auch bei der Farbauswahl individuelle Vorlieben und Abneigungen. Während der eine klare, leuchtende Farben bevorzugt, liebt es ein anderer eher vornehm zurückhaltend und wählt gedeckte Töne aus. Zum eigenen Stil gehört eben auch die jeweilige Farbpalette.

Die Wirkung der Farben im Garten verändert sich mit den Lichtverhältnissen. Schon deshalb hat jede Tageszeit ihre eigene Stimmung. Helle Farben kommen in der Dämmerung am besten zur Wirkung, während dunkle Farbtöne dann völlig verschwinden. Dunkelrot wirkt bei trübem Wetter düster, während leuchtendes Gelb auch dann noch etwas Licht verbreitet. Jede Jahreszeit hat ihre Farbe. So lässt uns heiteres Grüngelb an den Frühling mit seinem frischen Laubaustrieb denken. Der Sommer leuchtet in klaren Grundfarben, während der Herbst mit seiner Laubverfärbung warme Gold-, Rot- und Orangetöne hervorbringt. Die Farben des Winters sind Weiß und kühles Blau, allenfalls noch Purpur und Violett. Aber der Grundton hat sich mit dem Laubfall von Grün zu Braun gewandelt.

Natürlich denkt man bei der Farbgestaltung des Gartens zunächst an Blütenfarben. Dabei wird übersehen, dass die einzelne Pflanze, abgesehen von Einjahresblumen, nur wenige Wochen im Jahr blüht, während die Färbung von Laub und Nadeln das ganze Jahr über, zumindest aber während der Vegetationsdauer zur Wirkung kommt.

### Grün

Der Grundton der Natur ist Grün in zahllosen Varianten – vom frischen, sonnig und leicht wirkenden Gelbgrün des frischen Austriebs bis zur tief dunklen Färbung der Immergrünen im Winter. In der Natur und somit auch im Garten ist Grün allgegenwärtig. Mit den vielen Schattierungen bildet diese Farbe den Hintergrund für alles andere und ist deshalb auch überall einsetzbar. Grün wirkt beruhigend, ausgleichend und entspannend. In einem farbenfrohen Staudenbeet sorgen neutrale, grüne Strukturen wie Gräser oder Schnittgehölze für Abstand. Davor kommen leuchtende Blüten erst so recht zur Geltung. In vergleichbarer Weise bringt eine Rasenfläche Ruhe in die bewegte Gartenlandschaft.

*Grün in Grün – ein Wurmfarn in einem Teppich aus Immergrün im Schatten.*

## Weiß

Ebenso wie Grün ist auch Weiß eine neutrale Farbe, die zu allem passt und die Wirkung anderer Farben unterstützt. Rot und Blau wird durch Weiß besonders hervorgehoben. Von Weiß unterstützt wirken Gelb und Orange noch sonniger. Und für Rosa, Purpur und Lavendelblau ist Weiß vielleicht sogar der beste Partner.

Es vermittelt zwischen intensiven Farben und zwischen Pastelltönen. Zum Glück gibt es viele Stauden und Gehölze mit weißen Blüten.

*Weiß blühende Hortensien und Funkien mit weißbuntem Laub bringen Helligkeit in eine dunkle Gartenecke.*

Aber auch Pflanzen mit weißfilzigem oder hellgrauem Laub lassen sich in vergleichbarer Weise einsetzen. Sie bilden einen vielseitigen Untergrund, der zarte Farben leuchten lässt, kräftige Blütenfarben dämpft und gleichermaßen allzu Buntes harmonisiert.

Vor allem aber sorgt Weiß für Helligkeit. Deshalb verwendet man es gerne zur Aufhellung dunkler Bereiche. Weiße Blüten treten an solchen Stellen auch am besten hervor. Es müssen jedoch nicht nur Blüten sein. Hell panaschierte Blätter erzeugen den gleichen Effekt. Weiß vermittelt optische Weite und Tiefe.

## Gelb

Gelb ist eine heitere, sonnige Farbe von hoher Leuchtkraft. Es ist die hellste der Primärfarben. Mit ihr muss man vorsichtig umgehen, denn sie ist in der Lage, kühle Farben zu überstrahlen und buchstäblich „in den Schatten“ zu stellen. Gelb leuchtet dreimal so intensiv wie Violett oder Blau. Das ist bei einer flächigen Verteilung dieser kontrastierenden Farben zu berücksichtigen. Gelb sollte man nur dezent einsetzen, während Violett, ebenso wie Blau, durchaus flächig angeordnet werden kann.

Sehr gut lässt sich Gelb mit ähnlich stark strahlenden Farben wie Weiß und Orange kombinieren. Vor einem Hintergrund mit rotbrauner Belaubung wirkt das sehr schön. Allerdings lässt uns Gelb Entfernungen kürzer erscheinen, da sie uns gewissermaßen „in die Augen springt“, und sollte deshalb in kleinen Gartenräumen lieber im Vordergrund stehen.

*Blüten in leuchtendem Gelb haben eine große Strahlkraft. Deshalb sollte man diese Farbe entweder nur sehr dezent verwenden oder flächig so einsetzen, dass keine andere Farbtönung mit ihr konkurrieren muss.*

## Rot

Rot wirkt auf uns warm, voller Kraft und Energie. Man muss zweierlei Rot unterscheiden. Da ist zunächst das warme Rot, das zum Zinnober und Orange neigt. Wie das Rot des Klatschmohns ist es eine Farbe mit großer Fernwirkung. Damit kann man Akzente setzen, aber keine Flächen malen. Sie ist schwierig zu kombinieren. Gut wirken einzelne rote Punkte auf grüner Fläche, etwa wie reife Beeren in den Sträuchern.

Das kühlere Rot, das schon etwas Purpur in sich trägt, wirkt verträglicher und lässt sich deshalb auch leichter mit anderen Farben kombinieren, sei es mit rosa Tönen oder mit Violett. Dazu kann man sich sehr gut silbriges Laub vorstellen.

Obwohl sie im Farbkreis nebeneinander liegen, vertragen sich Zinnoberrot und Weinrot nicht gut miteinander. Wo sie zusammentreffen, sollte Weiß die Vermittlerrolle spielen.

*Das reine, weder zum Gelblichen noch zum Bläulichen tendierende Rot ist eine Farbe voller Energie, die sich nicht unterordnet und vor grünem Hintergrund ganz besonders ins Auge fällt.*

### Blau

Frisch, klar und kühl wirken Blau und Violett. Das helle Blau ist die Farbe des Himmels und der verschwebenden Ferne. Dunkles Blau hat etwas von Traum und Ruhe. Diese Farben treten zurück. Sie suggerieren uns Raumtiefe und Weite. Blau ist angenehm und unverbindlich. Es verträgt sich mit allen Nachbarn, denn es passt sich seiner Umgebung an. Deshalb verwendet man Blau gerne zu Rosen aller Blütenfarben. Erstaunlicherweise verändert Blau seinen Charakter, je nachdem welche Farbe es begleitet. Es wirkt neben Rot anders als mit Gelb, in den Stunden der Dämmerung anders als im hellen Tageslicht. Vielleicht macht genau das den Reiz dieser Farbe aus.

*Man kann nie zu viele blau blühende Pflanzen im Garten haben. Blau verträgt sich mit allen anderen Blütenfarben. Für sich allein wirkt es erfrischend und vermittelt ein Gefühl von Weite.*

**Wie Farben wirken**

- **grün** beruhigend, entspannend, gleicht Kontraste aus
- **weiß** klar, leicht, luftig, elegant, farbneutral, hell
- **gelb** heiter, sonnig, freundlich, von hoher Strahlkraft
- **rot** warm, kraftvoll, energiegeladen, dynamisch, beherrschend
- **blau** kühl, frisch, klar, zurückhaltend, vermittelt Weite und Tiefe

### Farbkombinationen

Wenn es darum geht, Farben im Garten zu kombinieren, dann leistet uns der Farbkreis gute Dienste. Hier bilden die Grundfarben Gelb, Rot und Blau miteinander ein gleichseitiges Dreieck. Dazwischen liegen die Sekundärfarben Orange, Violett und Grün. Sie ergeben sich aus der gleichmäßigen Mischung ihrer benachbarten Grundfarben. Trennt man nun diesen Kreis längs einer Linie zwischen Rot und Grün in zwei Hälften, so erhält man auf der einen Seite das Spektrum der warmen Farben, die sich um das Gelb und Orange gruppieren und auf der anderen Seite die kühlen Farben mit dem Blau in der Mitte. Bei der Auswahl der Blütenfarben für ein Beet kann man eigentlich nichts falsch machen, wenn man entweder Farben des einen oder des anderen Bereichs miteinander kombiniert.

Beim Vermischen von kühlen und warmen Farbtönen ist jedoch Vorsicht geboten. Das harmoniert nur wennn man sie zu Pastellfarben aufhellt, also Schwefelgelb, Lachs, Rosa, Lila, Hellblau verwendet und mit Weiß unterlegt. Solche Blütenfarben wirken leicht und duftig. Ganz im Gegensatz dazu ziehen die so genannten Komplementärfarben die Aufmerksamkeit auf sich. Sie liegen sich im Farbkreis gegenüber. Rot und Grün ist so ein Paar oder Orange

*Eine sehr farbkräftige Kombination ergibt der Dreiklang der Grundfarben Rot, Blau und Gelb oder ihrer benachbarten Töne. Harmonisch wirken solche Farbdreiklänge immer dann, wenn sie auf dem Farbkreis ein gleichseitiges Dreieck bilden. Solche Kombinationen wirken reichlich intensiv, lassen sich aber durch neutrales Weiß oder Silbergrau mildern. Grün ist ohnehin der Grundton in allen Pflanzungen und muss bei den Farbkombinationen eigentlich immer mit einbezogen werden.*

*Gelborange und Blauviolett bilden einen lebhaften Kontrast, der durch weiße Blüten gemildert wird.*

und Blau. Als Blütenfarben noch besser zu verwenden sind Gelb und Violett.

Obwohl sie einen starken Kontrast erzeugen, empfindet man die Komplementärfarben als passend und angenehm, sparsame Verwendung vorausgesetzt. Mit solch spannungsreichem Farbkontrast lassen sich Akzente setzen.

Im Gegensatz dazu wirken Farbverläufe von Tönen, die auf dem Farbkreis beieinanderliegen, sehr ausgewogen. Solch harmonische Klänge ergibt eine Pflanzung in Magenta, Lavendelblau und Hellviolett. In ähnlicher Weise lassen sich Schwefelgelb, Goldgelb und Orange kombinieren.

Ein interessanter Farbverlauf ergibt sich auch durch Abstufung einer Farbe in verschiedener Helligkeit, wie etwa von Rosa bis zum tiefen Dunkelrot oder von Lila bis Violett.

*Blütenfarben Ton in Ton aufeinander abgestimmt, erzeugen eine ausgewogene, harmonische Wirkung.*

## Die Tugend der Beschränkung

Vermutlich geht es allen Gartenfreunden gleich: Überall bekommt man interessante Anregungen. Es gibt unendlich viele schöne Pflanzen, man sammelt so gerne und möchte noch dieses oder jenes Objekt im eigenen Garten unterbringen, das einem auf dem Gartenmarkt ins Auge fiel. Doch zuletzt überzeugt das Ganze nicht mehr. Eine Attraktion stiehlt der anderen die Schau, und alles zusammen wirkt nur noch verwirrend und überladen.

So weit soll es nicht kommen. Da hilft der wohlbekannte Grundsatz „weniger ist mehr". Beschränken wir uns auf das Wesentliche, auch wenn es uns ein paar Tränen des Abschieds kosten sollte. Der Garten gewinnt an Ruhe und Harmonie, wenn wir nur das verwirklichen, wofür Raum vorhanden ist. Eine Pflanzung überzeugt nur dann, wenn sie kein kunterbuntes Sammelsurium ist, sondern Arten vereint, die in einer guten Beziehung zueinander stehen.

Am wichtigsten sind dabei die Ansprüche, welche die Pflanzen an ihren Standort stellen, dann aber auch ihre Größe und Erscheinung, so wie das Farbenspiel ihrer Blüten und Blätter. Damit der Garten einheitlich und wie aus einem Guss wirkt, muss man bei der Auswahl der Beläge, Steine, Holz- und Metallteile Vorsicht walten lassen. Wenige und zwar die richtigen Materialien sind der Schlüssel zum Erfolg. Für die Beläge von Einfahrt, Wegen und Plätzen bietet es sich an, nur eine Steinart zu verwenden, sei es Naturstein, Klinker oder Beton. Variieren kann man in den Formaten und Verlegeweisen. Es ist auch nichts dagegen zu sagen, wenn man zur Belagsgliederung eine zweite Farbe oder ein anderes Material hinzunimmt.

Besondere Akzente kommen nur dann angemessen zur Geltung, wenn sie sich von ihrer Umgebung abheben. So sollte ein Gehölz, das man besonders hervorheben will, entweder andere überragen oder für sich allein stehen.

Blütenfülle entfaltet ihre Wirkung erst so recht in Verbindung mit ruhigen Grüntönen. Dass eine Gartenskulptur einen besonderen Platz beansprucht und keine Konkurrenz in der Nähe duldet, dürfte selbstverständlich sein. Auch bei Dekorationen und Accessoires ist Zurückhaltung geboten.

*Alle verwendeten Materialien und die Bepflanzung müssen in ihrer Farbwirkung aufeinander abgestimmt sein. Wer sich in der Auswahl der Farben, Formen und Materialien beschränkt, erzielt eine elegante Wirkung.*

**Gestaltungsprinzipien**

- Harmonie entsteht durch Ausgleich der Gegensätze
- Kontraste erzeugen Spannung
- Ordnungsmuster strukturieren den Gartenraum
- Alles muss im richtigen Größenverhältnis zueinander stehen
- Angewandte Perspektive lässt Gartenräume größer erscheinen
- Räume vermitteln Geborgenheit
- Ein bewegtes Relief wirkt interessanter als ein ebenes Gelände
- Farben erzeugen Stimmungen
- Weniger ist mehr

# Besondere Situationen

Jeder Garten stellt seine besonderen Anforderungen. Beim Vorgarten ist es die Tatsache, dass er zwar Privatbereich ist, aber deutlich nach außen wirkt. Dem muss man Rechnung tragen. Ein Grundstück am Hang verlangt Terrassierungen. Bei kleinen Gärten zahlt es sich aus, wenn man jedes Detail genau überlegt. Außerdem müssen Prioritäten gesetzt werden. Die Besonderheit des Innenhofes ist seine Abgeschlossenheit. Beim Dachgarten liegt naturgemäß kein gewachsener Boden vor. Das Substrat muss aufgetragen werden. Die statischen Voraussetzungen schränken die Gestaltungsmöglichkeiten ein. Im Familiengarten haben Kinder den Vorrang, zumindest, so lange sie noch klein sind. Und Gedanken an die Umgestaltung des Gartens beschäftigen uns spätestens dann, wenn die einst kleinen Bäumchen über das Haus gewachsen sind.

## Vorgärten

Machen Sie sich doch einmal das Vergnügen, gehen Sie durch die Straßen des Ortes, der Siedlung oder der Vorstadt und betrachten Sie die Vorgärten. Dann stellen Sie sich die Menschen vor, die dort wohnen. Sie werden erstaunt sein, wie gut die Vorgärten und ihre Eigentümer zusammenpassen. Große Kreativität verrät den Künstler, Verspieltes den Romantiker. Andere lieben nüchterne Sachlichkeit. Deren Vorgärten sind klar gegliedert und es gibt nichts Überflüssiges. Eine Hausbank lässt auf Kontaktfreudigkeit schließen. Manche Gestaltungen verraten Lässigkeit, andere Akkuratesse. Gewissermaßen ist der Vorgarten so etwas wie ein Aushängeschild. Dazu gehört natürlich auch die Hausfassade mit den Fenstern und der Eingangstür.

Während die übrigen Gartenräume eher privaten Charakter haben, wirkt der Vorgarten nach außen. Diese Kontaktzone zwischen Haus und Straße ist sozusagen ein halb öffentlicher Bereich. Das verpflichtet zum Gemeinschaftssinn. Die Gestaltung muss sich am Umfeld orientieren. So wird der schmale Garten vor dem Haus einerseits zur Visitenkarte der Bewohner und zum anderen stellt er im günstigen Fall eine Bereicherung des Straßenbildes dar. Grund genug, ihn mit Bedacht und Umsicht zu gestalten.

Was den Vorgarten von den übrigen Gartenräumen unterscheidet, ist seine Funktion als Eingangsbereich. Als solcher soll er einladend, freundlich und individuell wirken. Nun ist aber auf der meist kleinen Fläche noch Raum für Fahrräder und Abfalltonnen vorzusehen, ganz abgesehen vom Stellplatz für das Auto. Und all das soll ansprechend gestaltet sein. Daher lautet die Devise: Schönes betonen und weniger Ansprechendes aus dem Blickfeld rücken!

*Hausfassaden und Eingangstüren verraten bereits einiges über die Menschen, die hier wohnen.*

*Haus- und Vorgarten in zeitgemäß urbaner Gestaltung. Die Farben von Dach und Fassade wiederholen sich in Blüten- und Blattfärbung der Bepflanzung.*

Verschiedene Faktoren bestimmen das Bild des Vorgartens. Dazu zählt seine Größe bzw. die Lage des Hauses im Grundstück, aber auch die Geländeform und natürlich die Himmelsrichtung. Von ihrer Form und Größe her lassen sich drei Vorgartentypen unterscheiden:

Da ist zunächst der schmale Grünstreifen vor dem Haus. Oft bietet er nur Raum für Kletterpflanzen am Haus und einige Stauden an deren Fuß. Weist er 1 bis 2 Meter Raumtiefe auf, dann lässt sich gestalterisch schon mehr damit anfangen. Solche Vorgärten sollten zur Straße hin offen bleiben.

Mehr Privatsphäre entsteht, wenn man von der Straße bis zum Haus fünf bis zehn Schritte gehen muss. Dann ist zu überlegen, ob man ihn überhaupt einfriedet. Er kann sowohl offen bleiben als auch mit einer Hecke, einem Zaun oder einer Gartenmauer abgeschlossen werden. Für das Erscheinungsbild des Straßenraumes wäre ein einheitliches Gesamtkonzept wünschenswert. Bei Neubaugebieten ist meistens im Bebauungsplan Verlauf, Art und Höhe der Einfriedung festgelegt.

Liegt das Haus im hinteren Teil des Grundstücks und führt der Weg dorthin durch den ganzen Gartenraum, so kann man eigentlich nicht mehr von einem Vorgarten sprechen. Dann gilt es, den Wohngarten so zu umschließen, dass man sich darin geborgen fühlt. Der Eingangsweg kann je nach Wunsch zum Wohnbereich hin offen sein oder davon räumlich getrennt werden.

*Ein Vorgarten, klein, aber fein: Der Zugangsweg führt schräg vom Carport zum Eingang, neben der Haustüre gibt es eine gemauerte Bank zum Ausruhen oder als Abstellfläche, der Hausbaum passt in der Größe zum vorhandenen Raum.*

*Selbst ein Vorgarten, der auf einen Streifen zwischen Haus und Gehsteig reduziert ist, lässt sich mit Fassadenberankung und Fensterschmuck individuell gestalten.*

## Der Weg zum Haus

Er ist das markanteste Element eines Vorgartens. Einladend soll er wirken und auch großzügig, dabei einfach und überzeugend. Ist die Hausfassade symmetrisch gegliedert, so bietet es sich an, den Weg zentral zu führen und die Pflanzung spiegelbildlich anzuordnen. Nicht immer muss der Eingangsweg geradeaus von der Haustüre zur Straße führen. In vielen Fällen ist es durchaus sinnvoll, wenn er schräg zur Garage verläuft. Es kann reizvoll sein, den Zugangsweg als Folge kleiner Platzflächen zu gestalten. Immer muss die Linienführung des Weges zum Charakter des Hauses und des übrigen Gartens passen.

Ein langer Zugangsweg wird interessanter, wenn er überraschende Effekte aufweist. Das können Durchblicke zum Wohngarten sein, ein Brunnen am Wegesrand oder auffallende Pflanzen. Denkbar ist auch, ihn in einem Laubengang zu führen. Das erzeugt Tiefenwirkung und vermittelt ein wenig das Gefühl eines Waldweges. Aber das eigentliche Ziel, die Haustür, muss immer das Wichtigste bleiben.

Der Weg zum Haus sollte mindestens 1 m breit sein. Besser sind 1,20 m bis 1,50 m. Dann können zwei Personen bequem nebeneinander gehen. Seine Oberfläche sollte eben sein. Das macht ihn gut begehbar und erleichtert das Schneeräumen im Winter. Der Belag muss rutschfest und leicht zu reinigen sein. Manchmal bietet sich ein ortstypisches Material an. Musterungen sollen gliedern, ohne zu beunruhigen. Farblich und vom Charakter her sollte der Belag zum Haus, zum übrigen Garten und zur Umgebung passen.

Meistens liegt das Haus etwas höher als die Straße. Dann ergeben sich eine oder mehrere Eingangsstufen. Schön ist es, wenn sie aus dem gleichen Material wie der Weg gebaut werden. Zumindest sollte beides miteinander harmonieren.

*Traditionell wurde im landwirtschaftlichen Anwesen nur der eigentliche Bauerngarten mit seinen Nutz- und Zierpflanzen eingezäunt. Der Zugang zum Haus blieb zur Straße hin offen. Im ländlichen Raum ist diese Gestaltungsweise auch dann noch sinnvoll, wenn keine Landwirtschaft mehr betrieben wird.*

## Die Einfahrt

*Klinkerstreifen gliedern den grauen Belag der Garageneinfahrt.*

Vor der Garage oder dem Carport ergibt sich meist ein größerer Freiraum, der aber nicht zur sterilen, versiegelten Fläche werden muss. Mit einer Musterung im Belag, die zum Ganzen passt, lässt er sich gliedern. Schmale Pflanzstreifen entlang der Ränder lockern auf, ohne dass dafür die Geh- oder Fahrfläche wesentlich eingeengt würde. Bei selten benutzten Einfahrten ist zu überlegen, ob nicht bereits breite Fahrspuren zwischen Rasen als Belag ausreichen würden. Noch schöner wirkt eine Pflasterfläche mit lang gestreckten Pflanzinseln, in denen Blaukissen, Mauerpfeffer und Thymian blühen. Das muss natürlich so angelegt sein, dass die zarten Pflanzen nicht Gefahr laufen, von Autoreifen platt gedrückt zu werden. Eine Befestigung mit Rasenpflaster ist dann sinnvoll, wenn die Stellfläche nur bedarfsweise benutzt wird. Im Ganzen ist darauf zu achten, dass die Garagenzufahrt groß genug ausgelegt wird, damit man sie bequem befahren und gut seitlich aussteigen kann. Findlinge und niedrige Mäuerchen werden vom Fahrzeug aus leicht übersehen. Als Begrenzung ist etwas Höheres, wie Pfosten, Zaun oder Sträucher besser, vorausgesetzt, die Sicht auf die Straße wird nicht behindert.

## Die Einfriedung

Bei schmalen Vorgärten kann man meistens auf eine Umzäunung verzichten. Manchmal genügen zur Abgrenzung bereits ein niedriges Mäuerchen oder einige Zwerggehölze. Auch eine geschnittene Buchshecke wäre denkbar. All dies stellt bereits eine gewisse Barriere gegen unerwünschten Hundebesuch dar.

Falls eine Einfriedung erforderlich ist, muss deren Verlauf festgelegt werden. In vielen Fällen bleiben Garagenzufahrt und Eingangsbereich zur Straße hin offen, während ein seitlicher Teil des Vorgartens eingezäunt wird.

Schließlich ist noch die Art und Höhe der Einfriedung festzulegen. Während man einen Wohngarten so umgrenzt, dass darin ein Gefühl von Privatsphäre entsteht, sollte der Vorgarten eher offen und einsehbar bleiben. Dann wird ein Zaun oder eine Mauer kaum höher als 1 m sein. Bei alledem sind die behördlichen Vorschriften zu berücksichtigen.

Sofern der Vorgarten eine Einfriedung benötigt, soll sie sich gut ins Ortsbild fügen. Zum Bauerngarten im Dorf gehört ein ortsüblicher, traditioneller Zaun, für Siedlungsbereiche sind Holzzäune mit senkrechten Latten oder Halbrundhölzern angemessen, zu modernen Häusern passt auch ein filigraner Stabgitterzaun aus Metall.

Zur Einfriedung gehört eine Gartentüre. Üblicherweise wird sie von zwei Pfosten flankiert. Dadurch erhält der Zugang zum Vorgarten eine besondere Hervorhebung. Noch stärker markiert ein Blumenbogen den Eingang.

## Ein Platz für die Abfallbehälter

Eine leidige Notwendigkeit ist die Unterbringung der Mülltonnen. Gut erreichbar sollen sie sein, aber sehen möchten wir sie eigentlich nicht. Wer sie nicht in der Garage oder dem Geräteschuppen unterbringen kann, muss also für irgendeine Form der Abschirmung sorgen, sei es mit einem Zaunteil, einer Mauerflanke, einer Reihe Palisaden oder einer geschnittenen Hecke.

*Dachbegrünung für den Mülltonnenschrank.*

Es gibt jedoch Vorgärten, wo die Aufstellung eines Abfallbehälters neben dem Garteneingang unumgänglich ist. Zum Glück bietet der Handel inzwischen recht gefällige Lösungen aus Holz oder Metall an. Unansehnliche Müllhäuschen kann man auch verkleiden. Mit einem hübschen Dachgärtchen wirken sie schon viel besser. Doch auch ohne Steingarten auf dem Dach, dafür ganz in Efeu oder wilden Wein gehüllt, sieht man dem Müllschrank seinen profanen Nutzen kaum mehr an.

*Hier passt alles zusammen: die Lage in einem städtischen Vorort, der Stil des Hauses, der grüne Zaun und sogar der Wagen, der davor parkt.*

*Passend zum Haus wurden für Zaun, Gartentor, Müllschränke und Nebengebäude Elemente aus Metall gewählt.*

### Die Bepflanzung

Bei der Bepflanzung des Vorgartens besteht die Gefahr, dass man sich mit den Licht- und Schattenverhältnissen verschätzt. Liegt der Vorgarten auf der Sonnenseite des Hauses, so ist zu erwarten, dass Rosen und Begleitstauden, Steppenstauden oder ein Heidegarten sich gut entwickeln werden. Sehr viele Vorgärten liegen aber auf der Ost- oder Nordseite des Hauses. Im Winter hat man den Eindruck, die Fläche läge wohl das ganze Jahr über im Schatten. Aber das täuscht. Denn im Sommer steht die Sonne wesentlich höher, sodass der beschattete Bereich schmal wird. Am besten, man beobachtet den Schattenwurf ein Jahr lang und entscheidet dann die Art der Bepflanzung. In halbschattiger Lage gedeihen Funkien zusammen mit Prachtspieren, Japan-Anemonen, Silberkerzen und Etagenprimeln.

Im Vorgarten steht meistens ein Hausbaum. Und der muss die richtige Größe haben, sowohl in Bezug zum Haus, als auch auf die zur Verfügung stehende Vorgartenfläche. In kleinen Räumen kann das ein kugelig oder säulenförmig wachsender Baum sein, aber auch ein großer, solitär wachsender Strauch. Selten passen in unsere Siedlungen Großbäume wie Linde, Walnuss oder Eiche. Das ist eher etwas für Bauernhöfe.

Kletterpflanzen benötigen sehr wenig Standraum. Deshalb eignen sie sich dazu, Natürlichkeit in ganz kleine Gartenräume zu bringen. So kann eine Kletterhortensie den Eingang auf der Ostseite flankieren oder wilder Wein an der Garagenwand hochkriechen.

**Kleinkronige Bäume und Großsträucher für den Vorgarten:**

| | |
|---|---|
| *Acer platanoides* 'Globosum' | Kugel-Ahorn |
| *Acer tataricum* subsp. *ginnala* | Feuer-Ahorn |
| *Amelanchier lamarckii* | Kupferfelsenbirne |
| *Crataegus* x *lavallei* 'Carrierei' | Apfeldorn |
| *Crataegus crus-galli* | Hahnensporn-Dorn |
| *Crataegus* x *persimilis* 'MacLeod' | Pflaumendorn |
| *Malus* in Arten und Sorten | Zier-, Kulturäpfel |
| *Prunus* in Arten und Sorten | Zierkirschen |
| *Robinia pseudoacacia* 'Umbraculifera' | Kugelakazie |

Bei der Vorgartenbepflanzung ist es besonders wichtig, dass sie das ganze Jahr über ansprechend aussieht. Dabei kann die Hauptblütezeit durchaus in einigen Sommerwochen liegen, wenn in der übrigen Zeit Gräser, Blattstrukturen und Gehölze gefällig wirken. Man kann auch ein bestimmtes Pflanzthema auswählen. Das könnte bei ausreichender Besonnung der Heidegarten sein. Rhododendren, Hortensien und ihre Begleiter eignen sich für einen halbschattigen Vorgarten. Korrespondieren Blatt- und Blütenfarben noch mit der Farbigkeit des Hauses, so ist der Eindruck perfekt.

*Ein Heidegarten vor der Haustüre.*

### Das Licht auf dem Wege

Gerade für den Vorgarten ist eine gute Beleuchtung sehr wichtig. Schließlich will man auch bei Dunkelheit sicher zum Haus, zur Garage oder zum Briefkasten gelangen. Insbesondere Treppenstufen müssen gut ausgeleuchtet sein, damit bei Dunkelheit niemand stolpert. Die Lampen müssen hell leuchten, ohne zu blenden. Halbhohe Pollerleuchten eignen sich gut. Interessant wirken in den Belag oder in Stufen eingelassene Bodenleuchten. Wandlampen leuchten einen größeren Bereich aus und sind für schmale Vorgärten meistens ausreichend. Bei aller Zweckmäßigkeit sollen die Lampen in Stil und Ausführung zum Umfeld passen.

# Kleine Gärten

Im eng bebauten Raum moderner Siedlungsgebiete werden die Gärten immer kleiner. Man mag das bedauern. Es muss aber nicht bedeuten, dass der private Freiraum mit der Größe auch an Qualität verliert. Die Schönheit eines Gartens ist unabhängig von seiner Größe. Man denke an japanische Hausgärten, die oft kaum größer sind als ein Zimmer und doch in vollendeter Harmonie komponiert wurden!

Allerdings muss ein Garten, je kleiner er ist, umso sorgfältiger geplant und angelegt werden. Denn man hat hier alle Details vor Augen und zwar das ganze Jahr über. Fehler lassen sich kaum kaschieren. Der eng bemessene Raum muss optimal genutzt werden. Man erlebt ihn in allen Einzelheiten und intensiver als einen großen Garten.

Ein Vorteil der geringen Größe liegt darin, dass der Pflegeaufwand sich in Grenzen hält. Da kann man sich sogar aufwendige Pflanzungen leisten und fühlt sich trotzdem nicht als Sklave des eigenen Gartens. Auch die Kosten schlagen wegen der kleineren Fläche weniger zu Buche. Vielleicht fällt dann sogar die Wahl auf hochwertigere Materialien, als dies bei einer großen Anlage möglich wäre. Kleine Gärten bieten also durchaus einige Vorzüge.

*Ein gemütlicher Sitzplatz gehört zu jedem noch so kleinen Garten. Meistens befindet er sich direkt am Haus, er kann aber auch, wie hier, etwas abgesenkt vor einer schützenden Garagenwand liegen.*

## Das Wesentliche verwirklichen

Das Problem eines kleinen Grundstücks liegt darin, dass auf seiner geringen Fläche nicht jeder Gartenwunsch zu erfüllen ist. Man muss Prioritäten setzen und kann nur das verwirklichen, was am wesentlichsten ist und wofür der Garten Raum bietet. Es ist besser, auf Zweitrangiges ganz zu verzichten den Garten einem bestimmten Thema oder einer vorrangigen Nutzung zu widmen.

Wer gerne in geselliger Runde Sommerfeste feiert, braucht dazu einen geräumigen Sitzplatz und wird notfalls lieber auf eine Rasenfläche verzichten. In diesem Fall ist natürlich eine Abschirmung nach außen besonders wichtig, denn man möchte weder die Nachbarn stören, noch von anderen beobachtet werden. Also wird man für Sichtschutz sorgen. Die bietet eine Mauer oder eine kompakte Holzwand. Den Sitzplatz wird man mit Pflanzen umgeben, mit filigranen Gräsern und großblättrigen Blattschmuckstauden, mit einem dekorativen Großstrauch als Schattenspender und Kletterpflanzen an der Wand.

Wünscht man sich eine Oase der Ruhe, so ist dazu nicht unbedingt eine große Terrasse erforderlich. Ein kleiner Sitzplatz am Haus und wenige Nischen zwischen Stauden und Sträuchern, wo man sich den Liegestuhl je nach Bedarf in die Sonne oder in den

*Ein gut gestalteter kleiner Garten mit großer Vielfalt.*

Schatten rücken kann, wären in diesem Fall genau das Richtige. Dann fehlt nur noch der stille Wasserspiegel eines Teiches, wo Wasserläufer ihre Kreise ziehen und Libellen pfeilschnell durch die Luft stoßen. Eine blickdichte Hecke, davor Blütenstauden, eine schmale Zierkirsche, niedrige Rhododendren und eine Hortensie bilden dazu einen schönen Rahmen.

Passionierten Gärtnern möchte man einen großen Garten für ihr Hobby wünschen, damit sie all die schönen Pflanzen angemessen zur Geltung bringen können. Wenn jedoch nur wenig Fläche zur Verfügung steht, heißt die Lösung des Problems: Beschränkung auf ein Pflanzenthema. Die Auswahl wird sich am Standort und an den persönlichen Vorlieben orientieren. Solch ein Thema könnten Rosen und ihre Begleitstauden sein, ein anderes wären Gräser und Stauden der Felssteppen. Auch ein Steingarten passt gut in ein kleines Grundstück. Mit erhöhten Mauerbeeten, Vertiefungen und dekorativen Steinen lässt sich das Gelände abwechslungsreich gestalten. Es ergeben sich viele Ritzen für Polster- und Rosettenpflanzen.

### Nützliches und Dekoratives

Wer Freude daran hat, Gemüse, Kräuter und Obst aus dem eigenen Garten zu ernten, kann all dies auch im kleinen Garten heranziehen. Viele Gemüsearten haben so attraktive Blüten und Färbungen, dass sie die Beete durchaus bereichern. Bunte Salate, verschieden farbiger Mangold und viele Kohlarten sind nicht nur schmackhaft, sondern zugleich dekorativ. Gesellt man noch hübsche Kräuter hinzu und streut Hornveilchen, Studentennelken und Mohn dazwischen, dann ergibt sich ein sehr ansprechendes Bild. Nur auf eines muss man in diesem Fall achten: Die Vielfalt von Nutzpflanzen kann sich nur in einem gut durchdachten Gerüst entfalten, wie es z.B. ein Achsenkreuz und Einfassungen aus geschnittenem Buchs, Lavendel oder Heiligenkraut bieten.

Das Nützliche mit dem Dekorativen zu vereinen, ist ein uraltes Prinzip, das gerade in kleinen Gärten seine Berechtigung hat. Was spricht dagegen, Strauchrosen mit Gewürzkräutern wie Salbei, Ysop, Gewürzthymian oder Bergbohnenkraut zu umgeben? Und warum sollten wir nicht rotlaubiges Basilikum pflanzen, wo rötlicher Blattschmuck zu gelben Blüten gesucht wird? Sehr dekorativ wirken das feine Laub und die gelbgrünen Blütendolden von Dill und Fenchel. Sie schmeicheln jedem Staudenbeet. Die Reihe ließe sich beliebig fortsetzen und Experimente sind erlaubt.

Auch auf Beeren- und Baumobst muss man aus Platzgründen nicht verzichten. Äpfel und Birnen lassen sich recht gut als Spalierobst ziehen, entweder an einer Wand, als Raumteiler innerhalb des Gartens oder statt einer Hecke entlang der Grundstücksgrenze. Ganz kleine so genannte Ballerina-Bäumchen lassen sich sogar in Töpfen kultivieren.

*Vielfältig bepflanzte, gut gepflegte Gemüsebeete wirken durchaus dekorativ. Nur ist das leider nicht das ganze Jahr über der Fall. Doch kann man einen Nutzgarten, der im Blickfeld liegt, mit Buchseinfassung, Rosen und Schnittblumen so gestalten, dass er immer ansehnlich ist.*

Weil man im kleinen Garten mit dem Raum geizen muss, wird man Flächen, so weit nur möglich, mehrfach nutzen. So kann die Terrasse, sofern sie groß genug ist, neben dem Sitzplatz eine Spielecke für kleine Kinder aufnehmen. Die Pergola trägt auch eine Kleinkindschaukel. In wenigen Jahren wird beides nicht mehr benötigt. Vielleicht finden dann Kübelpflanzen auf der Terrasse ihren Platz. Das könnten prächtig blühende Einjahresblumen sein, gemischt mit Nutzpflanzen. Tomaten und Paprika, Küchenkräuter und Erdbeeren lassen sich sehr gut in hübschen Gefäßen kultivieren.

Oft ist im kleinen Garten auch noch Brennholz für den Kachelofen unterzubringen. Warum sollte solch ein Holzstapel nicht zugleich als Raumteiler dienen? Damit er gut steht, benötigt er ein Gerüst und als Schutz vor Feuchtigkeit eine Abdeckung. Im Laufe des Winters wandert der Sichtschutz in den Ofen und im Frühjahr wird es Zeit, ihn wieder neu zu errichten.

## Der „Handtuchgarten"

Gärten am Reihenhaus sind meistens schmal und mehr oder weniger tief. Solch ein lang gestrecktes Grundstück lässt sich jedoch recht gut in mehrere, hintereinander liegende Gartenräume aufteilen. So entsteht eine wohl proportionierte Raumfolge.

Direkt am Haus liegt meist der Hauptsitzplatz, daran anschließend eine Rasenfläche und ganz hinten eventuell Platz für die Kinder, ein Nutzgärtchen oder ein zweiter Sitzplatz. Wichtig ist, diese Bereiche auch räumlich voneinander zu trennen. Denkbar wäre ein Staudenbeet direkt an der Terrasse, vielleicht etwas erhöht angelegt und mit einem Mäuerchen in Sitzhöhe eingefasst. Ein Trog mit Wasserpflanzen könnte das Ganze noch bereichern. Am Sitzplatz darf der Sichtschutz zu den Nachbarn nicht fehlen, sei es in Form einer Mauer, einer Holzwand oder als Pergola.

*Gerade in kleinen Gärten ist Sichtschutz erwünscht und zwar vor allem direkt am Sitzplatz und am Grundstücksende. Die seitliche Begrenzung zu den Nachbargärten muss aber nicht unbedingt dicht geschlossen sein.*

Im mittleren Gartenteil genügt es, wenn einzelne Ziersträucher die Grundstücksgrenze markieren. Dies ist auch der Bereich, den man sehr gut gemeinsam mit dem Nachbarn gestalten kann. So braucht nicht jeder eine geschlossene Hecke zu pflanzen, sondern der eine füllt die Lücken, die die Bepflanzungen des anderen noch aufweisen. Dagegen sollte man den hinteren Gartenteil wieder dichter schließen, denn von dort fühlt man sich am ehesten beobachtet von der Straße bzw. den gegenüberliegenden Nachbarn.

Um den Garten optisch größer erscheinen zu lassen, kommt Großes in den Vordergrund und Kleines rückt nach hinten. Mit warmen, leuchtenden Farben nahe beim Betrachter und kühlen Farbtönen in der Entfernung lässt sich die Raumtiefe vergrößern.

*Ein schmaler, langer Garten bedarf der Gliederung. Hier gibt es einen ruhigeren Bereich nahe am Haus mit Sitzplatz, Staudenbeeten und Trögen voller Wasserpflanzen und im entlegeneren Gartenteil den Spielplatz. Beides wird räumlich durch einen Kleinbaum, einige Ziersträucher und einen berankten Laubengang getrennt.*

## Der Gartenhof

Eine besondere Situation stellt der Innenhof dar. Allseitig umschlossen bietet er wie ein Zimmer im Freien einen ganz intimen Gartenraum. Freilich kann der Blick hier nicht in die Ferne schweifen, noch nicht einmal bis in den Nachbargarten. Aber dafür genießt man Geborgenheit, Ruhe und sehr viel Privatsphäre.

Solch ein kleiner Gartenraum muss allerdings sehr sorgfältig geplant, angelegt und weiterentwickelt werden. Nicht nur vom Frühling bis zum Herbst, sondern auch in den Wintermonaten hat man ihn nahe vor Augen. Da wird jedes Detail wichtig. Zu gestalten ist der gesamte Raum, neben der Bodenfläche auch die Wände. Denn vor allem auf sie fällt der Blick. Natürlich bieten sich dafür Kletterpflanzen an. Sie benötigen wenig Fläche und machen den Raum zum grünen Zimmer. Fast noch schöner wirken filigrane Pflanzengestalten, deren Schatten auf der Wand bizarre, sich ständig verändernde Muster bilden. Besondere Akzente kann man mit einem Wandbrunnen setzen oder auch mit einem Mosaik. Wer will, gibt dem kleinen Raum mit einer geschickt angebrachten Illusionsmalerei Tiefe und Weite.

Bei einem sehr kleinen Gartenhof wird man vermutlich den größten Teil der Fläche befestigen. Es lohnt sich, dafür einen besonderen Belag zu wählen. Vielleicht darf es bei der geringen Quadratmeterzahl auch etwas hochwertiger sein. Jedenfalls muss es auf den Innenraum abgestimmt sein. Für die Bepflanzung bleiben Aussparungen frei, entlang der Wände oder als Inseln in der Fläche.

Weil es im Hochsommer recht heiß im Gartenhof werden kann, wirkt sich ein kleinkroniger Baum als Schattenspender sehr angenehm aus. Nur muss die Proportion gewahrt bleiben. Zu groß, zu wuchtig darf der Baum nicht werden. Ein Brunnen bringt zusätzliche Kühlung. Allein das Plätschern seines Wassers vermittelt sommerliches Wohlgefühl. Kommen dann noch Düfte von Rosen, Heliotrop, Lavendel oder Duftpelargonien hinzu, fühlt man sich wie ins Urlaubsland versetzt.

Die Bepflanzung kann bei solch beengten Platzverhältnissen selbstverständlich nicht das ganze Gartenjahr hindurch mit Blütenreichtum glänzen. In einem Gartenhof freut man sich auf die Blütezeit einzelner Stauden und Gehölze und genießt sie dafür umso mehr. In der übrigen Zeit wirken die Pflanzen durch ihr besonderes Erscheinungsbild, durch auffallende Blattformen und unterschiedliche Texturen, mit ihrem Fruchtschmuck und der Färbung von Laub und Rinde.

Bei der Pflanzenauswahl ist sehr genau auf die Licht- und Schattenverhältnisse zu achten. Das wird umso wichtiger, je höher die umgebende Architektur ist. Dann kann ein Hof auf der Sonnen abgewandten Seite tiefen Schatten bieten und gegenüber einen voll besonnten Bereich. Dementsprechend gedeihen Schatten liebende Sträucher, Farne und Halbschattenstauden auf der einen Seite und mediterrane Sonnenanbeter auf der anderen Seite. Und die Bewohner des Gartenhofes werden je nach Jahreszeit einen kühlen oder warmen Platz aufsuchen.

*Das muntere Plätschern eines Brunnens belebt einen Innenhof.*

*In diesem charmanten, kleinen Hof wurde die Wandfläche optimal genutzt. Die Kletterrosen erfüllen den Raum mit ihrem Duft, solange sie blühen.*

# Dachgärten

Während der Atriumhof nach außen hin abgeschlossen ist, schenkt der Garten hoch oben auf dem Dach seinen Bewohnern einen weiten Rundblick, den andere höchstens aus dem Fenster höher gelegener Stockwerke aus genießen können. Dort oben einen Dachgarten zu bewohnen, das ist schon etwas Exklusives.

## Der Wohngarten auf dem Dach

Im Prinzip kann auf dem Flachdach ein Garten entstehen, ähnlich dem auf gewachsenem Boden. Mit dem entsprechenden technischen Aufwand lässt sich alles verwirklichen: Wegeflächen, sicht- und windgeschützte Sitzplätze, eine Pergola und die umgebenden Pflanzungen, aber auch Wasseranlagen, Gemüsebeete oder Rasenflächen. Es gibt eigentlich nur wenige Einschränkungen. Die Entscheidendste betrifft die Tragfähigkeit der Unterkonstruktion. Eine andere könnte das eventuell fehlende Budget sein. Denn solche Dachgärten haben ihren Preis.

Bei einer Aufbauhöhe von 30 cm (10 cm Dränageschicht und 20 cm Vegetationstragschicht) ist mit einer Dachlast von etwa 300 kg/m² zu rechnen. Bei dieser Substratdicke gedeihen auf dem Dach nicht nur Stauden und Gräser, sondern auch Gehölze wie Zierapfel oder Schmetterlingsstrauch. Für Großsträucher und Kleinbäume müssten allerdings eigene Konstruktionen mit einem größeren Wurzelgrund und einer speziellen windfesten Verankerung vorgesehen werden.

Verschiedene Firmen bieten spezielle Systeme von Abdichtungen, Be- und Entwässerung und Substraten an bis hin zu besonderen Anschlüssen und Detailausbildungen. Beim Bau eines intensiv genutzten Dachgartens ist es wirklich ratsam, sich der Kompetenz erfahrener Spezialisten zu bedienen.

## Blütenteppich statt Dachpappe

Wer jedoch keinen Wohngarten auf dem Dach bauen will, sondern lediglich den Wunsch hat, einen bunten Teppich aus Mauerpfeffer und Dachwurz über die Dachfläche zu breiten, der kann dies wesentlich einfacher und auch kostengünstiger in Form einer so genannten Extensivbegrünung verwirklichen.

Je dünner die Substratschicht ausfällt, umso weniger Arten stehen für die Bepflanzung zur Verfügung. Das Mindestmaß liegt bei 6–8 cm Bodenauftrag. Hier gedeihen noch „Hungerkünstler" wie verschiedene Mauerpfefferarten, Dachwurz und Thymian neben Gräsern wie Bergsegge und Schafschwingel.

**Eine Dachbegrünung hat viele Vorteile:**

- Sie schützt das Dach vor extremen Temperatur-schwankungen. Das wirkt sich auch günstig auf die Lebensdauer der Dachdichtung, den Schallschutz und die Wärmedämmung des Gebäudes aus.
- Das Niederschlagswasser wird zu einem beachtlichen Teil in Pflanzen und Substrat gebunden. Das verzögert den Abfluss und entlastet die Kanalisation.
- Durch jede Baumaßnahme geht gewachsene Bodenfläche verloren. Verlagert man die Vegetationsfläche auf das Dach, so lässt sich damit ein Ausgleich schaffen, der ökologisch von großer Bedeutung ist. Denn auf der dünnen Substratschicht einer Extensivbegrünung gedeihen Arten, wie wir sie sonst nur auf seltenen Trockenrasen finden. Und wo Pflanzen sind, finden sich bald auch Insekten und Vögel ein.
- Vor allem dann, wenn der Blick vom Haus oder vom Garten aus auf ein tristes Flachdach fallen würde, sollte man sich an die Gestaltung dieser Fläche wagen.

Bei einer 8 cm dicken Substratschicht muss das Dach ungefähr 80 kg/m² Flächenlast tragen können. Mit jedem cm Substratdicke, die mehr aufgebracht wird, erhöht sich die Belastung um etwa 10 kg/m². Auch für die Extensivbegrünung werden Systeme für den Aufbau angeboten. Im Prinzip wird dabei auf die vorhandene Dachabdichtung ein Trennvlies zum Schutz der darüber liegenden Wurzelschutzbahn aufgebracht. Darauf kommt eine Dränschicht, die für die Ableitung von überschüssigem Regenwasser sorgt. Diese

*Mauerpfeffer statt Dachpappe. Die Extensivbegrünung auf dem Gartenhäuschen hat sich bewährt.*

*Bei einer Substratdicke von nur 6–8 cm gedeihen die verschiedenen Mauerpfeffer-Arten am besten. Moose und Flechten stellen sich von selbst ein.*

wird wiederum von einer Filtermatte abgedeckt. Sie sorgt dafür, dass das Substrat, welches darüber ausgebracht wird, nicht in die Dränschicht einsickert. Dieses Substrat ist leicht. Es hat vorwiegend mineralische Bestandteile und einen geringen Anteil (ca. 5 %) an organischen Stoffen wie z. B. Rindenhumus. Im Handel gibt es Fertigmischungen auf der Basis von Blähton. Ein anderes bewährtes Substrat wird aus Recycling-Ziegelbruch hergestellt.

Schließlich kann gepflanzt werden. Erfolg verspricht neben der aufwendigeren Einzelpflanzung auch die Ausbringung von Sprossen verschiedener Mauerpfefferarten, kombiniert mit der Ansaat speziell geeigneter Arten der Trockenrasen. Für ganz Eilige gibt es vorkultivierte Pflanzenmatten, die man ausbreitet wie Rollrasen.

Auf ähnliche Weise lassen sich auch flach geneigte Dächer begrünen. Für sie muss nicht einmal eine Dränschicht aufgebracht werden. Hat das Dach eine Neigung von mehr als 20°, so ist eine Gitterkonstruktion zur Schubsicherung vorzusehen. Bei geringer Substratdicke sind Krallmatten aus Nylon ausreichend. Viel Pflege benötigt die extensive Dachbegrünung nicht. Nur aufkommende Gehölzsämlinge müssen rechtzeitig entfernt werden.

**Pflanzen für eine extensive Dachbegrünung** (Substratschicht 5–8 cm)

| Botanischer Name | Deutscher Name | Höhe in cm | Stück je m² | Pflanz-abstand | Blütezeit und Blütenfarbe/Blattfärbung | | | | | | | |
|---|---|---|---|---|---|---|---|---|---|---|---|---|
| | | | | | Mrz | Apr | Mai | Juni | Juli | Aug | Sep | Okt |
| **Mauerpfeffer und Kräuter** | | | | | | | | | | | | |
| *Alchemilla erythropoda* | Zwerg-Frauenmantel | 10 | 12–15 | 25 | | | | | | | | |
| *Antennaria dioica* 'Rubra' | Katzenpfötchen | 10 | 15–20 | 20 | | | | | | | | |
| *Artemisia schmidtiana* 'Nana' | Polster-Beifuß | 20 | 9–12 | 25 | | | | | | | | |
| *Campanula rotundifolia* | Runblättrige Glockenblume | 20 | 12–15 | 25 | | | | | | | | |
| *Dianthus deltoides* | Heidenelke | 15 | 10–15 | 25 | | | | | | | | |
| *Euphorbia segueriana* | Steppen-Wolfsmilch | 60 | 4–6 | 40 | | | | | | | | |
| *Iris Barbata-Nana*-Hybriden | Niedere Bart-Iris | 20 | 9–12 | 25 | | | | | | | | |
| *Petrorhagia saxifraga* | Felsennelke | 20 | 12–15 | 25 | | | | | | | | |
| *Sedum acre* | Scharfer Mauerpfeffer | 5 | 15–25 | 20 | | | | | | | | |
| *Sedum album* 'CoralCarpet' | Korallen-Mauerpfeffer | 5 | 15–25 | 20 | | | | | | | | |
| *Sedum reflexum* | Felsen-Fetthenne | 20 | 15–25 | 20 | | | | | | | | |
| *Sedum sexangulare* | Milder Mauerpfeffer | 5 | 15–25 | 20 | | | | | | | | |
| *Sedum spurium* 'Album Superbum' | Kaukasus-Fetthenne (Blattwirkung) | 15 | 10–15 | 25 | | | | | | | | |
| *Sedum floriferum* 'Weihenstephaner Gold' | Gold-Fetthenne | 15 | 9–12 | 25 | | | | | | | | |
| *Thymus serpyllum* 'Coccineus' | Sand-Thymian | 5 | 10–15 | 25 | | | | | | | | |
| **Zwiebelpflanzen** | | | | | | | | | | | | |
| *Allium flavium* | Gelber Lauch | 30 | | 15 | | | | | | | | |
| *Allium sphaerocephalon* | Kugelkopf-Lauch | 50 | | 15 | | | | | | | | |

# Gärten am Hang

*Die Verbindungstreppe zwischen Unter- und Erdgeschoss führt in einem gefälligen Bogen um eine Pflanzfläche.*

Es ist sicher nicht ganz einfach, ein abschüssiges Gelände zu gestalten. Ein Garten am Hang wird erst dann so recht bewohnbar, wenn man waagrechte Flächen schafft. Das erfordert technischen und damit auch finanziellen Aufwand. Hat man aber die Schwierigkeiten im Griff, so ergeben sich traumhaft schöne Gartenbilder. Denn in einem Hanggarten gewinnen wir die Dimension der Höhe hinzu. Außer ebenen Beetflächen gibt es dicht bepflanzte Böschungen und Trockenmauern, aus deren Ritzen Polsterstauden quellen. Überhängende Pflanzen haben ihren idealen Standort auf der Mauerkrone. In manch einer Mauernische ergibt sich ein uneinsehbarer Sitzplatz, und wer möchte, kann die Stützmauer gleich als Rückwand einer Pergola verwenden. Reizvoll wirkt der Hanggarten auch durch seine kleinteilige Flächengliederung. Das macht ihn unübersichtlich und weckt die Neugier zum Erkunden.

Dabei sind Hangsituationen sehr unterschiedlich. Das beginnt mit der Lage des Hauses. Erstreckt sich der Hang unterhalb des Wohngebäudes, dann bietet sich von hier aus eine weite und oft sehr schöne Aussicht. Über den eigenen Garten blickt man dagegen eher hinweg oder man nimmt ihn sozusagen aus der Vogelperspektive wahr. Im umgekehrten Fall, wenn das Haus am Hangfuß liegt, kann leicht ein erdrückendes Gefühl aufkommen. In beiden Fällen ist es wichtig, direkt am Haus eine ebene Fläche zu schaffen. Von hier aus erschließt sich der Garten.

*Mit einer Hangabstützung lässt sich in steilen Lagen nicht nur Gartenraum gewinnen, sie ist auch ein reizvolles Gestaltungselement.*

Oft werden Häuser so in den Hang gebaut, dass sich unterschiedliche Zugangsebenen ergeben. In diesem Fall benötigt man meistens eine Verbindungstreppe. Man kann sie wie eine Kellertreppe steil und gerade entlang der Hauswand führen. Gefälliger wirkt sie jedoch, wenn sie einen größeren Bogen beschreibt. Daraus ergeben sich flachere Stufen und vielleicht auch Podeste, die den Treppenlauf unterbrechen.

Vor allem für die Pflanzenauswahl ist es von entscheidender Bedeutung, nach welcher Himmelsrichtung sich der Hang neigt. Am kühlen Nordhang wird man jede Möglichkeit nutzen, um ein paar Sonnenstrahlen einzufangen. An Südhängen ist die Einstrahlung sogar intensiver als auf ebener Fläche. Dafür trocknen sie aber auch schneller aus. Während der Nordhang alle Voraussetzungen für einen Schattengarten bietet, gedeiht an der Südseite die Vegetation der Trockenrasen, eventuell mit Arten des Mittelmeerraumes.

*In diesem kleinen Garten sind auf kurze Distanz fast 2 m Höhenunterschied zu überwinden. Das gelingt nur mit einer geschickten Terrassierung, die den unteren Gartenteil mit seinem Wasserbecken wie einen Senkgarten erscheinen lässt. Rankgitter und Solitärgehölze schaffen in diesem Gartenraum eine Atmosphäre der Geborgenheit. Dagegen genießt man vom Haus und dem davor liegenden Sitzplatz aus den Blick in die Weite.*

Ein entscheidender Faktor ist die Hangneigung. Bei geringen Höhenunterschieden wird man sich vorwiegend für eine sanfte Modellierung mit geschwungenen Böschungen entscheiden. Sehr steile Hänge erfordern eher eine Terrassierung. Stützmauern und Treppenanlagen müssen gebaut werden. Nur so lassen sich ebene Flächen für Sitzbereiche und Pflanzflächen schaffen. Dieser technische Aufwand macht die Anlage allerdings kostspielig.

Auch die Grundstücksgröße hat einen Einfluss auf die Art der Gestaltung. So sieht man sich auf kleiner Fläche oft zu Hangabstützungen gezwungen, während im großen Garten vielleicht nur in Hausnähe Stützmauern und Stufen erforderlich sind, und die entfernteren Gartenteile durch Abgrabung und Anböschung geformt werden können.

Solange stark geneigte Flächen unbewachsen der Witterung ausgesetzt sind, besteht die Gefahr, dass abfließendes Regenwasser den Boden abschwemmt. Dem begegnet man am besten durch die Terrassierung des Geländes. An Böschungen aber bleibt die Erosionsgefahr bestehen, so lange der Bewuchs sich noch nicht geschlossen hat. Abhilfe lässt sich schaffen, indem man vor der Bepflanzung Kokosfasergewebe in den Boden einbringt. Es stabilisiert das Gelände, bis der Boden völlig durchwurzelt und somit gefestigt ist.

**Der Steingarten**

Nutzungen wie eine Spielwiese oder ein Badeteich sind nichts für ein steiles Hanggrundstück. Dafür müssten erst ausgedehnte ebene Flächen geschaffen werden. Stattdessen bietet ein Garten mit Gefälle andere Vorteile. Nirgends wirkt ein Steingarten so selbstverständlich und natürlich wie am Hang. Sei es, dass er mithilfe von Trockenmauern terrassiert wurde oder große Steine das Gelände abstützen. Es kommt natürlich auch darauf an, aus welchem Material der Boden besteht. Sandige oder lehmige Erde, aber auch Geröll erfordern eine Abstützung. Ein besonderer Glücksfall ist es, wenn Fels zutage tritt. Den braucht man dann nur noch freizulegen, mit weiteren Steinen zu ergänzen und Nischen für die Pflanzen zu schaffen. Frei gesetzte Steine sollten liegen, etwa wie Felsen in einem Bachbett. Es muss aussehen, als wären sie dort „gewachsen". Senkrecht aufgestellte Steinbrocken wirken an einer Böschung nicht überzeugend.

Aus den Fugen einer Trockenmauer quellen Steinbrech- und Dachwurzarten hervor. An schattigen Stellen siedeln sich sogar kleine Farne, Gelber Lerchensporn und Mauerzimbelkraut an. Die Mauerkrone ist der ideale Platz für Kriechgehölze, Polsterstauden und überhängende Pflanzen. Hier können sie sich so recht entfalten. Waagrechte Beetflächen lassen sich sehr vielfältig gestalten. Bei steinigem Boden und in sonniger Lage fühlen sich Schwertlilien, Nelken, Wolfsmilcharten und viele andere Arten wohl, die wir von den Felssteppen kennen. Ist der Boden tiefgründig und nährstoffreich, dann passen sogar Kleinstrauchrosen und Stauden.

Auf terrassierten Beeten haben wir alle Pflanzen dicht vor Augen und Nase. Sie rücken uns näher und wir nehmen sie intensiver wahr.

*Am sonnigen Hang fühlen sich Schwertlilie, Spornblume, Katzenminze und viele andere Wärme liebende Pflanzen wohl.*

Auch müssen wir uns nicht zu ihnen hinunterbücken. Einerseits erleichtert das die Pflege. Leider wird dieser Vorteil wieder dadurch aufgewogen, dass wir am Hang nicht selten alles über Treppen transportieren müssen. Das kann recht mühsam sein.

### Fließendes Wasser

Für einen Teich mit ruhiger Wasserfläche eignet sich ein steiles Hanggrundstück nicht. Bestenfalls kann er am Hangfuß liegen, sofern die Fläche dafür ausreicht. Dagegen stellt natürliches Gefälle eine gute Voraussetzung für fließendes Wasser dar. Damit lässt sich vielerlei gestalten: Wie selbstverständlich wirkt eine Felsenquelle, aus der sich Wasser in einen Bachlauf ergießt. Bei geringem Gefälle schlängelt sich ein Bächlein mit Kies und Steinen munter plätschernd durch den Garten. Dagegen ergießt sich am steilen Hang das Wasser über Kaskaden zwischen aufragenden Felsen. All das fügt sich gut in einen naturnahen Garten. Abgedichtet wird mit Folie. Die Steine sollten mit Beton fixiert werden.

Wenn im Hanggarten Mauern und Treppen das Bild bestimmen, wählt man besser die architektonische Variante. Das könnte eine Reihe von Steinbecken sein, wo das Wasser von einem höheren Bassin in das jeweils tiefere überläuft. Oder man lässt einen dünnen Wasserfilm über eine Platte laufen, die waagrecht aus der Mauer ragt, sodass sich ein Wasservorhang bildet, der sich in ein darunterliegendes Becken ergießt. Der Fantasie ist fast keine Grenze gesetzt. Falls keine natürliche Quelle vorhanden ist, hält eine Umwälzpumpe den Wasserkreislauf in Gang.

Im flachen und durchströmten Wasser gedeihen Sumpfdotterblumen und Brunnenkresse. Im feuchten Uferbereich eines Bachlaufes blühen Sibirische Schwertlilie, Mädesüß, Gilbweiderich, Baldrian und Blutweiderich. Es wäre aber auch einen Versuch wert, einfach auf das zu warten, was sich spontan ansiedelt.

Wie man sieht, kann ein Garten am Hang sehr reizvoll sein. Allerdings ist sowohl die Planung als auch die Ausführung kompliziert und aufwendig.

*Überzeugend wirken Kaskaden nur in einem Gelände mit natürlichem Gefälle. Sie sollten so angelegt sein, dass man den Eindruck gewinnt, das Wasser hätte sich selbst in einen felsigen Hang gegraben, über dessen Steine es nun herabrieselt.*

## Familiengarten

Eltern und Kinder haben meist recht unterschiedliche Vorstellungen von ihrem Traumgarten. Während Papa und Mama sich am liebsten ausruhen würden in den Stunden, die ihnen der Alltag lässt, finden Kinder gerade das schrecklich langweilig. Sie möchten ums Haus toben, Löcher buddeln und im Matsch wühlen. Am liebsten hätten sie ein Fußballfeld und einen Swimmingpool, Hühner und ein Pony. Schön wäre eine Rutsche, über die sie ganz schnell vom Kinderzimmer im ersten Stock nach unten sausen und im Sandkasten landen könnten. Außerdem bräuchten sie vielleicht noch einen Räuberwald, ein Indianercamp und ein Feenschloss. Kinderträume sind etwas Herrliches, und eigentlich möchten wir Erwachsene den Kleinen am liebsten all ihre Wünsche erfüllen. Aber dem stehen schließlich nicht nur eigene ästhetische Vorstellungen entgegen, sondern meistens auch der begrenzte Platz und der finanzielle Spielraum. In Abwägung der Realitäten schrumpft dann vielleicht der Bauernhof zum Kaninchenstall, statt eines Fußballfeldes gibt es Platz für einen Basketballkorb und eine Tischtennisplatte. Zum Klettern, Rutschen und im Sand spielen wird sich wohl am ehesten ein Platz finden lassen.

Für Kinder ist ein Garten von unschätzbarem Wert. Hier haben sie einen geschützten, vertrauten Raum, wo sie in frischer Luft spielen und ihre überschüssigen Kräfte loswerden können. Andererseits möchten auch Erwachsene ihre Vorstellungen verwirklichen. Doch wie sind nun zarte Blütenträume mit der herumtobenden

*Kinder erhalten am besten einen eigenen Bereich im Garten. So lässt sich mancher Interessenskonflikt mit den Eltern vermeiden.*

**Pflanzen für den Spielbereich**

Wo Kinder herumtoben, muss die Bepflanzung einiges aushalten. Deshalb ist es ratsam, hier nur robuste Arten zu verwenden, die nicht so leicht etwas übel nehmen.

| Botanischer Name | Deutscher Name | Höhe |
|---|---|---|
| *Acer campestre* | Feld-Ahorn | bis 15 m |
| *Carpinus betulus* | Hainbuche | 10–20 m |
| *Cornus mas* | Kornelkirsche | 4–7 m |
| *Corylus avellana* | Hasel | 5–7 m |
| *Forsythia* x *intermedia* | Goldglöckchenstrauch | 2–3 m |
| *Kolkwitzia amabilis* | Perlmutterstrauch | 2–3 m |
| *Mahonia aquifolia* | Mahonie | bis 1 m |
| *Philadelphus coronarius* | Pfeifenstrauch | 3–3 m |
| *Ribes sanguineum* | Blut-Johannisbeere | 1,5-2 m |
| *Rosa canina* | Hunds-Rose | 2–3 m |
| *Rosa multiflora* | Vielblütige Rose | 2–3 m |
| *Salix viminalis* | Korb-Weide | 3–8 m |
| *Sambucus nigra* | Holunder | 3–7 m |
| *Spiraea arguta* | Schneespiere | 1,5–2 m |
| *Weigela*-Hybr. | Weigelie | 2–3 m |

*Kleine Kinder wünschen sich einen großen Sandplatz mit Wasseranschluss.*

Kinderschar in Einklang zu bringen? Am besten durch räumliche Trennung. Konflikte lassen sich allein dadurch vermeiden, dass der Spielbereich der Kinder auf der einen Seite des Hauses liegt und der Wohngarten mit Blütenpracht und Kräutersegen davon abgetrennt auf der anderen Seite. Wer einen schmalen Reihenhausgarten sein eigen nennt, kann ihn in zwei hintereinander gestaffelte Räume gliedern, wobei die hausnahe Terrasse und ihr Umfeld als Wohn- und Ziergarten dienen, und der entfernte Gartenteil den Kindern überlassen bleibt. Sofern eine Raumgliederung dieser Art nicht möglich ist, könnten gefährdete Beete einen Schutz in Form einer niedrigen Buchshecke oder mit einem Sitzmäuerchen erhalten. Gleichermaßen wirkungsvoll ist ein halbhoher Holzzaun. Von duftenden Wicken umschlungen, wirkt er zudem dekorativ.

## Altersgerechte Spielbereiche

Kinder wachsen schneller heran, als man denkt. Und in jeder Phase ihrer Entwicklung haben sie andere Bedürfnisse. Solange sie ganz klein sind, begnügen sie sich mit einer Sandkiste und einer Babyschaukel, die man an jedem Balken aufhängen kann. An heißen Sommertagen brauchen sie ein Planschbecken. Aber mit der Zeit wird ihr Bewegungsdrang immer größer. Bald fahren sie mit dem Dreirad auf allen festen Flächen des Gartens herum, wünschen sich eine „richtige" Schaukel und klettern gerne irgendwo hinauf, wo sie dann die Hilfe der Großen für den Abstieg benötigen.

Wenn die Kinder in die Schule gehen, beginnt die Zeit, in der sie sich Zelte und Lager bauen. Jetzt wollen sie lieber für sich und unbeobachtet sein. Das Klettern wird zur Mutprobe. Ein paar Jahre später wandert die Behausung in die Baumkrone. All das ist für ihre Entwicklung wichtig. Ihren Bewegungsdrang sollten Kinder ausleben können, gerade wenn sie in der Schule still sitzen müssen. Was wäre da schöner, als von einem Trampolin aus hoch in die Luft zu fliegen? Nur ein Hürdenlauf und Ballspiele auf dem Rasen können sich damit messen.

Das Verhalten der Teenager wird dem der Erwachsenen immer ähnlicher. Die Lust, sich im Garten zu bewegen, nimmt ab. Dafür sind jetzt verschwiegene Plätze gefragt, wo man sich ungestört und unbeobachtet zusammensetzen kann.

All diese Veränderungen muss ein Garten mitmachen. Es lohnt sich nicht unbedingt, teure Spielgeräte zu installieren, wie man sie vom öffentlichen Spielplatz kennt. Viel wichtiger ist es, den Kindern Raum zu gewähren und ihnen Material zum Bauen, Basteln und Spielen zur Verfügung zu stellen. Zum Herumtollen brauchen sie eine Rasen- oder Belagsfläche, daneben aber gemütliche Ecken, wo sie sich verkriechen können. Mit kindlicher Fantasie entsteht daraus ganz nach Bedarf ein Spukschloss oder ein Dschungel, eine Goldgräbersiedlung oder ein Piratenschiff.

## Das Spielzimmer im Freien

Neben kleineren Nischen in der Hecke oder im Gebüsch wäre für Kinder eine relativ weiträumige Fläche mit robustem Spielrasen ideal. Hier kann man barfuß laufen und Sackhüpfen, ein Zelt aufstellen und Purzelbäume schlagen. Für Volleyball und zum Fußball spielen sind die meisten Gärten allerdings zu klein. Solche Aktivitäten müssen dann eben auf den Bolzplatz verlegt werden.

Das Spiel mit Sand und Wasser ist für alle Kinder eine herrliche Beschäftigung. Eine Einfassung aus großen Steinen, Platten oder aus Holz verhindert, dass der Spielsand über den ganzen Garten verbreitet wird. Außerdem bietet eine ebene Umrandung Sitz- und Ablagefläche. Damit der Sandplatz nicht als Katzentoilette missbraucht wird, sollte er eine Abdeckung erhalten. Der Handel bietet fertige Sandkisten mit einer Abdeckhaube an, die an Pfosten nach oben gekurbelt, zugleich als Sonnendach dient. Das Spiel in der Sandlandschaft wird erst so richtig schön, wenn auch Wasser vorhanden ist. Deshalb wünschen Kinder sich am Sandplatz einen Schlauchanschluss.

Die Spielecke entwickelt sich in aller Regel schnell zur Dauerbaustelle. Nicht nur Sand, Lehm und Wasser, sondern auch Eimer und Wannen braucht man zum Kneten und Matschen. Mit Planen, Decken und Laken lassen sich Zelte, ja sogar ein Märchenschloss errichten. Bretter, Balken und Nägel benötigt jeder kleine Baumeister. Wer nicht will, dass sich all diese „Schätze" im Garten verteilen, der sollte dafür eine Materialecke einrichten.

*Eine „mitwachsende" Kinder-Sommerlaube aus Weidengeflecht: Unten ist sie wie ein Korb geflochten und über den „Fenstern" wölbt sich ein Dach aus lebendem Geäst.*

Kinder verkriechen sich gerne zwischen dichtem Geäst. Wo sich die Hecke noch nicht dicht genug geschlossen hat, kann ein Weidenhaus als Schlupfwinkel dienen. Weidenruten, in lockere Erde gesteckt, bewurzeln leicht und treiben bald aus. Dann müssen sie nur noch in der gewünschten Form verflochten und fixiert werden. Regelmäßiges Weiterflechten ist allerdings erforderlich. Andernfalls entwickelt sich das Ganze zum Weidendickicht.

Der Traum größerer Kinder ist der Bau des eigenen Spielhauses oder noch besser einer Baumhütte. Schön, wenn sich das realisieren lässt. Falls die Bäume im Garten noch nicht ausreichend tragfähig sind, kann man ein Baumhaus nach Art des Jägerstandes auf vier Pfosten errichten. Dann ergibt sich darunter ein Platz für die Sandkiste kleinerer Geschwister oder nochmals ein stiller Rückzugswinkel. Wer will, kann das Ganze mit einer Rutsche kombinieren.

*Baumhäuser sind der Traum der größeren Kinder. Eine Strickleiter als Aufstieg hat den Vorteil, dass man sie einziehen kann. Dann können „Feinde" die eigene Festung nicht so leicht erstürmen.*

## Gefahr erkannt – Gefahr gebannt

Solange Kinder nicht schwimmen können, ist ein Gartenteich für sie gefährlich. Am besten verzichtet man in dieser Zeit darauf und richtet an gleicher Stelle einen Sandplatz für die Kleinen ein. Ist der Teich schon vorhanden, so hilft nur eine sichere Umzäunung oder eine zuverlässige Gitterabdeckung. Genauso gefährlich können Regentonnen für kleine Kinder werden. Sie müssen unbedingt mit einem Deckel versehen sein.

Für Spielgeräte gibt es Sicherheitsvorschriften, die auch beim Baumhaus Marke Eigenbau eingehalten werden sollten. So müssen Verletzungsgefahren vermieden werden. Sicherheitsabstände sind auch im Hausgarten sinnvoll. Man sollte Geländer anbringen und einen weichen Fallschutz auf dem Boden nicht vergessen. Spitze Gegenstände, z. B. Pflanzenstützen oder Agavenstachel, lassen sich mit aufgesteckten Korken entschärfen. Dünger und Pflanzenschutzmittel müssen vor Kinderhänden sicher verwahrt werden.

*Frisch vom Strauch schmecken Himbeeren am besten.*

Große Bedenken haben junge Eltern oft bezüglich giftiger Pflanzen. Natürlich wird man Arten wie Seidelbast oder Ilex, die sehr giftige und noch dazu verlockend rote Früchte tragen, aus einem Garten mit kleinen Kindern verbannen. Aber generell nur Pflanzen zu verwenden, die keinerlei Giftstoffe in sich tragen, würde das Artenspektrum doch sehr einschränken. Da erscheint es sinnvoller, den Kleinen beizubringen, was sie essen können und was zu meiden ist.

*Für Kinder ist es ein faszinierendes Erlebnis, wenn sie sehen, wie aus dem Samenkorn ein Keimling wächst.*

## Kleine Gärtner

Manche Kinder sind begeisterte Gärtner. Sie buddeln vergnügt, säen, gießen und warten gespannt darauf, bis Keimblättchen aus den Samen sprießen. Sehr genau verfolgen sie, wie ihre Pflänzchen heranwachsen, blühen, Frucht ansetzen und reifen. Solch eifrige Nachwuchsgärtner sollten auch ihr eigenes Beet bekommen.

Damit alle Pflanzen darauf gut wachsen und gedeihen, muss es eine sonnige, windgeschützte Lage und krümeligen, nährstoffreichen, unkrautfreien Boden haben. Am besten fängt man klein an und erweitert die Fläche nach Bedarf.

Für das Kinderbeet sollten Pflanzen aus-gewählt werden, die ohne Aufwand zügig wachsen und Ernteerfolg versprechen. Kartoffeln und Kürbis gehören dazu, auch Zuckermais und Sonnenblumen. Noch beliebter sind Gemüse und Beerenobst, das man direkt vom Beet verspeisen kann, wie Radieschen, Karotten, Erbsen, Kohlrabi, Tomaten und natürlich Erdbeeren.

Es muss aber nicht ausschließlich Essbares auf dem Kinderbeet wachsen. Blumenliebhaber gestalten ihr Beet so, dass von den Schneeglöckchen im März bis zu den Astern im Herbst immer etwas blüht. Manche der kleinen Gärtner haben eher Spaß an der Aufzucht von Kastanien, Eichen oder Ahorn. Dann muss man allerdings überlegen, wohin man die Anzuchtergebnisse der kleinen Baumschule später auspflanzen kann.

### Naturerfahrung im Garten

Kinder sind von allem fasziniert, was krabbelt und hüpft. Ob Asseln oder Regenwürmer, Grashüpfer oder Schmetterlinge, die Kleinen nehmen sie oft viel aufmerksamer wahr als wir Erwachsenen. Für sie ist alles neu und spannend. Mit Begeisterung gehen sie im Garten auf Entdeckungsreise.

Je vielfältiger und natürlicher das private Umfeld gestaltet ist, umso mehr lässt sich hier erforschen. Die Blüten am Gehölzsaum werden von Bienen und Hummeln besucht und ebenso von Schwebfliegen, die ihnen zum Verwechseln ähnlich sehen. Mit etwas Glück finden wir an Wildpflanzen auch Schmetterlingsraupen. Unter dem Holzstoß könnte der Igel sein Quartier haben, und wo ein Vogel brütet, hat ein Nachwuchsforscher schnell entdeckt.

*Wer kleine Tiere erforschen will, benötigt eine Becherlupe. Doch nachdem man Käfer und Spinnen, Kaulquappen, Libellenlarven oder andere Tierchen genau betrachtet hat, bringt man sie wohlbehalten wieder an den Fundort zurück.*

*Das besondere Flair reifer Gärten entsteht durch schattige Partien mit alten Bäumen, Moos und Farnen.*

## Alte Gärten neu gestalten

In einem neu angelegten Garten ist alles noch sehr durchsichtig. Man fühlt sich wie auf dem Präsentierteller, allen Blicken ausgesetzt. Bäume und Sträucher bieten kaum Sichtschutz, und man sehnt sich nach der Zeit, in der die Hecke sich geschlossen hat, die Bäume Schatten werfen, die Pergola mit Kletterpflanzen dicht umrankt ist und die Wildstauden sich zu einer dichten Bodendecke geschlossen haben. Dieser Wunschzustand ist in vier bis zehn Jahren nach der Neuanlage erreicht. War zu Beginn der Garten recht sonnig, so hat sich inzwischen ein ausgewogenes Verhältnis von Licht und Schatten herausgebildet. Uneinsehbare Bereiche und gemütliche Winkel sind entstanden. Man wünscht sich, dass es nun so bliebe.

Allerdings ist das von Natur aus nicht der Fall. Die Gehölze wachsen weiter. Nach zehn bis 15 Jahren stellt sich an manch einer Ecke heraus, dass die Sträucher zu dicht stehen. Einer bedrängt den anderen, und keiner kann sich optimal entwickeln. Das Kronendach der Bäume bildet sich immer stärker aus, während die unteren Bereiche verkahlen und nicht mehr überall Sichtschutz gewährleisten. Es wird schattiger im Garten. In der Rasenfläche wächst inzwischen mehr Moos als Gräser. Sonne liebende Stauden verlieren ihre Blühfreudigkeit und bleiben schließlich ganz aus.

Zugleich entwickelt der Garten mit der Alterung ein besonderes Flair. Es entsteht die Atmosphäre des reifen Gartens mit seinen schattigen Partien und sonnigen Lichtungen. Er atmet Kühle und schenkt ein Gefühl der Geborgenheit. Bäume haben ihren eigenen Charakter entfaltet. Ihre Wurzeln durchziehen den Boden. Moose überwachsen altes, morsches Holz. Es gibt reichlich Raum für Schatten liebende Unterpflanzung. Auch wenn Großbäume, sofern sie im Garten gepflanzt wurden, noch lange nicht ihre volle Größe erreicht haben, so hat man doch den Eindruck, der Garten habe einen Ruhezustand erreicht. Veränderungen laufen nicht mehr so rasch ab, wie in den Anfangsjahren.

*Unter einer alten Buche haben sich Busch-Windröschen, Veilchen und Schlüsselblumen ausgebreitet.*

## Regelmäßige Pflegemaßnahmen

Man sieht also, ein Garten ist etwas sehr Lebendiges. Er reift im Laufe der Zeit und verändert damit ständig sein Aussehen. Deshalb sind gestalterische Eingriffe im Rahmen der üblichen Pflege während des ganzen Reifeprozesses erforderlich. Werden Ziersträucher öfter ausgelichtet und verjüngt, so erhalten sie über viele Jahre ihre Vitalität und Blühfreudigkeit. Dort, wo Gehölzbestände zu dicht geworden sind und sich im Kampf um Sonnenlicht gegenseitig in die Höhe treiben, sollten einige Pflanzen heraus genommen werden, damit die anderen sich umso besser entfalten können.

Am schwierigsten ist die Entscheidung, welche Gehölze sich weiterentwickeln sollen und welche man besser reduziert. Letztere werden umgepflanzt, sofern das noch möglich ist und sich ein neuer Platz für sie findet. Andernfalls muss man sie fällen oder roden. Viele Sträucher und manche Baumarten vertragen es aber auch, wenn man sie auf eine Höhe von etwa 30 cm über dem Boden zurückschneidet. Sie treiben dann aus dem Wurzelstock und den vorhandenen „Augen" wieder neu aus. Diese Maßnahme ist allerdings nur bei solchen Arten sinnvoll, die in Zukunft die Rolle des Begleiters einnehmen. Andernfalls ersetzt man das betreffende Gehölz besser durch Sträucher wie Liguster, Heckenkirsche, Zierjohannisbeere oder auch durch Immergrüne wie Buchs, Kirschlorbeer, Eibe oder Stechpalme.

Bei Nadelbäumen ist häufig zu beobachten, dass sie immer weiter in die Höhe wachsen, unten jedoch verkahlen. Ein großer Teil des Gartens liegt dann in ihrem Schatten, aber den Sichtschutz, den man sich von ihnen erhofft hatte, bieten sie nicht mehr. Das Problem lässt sich vermeiden, wenn man beizeiten die Gruppe so ausdünnt, dass die verbleibenden Bäume sich als Solitärs entwickeln können, deren voll benadelte Äste bis zum Boden reichen. Das wirkt recht ansprechend, wenn sie in Dreier- oder Fünfergruppen zusammenstehen und z. B. von Strauchrosen umgeben sind. Wenn allerdings der richtige Zeitpunkt zur Solitärstellung versäumt wurde, ist man meistens gezwungen, die ganze Gruppe zu entfernen und den entstandenen Raum neu zu gestalten.

Im Schatten großer Laubbäume und Sträucher haben wir Verhältnisse, die denen der Laubwälder vergleichbar sind: Im Frühjahr gibt es hier zwar ausreichend Licht und Bodenfeuchte, im Sommer jedoch Vollschatten und eventuell Bodentrockenheit. Blütenstauden gedeihen an diesen Stellen nicht mehr. Rasen wird immer dürftiger, und Moos breitet sich aus. Aber Frühjahrsblüher fühlen sich hier wohl. Nach ihrer Blüte im März und April bilden sie Samen aus, ziehen dann ein und überdauern die Zeit bis zum nächsten Frühling als Zwiebel, Rhizom oder Knolle. Sie kommen mit den schattigen Standortverhältnissen im Wurzelgeflecht der Bäume am besten zurecht. Solche Frühlingsgeophyten sind Winterlinge, Schneeglöckchen, Märzenbecher, Lerchensporn und Buschwindröschen. Zu ihnen gesellen sich Leberblümchen, Waldmeister und Maiglöckchen. Wo der Gehölzrand in den Rasen übergeht, breiten sich Elfenkrokus und Blausternchen aus. Sie vermehren sich reichlich und bilden einen schönen Blütenteppich.

Als schwierig erweist sich die Bepflanzung unter Bäumen, die ein flach ausstreichendes, dichtes Wurzelgeflecht bilden. Das ist der Fall bei Birken, Rosskastanie, Walnuss, etlichen Ahornarten und vor allem bei Fichten. Bei solch starker Wurzelkonkurrenz tun sich sogar robuste Bodendecker schwer. Efeu setzt sich da noch am ehesten durch, gefolgt von Immergrün und manchen Storchenschnabelarten. Erstaunlicherweise scheinen die zarten Alpenveilchen solche Standorte zu bevorzugen.

## Aus Alt mach Neu

Pflanzen wachsen im Laufe der Zeit heran, Materialien dagegen altern. Bauteile aus Holz verrotten, wenn sie der Witterung ausgesetzt sind und bedürfen der Renovierung. Bei einem Zaun, einem Rankgerüst oder einer Pergola ist das keine allzu große Sache, aber wenn eine Hangabstützung aus Holzpalisaden morsch geworden ist und durch eine neue Stützmauer ersetzt werden muss, kann das einen größeren Aufwand erforderlich machen. Oft ist es

*Die Holzpalisaden einer Hangabstützung sind morsch geworden ...*

*... sie werden von einer Trockenmauer aus Vulkantuff ersetzt.*

auch schwierig, zwischen dicht eingewachsenen Pflanzungen ein Bauteil abzubrechen und ein neues zu errichten. Schäden an Rasen, Stauden und Gehölzen bleiben da nicht aus.

Manchmal müssen Plattenbeläge erneuert werden, weil sie sich gehoben oder gesenkt haben. Dann nimmt man den Belag auf und erneuert den Unterbau. Ist das ursprünglich verwendete Material teilweise gebrochen oder auf andere Weise unansehnlich geworden, sollte man es durch Neues ersetzen. Anders ist dies mit hochwertigen Plattenbelägen und Pflastersteinen. Naturstein setzt Patina an und wird dadurch nur noch schöner. Gute Betonsteine macht eine Wäsche mit dem Hochdruckreiniger wieder ansehnlich. Solches Material kann durchaus wieder verwendet werden, vielleicht in anderer Verlegeweise oder in Kombination mit anderen Steinen.

Ein Gartenteich verlandet früher oder später. Wer es versäumt, regelmäßig die Uferpflanzen zurückzuschneiden und den Bodenschlamm zu entfernen, wird sich irgendwann zu einem größeren Eingriff gezwungen sehen, es sei denn, man bevorzugt ein Sumpfbecken. Ein Teich wird am besten im zeitigen Frühjahr entlandet. Dazu muss das Wasser zu einem Teil ausgepumpt werden. Nur so lässt sich der Bewuchs der Uferzone Stück um Stück vorsichtig entfernen. Das ist eine schwierige Arbeit, denn die Wurzeln sind meist sehr verfilzt und man läuft Gefahr, die Teichabdichtung zu beschädigen. Auch vom Teichboden muss der Schlamm weitgehend entfernt werden. Für die Neubepflanzung können durchaus Teilstücke der vorhandenen Arten wieder eingesetzt werden. Nur auf Pflanzen mit großem Ausbreitungsdrang sollte man verzichten.

### Veränderte Nutzungen

Ein Garten verändert sich nicht nur durch natürliche Wachstums- und Reifungsprozesse bzw. durch Alterung. Oft ist einfach ein „Tapetenwechsel" gewünscht, man hat eine neue Gestaltungsidee oder es gibt andere, zwingende Gründe zur Veränderung.

Ein Anlass für eine Umgestaltung kann sein, dass weniger Zeit für die Gartenpflege vorhanden ist oder die Kräfte nachlassen. Dann wird man einen Nutzgarten oder größere Staudenpflanzungen aufgeben. So verwandeln sich Gemüsebeete in eine Rasenfläche und der Staudensaum an der Hecke macht niedrigen Gehölzen Platz. Arbeitsaufwendige Wechselpflanzungen werden von Boden deckenden Stauden abgelöst.

Umgekehrt ist das bei passionierten Gärtnern, die mehr Zeit für ihr Hobby haben, weil sie beruflich oder in der Familie inzwischen weniger eingespannt sind. Sie vergrößern ihre Pflanzungen und probieren neue Zusammenstellungen aus. Vielleicht wird auch ein Sitzplatz mit Brunnen neu angelegt und mit dem entsprechenden Umfeld versehen in den vorhandenen Garten eingefügt.

*Wenn Baumhaus und Klettergerüst von den Kindern nicht mehr genutzt werden, kann man sie als Rankhilfe für Efeu, Clematis oder Rosen verwenden.*

Wenn Kinder dem Garten entwachsen sind, steht ihr Spielbereich für andere Nutzungen zur Verfügung. Wo eine Sandgrube nicht mehr benötigt wird, könnte z. B. ein Gartenteich entstehen. Oder Baumhaus, Schaukel und Kletterturm verwandeln sich in eine lauschige Pergola mit Grillecke. Das ist ja gerade das Schöne am Garten, dass solche Veränderungen ohne allzu großen Aufwand möglich sind und an die jeweiligen Bedürfnisse angepasst werden können.

*Im Laufe der Jahre wird der Bewuchs im Garten immer dichter. Es kommt irgendwann die Zeit, in der man auslichten muss.*

*Damit die Renovierung jedoch kein Kahlschlag wird, muss man mit sehr viel Bedacht Stück für Stück zu Werke gehen.*

## Neuer Besitzer im alten Garten

Wer seinen Garten selbst angelegt und jahrelang gepflegt hat, kennt ihn bestens. Sogar dann kann es schwierig sein, Veränderungen so vorzunehmen, dass sie sich harmonisch einfügen. Wesentlich komplizierter wird die Situation, wenn man einen eingewachsenen Garten übernommen hat und ihn nun den eigenen Vorstellungen entsprechend umgestalten will. Ganz falsch wäre es, mit Rodungen und Pflanzungen gleich loszulegen. Auch wenn der grüne Daumen noch so sehr juckt, so ist es doch das Wichtigste, den übernommenen Garten erst einmal kennen zu lernen. Am besten beobachtet man ihn zu allen Jahreszeiten, macht Fotos, notiert Blütezeiten und Farbigkeit. Auch Licht- und Schattenverhältnisse sollten im Tages- und Jahresverlauf festgehalten werden. Zugleich lässt sich das bereits Vorhandene bewerten. Was entspricht mir? Was ist besonders schön und sollte noch mehr betont werden? Was würde ich lieber verändern? Als Nächstes sollte man sich darüber klar werden, welche Funktionen der Garten zu erfüllen hat und wie er schließlich aussehen soll. Das ist im Grunde nicht anders als bei einer Neuanlage. Nur muss man bei einem eingewachsenen Hausgarten eben von dem vorhandenen Bestand ausgehen. Das erschwert die Planung.

Wer sich dieser Aufgabe nicht gewachsen fühlt, sollte eine sachkundige Person zurate ziehen. Denn bei einer Umgestaltung ist viel Fingerspitzengefühl erforderlich. Allzu schnell sind in einer unüberlegten Aktion Bäume gefällt und Sträucher gerodet, die besser stehen geblieben wären. Vielmehr gilt es, besondere Pflanzenschätze frei zu stellen, sodass sie gut zur Wirkung kommen. Dazu kann es sinnvoll sein, sie mit passenden Begleitern zu umgeben, seien es Stauden, Gräser, Farne oder immergrüne Gehölze. Manchmal sind Sichtachsen freizulegen oder Durchblicke zu schaffen. Oder ein lauschiger Sitzplatz gewinnt durch ein Beet mit Rosen und Blütenstauden neuen Glanz. Immer ist darauf zu achten, dass Übergänge harmonisch verlaufen und alles sich wieder gut zusammenfügt. Wer sicher sein will, geht behutsam Schritt für Schritt vor. Allerdings sollte dann zumindest ein gedankliches Gesamtkonzept zugrunde liegen, damit nicht Stückwerk entsteht, sondern alles wie aus einem Guss erscheint.

## Neue Bereiche im alten Garten

Anlass zu einer Erneuerung des Gartens kann ebenso eine bauliche Maßnahme am Haus sein. Eine Erweiterung, ein Umbau oder größere Renovierungen hinterlassen in aller Regel ihre Spuren im Garten. Dann ist zu überlegen, ob man die ursprüngliche Gartenanlage wieder herstellen möchte oder eine Umgestaltung wagt.

*In einem eingewachsenen Garten wurde ein Sitzplatz mit Brunnen und Staudenbeet neu angelegt. Bald wird alles so zusammengewachsen sein, dass der Eindruck entsteht, als wäre es schon immer so gewesen.*

Wurde der Grundriss des Hauses verändert, etwa durch einen Anbau, so ändert sich damit die Raumaufteilung im Garten. Neue Zugänge erfordern eine Anpassung der Platz- und Wegeflächen. Mit einem neuen Baukörper ergeben sich andere Licht- und Schattenverhältnisse. Solche Veränderungen bringen es mit sich, dass die Gartengestaltung zu überdenken und den neuen Bedingungen anzupassen ist.

Ähnlich verhält es sich, wenn ein Grundstück einen anderen Zuschnitt bekommt. Nicht selten wird von einem größeren Garten ein eigener Bauplatz abgetrennt. Dadurch ergeben sich Umgestaltungsmaßnahmen für beide Grundstücke, das Verkleinerte und das neu Bebaute. Neben allen funktionalen Erfordernissen, wie Zufahrt, Eingangsweg, Terrasse usw., ist vor allem die neu entstandene Grenze zu gestalten. Meistens möchte jeder seinen in sich geschlossenen Gartenraum haben, und je näher man zusammenrückt, umso dringender wird das Bedürfnis nach Sichtschutz.

Der umgekehrte Fall kommt auch vor, wenn man nämlich das Glück hat, dem vorhandenen Garten noch ein Stück hinzufügen zu können. Dann besteht die Chance, die Grenze zu öffnen, sodass zwei kleinere Gartenräume zu einem größeren verschmelzen. Es kann allerdings auch reizvoll sein, wenn eine Folge von Räumen mit interessanten Durchgängen entsteht. Das hängt vom Zuschnitt des Grundstücks und von den Vorstellungen der Besitzer ab.

Die Gründe für eine Umgestaltung sind so vielfältig wie die Gartensituationen selbst und die Nutzungswünsche der Bewohner. Ganz gleich, welche Veränderung man vornimmt, das neue Element darf kein Fremdkörper im Garten sein. Es muss in Stil, Form und Farbigkeit zu allem anderen gut passen. Immer muss Altes mit Neuem so in Einklang gebracht werden, dass man schon nach kurzer Zeit das Gefühl hat, es wäre schon immer so gewesen. Ideal gelungen ist eine Veränderung im Garten, wenn ein Besucher zwar wahrnimmt, dass sich die Situation verbessert hat, aber nicht sofort erkennt, wodurch.

# Gebaute Gartenelemente

*Von einer behaglichen Terrasse aus lässt sich ein Garten so recht genießen.*

Weil alle Beläge, Holzteile, Gartenhäuser und Wasserbecken uns auf lange Dauer erfreuen sollen, müssen sie in jeder Hinsicht gut geplant sein und perfekt angelegt bzw. gebaut werden. Das betrifft ihre Funktion, die Lage im Garten, ihre Ausgestaltung und nicht zuletzt die Materialauswahl. In Form, Farbe und Struktur muss jedes Bauteil zum Stil des Ganzen passen. Meistens ist das Schlichte auf Dauer das Überzeugendste. Hüten sollte man sich vor zu großer Materialvielfalt. Sie erzeugt Unruhe.

So wichtig gebaute Gartenelemente auch sind, optisch sollten sie doch eher zurückweichen. Sie bilden den Rahmen für die Pflanzen. Deshalb ist es in den meisten Fällen ratsam, sie so klar und einfach wie möglich zu gestalten. Außerdem müssen die Proportionen gewahrt werden. Dann entsteht ein harmonischer Garten, in dem man sich wohlfühlt.

*Was hier aussieht wie die Öffnung eines Rosenbogens, ist in Wirklichkeit ein Spiegel. Er vergrößert den Garten optisch. Gestalterisch mag das verlockend erscheinen, für Vögel ist es allerdings eine Todesfalle.*

Wege und Sitzplätze, Stützmauern, Treppen und manch andere Einbauten machen einen Hausgarten erst benutzbar. Zudem bilden sie das formale Gerüst. So lässt sich mit Wegen eine Fläche gliedern, mit Stützmauern ein Hang terrassieren und mit Wänden ein Raum einfassen.

Im Vergleich zur Vegetation verändern sich gebaute Elemente kaum. Sie setzen höchstens Patina an und altern, behalten aber unverändert ihre Ausdehnung.

Nicht selten müssen Bäume, Hecken oder Wiesen einer Baumaßnahme weichen. Damit verlieren auch Tiere ihren Lebensraum. Im Hausgarten haben wir aber durchaus die Möglichkeit, nicht nur mit der Bepflanzung, sondern auch mit Einbauten neue Biotope zu schaffen. Man denke dabei an eine Trockenmauer mit ihren vielen von Kleintieren bewohnten Spalten und Ritzen, an extensive Dachbegrünung von Garage, Gartenhaus oder Carport oder an Nisthilfen für Vögel und Wildbienen. Dagegen muss alles vermieden werden, wodurch Tiere im Garten zu Schaden kommen könnten. Dazu gehören Schächte und Wasserbecken, in die Lebewesen hineinfallen und sich nicht mehr daraus befreien können, ebenso wie Glasscheiben und Spiegel, wo Vögel ihren Tod finden, weil für sie die Gefahr nicht erkennbar ist.

## Behagliche Gartensitzplätze

Ein Sitzplatz im Freien ist neben der Erschließung mit Wegen wohl das Wichtigste, was wir im Garten anlegen. Hier können wir in geselliger Runde feiern, mit Freunden plaudern, nach getaner Arbeit ausruhen oder einfach das Gartenjahr genießen. Dabei denken wir zuallererst an die Terrasse. Meistens liegt sie direkt am Haus, oft nahe am Gartenausgang. Von der Küche aus gut erreichbar, ist dies der ideale Platz für Mahlzeiten im Freien.

*Nicht immer muss der Sitzplatz direkt am Haus liegen. Manchmal bietet es sich an, ihn einige Stufen tiefer auf Gartenhöhe anzulegen.*

## Die Lage

Ein gelungener Gartensitzplatz lädt zum Verweilen ein und ist so angelegt, dass wir einen großen Teil des Gartenjahres draußen genießen können. Am besten wäre ein Freisitz an der Südwestseite des Hauses. Doch während wir uns im Frühjahr und Herbst nach Wärme sehnen und ein sonniges Plätzchen mit der warmen Hauswand im Rücken als angenehm empfinden, wird es hier im Sommer oft zu heiß. Dann ist es gut, wenn wir in den Schatten ausweichen können.

Die Wahl der bevorzugten Stelle für den Sitzplatz ist aber nicht nur von der Jahreszeit abhängig, sondern auch von den persönlichen Gewohnheiten. Wer im Sommer gerne draußen frühstückt, wird einen Sonnensitzplatz auf der Süd- oder Ostseite zu schätzen wissen. Für die Erholung nach Feierabend ist es auf der Westseite besonders gemütlich.

Was man keinesfalls unterschätzen sollte, ist die Frage der Höhenabwicklung. Hat ein Sitzplatz das gleiche Niveau wie der Garten, so macht seine Einbindung keine besonderen Schwierigkeiten. Anders ist es, wenn er zwar höhengleich mit dem Fußboden im Haus angelegt ist, jedoch deutlich über der Gartenfläche liegt. Von da aus genießt man zwar einen Überblick, fühlt sich aber andererseits sehr exponiert. Viel gewonnen ist in dieser Situation, wenn umgebende Beetflächen die Terrasse noch ein Stück weit waagrecht fortführen und mit einer ansprechenden Bepflanzung bestückt werden. Manchmal genügt bereits eine seitliche Einfassung. Das übrige Gelände sollte dann flach angeböscht oder, falls der Platz dafür nicht ausreicht, mit einer Stützmauer gefasst werden. Gelegentlich bietet es sich an, den Sitzplatz einfach ein paar Stufen tiefer auf das Niveau des Gartens zu legen.

## Die richtige Größe

Das passende Ausmaß eines Freisitzes richtet sich nach der Anzahl der Personen, die hier Platz finden sollen. Für einen Tisch und sechs Stühle benötigt man eine Fläche von 3 x 4 m, für jeden weiteren Stuhl ungefähr einen Quadratmeter mehr. Hinzu kommt der nötige Bewegungsraum und bei Bedarf Platz für einen Grill, den Liegestuhl oder was sonst erwünscht ist. So ergibt sich in den meisten Fällen eine Flächengröße zwischen 20 und 30 $m^2$. Wer oft und gerne Gäste einlädt, wird den Sitzplatz großzügiger bemessen. Ist die Terrasse zu klein oder zu schmal, so sitzt man beengt und kommt kaum an den Gartenmöbeln vorbei. Andererseits wird bei einer überdimensionierten Terrasse unnötig viel Fläche versiegelt, die ohne Gartenmöbel im Winterhalbjahr leer und öde wirkt. Allenfalls kann man sie mit winterharten Kübelpflanzen, Trögen und Pflanzinseln auflockern und beleben. Im Zweifelsfall entscheidet

*Der runde Sitzplatz im Schatten eines großen Haselstrauches ist vor allem an warmen Sommertagen beliebt.*

man sich besser für zwei kleinere Sitzplätze unterschiedlicher Besonnung und Blickrichtung als für eine (meist zu große) Terrasse. Ein Gartenfest mit vielen Gästen wird sich ohnehin nicht nur auf der Terrasse abspielen. Soweit vorhanden kann man dazu eine Rasenfläche einbeziehen.

### Die passende Form

Die formale Gestaltung der Terrasse hängt von der Situation und der Nutzung ab. Direkt am Haus wird dies meist ein rechteckiger Platz sein, eventuell mit abgeschrägten bzw. gerundeten Ecken, sofern sich dies aus der Architektur des Gebäudes ergibt. Ein Sitzplatz in einer Gartenecke etwas abgerückt vom Haus kann auch rund, oval, achteckig oder ganz frei geformt sein. Verwendet man als Belag rechtwinklige Gartenplatten, so ergibt sich daraus auch ein rechteckiger Platz. Gerundete Formen lassen sich besser mit Polygonalplatten, kleinformatigem Pflaster oder als Kiesfläche gestalten. Der Belag sollte eben sein, damit Gartenmöbel gut darauf stehen. Graue, braune und rötliche Farbtöne sind unempfindlicher als helle und blenden auch weniger in der Sonne.

### Wind- und Sichtschutz

Damit wir uns auf unserer Terrasse so richtig wohl fühlen, muss sie geschützt liegen. Ein rundum freier Sitzplatz wird meistens gemieden. Zumindest Rückendeckung wünschen wir uns, zusätzlich oft noch einen seitlichen Schutz. Niemand setzt sich gerne dem kühlen Windzug aus, der um die Ecke pfeift. So recht behaglich ist der Freisitz aber erst, wenn man sich nicht beobachtet fühlt, weder von der Straße, noch von nachbarlichen Häusern oder Gärten aus. Es kommt auch kein Gefühl von Geborgenheit auf, wenn die Nachbarterrasse so nahe liegt, dass jedes Gespräch unfreiwillige Zuhörer hat.

Ideal wäre die Lage in einem Gebäudewinkel. Sofern sich dies nicht ergibt, löst man das Problem mit einer seitlichen Begrenzung. Das kann eine Mauer sein, eine Holzwand oder ein Rankgerüst. Die Funktion des Wind- oder Sichtschutzes übernimmt auch eine dichte Gehölzpflanzung, besser noch eine geschnittene Hecke. Solange die Sträucher noch nicht herangewachsen sind, schaffen Paravents kurzfristig Abhilfe. Rankgitter und Spaliere sind transparenter und daher eher zur Raumbegrenzung geeignet, weniger jedoch als Sicht- und Windschutz. Auch mit Kübelpflanzen kann man sich ein wenig Privatsphäre schaffen.

### Schutz vor Sonne und Regen

Für Beschattung kann man sorgen, Besonnung muss gegeben sein. Insofern ist im Zweifelsfall einer Sonnenterrasse der Vorzug zu geben. Schutz vor zu starker Besonnung bieten Schirm, Markise, Sonnensegel oder zeltartige Sommerdächer. Solch eine textile Überdachung ist flexibel zu handhaben, kann aber bei aufkommenden Windböen Schaden erleiden.

Eine besonders angenehme Atmosphäre entsteht im wandernden Schatten eines Laubbaumes. Wo ausreichend Raum zur Verfügung steht, könnte dies eine Walnuss, ein Apfel- oder Birnenhochstamm sein, für kleinere Gärten wählt man vielleicht eine Zierkirsche oder

*Der Platz im Gebäudewinkel liegt in jeder Hinsicht gut geschützt.*

*Bei trockenem Wetter kann man Tisch und Stühle auf dem Rasen aufstellen.*

Ein überdachter Sitzplatz bietet Schutz vor Regen und Sonne.

Es gibt im Garten bevorzugte Plätze, wo man sich besonders gut entspannen kann.

Felsenbirne. Das Schatten spendende Laub entfaltet sich erst Ende April und Anfang Mai, wenn die Außentemperaturen steigen und man gerne einen Schattenplatz aufsucht. Ganz nebenbei bringt ein Laubbaum im Sommer durch seine Verdunstung angenehme Kühle.

Ähnliche Beschattung bietet eine Pergola und zwar umso mehr, je dichter die Auflagehölzer liegen und je üppiger sie mit Kletterpflanzen bewachsen sind. Zur Berankung eignen sich Kletterrosen und Clematis, duftendes Geißblatt oder Kletterhortensien. Wilder und echter Wein bilden ein ziemlich dichtes Laubdach.

Einen wirksamen Wetterschutz bietet aber erst eine feste Überdachung. Wer die Möglichkeit dazu hat, sollte bei der Planung des Hauses daran denken. Empfindliche Gartenmöbel stehen unter Dach vor Regen geschützt. Außerdem können wir von hier aus Garten und Natur bei jedem Wetter erleben. Solange es nicht zu kalt wird, hat das auch bei Regenwetter seinen Reiz.

Unvergessen sind Sommerabende am flackernden Feuer. Wer sich einen offenen Kamin auf der Terrasse wünscht, sollte dies am besten gleich beim Hausbau berücksichtigen. Für eine Gartenküche oder Grillecke wird manchmal ein zweiter Sitzplatz gebaut. Das lohnt sich aber nur bei häufigem Gebrauch. Sonst entscheidet man sich besser für einen transportablen Gartengrill.

Am schönsten sind Sitzplätze, wenn sie sich mit der Vegetation innig verzahnen. Kletterpflanzen tun da gute Dienste. Wie abwechslungsreich man die Terrasse auch gestaltet, wichtig ist immer der Ausblick – sei es in die freie Landschaft, in die Tiefe eines Gartenraumes oder auf das unmittelbare Umfeld. Blüten, Wasser oder schöne Pflanzgefäße im Vordergrund lenken die Aufmerksamkeit auf sich. Eine ruhige Fläche dahinter vermittelt Weite, während das Auge an einem weiter entfernten Blickpunkt Halt findet.

### Kleine Lieblingsplätze

Jeder hat einen bevorzugten Platz im Freien. Nicht immer ist das die Terrasse am Haus. Manch einer lässt sich lieber zu einem Schwätzchen mit dem Nachbarn auf der Hausbank nieder. Schön ist es auch, am Feierabend die letzten Sonnenstrahlen zu genießen. Dazu rückt man sich Tisch und Stühle in die Abendsonne. Wer dabei noch den Blick in eine schöne Landschaft genießt, mag sich wie im Paradies fühlen. Romantisch und ganz intim wirkt eine kleine Sitzecke in einem lauschigen Winkel des Gartens. Oft genügt da schon ein einzelner Stuhl. Eine Bank im Spielbereich der Kinder erweist sich als eine praktische Einrichtung, ebenso wie das Plätzchen zum Gemüseputzen im Nutzgarten.

Nicht alle Plätze müssen von vornherein fest angelegt sein. Liegestuhl und Hängematte stehen gut auf dem Rasen. Je nach Bedarf rückt man sie in die Sonne oder in den Schatten. Manch ein Sitzplatz ergibt sich erst durch die Nutzung, und ein anderer gerät womöglich nach einiger Zeit wieder in Vergessenheit. Kleine Ruheplätze sind eine Ergänzung zum Hauptsitzplatz. Sie tragen dazu bei, dass wir unseren Garten vielfältiger und intensiver aus verschiedenen Blickwinkeln erleben.

### Gartenmöbel

Bänke, Tische und Stühle müssen nicht nur bequem sein und ihren Zweck erfüllen, sie sollten zudem eine Zierde für die Terrasse und alle weiteren Sitzplätze darstellen, manchmal sogar als besonderer Blickfang dienen.

*Eine Gartenbank aus Teakholz übersteht Regenzeiten recht gut im Freien.*

Dass Gartenmöbel fest und sicher stehen müssen, ohne zu wackeln, ist selbstverständlich. Das hängt aber vor allem vom Untergrund ab, auf dem die Möbel stehen. Zu dünn dürfen die Stuhlbeine nicht sein, denn sonst besteht die Gefahr, dass sie in einer breiten Plattenfuge oder im weichen Rasen einsinken. Als praktisch erweisen sich Gartenmöbel, die man stapeln oder zusammenklappen kann, denn sie lassen sich im Winterquartier platzsparend aufbewahren. Leichte Stühle haben den Vorteil, dass man sie gut transportieren und daher gut einsetzen kann.

Natürlich müssen Gartenmöbel witterungsbeständig sein, vor allem, wenn sie nicht unter Dach stehen. Bei Holzmöbeln ist diese Voraussetzung dann gegeben, wenn sie entweder absolut wetterfest lackiert wurden oder aus langlebigen Holzarten bestehen. Eiche und Robinie erfüllen diese Bedingung weitgehend. Noch dauerhafter ist tropisches Teakholz. Wer sich jedoch für Teakholzmöbel entscheidet, muss unbedingt darauf achten, dass es aus nachhaltig genutzten Plantagen stammt, was mit einem Zertifikat zu belegen ist. Eine sehr empfehlenswerte und ökologisch unbedenkliche Alternative zum Tropenholz ist das sogenannte „Thermoholz". Es wird durch spezielle Hitzebehandlung haltbar und witterungsbeständig gemacht. Am wirkungsvollsten ist dieses Verfahren bei Buchenholz. Mit einem Ölanstrich behält das Holz eine gewisse Zeit lang seine natürlich Farbe. Ohne Oberflächenbehandlung setzt es allmählich silbergraue Patina an. Beides kann sehr schön wirken.

Im Vergleich zu Gartenmöbeln aus Holz wirken solche aus Metall graziler und leichter, ganz gleich, ob sie aus Aluminium, aus Edelstahl oder aus pulverbeschichtetem Stahl hergestellt sind. Für Sitzfläche und Lehne werden oft Bespannungen aus wetterfestem und Wasser abweisendem Gewebe angeboten. Kunststoffmöbel sind zwar verhältnismäßig preiswert, aber so manch ein Modell wird durch Benutzungspuren schon nach kurzer Zeit unansehnlich.

Weil Gartenmöbel nicht nur eine Funktion erfüllen, sondern auch das Ambiente des Gartens wesentlich beeinflussen, müssen sie in Gestalt und Farbe zu Haus und Garten passen. Ob rustikal, elegant oder zeitlos, für jeden Geschmack und jeden Geldbeutel hat der Markt etwas anzubieten. Neben Stil, Ausführung und Preis ist bei der Auswahl der Gartenmöbel auch ihre Farbigkeit von Bedeutung. Mit den Naturfarben des Holzes und mit dezenten Tönen wie Grau, Grün oder Blau kann man nicht viel falsch machen. Auch weiße Möbel sind neutral. Sie bringen Helligkeit in schattige Bereiche. Mutige Gestalter setzen mit leuchtenden Farben besondere Akzente. Ein Stuhl in Pink oder Türkis, eine Bank in Rot oder Gelb, das sind fröhlich freche Farbtupfer, die in einer überwiegend grünen Umgebung gut zur Geltung kommen. Allerdings sind farbenfrohe Gartenmöbel in einem blühenden Rosengärtchen oder vor einem Staudenbeet fehl am Platze. Denn das Mobiliar soll die Farbigkeit der Blüten unterstreichen, nicht jedoch mit ihnen optisch konkurrieren.

*Ein ausgefallener Stuhl kann durchaus auch ein Blickfang sein.*

*Der gerade Weg lenkt die Aufmerksamkeit auf die Bank in seinem Zielpunkt.*

## Wege

Wege erschließen den Garten. Sie führen von der Straße zum Eingang, zu einer Sitzecke, zum Gewächshaus oder einem anderen Ziel. Dabei sind sie viel mehr als nur eine kurze Verbindung zweier Punkte. Mit Wegen gestalten wir unseren Garten und bestimmen seine Atmosphäre. Mit ihnen zeichnen wir Linien durch das grüne Areal. Sie sollen das Auge erfreuen und sich unter den Füßen gut anfühlen. Ein Weg sollte zwar praktisch, aber auch angenehm, abwechslungsreich und interessant sein.

Wer in Hausschuhen schnell zum Briefkasten eilt, will dorthin keine Umwege machen. Das Gleiche gilt, wenn man mit den Küchenabfällen zum Kompostplatz oder mit dem Papierkorb zur Wertstofftonne geht. Hier ist eine kurze, direkte Verbindung angebracht. Anders ist das mit dem Weg, der zwischen Pflanzungen zum Gartenteich oder einem verschwiegenen Sitzplatz führt. Hier ist der Weg das Ziel. Wir können uns führen lassen, die Blickrichtung ändern, ja sogar einen kleinen Umweg um eine Gartenplastik oder eine dekorative Kübelpflanze machen. Vom Weg aus erleben wir den Garten mit seinen Düften, seinen Blüten, seiner Fruchtbarkeit. Vielleicht naschen wir unterwegs einige Beeren oder riechen an einer duftenden Rose.

### Linienführung und Gestaltung

Neben ihrer Zweckbestimmung sind Gartenwege ganz wesentliche Gestaltungselemente. Mit ihrer Linienführung, der Materialauswahl und ihrer Farbigkeit beeinflussen sie den Charakter des Gartens. Geradlinige Wege haben etwas Sachliches. Sie passen gut zu moderner Architektur und zu einem Garten, der sich auf Wesentliches beschränkt, in dem es nichts Überflüssiges und keine Schnörkel gibt. Sie verraten Nüchternheit und ein klares Konzept. Allerdings wirkt zu viel Rechteckigkeit unangenehm kantig, streng und abweisend. Abwechslungsreiche Pflanzungen gleichen dies wohltuend aus. Ihr Blattwerk mildert die scharfen Konturen.

Ein gerader Weg führt nicht nur die Füße, sondern auch das Auge auf einen Zielpunkt hin, der dadurch eine besondere Betonung erfährt. Deshalb sollte am Endpunkt solch einer Achse auch etwas zu finden sein, das es wert ist, hervorgehoben zu werden: eine Skulptur, ein dekoratives Gehölz, ein Wandbrunnen, eine schöne Gartenbank oder Ähnliches. Wege sind immer eine Verbindung. Auf keinen Fall dürfen sie an einer Mauer oder Hecke enden und somit ins Nichts führen. Bei einem geraden, zielgerichteten Weg wäre das besonders enttäuschend.

Geschwungene Spazierwege durch den Garten haben etwas Romantisches. Sie laden zum Schlendern ein. Geheimnisvoll wirken sie, wenn ihr Verlauf nur ein Stück weit zu überblicken ist und dann hinter einem Gebäudeteil oder einer Strauchgruppe verschwindet. Solche Überraschungseffekte lassen einen kleinen Garten größer erscheinen, als er tatsächlich ist. Außerdem muss der

*Ein geschwungener Weg erweckt Neugier auf das, was hinter der Biegung liegt.*

Weg nicht immer die gleiche Breite haben. An geeigneten Stellen kann er sich zu einer kleinen Platzfläche aufweiten und eventuell Raum für eine Gartenbank bieten. Das macht ihn interessant und erlebnisreich.

Harmonisch eingebunden liegt ein Weg zwischen Pflanz- und Rasenfläche. Führt er diagonal über eine ruhige Fläche, so zerteilt er diese optisch. Das kann erwünscht sein, wirkt aber meistens eher störend. Bei allen gestalterischen Überlegungen darf nicht ignoriert werden, welche Linienführung sich allein durch die Nutzung ergeben würde. Trampelpfade geben hier deutliche Hinweise. Eine unmotivierte Wegekrümmung führt dazu, dass man sie abkürzt und spitzwinklige Ecken werden meist abgelaufen. Das natürliche Gehverhalten bevorzugt einen geschwungenen Wegeverlauf und flach abgerundete Ecken. Wer jedoch einen deutlichen Richtungswechsel im Wegeverlauf beabsichtigt, sollte ihn betonen, vielleicht mit einem schönen, großen Stein, einem geschnittenen Buchs, einem Terracottagefäß voller Sommerblumen oder Ähnlichem. Auf Abzweigungen kann man in besonderer Weise aufmerksam machen. Manchmal bietet sich ein mit Rosen und Clematis umschlungener Blumenbogen an, manchmal eine besondere Musterung des Wegebelages.

Eine auffallende, abwechslungsreiche Bepflanzung kommt neben einem schlichten Belag gut zur Geltung, während eine ruhige, grüne Umgebung oder eine große Fläche durchaus kreative Belagsgestaltung vertragen kann.

Was man auf jeden Fall vermeiden sollte, sind überstehende Kantensteine. Ein höhengleicher

*Dort wo im Wegeverlauf Stufen eingebaut werden müssen, sollten sie eine besondere Betonung erfahren, beispielsweise durch eine seitliche Bepflanzung. Damit sie im Dunkeln nicht zur Stolperfalle werden, ist eine Beleuchtung erforderlich.*

*Für einen Nebenweg genügt bereits eine Breite von 60 bis 80 cm.*

Übergang vom Weg zum Rasen und zu Pflanzflächen sieht viel besser aus und erleichtert die Pflege. Die Erdoberfläche eines Beetes sollte sogar 2 bis 3 cm tiefer liegen. Damit vermeidet man Erdabschwemmungen bei starken Regenfällen.

**Ausmaße**

Die Breite des Weges richtet sich danach, wie häufig er benutzt wird. So sollten Hauptwege, wo man bequem nebeneinander gehen möchte, mindestens 1,20 m breit sein. Für Nebenwege genügt eine Breite von 60 bis 80 cm. Sie führen uns zum Gemüsegarten, zum Kompostplatz, zum Spielbereich der Kinder oder durch eine größere Pflanzfläche. Sehr gut sieht es aus, wenn solch ein schmaler Weg an einer Pflanzung entlangführt und eine Rasenfläche einfasst. Dann dient er zugleich als Mähkante. Als solche genügt bereits ein schmaler Plattenstreifen. Soll die Einfassung eher als Rundweg dienen, so wäre eine Breite von 60 cm das Mindeste, denn die Pflanzen des Beetes breiten ihr Laub über die Wegekante aus, was ja sehr charmant wirkt.

Nicht alle Wege im Garten müssen befestigt sein. Bei trockenem Wetter läuft man sehr gut auf dem Rasen. Der weiche Untergrund tut den Füßen gut. Wer eine Wiese im Garten hat, wird sich ohnehin Rasenwege mit dem Mäher bahnen und so auf einfache Weise entferntere Bereiche erschließen. Zeigt es sich, dass eine Rasenspur häufig begangen wird, so kann es erforderlich werden, sie mit Trittsteinen zu befestigen.

### Entwässerung

Wege müssen mit einem Längs- und Quergefälle angelegt werden. Dann kann das Oberflächenwasser abfließen, und es bilden sich keine Pfützen. Außerdem lassen sich gut entwässerte Wege bei feuchter Witterung sicher begehen. Das ist auch bei Eis und Schnee von Vorteil. Zur Erhöhung der Gehsicherheit trägt natürlich die Wahl des Belagsmaterials bei. Es soll griffig und nicht zu glatt sein.

Für die Neigung einer Platzfläche und das Quergefälle eines Weges sieht man 2 % vor. Das Längsgefälle sollte 7 % nicht überschreiten. Dann senkt sich der Weg auf 1 m Länge um 7 cm. Bei steilerem Gelände sollte man besser Stufen einbauen oder einen anderen Verlauf wählen. Stufen sind allerdings ein schwer überwindbares Hindernis für Rollstühle, Kinderwagen oder Schubkarren, sodass es erforderlich werden kann, auf kurzen Strecken Rampen vorzusehen.

Auf großen Flächen, wo ein seitliches Abfließen der Niederschläge nicht mehr möglich ist, muss ein Gully oder eine Dränrinne eingebaut werden. Das ist vor allem bei der Garageneinfahrt zu berücksichtigen. Es ist nicht gestattet, das Niederschlagswasser auf die öffentliche Fläche des Gehsteigs oder der Straße abfließen zu lassen.

*Recycling in vollendeter Form: Granit verschiedener Größen und Farbtönungen wurde zusammen mit gebrauchtem Klinker in großen Bögen verlegt. Wegen der unterschiedlichen Einbindetiefen ist die Verarbeitung nicht ganz einfach. Doch das Ergebnis überzeugt.*

## Auswahl und Verwendung der Beläge

Es ist nicht immer ganz einfach, den passenden Belag für die Wege- und Platzflächen im Garten auszuwählen. Sicherlich haben wir eine bestimmte Vorstellung davon, wie er aussehen soll. Aber zunächst sollte ein Belag praktische Funktionen erfüllen. Auf jeden Fall muss er gut begehbar und damit rutschfest sein. Eine ebene Oberfläche erleichtert zudem die Reinigung und das Schneeräumen. Darüber hinaus wünschen wir uns ein Material mit langer Lebensdauer, und die Kosten für Material und Verlegung spielen auch eine Rolle. Preisunterschiede fallen umso mehr ins Gewicht, je größer die Fläche ist.

Zur Auswahl stehen Naturstein, Klinker, Betonstein und Holz. Sie sind als Platten und Pflaster in vielerlei Formaten, Stärken, Färbungen und Oberflächen erhältlich. Bezieht man Materialkombinationen ein, so gibt es unendlich viele Gestaltungsvarianten. Wir sollten aber innerhalb eines Gartens nicht zu viele verschiedene Materialien verwenden, sondern uns für eines oder die Kombination weniger entscheiden, die gut zu Gebäuden und Umgebung passen. Die Verlegeweise darf dann durchaus variieren.

Früher war die Auswahl nicht so groß. Man verwendete ein Material, das im näheren Umkreis zur Verfügung stand, denn ein Transport war schwierig und teuer. Deshalb entstanden regional unterschiedliche Ortsbilder. Heute ist das Materialangebot überall das Gleiche. Und nicht selten wird beispielsweise Granit aus Asien günstiger angeboten als einer aus der näheren Umgebung. Das mag uns zu denken geben. Vielleicht lohnt sich doch die Rückbesinnung auf ortstypisches Baumaterial, auch wenn es nicht das billigste ist. Mit dieser Wahl trägt man jedenfalls dazu bei, dass der Siedlungsraum seinen ursprünglichen Charakter bewahrt.

Gelegentlich werden gebrauchte Pflastersteine kostengünstig angeboten. Wer sich einen Belag wünscht, der bereits Gebrauchsspuren aufweist, vielleicht etwas abgeschliffen ist und Patina angesetzt hat, der sollte zugreifen. Fertig verlegt wirkt eine Fläche aus gebrauchten Pflastersteinen rustikal und traditionell. Sie passt gut in ein historisches Umfeld, in einen gewachsenen Ortskern oder zu einem älteren Haus.

Zum modernen Baukörper, etwa im Stil der Bauhausarchitektur, wählt man besser geeignete Natursteinplatten oder hochwertigen Betonstein. Auch Holzdecks könnte man sich hier gut vorstellen, vor allem als Belag für einen überdachten Sitzplatz oder für den Badegarten.

Nun wird jemand, der sich mit Bau oder Erwerb eines Hauses finanziell bereits verausgabt hat, wahrscheinlich Einsparungsmöglichkeiten suchen. Man könnte auf einen schlichten Betonstein zurückgreifen, womit sich durchaus etwas Ansehnliches gestalten lässt. Oder man zieht es vor, die endgültige Pflasterung mit einem hochwertigen und damit kostspieligen Material auf später zu verschieben und sich zunächst mit einer Zwischenlösung zu begnügen. Dann wird man für die geplanten Belagsflächen einen tragfähigen Unterbau erstellen, der zunächst nur mit Kies abgedeckt wird. Sobald sich die finanzielle Lage entspannt hat, kann der gewünschte Belag auf diese Grundlage aufgebracht werden. Dazu muss lediglich die oberste Schicht abgetragen und ein entsprechendes Pflasterbett erstellt werden. Bei diesem Vorgehen ist es natürlich wichtig, alle Anschlusshöhen von Beginn an zu berücksichtigen.

Gartenplatten erhält man aus Naturstein oder Beton. Man verwendet sie vorzugsweise für gerade Wege und rechteckige Flächen. Seitliche Verzahnungen sind zwar möglich. Trotzdem lassen sich Rundungen besser mit kleinformatigen Steinen verlegen. Befahrbar sind Gartenplatten normalerweise nicht. Es besteht die Gefahr, dass sie unter dem Gewicht des Fahrzeugs brechen. Für Einfahrten und Fahrwege wählt man besser Pflasterbeläge, bei denen sich der Reifendruck auf mehrere Steine verteilt.

### Natursteinplatten

Das edelste, aber auch kostspieligste Material für Belagsflächen ist Naturstein, sei es Granit, Porphyr oder Sandstein. Jedes hat seine Eigenart, seine besondere Struktur und Färbung. Das verleiht einer damit gestalteten Fläche ein sehr lebendiges Aussehen.

Angeboten werden Platten aus harten Urgesteinen wie Granit, Gneis, Porphyr und Quarzit und aus den weicheren Sedimentgesteinen Kalkstein, Sandstein und Schiefer, wobei wiederum jede dieser Gesteinsarten in vielerlei Varianten zu haben ist. Gneis, Porphyr, Quarzit und Schiefer lassen sich gut spalten. Durch ihre bruchraue Oberfläche kommt die Eigenart des Gesteins gut zur Geltung. Ein Nachteil ist die leichte Unebenheit des Belages. Granit muss gesägt werden. Gut verlegt ergeben sich damit vollkommen ebene Oberflächen, auf denen Tisch und Stühle fest stehen.

Der Handel bietet sowohl rechteckige Natursteinplatten an, als auch unregelmäßig geformte, sogenannte Polygonalplatten. Rechteckplatten sind teurer, weil sie bereits im Steinbruch zugerichtet wurden. Dafür ist ihre Verlegung einfacher. Polygonalplatten sind zwar kostengünstiger, aber in der Verarbeitung aufwendiger, weil die Kanten bearbeitet und angepasst werden müssen. Man verlegt sie mosaikartig mit möglichst schmalen Fugen. Damit sich ein gutes Bild ergibt, sollten sie mindestens 1/3 $m^2$ groß sein. Allzu spitze Ecken brechen leicht ab. Das unregelmäßige Fugenbild lässt die Plattenfläche lebendig und natürlich wirken. Kleine Flächen erscheinen dadurch größer. Damit die Platten unbeschadet auf Sand verlegt werden können, sollten sie 4 bis 5 cm dick sein. Häufig werden kleinere, dünne Polygonalplatten angeboten, die dann im Mörtelbett auf einem armierten Betonuntergrund zu verlegen sind.

### Betonplatten

Die kostengünstigere Alternative zum Naturstein ist im Allgemeinen die Gartenplatte aus Beton. Baustoffhändler und Gartencenter bieten eine große Fülle verschiedener Formate und Farbvarianten an, wobei sich Qualitätsunterschiede auch im Preis niederschlagen. Am wenigsten kosten ganz einfache, zementgraue Betonplatten.

*Die Fugen beim polygonalen Plattenbelag kann man mit Kleinstein auspflastern.*

*Interessante Wirkung: quadratische Betonplatten und Granit-Kleinsteinpflaster.*

*Von echtem Sandstein sind diese sandgestrahlten, wie behauen wirkenden Betonplatten kaum zu unterscheiden.*

Wenn man sie mit Musterungen aus Klinker, Granit, Porphyr oder glasierter Keramik kombiniert, können sie sich durchaus sehen lassen. Etwas edler wirken sandgestrahlte Betonoberflächen. Durch diese Bearbeitung werden die verwendeten Zuschlagstoffe des Betons sichtbar gemacht. Das ist auf jeden Fall besser als künstlich eingefärbter Beton, denn der bleicht im Laufe der Zeit aus. Bei einer anderen Form der Oberflächenbehandlung wird auf den Betonstein bei seiner Herstellung zerkleinertes Natursteinmaterial aufgepresst. So entsteht eine sehr haltbare, farbbeständige und griffige Oberfläche.

Die Betonindustrie ist sichtlich bemüht, ihre Produkte zu veredeln und dem Naturstein anzugleichen. Es werden Betonplatten angeboten, die vom originalen Steinmaterial kaum zu unterscheiden sind. Allerdings verringert sich dadurch der Preisunterschied zum Naturstein beträchtlich. Man muss jedoch zugeben, dass diese Imitate sehr gut sind. Damit lassen sich durchaus repräsentative Belagsflächen gestalten.

Eine weitere Stufe der Veredelung besteht darin, dass bei der Herstellung eine hochwertige Keramikplatte auf eine Betonplatte geklebt wird. Der Beton dient damit lediglich als Trägermaterial für verschiedenste Oberflächen. Manche erinnern an Naturstein, andere an Holz. Am schönsten sind vielleicht Platten, die ihr keramisches Material erkennen lassen oder solche mit Metalloptik.

Die klassische Verlegeweise für Gartenplatten erfolgt in Reihen quer zur Gehrichtung und mit versetzten Längsfugen. Quadratische Platten können mit Kreuzfugen verlegt sehr ansprechend wirken. Nur muss die Arbeit sauber und exakt ausgeführt werden. Dieser Verband lässt sich auch gut diagonal verlegen mit sogenannten „Bischofsmützen" als Randeinfassung. Großformatige Platten wirken ausgesprochen exklusiv. Wegen ihres hohen Gewichtes müssen sie mit Maschinen verlegt werden.

Große Flächen verlangen nach einer Belagsgliederung. Unendlich viele Möglichkeiten tun sich auf in der Kombination von Platten mit Pflastersteinen oder Klinker. Dabei sind einfache Längs- und Quergliederungen oft überzeugender als komplizierte und womöglich vielfarbige Ornamente. Die Fläche soll interessant wirken, aber nicht unruhig.

### Natursteinpflaster

*Mit kleinformatigen Pflastersteinen lässt sich nahezu jede Form und jedes Muster verwirklichen. Hier hat man verschiedenfarbigen Granit in Spiralen und Bögen recht fantasievoll verlegt.*

*Wer Naturstein möchte, wählt für befahrbare Flächen am besten Großpflaster. Mit einem tragfähigen Unterbau hält es der größeren Belastung gut stand.*

Pflasterungen sind die klein strukturierte Alternative zu den großflächigen Platten. Durch ihre geringere Einzelgröße sind sie belastbarer und somit für befahrbare Flächen, wie z.B. Garageneinfahrten, besser geeignet. Pflasterbeläge stellt man aus Naturstein, Beton und Klinker her.

Eine schöne und sehr lebendige Wirkung erzielt man mit Natursteinpflaster. Nur leider hat Schönheit ihren Preis. Kostspielig ist im Allgemeinen bereits das Material, dazu kommt noch die aufwendige Arbeit des Verlegens. Aber dafür ist Naturstein praktisch unbegrenzt haltbar. Inzwischen gibt es allerdings auch Billigangebote aus Fernost. Ein sehr niedriges Lohnniveau macht das möglich und gleicht sogar die Kosten für den weiten Transport aus. Ob man sich dessen bedienen will, bleibt jedem selbst überlassen.

Man verwendet vorwiegend Granit in seinen verschiedenen Grautönen und rötlichen, ockergelben oder graubraunen Porphyr. Seltener wird Basalt verlegt. Kalk- und Sandsteine wurden früher in den Regionen ihres natürlichen Vorkommens verwendet. Heute spielen sie in der Gartengestaltung keine große Rolle mehr.

Die Pflastersteine werden gebrochen und dann würfelförmig zugerichtet. Deshalb ist ihre Oberfläche je nach Material mehr oder weniger rau. Die Steine sind auch gesägt zu haben, kosten dann aber mehr. Porphyr lässt sich spalten. Das ergibt von Natur aus eine relativ ebene Fläche. In der Gartengestaltung ist der Kleinstein das gebräuchlichste Format. Es gibt ihn in zwei Größen mit einer Kantenlänge von 6–8 cm bzw. 8–10 cm. Steine für das Mosaikpflaster (in der Größe 4–6 cm) verwendet man zum Auspflastern kleiner Flächen, für schmale Streifen oder besondere Ornamente. Großpflaster hat eine Kantenlänge von 12–22 cm und ist 13–16 cm hoch und breit. Es findet für befahrbare Flächen Verwendung und eignet sich besonders zur Wegebegrenzung und zur Einfassung von Beetflächen.

Man verlegt Natursteinpflaster entweder als Wildpflaster ohne vorgegebene Richtung innerhalb der Fläche, in Reihen quer zur Laufrichtung oder als Segmentbogen und Schuppenmuster. Das Bogenpflaster ist die stabilste Verlegeart, weil es sich gut verzahnt, verlangt aber sehr viel handwerkliches Können. Außer diesen klassischen Verlegearten sind mit Natursteinpflaster alle denkbaren Muster und auch alle Flächenformen herstellbar, denn Pflastersteine sind sehr anpassungsfähig. Das liegt daran, dass sie in der Maßgenauigkeit um 2 cm variieren. So hat man immer kleinere und größere Steine zur Verfügung, die man je nach Bedarf verwenden kann.

Sehr schön wirkt ein Farbwechsel im Belag. Man erzielt ihn durch die Verwendung verschiedenfarbiger Steine. So kann man beispielsweise die Struktur von Bogen und Schuppen mit rötlichen Steinen vorgeben und mit grauen auspflastern. Oder man legt Kreisringe mit Steinen verschiedener Größe und Färbung. Sogar eine in Reihe gepflasterte Fläche wirkt interessanter, wenn sie durch einzeln eingestreute, andersfarbige Steine aufgelockert wird. Das Farbspiel kommt besonders gut zur Geltung, wenn der Belag feucht ist. So kann man auch dem Regenwetter etwas Positives abgewinnen.

*Auch Betonstein macht durchaus etwas her, wenn man ihn mit Mosaiksteinen aus Granit und farbig glasiertem Klinker schmückt.*

### Betonpflaster

Beim heutigen Angebot ist Betonsteinpflaster durchaus keine schlechte Wahl. Es wirkt zwar sachlicher als eine Pflasterung aus Naturstein, hat aber sonst viele Vorteile. Zunächst kann es mit einem günstigen Preis punkten. Außerdem ergeben Betonsteine eine angenehm ebene Oberfläche. Sie ist bequem begehbar und gut zu reinigen. Dank industrieller Fertigung sind die Steine maßgenau und lassen sich daher leicht verlegen. Das alles macht Betonsteinpflaster zum derzeit gefragtesten Belagsmaterial.

Wie bei den Gartenplatten bemüht sich die Betonsteinindustrie auch hier, ihre Produkte der Natursteinoptik anzugleichen. So werden für Pflasterflächen Natursteinimitate sowie Nachahmungen von Spaltkieseln gefertigt. Die Lebendigkeit von Natursteinpflaster sucht man mit „gerumpelten" Steinen zu erzielen. Dazu werden fertige Betonpflastersteine nachträglich getrommelt, sodass Ecken und Kanten abplatzen. Allerdings werden diese Steine inzwischen nicht mehr so häufig verlangt. Andererseits veredelt man die Steine, indem man sie sandstrahlt, pigmentiert oder mit einem Vorsatz aus Natursteinsplitt versieht. So ergeben sich zahlreiche Färbungen und Oberflächenstrukturen, aber auch verschiedene Preisklassen.

Mit rechteckigen und quadratischen Steinformaten lassen sich klar strukturierte Flächen gestalten. Ein abwechslungsreicheres Bild ergibt sich mit Steinen verschiedener Größe. Man muss sie aber nicht in jedem Fall einzeln zusammenstellen. Sie werden auch als Verlegesystem angeboten. Bei Sonderformaten, die ein unruhiges Fugenbild ergeben und bei verschiedenen Farbkombinationen ist Vorsicht geboten. Es besteht die Gefahr, dass die Fläche aufdringlich wirkt.

Für stark befahrene Flächen und Parkplätze gibt es Verbundpflaster, dessen Steine sich miteinander verzahnen. Leider entsteht mit den meisten Verbundsteinen ein sehr wirres Fugenbild. Es sind aber auch Steine zu haben, die sich im unteren, nicht sichtbaren Teil verzahnen und in der Belagsfläche als Rechteckstein erscheinen. Damit lassen sich Einfahrten und Parkplätze ganz ansprechend gestalten.

### Klinker

Dieses natürlich wirkende Steinmaterial wird aus Tonerde geformt und bei hohen Temperaturen hart gebrannt. Traditionell verwendet man Klinker vor allem in Großbritannien, in den Niederlanden und in Norddeutschland. Im süddeutschen Bereich fand man ihn früher selten. Nur in der Nähe geeigneter Lehmgruben wurde auch hier Klinker gebrannt und verlegt.

*Klinker wurde hier mit großzügigem Schwung in Laufrichtung verlegt. Inseln aus Granit-Mosaikstein heben sich kontrastierend davon ab.*

Dabei hat dieser Belag viele Vorzüge. Klinker bildet eine griffige, aber ebene Oberfläche und ist somit gut begehbar. Ausreichend hohe Brenntemperaturen vorausgesetzt, muss man um die Frosthärte nicht fürchten. Vor allem besticht Klinkerbelag durch seine angenehm warmen Farbtöne. Die Palette reicht von Ockergelb über Erdbraun bis Ziegelrot. Manche Steine sind mit bläulichen Schattierungen überzogen. Das Preisniveau für Klinker liegt zwischen Naturstein und Betonstein.

Üblicherweise werden Klinker als rechteckige Ziegel gehandelt. Gängige Formate sind 24 x 11 cm und 20 x 10 cm bei einer Mindestdicke von 5 cm. Für befahrbare Flächen verwendet man 7 cm dicke Klinker. Es gibt aber auch rechteckige und quadratische Klinkerplatten verschiedener Größe, außerdem Mosaikpflaster, ja sogar Formsteine für Treppenstufen, Mauerabdeckungen und Beeteinfassungen. Lochklinker werden wie Rasengittersteine verlegt. Sickerklinker haben eine quadratische Aussparung an einem Eck, die mit Splitt gefüllt wird und das Niederschlagswasser ableitet.

Rechteckige Klinker werden meist flach verlegt. Hochkant gestellt ergeben sie eine sogenannte Rollschicht, die Wegen eine stabile Einfassung und Platzflächen einen schönen Abschluss verleiht. Mit Klinkern lassen sich viele ansprechende Muster gestalten. Bereits mit dem einfachen Läuferverband kann man ganz verschiedene Effekte erzielen. Dabei werden die Klinker in Reihe verlegt mit versetzten Fugen. Quer zum Wegeverlauf bewirken die Reihen eine optische Verkürzung. Mit Bänderungen kann man diese Wirkung noch verstärken. Klinkerreihen lassen sich auch in Laufrichtung verlegen. Bei geraden Wegen sollte man das nicht tun, aber ein geschwungener Wegeverlauf kommt auf diese Weise besonders schön zur Geltung. Größere Flächen sollte man gliedern, etwa mit Bänderungen aus Klinker, Beton oder Naturstein. Sogar bogenförmig lässt Klinker sich verlegen, so lange der Radius nicht zu eng gewählt wird. Ein interessantes Muster ist der „Fischgrätverband", bei dem die Steine rechtwinklig zueinander liegen und ineinandergreifen. Das ist eine klassische Verlegeart, die einen stabilen, gut verzahnten Belag mit interessantem Fugenbild ergibt. Neuerdings werden zu Klinker passende Keramikfliesen angeboten, die einem einfachen Belag hübsche Farbakzente verleihen.

### Beläge aus Holz

Leider ist Holz nicht so langlebig wie Stein. Sonst wäre es ein idealer Bodenbelag, sozusagen der Parkettfußboden im Garten. Aber Holz fault, wenn es der Nässe ausgesetzt ist. Wer also Holz als Baustoff im Garten verwendet, muss darauf achten, dass es möglichst trocken bleibt bzw. schnell abtrocknet. Gelingt dies, so hat auch Holz eine akzeptable Lebensdauer.

Früher verwendete man gelegentlich Holzpflaster zur Befestigung von Wegen und Plätzen. Das hat sich nicht bewährt, weil in unmittelbarer Bodennähe immer Feuchtigkeit einwirkt. Auf dem Holz bildet sich ein dünner Belag aus Algen, es wird glitschig und es besteht Rutschgefahr. Schließlich verfault das Holzpflaster und wird unbrauchbar.

Holzdecks haben eine längere Lebensdauer, vorausgesetzt, sie werden auf eine Unterkonstruktion von Kanthölzern geschraubt, sodass eine allseitige Umlüftung und damit eine rasche Abtrocknung gewährleistet ist. Die Unterzüge liegen ihrerseits auf Punktfundamenten oder auf einer Wasser durchlässigen Schottertragschicht. Geriffelte Bretter sind besser als glatte, weil man darauf nicht so leicht ausgleitet. Die meisten Hölzer setzen nach einiger Zeit eine graue Patina an. Wem das nicht gefällt, der kann der Vergrauung mit einem pigmentierten Ölanstrich entgegenwirken.

Nicht zuletzt ist die Holzart entscheidend für die Haltbarkeit. Von den Hölzern, die in unseren Breiten wachsen, sind Eiche, Lärche und Douglasie am dauerhaftesten. Alle anderen Holzarten müssen kesseldruckimprägniert werden. Das geschieht vor allem bei Fichten- und Kiefernholz. Angeboten werden auch tropische Hölzer. Sie sind meist sehr hart, verrotten äußerst langsam und eignen sich somit gut für den Außenbereich. Doch unser Umweltgewissen rät uns ab, denn selbst wenn dieses Tropenholz nachweislich aus Plantagen stammt, so wurde doch auch für diese Pflanzungen einst Urwald gerodet. Die ökologische Alternative hierzu ist das sogenannte Thermoholz. Dabei werden heimische Holzarten, vorwiegend Fichte, Kiefer und Buche einer Hitzebehandlung ausgesetzt und dadurch haltbar gemacht. Buchenholz erreicht auf diese Weise die höchste Resistenzklasse.

*Holz ist ein warmer, angenehmer Belag und somit für eine überdachte Terrasse durchaus empfehlenswert. Wo es jedoch der Witterung ausgesetzt ist, bleibt es nur begrenzte Zeit haltbar.*

*Als Belag für einen Weg wählt man besser kein Holz, denn es wird bei anhaltend feuchter Witterung leicht glitschig.*

Holzdecks verwendet man gerne am Schwimmbecken, als Steg und überall, wo eine auskragende Fläche erwünscht ist, die über dem Gelände oder über einer Wasserfläche zu schweben scheint. Für Gärten am Hang kann ein Holzdeck die einzige Möglichkeit sein, einen ebenen Sitzplatz am Haus zu schaffen. Während die Holzterrasse bergseitig bodennah aufliegt, wird sie auf der Talseite von Pfosten gestützt. So ragt die Terrasse wie ein Balkon ins Gelände.

## Kieswege

Eine sehr ursprüngliche Art der Wegebefestigung ist die Streudeckung mit Feinkies. Er knirscht unter jedem Schritt. Der Fuß sinkt leicht ein. Das erinnert an das Parterre eines Schlossgartens, an mediterrane Gartenanlagen oder an die schmalen Wege zwischen den niedrigen Buchshecken eines Bauerngartens. In England sieht man gelegentlich mit einzelnen Pflanzen dekorierte, größere Kiesflächen. Palmlilien oder Fette Henne wachsen hier solitär in einem Bett aus Feinkies. Auf den Betrachter wirkt das beruhigend wie ein Wasserspiegel oder eine Rasenfläche.

Kieswege konnten sich jedoch nicht überall durchsetzen, denn diese einfache und kostengünstige Befestigung hat auch ihre Nachteile. Sie ist mit Rollstuhl, Dreirad und ähnlichen Fahrzeugen schlecht befahrbar. Wenn ein Kiesweg nicht regelmäßig geharkt wird, dann verunkrautet er. Erde, die aus den Beeten abgeschwemmt oder eingetragen wird, gibt unerwünschtem Aufwuchs zusätzlich Nahrung. Bei Wegen mit deutlichem Gefälle besteht die Gefahr, dass die Kiesabdeckung durch starke Regenfälle abgeschwemmt wird. Kinder haben an Feinkies allerdings große Freude. Voll Vergnügen sammeln sie die Steinschen und lassen sie in Gully und Kellerschacht rieseln oder zeichnen damit eine Spur durch Beet- und Rasenflächen. Bei den Eltern hält sich die Begeisterung darüber jedoch meist in Grenzen.

Ein Kiesweg ist einfach anzulegen. Auf eine Tragschicht wird 3 cm dick ein Kies-Sand-Gemisch der Körnung 0/8 aufgebracht, mit Wasser besprüht und eingewalzt. Gebrochener Kies verzahnt sich besser als runde Körner. Splitt ist weniger günstig, denn hier besteht die Gefahr, dass man ihn mit den Schuhen ins Haus trägt und mit den spitzen Steinchen im Profil der Sohlen den Fußboden beschädigt. Dieses Problem lässt sich dadurch entschärfen, dass man Trittplatten in die Kiesfläche legt. Je nach verwendetem Deckmaterial lassen sich verschiedene Farbgebungen erzielen. Eine Randbefestigung ist technisch nicht erforderlich, sieht aber akkurat aus. Man kann die Kiesfläche mit einer Pflasterzeile oder einem Metallband einfassen.

## Wasserdurchlässige Beläge

Mit zunehmender Bautätigkeit werden große Flächen in Städten und Dörfern versiegelt. Einst offener Boden wurde entweder bebaut oder mit wasserundurchlässigen Belägen abgedichtet. Dadurch kann das Regenwasser nicht mehr versickern. Es verschwindet in der Kanalisation. Das wirkt sich für Mensch und Natur nachteilig aus. Der Grundwasserspiegel sinkt, Pflanzen leiden häufig an Wassermangel. Zugleich werden die Kläranlagen unnötig stark belastet, der Bau von Regenüberlaufbecken verschlingt viel Geld und der Mensch fühlt sich in der trockenen, aufgeheizten Umgebung versiegelter Fläche nicht wohl. Ein kleiner persönlicher Schritt zur Lösung dieses Problems ist neben der Begrünung von Dachflächen die Verwendung wasserdurchlässiger Beläge.

Die Betonindustrie bietet dazu verschiedene Belagsmaterialien an. Sogenanntes Sickerpflaster besteht aus porösen, wasserdurchlässigen Pflastersteinen. Ihre Sickerfähigkeit lässt jedoch im Laufe der Zeit nach, weil Staub und Schmutz die Poren teilweise verschließen. Wirkungsvoller sind Öko- oder Dränsteinpflasterungen. Sie lassen Sickeröffnungen frei, die mit grobem Splitt gefüllt das Regenwasser aufnehmen und nach unten ableiten. Man verwendet diese Steine vorwiegend für größere Parkplätze.

Stein-Gras-Kombinationen wie Rasengittersteine und Rasenpflaster vereinen zwei Vorteile: Sie sind einerseits gut befahrbar, andererseits aber mit Gras bewachsen und daher wasserdurchlässig. In jedem Fall muss aber auch die Tragschicht aus durchsickerbarem Material, wie z. B. grobem Schotter, erstellt sein. Auf nur wenig befahrbaren Parkplätzen sind versickerungsfähige Beläge die Alternative zu Asphalt oder dichtem Betonpflaster.

Für einen Parkplatz am Haus oder eine Garagenzufahrt werden Rasengittersteine kaum mehr verwendet, weil sie schlecht begehbar sind. Rasenpflaster eignet sich hier besser. Dazu werden Pflastersteine mit breiten Fugen auf einen tragfähigen, wasserdurchlässigen Unterbau verlegt. Man kann dazu Großsteinpflaster verwenden oder entsprechend geformte Betonelemente, die ein Verrutschen

*Rasenpflaster aus großformatigem Naturstein ist tragfähig und kann befahren werden. Dabei durchgrünt es sich an wenig strapazierten Stellen bald. Das Niederschlagswasser versickert in den Fugen.*

der Steine verhindern. Vor dem Abrütteln der Fläche füllt man die Fugen mit einem Erd-Splitt-Gemisch auf, dem Rasensamen beigemischt ist.

Erwähnt sei in diesem Zusammenhang auch der Schotterrasen. Das ist eine befahrbare Rasenfläche. Sie besteht aus einer Mischung aus grobem Schotter und Erde im Verhältnis 3:1. Bei der Herstellung trägt man die fertige Mischung 15 cm dick auf einen tragfähigen Untergrund auf. Die Ansaat erfolgt im Anschluss mit einer speziellen Landschaftsrasenmischung.

Zur Abdeckung von Nebenwegen und Schleichpfaden eignet sich Rindenmulch oder Holzhäcksel. Man geht auf diesem federnden Belag wie auf einem weichen Waldpfad. Diese einfache Wegebefestigung kann schnell und kostengünstig erstellt werden. Hier ist die wasserdurchlässige Schottertragschicht besonders wichtig. 10 cm Dicke genügen bereits. Darauf bringt man, ebenfalls 10 cm hoch, groben Rindenmulch oder Holzhächsel auf. Da sich dieses organische Material relativ schnell zersetzt, muss es gelegentlich neu aufgefüllt werden.

### Belagsarbeiten

Die Erdarbeiten beginnen damit, dass der weiche Mutterboden abgetragen und seitlich gelagert wird. Dann überträgt man Ausmaße und endgültige Höhe der geplanten Belagsflächen mithilfe von Schnüren und Rundeisen bzw. Pflöcken ins Gelände. Als Ausgangspunkt für die Messung dient eine feste Anschlusshöhe, z. B. eine Eingangsstufe. Pflöcke und Schnüre verlaufen am Rande der künftigen Belagsfläche. So werden Planie- und Verlegearbeiten nicht behindert. Die Schichthöhen für den Aufbau können bereits hier markiert werden.

Dann erfolgt die Rohplanie. Meistens muss dazu der Unterboden in der erforderlichen Tiefe ausgehoben und seitlich gelagert werden, sofern man ihn nicht für eine Geländemodellierung verwendet. Gelegentlich erfordert der Geländeverlauf eine Auffüllung. Dann ist es wichtig, dass das angefüllte Material lagenweise standfest verdichtet wird. Die entstandene Sohle wird planiert, sodass sie höhenparallel zur späteren Wegedecke verläuft.

Der stabilste Schichtenaufbau besteht aus einem verdichteten Untergrund, einer Frostschutzschicht, einer Tragschicht, einer Ausgleichsschicht und dem Belag. Die Dicke der einzelnen Schichten hängt ab von der Belastung des Weges bzw. Platzes, der Art des verwendeten Materials und der Beschaffenheit des Untergrundes.

Die Frostschutzschicht ist bei lehmigen, wasserundurchlässigen Böden unbedingt erforderlich, auf leichten Böden von Vorteil. Sie verhindert ein Aufsteigen von Kapillarwasser und das damit verbundene „Auffrieren“ der Beläge. Darüber hinaus nimmt sie Wasser aus der Tragschicht auf und leitet es ab. Als Material sind Kies-Sand- oder Schotter-Sand-Gemische der Körnung 0/56 gut geeignet. 10 cm Schichtdicke genügen.

Die Tragschicht nimmt die Last auf und verteilt sie zur Seite und nach unten. Je nach örtlichem Vorkommen kann sie aus Schottergemisch oder Kies-Sand-Gemisch der Korngröße 0/45 bestehen. Für wasserdurchlässige Belagsflächen verwendet man Schotter ohne Feinanteil. Die Dicke der Tragschicht beträgt für Terrassen und Fußwege 15 cm, für befahrbare Wege und Plätze mindestens 25 cm. Sie muss gut abgerüttelt werden. Andernfalls besteht die Gefahr von Setzungen.

Die Ausgleichsschicht ist 3 bis 5 cm dick. Sie besteht aus Feinsplitt und ermöglicht ein problemloses Verlegen der Platten- und Pflasterbeläge. Sand verwendet man besser nicht, weil er häufig von Ameisen an die Oberfläche transportiert wird. Dadurch entstehen Hohlräume und in der Folge unliebsame Setzungen im Belag.

Auf überstehende Kantensteine als Belagsränder sollte man verzichten. Technisch sind sie nicht erforderlich und gestalterisch nicht empfehlenswert. Zudem stellen sie

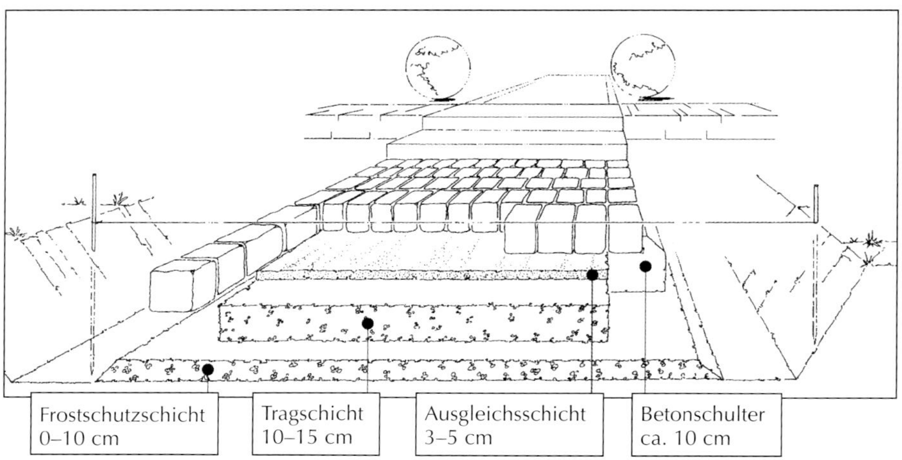


*Der grundlegende Aufbau eines Weges.*

*Auf den fertigen Unterbau und die höhengerecht abgezogene Splittbettung werden Pflasterklinker verlegt.*

gefürchtete Stolperfallen dar. Viel gefälliger wirkt ein ebener Anschluss an die angrenzende Beet- oder Rasenfläche. Wer möchte, kann einen Randabschluss mit Großsteinpflaster, einer Rollschicht aus Klinker oder passenden Betonsteinen gestalten. Es geht aber auch sehr gut ganz ohne Einfassung. Für gute Haltbarkeit sorgt ein seitlicher Betonkeil, der später im Gelände nicht mehr sichtbar ist. Abgrenzungen aus Großpflaster oder eine Rollschicht aus Klinker setzt man schon nach dem Einfüllen und Verdichten der Tragschicht. Am besten verlegt man sie nach der Schnur und überprüft sorgfältig den Kantenverlauf in Lage und Höhe. Denn damit sind bereits Ausmaß und Höhenabwicklung der Belagsfläche festgelegt.

Ist die Ausgleichsschicht aufgebracht, wird sie mit einer Setzlatte abgezogen. Hierzu legt man die Setzlatte am besten rechts und links auf dünnen Rohren auf, die zuvor höhengerecht eingepasst wurden. Ihre Oberkanten geben die Endhöhen der Ausgleichsschicht vor. So kann man zügig und genau arbeiten.

Anschließend wird der gewünschte Belag auf das ebene Sandbett verlegt. Dies geschieht vorwärts: Man befindet sich auf dem bereits verlegten Belag und arbeitet sich ins Splittbett vor. Eine gelegentliche Kontrolle mit der Wasserwaage ist ratsam. Sind die Platten, Betonsteine oder Klinker verlegt, wird am Schluss feiner Sand in die Fugen gekehrt, nochmals abgerüttelt und mit Wasser eingeschlämmt.

Natursteinpflaster und Natursteinplatten verlegt man rückwärts, d. h., man befindet sich beim Verlegen im Splittbett und hat die fertige Pflasterfläche vor sich. Beim Pflaster setzt man jeden einzelnen Stein mithilfe des Pflasterhammers 1 bis 2 cm tief in die Ausgleichsschicht. Platten werden höhengerecht auf das Splittbett verlegt und mit dem Gummihammer nachgerichtet. Die Fugen füllt man mit Feinsplitt bzw. Sand. Anschließend wird der Belag abgerüttelt und zuletzt mit nochmals mit Sand ausgefugt. Wer zum Verdichten des Plattenbelages eine Rüttelplatte verwendet, muss sie mit einer Gummimatte zum Schutz der Natursteine versehen.

Mörtel eignet sich übrigens nur schlecht zum Verfugen eines Natursteinpflasters. Durch die Benutzung bilden sich feine Risse. Wasser dringt ein. Im Winter gefriert es, und der Mörtel platzt ab. Spezieller Pflasterfugenmörtel mit Kunstharzbindung ist zwar elastischer und damit besser. Trotzdem treten auch hier gelegentlich Schäden auf.

## Treppen

Zur Überwindung größerer Steigungen sind Treppen erforderlich. Hat ein Weg mehr als 8 % Gefälle, so sollten Stufen eingebaut werden. Allerdings kann eine Einzelstufe in einem Wegeverlauf leicht übersehen werden. Sie gerät somit zur Stolperfalle. Deshalb sollte man an dieser Stelle mindestens zwei Stufen vorsehen. Noch günstiger ist es, wenn man eine Treppe besonders betont, etwa mit einer Lampe, einer Solitärpflanze oder einem Stein. Vor der untersten Stufe darf das Gefälle leicht ansteigen. Fallen sollte es keinesfalls. Besser, man verzichtet auf eine Stufe.

Natürlich lassen sich mit Treppen auch gestalterische Akzente setzen. So kann ein Stufenlauf frei durch ansteigendes Gelände führen. Dann sollten kurze Treppenläufe von zwei bis vier Stufen mit angemessenen Podesten abwechseln. Reizvoll wirkt eine seitliche Verzahnung der Stufen im geneigten Terrain. Mithilfe von

Podesten lässt sich sehr gut ein Richtungswechsel im Treppenlauf herstellen. Dasselbe erreicht man natürlich auch mit einer gewendelten Treppe.

Die Stufen können seitlich an eine Stützmauer angelehnt sein, man kann sie zwischen zwei Mauerwangen einbinden, oder sie führen aus diesen heraus und verbreitern sich davor. Sehr ansehnliche Beispiele gibt es dafür, wie die Steinschichten einer Stützmauer als Stufen weitergeführt werden. Breite Treppen wirken großzügig. Wo eine Terrasse mit einer tiefer gelegenen Gartenfläche zu verbinden ist, darf die Treppe nicht zu schmal sein. Doch innerhalb eines Wegeverlaufs sollten die Stufen die Breite des Weges aufnehmen.

Wo es sich vermeiden lässt, sollte eine Gartentreppe nicht mehr als 12 Stufen in einem Lauf haben. Das Begehen ist weniger ermüdend, wenn man sie mit Podesten untergliedert. So können beispielweise als Erstes fünf Stufen genommen werden, dann drei und zuletzt vier Stufen.

Die Oberfläche der Stufen muss aus Gründen der Gehsicherheit griffig sein und sollte ein leichtes Gefälle nach vorne aufweisen, damit Wasser ablaufen kann und sich bei Frost keine Eisschicht auf der Stufe bildet.

Für Rollstuhl, Kinderwagen und Fahrräder sind Treppen oft kaum überwindbare Hindernisse. Dann behilft man sich meist mit einer Rampe, die direkt daneben angelegt und etwas flacher als die Treppe ausgezogen wird. Noch gefälliger wirkt das, wenn man die Stufen seitlich in die Rampe auslaufen lässt. Bei Treppen mit 2 bis 5 Stufen ist diese Lösung ganz gut. Müssen größere Höhen überwunden werden, so sollte eine Rampe besser weit ausholend als mäßig steiler, separater Weg geführt werden, sofern Grundstücksgröße und Geländeform dies zulassen.

Damit eine Treppe bequem zu begehen ist, müssen Stufenhöhe und Auftrittsfläche in einem bestimmten Verhältnis zueinander stehen. Es ergibt sich aus dem durchschnittlichen Schrittmaß von 63 bis 65 cm und errechnet sich folgendermaßen:

**Auftrittstiefe + 2 x Steigungshöhe = Schrittmaß**

Bequem begehbar sind Stufen mit 15 cm Höhe und 34 cm Tiefe oder 16 cm Höhe und 32 cm Tiefe. Etwas flacher dürfen Gartentreppen durchaus sein, deutlich steilere sollten aber vermieden werden. Bei gewendelten Treppen wird das Steigungsverhältnis in der Stufenmitte gemessen.

Die Podestlänge beträgt ein Vielfaches der Schrittlänge zuzüglich der Auftrittstiefe der obersten Stufe. So ergeben sich Podestlängen von 96 cm mit einem oder 160 cm mit zwei Schritten. Bei langen Treppenläufen sollte man Podeste für Doppelschritte planen. Dann lässt sich jedes Teilstück der Treppe mit einem anderen Fuß beginnen. So vermeidet man die Ermüdung eines einzigen Fußes.

Zur Vermeidung von Unfallgefahren wird bei einer seitlichen Absturzhöhe von mehr als 50 cm ein Geländer vorgesehen. Das entspricht einer Treppe mit mindestens drei Stufen. Ein Handlauf ist grundsätzlich hilfreich, wenn die Treppe von Menschen begangen wird, die nicht ganz sicher auf den Beinen sind.

*Links: Eine steile Hanglage wurde mit Trockenmauern terrassiert und mit einer Treppe erschlossen. Ein Richtungswechsel im Treppenlauf und Zwischenpodeste bewirken, dass das Begehen nicht ermüdet. Rechts: Treppe aus hochwertigen Beton-Blockstufen.*

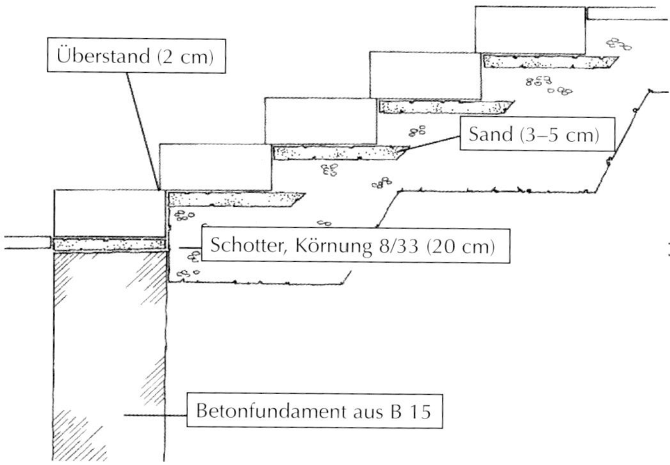


*Treppe aus Blockstufen. Meistens genügt es, die unterste Stufe auf ein Betonfundament zu gründen. Sie nimmt den Druck der Treppe auf. Die darüberliegenden Blockstufen ruhen auf einer standfest verdichteten, mindestens 20 cm dicken Frostschutzschicht und werden in Splittbettung oder in Magerbeton verlegt.*

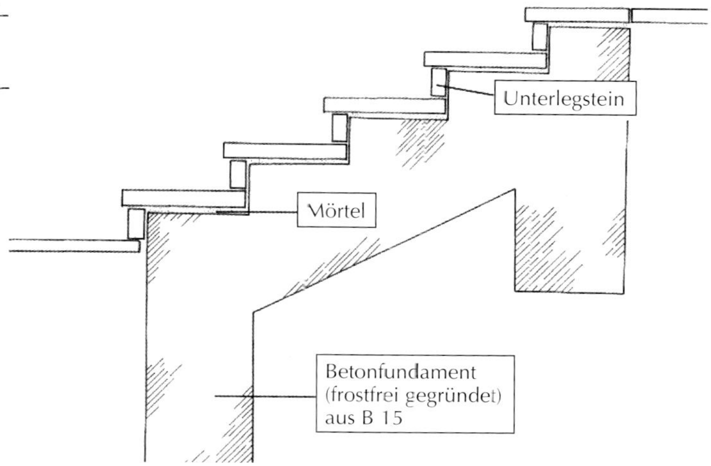


*Eine Treppe aus Legstufen erfordert ein frostfrei gegründetes Betonfundament. Darauf werden die Stufenplatten im Mörtelbett verlegt und die Unterlegsteine so angebracht, dass sie den Druck der Stufe beim Begehen aufnehmen können.*

Je nach Material, ergeben sich verschiedene Stufenarten:

**Blockstufen** bestehen aus einem Stück, Naturstein oder Beton. Sofern es sich nicht um bruchraue Steine handelt, sollte die Vorderkante gefast (abgeschrägt) sein. Damit ist ihr die Schärfe genommen. Blockstufen können aus dem gleichen Material gebaut sein wie die angrenzende Belagsfläche. Dann wirkt alles wie aus einem Guss. Manchmal ist ein Kontrast reizvoller. Dann wählt man ein Material, das sich farblich oder strukturell absetzt.

Hat die Treppe nicht mehr als vier Stufen, so genügt für sie ein einfacher, abgetreppter Unterbau, ähnlich dem Wegebau. Dazu wird nach der Auskofferung der Untergrund planiert, anschließend Kies oder Schotter der Körnung 8/32 mm aufgetragen, verdichtet

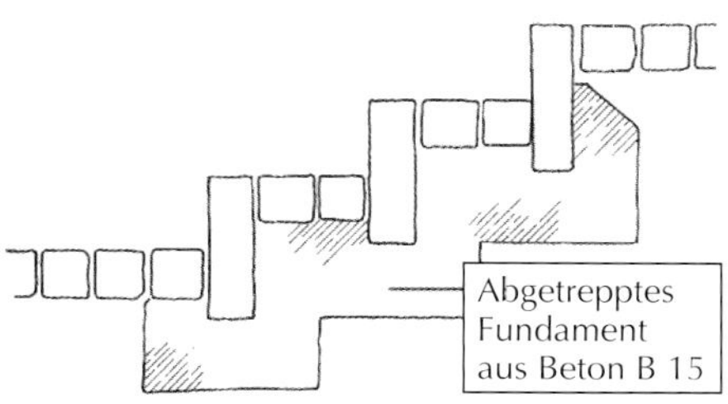


*Stellstufen werden hochkant mindestens mit einem Drittel ihrer Höhe entweder in ein Fundament aus Magerbeton oder mit einer Rückenstütze aus Beton in einer Schottertragschicht versetzt. In beiden Fällen erhält die Auftrittsfläche den Belag des anschließenden Weges.*

und die Stufen in einer Splittbettung oder in erdfeuchtem Magerbeton versetzt. Bei mehr als fünf Stufen sollte man zumindest die unterste Stufe auf ein Betonfundament (B 15) gründen. Die sichere Bauvariante sieht für eine Treppe aus Blockstufen rechts und links jeweils ein frostfrei gegründetes Streifenfundament vor.

Bei der **Stellstufe** wird ein ausreichend dicker Kantenstein hochkant gestellt und mit einer Rückenstütze aus Beton in der Tragschicht verankert. Die Auftrittsfläche pflastert man dann mit dem Material des Weges aus. Stellstufen eignen sich vor allem zur Überbrückung geringer Höhenunterschiede. Es bietet sich an, sie seitlich in das Gelände einzubinden, wobei der verwendete Kantenstein die durchlaufende Fläche seitlich überragt.

Die **Legstufe** hat eine Auftrittsplatte und eine leicht zurückversetzte Unterlage. So ergibt sich eine Schattenfuge, die der Treppe Leichtigkeit und Eleganz verleiht. Legstufen werden aus Naturstein oder Beton gefertigt. Die Auftrittsplatte sollte aus Gründen der Haltbarkeit, aber auch wegen der optischen Wirkung etwa 7 cm dick sein. Legstufentreppen fügen sich ganz selbstverständlich in Plattenwege aus dem gleichen Material. Ähnliche Wirkung hat eine Klinkertreppe, wobei eine Rollschicht mit einer Unterlage flach gelegter Klinker eine Stufe ergibt. Deutlich einfacher ist die Verlegung von Winkelstufen aus Beton in L-Form, die eher den Eindruck einer Blockstufe vermitteln als den einer Legstufe.

*Eine Klinker-Treppe zwischen Trockenmauern aus gesägtem Borgia-Vulkan-Tuff.*

Legstufen benötigen ein frostsicheres, durchgehendes Fundament. Bei diesem sogenannten Brückenfundament wird unter der ersten und der letzten Stufe je ein mindestens 80 cm tiefer Pfeiler betoniert mit einer armierten Betonplatte dazwischen. Die Abdeckplatten und Unterlagen der Stufen werden dann im 3 cm dicken Mörtelbett verlegt.

## Hangbefestigung

Gestein formt die Landschaft. Es ist die Grundsubstanz, aus welcher der Nährboden für Pflanzenwachstum entsteht. Darauf entwickelt sich die jeweils standortspezifische Vegetation. So spiegelt das Erscheinungsbild der Landschaft nicht nur in seiner Ausformung, sondern auch im natürlichen Pflanzenkleid das Gestein wider, das unter seiner Krume ruht.

Deshalb ist es bei der Auswahl von Steinen, die im Garten verwendet werden, so wichtig, das natürliche Vorkommen zu berücksichtigen. Man wird also gerundete Findlinge vorwiegend dort verwenden, wo auch im Boden Kies und gerundete Steine zu finden sind. Dagegen entscheidet man sich im Bayerischen Wald am besten für Granit. Auf den lehmigen Scherbenböden des Jura bevorzugt man kantige Kalksteine und auf Sandböden eben Sandstein.

### Steine und Findlinge

Wer freie Steinsetzungen gestalten will, sei es in einer Böschung oder als Blickfang in der Fläche, der braucht dazu etwas Einfühlungsvermögen. Das beste Vorbild liefert die Landschaft. Während Findlinge wie in einem Bachbett zwischen Kies und Wacken liegen können, bettet man kantiges Material aus dem Steinbruch besser in Schotter und Splitt gleicher Herkunft. Die Steine können aber auch direkt in der Erde ruhen. Man muss sie so setzen, dass sie auf ihrer „faulen Seite" zu liegen kommen. Dann befindet sich ihr Schwerpunkt an der tiefsten Stelle. Dabei sollten große Steine so weit in den Boden eingesenkt werden, dass der Betrachter den Eindruck gewinnt, nur der kleinere Teil davon sei zu sehen.

Stehende Steine wirken nicht immer überzeugend. Ein Steingarten mit reihenweise aufrecht gestellten Brocken erinnert fatal an einen gespickten Braten. Ein großer, einzeln stehender Stein ist wie ein Mahnmal. Er hat eine besondere Bedeutung. Manchmal braucht er liegende Steine als Begleiter oder er wächst aus einer Steinreihe heraus. Er kann auch eine besondere Stelle markieren. Aber immer muss er sehr bewusst gesetzt sein.

Während man mit einzeln gruppierten Steinen gestalterische Glanzpunkte in den Garten bringt, haben Stützmauern vor allem

*Der 9 Tonnen schwere Fels sieht aus, als hätte er schon immer an dieser Stelle gelegen. Tatsächlich kam er zwanzig Jahre zuvor beim Bauaushub zutage und wurde zur Gestaltung des Gartens verwendet.*

*Hier wurden große Sandsteine so aufeinandergelegt, dass man den Eindruck gewinnt, sie seien an dieser Stelle als geologische Formation entstanden.*

einen statischen Zweck. Mit ihrer Hilfe lässt sich hängiges Gelände terrassieren. Auf diese Weise wird ein Garten am Hang erst so recht nutzbar. Man gewinnt ebene Flächen und damit mehr Raum. Zudem sind Stützmauern wichtige Gestaltungselemente. Da sie nahezu senkrecht stehen, fallen sie besonders ins Auge. Deshalb lohnt sich eine gestalterisch und handwerklich hochwertige Ausführung.

Größere Stützmauern wird man auch wegen der entstehenden Kosten nur dort errichten, wo der Geländeverlauf sie wirklich erfordert. Bei Neuanlagen lässt sich das durch ebenerdiges Bauen oder durch geschickte Modellierungen, z. B. sanft auslaufende Böschungen, in vielen Fällen vermeiden. Stützmauern, die eine statische Berechnung erfordern, überlässt man dem Fachmann.

Grundsätzlich lassen sich zwei Arten von Stützmauern unterschieden: zum einen fest gemauerte oder betonierte und andererseits solche, die ohne Mörtel aufgebaut werden und durch ihr Eigengewicht dem Erddruck standhalten.

### Trockenmauern

Steine trocken aufeinanderzusetzen, also ohne zementhaltige Bindemittel, ist eine sehr alte und bewährte Bauweise. Sie begegnet uns überall, wo Böschungen abzustützen und Hänge zu terrassieren waren und geeignetes Steinmaterial zur Verfügung stand. Man denke an alte Weinbergsmauern oder an Terrassierungen in Bergdörfern. Aber auch in Hausgärten werden Trockenmauern seit Jahrhunderten gebaut. Sie sind voller Lebendigkeit. Das ergibt sich nicht nur durch das abwechslungsreiche Fugenbild und die Oberfläche der verwendeten Steine, sondern auch durch die Pflanzen, die aus den Ritzen quellen, sowie die Insekten und Eidechsen, die in den Hohlräumen zwischen Steinen einen Rückzugsraum finden.

Man mag sich wundern, dass solch eine trocken aufgesetzte Mauer über viele Jahre Standfestigkeit beweist. Das Geheimnis liegt in der Bauweise und dem Eigengewicht der Steine. Die Aufgabe des Mörtels, nämlich die Haftung, wird dadurch ersetzt, dass die Steine miteinander verspannt sind. Das erhöht die Reibung und gibt der Mauer Halt. Wichtig ist, dass sich die Trockenmauer gegen den Hang neigt und somit dem Erddruck entgegenwirkt. Das kann entweder dadurch erreicht werden, dass die gesamte Mauer mit einer leichten Schräge gegen den Hang eingebaut wird oder indem man jede Steinschicht ein paar Zentimeter weiter zurückversetzt als die darunterliegende. Ein großer Vorteil von Trockenmauern liegt darin, dass sie wasserdurchlässig sind und eine gewisse Elastizität haben. Leichte Hebungen oder Setzungen des Untergrundes gleichen sie flexibel aus. Trotzdem sollten sie 1,20 m Höhe nicht überschreiten.

*Wechselmauerwerk aus gebrauchten Sandsteinquadern. Dieses Material muss ausreichend frostsicher sein. Andernfalls besteht die Gefahr, dass es zerbröckelt, sobald man es der Bodenfeuchte und der Witterung aussetzt.*

Bei Trockenmauern aus Kalkstein muss die Frosthärte gewährleistet sein.

Bei der Wahl des Steinmaterials sind folgende Gesichtspunkte zu berücksichtigen:

Zunächst sollte es in die Landschaft bzw. in das Ortsbild passen. Früher verwendete man Steine, die in der näheren Umgebung zur Hand waren. Heute ist das schwieriger. Normalerweise erwirbt man das Material im Baustoffhandel. Dort werden Steine aus aller Welt angeboten, und man muss sich fragen, was in den eigenen Garten am besten passt und mit dem Gebäude harmoniert. Dann sollten natürlich Mauern, Treppen und Belagsflächen zusammenpassen. Das gelingt meist, wenn man das gleiche Material wählt. Dann wirkt alles wie aus einem Guss. Wo Kontrast erwünscht ist, wird man jedoch einen Mauerstein wählen, der sich in Farbe und Struktur vom Belag abhebt. Als Drittes ist die Art der Mauer und das gewünschte Fugenbild entscheidend. Bei einer Bruchsteinmauer aus unbearbeiteten Feldsteinen verlaufen die Fugen ganz unregelmäßig. Die Oberfläche ist uneben und das Ganze wirkt zwar lebendig, aber auch recht rustikal. Je genauer die Steine in Quaderform gebracht werden, umso exakter wird das Fugenbild, umso ebener die Oberfläche. Ein geordnetes Bild ergibt das Schichtenmauerwerk. Reihen gleich hoher Steine werden aufeinandergesetzt. So ergibt sich eine durchlaufende Lagerfuge, während die Stoßfugen gegeneinander versetzt sind. Das ist beim Wechselmauerwerk ähnlich. Aber hier greifen verschieden hohe Steine ineinander, sodass die Lagerfugen nicht durchlaufen, sondern nach einer gewissen Länge auf eine andere „Etage" wechseln.

Als Material eignen sich hammergerechte Steine, also zugehauenes Material aus dem Steinbruch, gesägte Steine oder Kunststeine aus Beton.

Mit Steinen, die bereits die passende Form aufweisen, kann eine Mauer rasch und arbeitssparend aufgesetzt werden. Anders ist das bei Bruchsteinen, wo der jeweils passende Stein ausgesucht und wohl auch nachbearbeitet werden muss. Dies ist eine Aufgabe für den Fachmann. Sie erfordert Erfahrung und Können.

Trockenmauern leben von ihrem natürlichen Erscheinungsbild und müssen nicht millimetergenau gesetzt werden. Trotzdem empfiehlt sich exakte Arbeit und dazu verwendet man am besten Schnurgerüst und Wasserwaage. So können der Verlauf, die Höhe und die Neigung zum Hang leicht vorgegeben werden. Einige Pfähle, Latten, Nägel und eine Mauerschnur reichen hierfür aus. Die Schnur wird nach jeder Steinlage in der neuen Höhe waagrecht gespannt.

Die Trockenmauer erhält ein 40 cm tiefes Fundament aus verdichtetem Mineralgemisch der Körnung 0/45. Soll die Mauer sich schräg gegen den Hang neigen, so ist dies bereits beim Fundament zu berücksichtigen. Ein „Anlauf" von ca. 20 % wäre ratsam. Bei dieser Bauweise kann das Niederschlagswasser in die Lagerfugen eindringen. Das kommt den darin wurzelnden Pflanzen zugute. Ist daran gedacht, die Steinschichten gegeneinander zu versetzen, so muss das Fundament waagrecht liegen. Auf den einzelnen Steinlagen entstehen somit schmale Felsbänder, wie sie in der Natur bei schichtweise gelagerten Gesteinsanbrüchen vorkommen. Generell sollte die Mauerdicke etwa ein Drittel der Mauerhöhe betragen. Bei einer Höhe von 1,20 m ergibt das eine Fundamentbreite von 40 cm.

Jeder einzelne Stein muss satt aufliegen, darf nicht wackeln und sollte möglichst enge Fugen zu den Nachbarsteinen bilden. Gesetzt

Auch aus Betonstein lassen sich ansprechende Trockenmauern bauen.

*Links: Die schräg eingebaute Trockenmauer neigt sich mit ca. 1/5 ihrer Höhe gegen den Hang. Dies muss bereits beim Bau des Fundamentes berücksichtigt werden. Rechts: Erstellt man die Stützmauer aus zurückversetzten Steinschichten, so ist das Fundament eben, und der „Anlauf" ergibt sich aus der Abtreppung. Beide Bauweisen erfordern die Hinterfüllung mit einer Sickerschicht und die Verlegung eines Dränrohres, damit das Hangwasser abfließen kann.*

wird immer nach der natürlichen Lagerung, also nie senkrecht zur Gesteinsrichtung. Stoßfugen müssen vom darüber liegenden Stein mit mindestens einem Drittel seiner Breite überdeckt werden. Außerdem ist darauf zu achten, dass in jeder Lagerschicht mehrere Ankersteine eingebaut werden, welche die Mauer in ihrer ganzen Tiefe durchdringen.

Da abfließendes Hangdruckwasser einer Trockenmauer schwer zusetzen kann, muss zwischen Hang und Mauer eine Hinterfüllung mit Dränwirkung eingebracht werden. Man kann dafür Kies, Schotter oder kleinere Steinbrocken verwenden. Zusätzlich sollte man am Fuß eine Dränageleitung einbauen.

Als Ecksteine wählt man große, schwere Steine aus. Den oberen Abschluss kann entweder eine dünnere Schicht aus großflächigen Platten bilden, welche die Mauer in ihrer ganzen Breite mit etwas Überstand abdecken, oder man verwendet dafür größere Abdecksteine, die ohne Überstand aufgelegt werden. Beides verhindert das Auffrieren im Winter und erhöht die Lebensdauer der Mauer.

Die Bepflanzung der Trockenmauer mit geeigneten Stauden erfolgt am besten bereits während des Aufbaues (Siehe dazu Tabelle „Pflanzen für Steinfugen", S. 207). Nur so können breitere Stoßfugen ausgespart und mit Erde gefüllt werden. Hier setzt man die Pflanzen sorgfältig ein und zwar so, dass ihre Wurzeln ungehindert in die Sickerschicht hinter der Mauer eindringen können. Auf diese Weise sind rasches Anwachsen und gutes Gedeihen gewährleistet.

## Gabionen

Früher nannte man sie etwas despektierlich „Drahtschotterkästen" und verwendete sie bestenfalls im Straßenbau zur Hangsicherung sowie im Wasserbau zur Uferbefestigung. Inzwischen sind sie in Mode gekommen, begleiten nicht nur Verkehrsadern und Wasserläufe, sondern finden auch in Parks und Gärten Verwendung. Gabionen sind eine spezielle Art Trockenmauer, deren Einzelelemente aus truhenförmigen Drahtkörben bestehen, die man mit Steinen füllt.

Man erhält sie in unterschiedlichen Abmessungen und Qualitäten. Die Drahtgitterkörbe bestehen in ihrer einfachen Variante aus Diagonalgeflecht. Hochwertiger und dadurch auch formstabiler ist die Ausführung aus punktverschweißtem Stahldraht. Damit sie nicht rosten, sind die Drahtkörbe feuerverzinkt, oftmals sogar speziell beschichtet. Ein gängiges Maß ist 100 x 50 x 50 cm. Abweichungen in Länge, Höhe und Breite sind aber durchaus möglich.

Ursprünglich hat man diese Körbe vor Ort aufgestellt, mit grobem Schotter befüllt, verdichtet und dann verschlossen. Inzwischen geht man jedoch mehr dazu über, die Gabionen fertig befüllt auf die Baustelle zu liefern und mit einem Kran an Ort und Stelle zu setzen. Ein Fundament ist für Gabionen nicht erforderlich. Die befüllten Drahtkörbe werden auf eine ebene und standfeste Sohle neben- und aufeinandergesetzt. So können sogar größere Hangabstützungen in kurzer Zeit erstellt werden.

Weil es zumindest bei der Verwendung in Hausgärten und Parks darauf ankommt, was man in die Drahtgitterkörbe hineinfüllt, bietet der Handel zunehmend Gabionen an, deren Sichtfläche ansprechend gestaltet ist, z. B. mit Polygonalplatten, Mauersteinen, Pflastersteinen, Krustenplatten oder Ähnlichem. Die Hinterfüllung besteht auch hier aus Grobschotter.

Ob man im Hausgarten Gabionen verwendet, ist Ansichtssache. Ökologisch sind sie durchaus wertvoll, da sie zahlreiche Hohlräume bieten. Direkt bepflanzen lassen sich Gabionen nicht, weil eingebrachte Erde durch den Schotter rieselt. Es werden aber Systeme mit integrierten Pflanztaschen angeboten. Außerdem kann man das Drahtgeflecht mit Kletterpflanzen überziehen, die man entweder an den Fuß der Stützmauer pflanzt oder von der Mauerkrone aus herabhängen lässt.

## Stützmauern aus Betonfertigteilen

Wer eine Hangabstützung selbst bauen will, sich an die Gestaltung einer Trockenmauer nicht heranwagt und an Gabionen keinen Gefallen findet, der greift vielleicht auf Böschungssteine zurück. Der Baustoffhandel bietet verschiedene Systeme an. Meistens werden graue oder erdbraune Pflanzringe verwendet. Löffel- oder schalenförmige Steine haben sich weniger gut bewährt. Diese Betonfertigteile werden nach Herstellerangaben aufeinandergesetzt. Meist sind sie so geformt, dass sie sich ineinander verzahnen und

*Hohe Stützmauer aus Gabionen mit einer Schauseite aus polygonalen Granitplatten.*

*So sind Gabionen am schönsten: gefüllt mit Substrat und dicht bewachsen.*

jede Reihe etwas zurück versetzt wird. Dadurch erhält die Mauer Stabilität. Obwohl mit einigen Steinsystemen durchaus größere Höhen abgefangen werden können, sollte sich die Hangbefestigung aus Böschungssteinen im Hausgarten auf 1,20 m beschränken.

Wie bei einer Trockenmauer genügt als Fundament eine 40 cm dicke Schottertragschicht. Schwierigkeiten gibt es manchmal mit dem seitlichen Anschluss an eine bestehende Mauer oder dergleichen, denn die Betonfertigteile haben eine vorgegebene Größe und lassen sich daher nicht so flexibel handhaben, wie beispielsweise die unterschiedlich großen Steine einer Trockenmauer. Exaktes Ausmessen und genaue Vorüberlegungen sind daher ratsam.

Das Problem bei den Böschungssteinen ist weniger ein bautechnisches als vielmehr ein ästhetisches. Je komplizierter die Form der Einzelelemente ist, umso weniger überzeugt ihre Wirkung. Zum Glück sind diese Steine bepflanzbar, und schön wird die Böschung aus Betonelementen erst, wenn Efeu, Kriechmispel oder Polsterstauden sie komplett überwachsen haben. Deshalb sollte man darauf achten, dass Pflanzen in den gewählten Böschungssteinen ausreichend Wurzelraum erhalten und in die Hinterfüllung einwachsen können. Niederschlagswasser muss eindringen und auch wieder ablaufen können, ohne dass dabei Erde abgeschwemmt wird. Eine Befüllung mit gutem Pflanzsubstrat dürfte selbstverständlich sein. Falls sich die Erde in den Betonkammern setzt, sollte es problemlos möglich sein, Substrat nachzufüllen.

Wo Böschungssteine zu unruhig wirken, sind sogenannte L-Steine empfehlenswert. Auch als „Stuttgarter Mauerscheibe“ bekannt, haben sie sich seit Jahrzehnten bewährt. Man erhält sie in Mauerhöhen von 45 cm bis zu 3 m, wobei für den Hausgarten Höhen bis zu 1 m üblich sind. Die einzelnen Elemente sind meist 50 cm breit. Wer L-Steine selbst einbauen möchte, sollte wegen des Gewichtes kleinere Formate wählen.

Niedrige L-Stein-Mauern lassen sich zur Not noch auf ein Schotterfundament gründen. Zumindest für höhere Mauern ist es aber besser, in einen 60 cm tiefen und breiten Fundamentgraben eine 30 cm dicke Schottertragschicht einzubringen und zu verdichten. Die obere Hälfte des Grabens wird dann mit Magerbeton gefüllt, das Ganze waagrecht abgezogen, die Steine in den frischen Beton gesetzt und der Winkelfuß schließlich in Beton eingebettet. Hinterfüllt werden kann erst, wenn der Beton ausgehärtet ist.

L-Steinmauern überzeugen durch ihre klare Form und ihren sachlichen, zweckbetonten Charakter. Ihre Sichtfläche ist meist betongrau und entweder glatt, sandgestrahlt oder ausgewaschen. Die Kanten sind gefast. Es werden auch L-Steine mit farbigen Vorsatzflächen und abgerundeten Kanten angeboten.

**Palisaden**

Von Hangabstützungen mit Holzpalisaden kann man nur abraten. Sie verwittern nach einigen Jahren und müssen durch eine dauerhafte Stützmauer ersetzt werden. Haltbarer sind Betonpalisaden. Es gibt sie mit rundem oder eckigem Querschnitt, wobei eine Stützwand aus Rundpalisaden unruhiger wirkt als eine aus rechteckigen Bauteilen. Sie haben aber den Vorteil, dass sich ein geschwungener Mauerverlauf mit ihnen besser herstellen lässt.

Palisaden werden wie andere Produkte der Betonindustrie auch mit unterschiedlichen Oberflächen angeboten. Sie sind in Längen bis zu 2 m erhältlich und messen 10 bis 26 cm im Querschnitt. Mit einem Viertel ihrer Gesamtlänge werden sie im Boden einbetoniert, wobei das Betonfundament 30 cm tiefer reicht als die Palisaden.

Wo Betonstützmauern zu sachlich, zu industriell wirken, sind Palisaden aus Granit-Leistensteinen eine sehr gute Alternative. Der Einbau erfolgt wie bei Betonpalisaden. Die Oberfläche wirkt natürlich wie eine Trockenmauer aus dem gleichen Material.

*Hinter einer Verblendung aus Muschelkalk verbergen sich Beton-L-Steine.*

## Betonierte Mauern

Trockenmauern neigen sich gegen den Hang und stützen ihn aufgrund ihres Eigengewichtes ab. Weil die Steine ohne Mörtel trocken aufgesetzt sind, haben Trockenmauern eine gewisse Elastizität. Das ist bei betonierten Mauern anders. Sie sind starr und halten den Hang durch ihre Verankerung im Boden. Daher benötigen sie ein setzungsfreies und frostsicheres, mindestens 80 cm tiefes Betonfundament, eine ausreichende Armierung, Dehnfugen und auf der Hangseite einen isolierenden Anstrich sowie eine Dränage. Eine Neigung gegen den Hang ist aus Stabilitätsgründen nicht erforderlich.

Betonierte Stützmauern kann man aus Sichtbeton oder aus hinterbetoniertem Naturstein ausführen. Bei der Sichtbetonmauer bildet sich die Struktur der Schalung auf der fertigen Mauerfläche ab. Je nachdem, welches Material für die Schalung verwendet wird, erhält man eine glatte Oberfläche, Holzmaserung oder ein anderes, bewusst gestaltetes Muster. Der Beton kann auch nachträglich sandgestrahlt, gespitzt oder gestockt werden, wobei interessante Strukturen entstehen.

Bei der hinterbetonierten Natursteinmauer besteht die Sichtfläche aus Natursteinen mit geringer Einbindetiefe. Der hangseitige Teil der Mauer ist betoniert und sichert die Stabilität. Auf dieser Seite wird eine Schalung benötigt und eine Baustahlmatte eingebracht. Den Naturstein versetzt man schichtweise auf Kalkmörtel. Beton wird dahinter eingefüllt und festgestampft. So baut man die Mauer Reihe für Reihe auf. Den oberen Abschluss bilden am besten Abdeckplatten mit geringem Überstand für abtropfendes Niederschlagswasser. Schließlich kann die Schalung abgenommen, der Isolieranstrich aufgebracht, die Dränage gelegt und die Mauer mit Erdreich hinterfüllt werden.

*Eine Stützmauer aus Sichtbeton wirkt weniger abweisend, wenn sie mit überhängenden Pflanzen wie Kriechmispel und Zierquitte überwachsen ist.*

*Hinterbetonierte Stützmauer mit Verblendung eng verzahnter Natursteinplatten.*

Die Ausführung betonierter Mauern gehört in die Hand einer erfahrenen Fachfirma. Nicht selten ist auch eine statische Berechnung erforderlich. Das gilt vor allem für größere Hangabstützungen.

Fachgerecht gebaute Stützmauern, vor allem aus Naturstein, sind eine Zierde an sich. Noch schöner wirken sie, wenn blühende Polsterstauden von der Mauerkrone herabhängen. Dabei muss die Bepflanzung durchaus nicht dicht sein. Man soll sich an beidem erfreuen, an den Pflanzen und am gut verarbeiteten Stein.

Stützwände aus Sichtbeton oder aus Betonpalisaden machen gelegentlich eine dichtere Bepflanzung erforderlich, vor allem, wenn es sich um relativ hohe Bauwerke handelt. Dazu eignen sich Kleinstrauchrosen, Kriechmispeln, Kriechwacholder und verschiedene Klettergehölze wie wilder Wein, Efeu oder Jasmin.

## Einfriedungen

Sein Eigentum nach außen abzugrenzen, ist vermutlich ein sehr ursprüngliches Bedürfnis. Doch dazu ist nicht immer ein Zaun erforderlich. Oft genügen ein paar deutlich und bewusst gesetzte Steine, eine niedrige Hecke, ein Mäuerchen. Sie markieren die Grenze und signalisieren Privateigentum. Aber wo ein wirksamer Schutz, und nicht nur eine symbolische Abgrenzung erforderlich ist, setzt man besser einen stabilen Zaun.

*Manchmal genügt es, die Grundstücksgrenze mit Steinen und Pflanzen zu markieren, wobei die Palmlilie unerwünschte Besucher auf dekorative Weise abhält.*

Die Einfriedung dient jedoch nicht nur der Abwehr ungebetener Gäste. Sie schafft eine vertraute Atmosphäre, schließt den Gartenraum nach außen hin ab und ist, zumindest entlang der Straßenfront, gewissermaßen eine Visitenkarte der Gartenbesitzer. Ein Zaun sollte zum Stil von Haus und Garten passen und sich zugleich gut ins Ortsbild fügen. In manchen Fällen würde man sich wünschen, die Gartenbesitzer hätten ihrer Kreativität ein wenig die Zügel angelegt und sich stärker an das Ortsübliche angepasst. Andere haben kaum eigene Vorstellungen und orientieren sich am aktuellen Baumarktangebot, was auch nicht immer die beste Wahl ist. Am meisten überzeugen Zäune, die schlicht und unaufdringlich gestaltet sind und eine klare Linienführung erkennen lassen. Geschmack und Einfühlungsvermögen zeigen sich bei Einfriedungen und Sichtschutzzäunen eben genauso, wie bei der Gartengestaltung allgemein. Nur wirken sie stärker nach außen und prägen somit das Erscheinungsbild des Ortes.

Ein ansprechendes Straßenbild entsteht dann, wenn die Gestaltung der Einfriedungen in gewissem Maße übereinstimmt. Deshalb haben die Gemeinden die Möglichkeit, in einer Ortssatzung oder im Bebauungsplan Art, Material und Höhe der Einfriedung zu bestimmen. Wo solche Festlegungen nicht getroffen sind, greifen gesetzliche Vorschriften des jeweiligen Bundeslandes. So lässt die Bayerische Bauordnung Mauern und Einfriedungen bis zu einer Höhe von 1,80 m zu, es sei denn, das Grundstück liegt im Kreuzungs- oder Einmündungsbereich öffentlicher Verkehrsflächen. Wegen der erforderlichen Übersichtlichkeit dürfen Zäune und Mauern an solchen Stellen nur 1 m hoch sein. Besondere Regeln gelten für den Außenbereich. Von den jeweiligen Bestimmungen abweichende Einfriedungen bedürfen der behördlichen Genehmigung. Auskünfte über bestehende Vorschriften erteilt die Gemeindeverwaltung.

### Zäune aus Holz

Die meisten Einfriedungen bestehen aus Holz. Es ist ein natürliches, zweckmäßiges und vergleichsweise kostengünstiges Material. Die ursprünglichste Form der Einfriedung ist der **Flechtzaun**. Als solcher umgab er einst den Nutzgarten und hielt das Federvieh und sonstige Eindringlinge davon ab, die Gemüsebeete zu verwüsten. In Freilichtmuseen kann man solche Zäune sehen. Zu unseren modernen Siedlingen will ein Zaun aus Hasel- oder Weidengeflecht nicht mehr so recht passen. Er ist auch nur sehr begrenzt haltbar. Innerhalb des Grundstücks, zur Abgrenzung einer kuscheligen Kinderecke oder als Einfassung für Gemüsebeete kann ein Flechtzaun aber durchaus Sinn machen.

Der **Hanikelzaun** wirkt ähnlich ursprünglich. Nach wie vor passt er in den ländlichen Raum, wird aber nur noch selten gebaut. Man fertigt ihn aus den dünnen Fichten- oder Tannenstämmchen an, die bei der Durchforstung eines Jungwaldes anfallen. Die Stangen

*Ein Hanikelzaun aus dünnen Fichtenstämmen umschließt einen schmalen Vorgarten.*

*Eine sehr ursprüngliche Form der Einfriedung: Früher verwendete man entweder einen einfachen Flechtzaun oder man entastete Fichtenprügel und gerade Stangen und verflocht beides so miteinander, dass sich ein dichter Zaun ergab.*

werden entastet, aber nicht entrindet. Deshalb bieten sie unter ihrer abplatzenden Rinde einer Vielzahl von Insekten und anderen Kleinstlebewesen Nist- und Nahrungsraum. Naturgemäß schwankt der Stangendurchmesser etwas. Er liegt bei 3 bis 5 cm. Das obere Ende der Hölzer wird schräg abgesägt oder angespitzt. Die Pfosten stehen hinter dem Zaun, sodass sich auf der Sichtseite ein durchgehendes, einheitliches Bild ergibt.

Durchaus vergleichbar wirkt der **Staketenzaun**. Er wird aus Halbrundhölzern errichtet. Dadurch unterscheidet er sich vom Hanikelzaun. Diese halbierten Stämmchen müssen einen größeren Durchmesser haben. Sie sind 5 bis 7 cm dick. Am Kopfende werden sie abgeschrägt oder gekegelt. Beide Zaunarten eignen sich für ländliche Bereiche. Früher umgaben sie die Anwesen kleiner Leute, denn das Material kostete praktisch nichts, und solche Zäune konnte man ohne großen Aufwand selbst herstellen.

**Jägerzäune** erfreuen sich nach wie vor einer gewissen Beliebtheit. Gestalterisch sind sie jedoch weniger empfehlenswert, denn mit ihren diagonal gekreuzten Latten ergeben sie ein unruhiges Bild. Wer bereits einen Jägerzaun besitzt, sorgt am besten dafür, dass Efeu und wilder Wein ihn gänzlich umhüllen.

Die wohl gebräuchlichste Art der Einfriedung ist diejenige mit **Holzlattenzäunen**. Sie bestehen aus senkrechten Latten, deren Querschnitt rund oder halbrund, quadratisch oder rechteckig ist. Das Holz wird auf das gewünschte Maß gefräst oder gesägt und gehobelt. Um eine längere Haltbarkeit zu erzielen, werden Latten, Querriegel und Holzpfosten druckimprägniert. Man kann aber auch unbehandeltes Lärchenholz verwenden, das von Natur aus besser der Verwitterung standhält. Noch haltbarer wäre das Holz von Robinie und Eiche. Es wird aber für Zäune selten angeboten. Sofern Holzpfosten verwendet werden, sollten diese in Pfostenschuhen aus Metall stecken, damit sie länger halten. Denn an der Kontaktstelle von Erde und Luft verrottet das Holz am schnellsten.

*Die Latten dieses Lärchenholzzauns haben einen quadratischen Querschnitt. Die Pfosten überragen den Zaun leicht und geben ihm Rhythmus.*

So einfach das Prinzip von Querriegeln und senkrechter Lattierung ist, bietet es doch unendlich viele Variationen. Allein durch die Form der Latten entsteht immer wieder ein neues Bild. Runde Hölzer geben dem Zaun Struktur. Dagegen entsteht mit Profillatten

*Hochwertige Pfosten aus Muschelkalk geben dem Zaun Halt und Struktur.*

eine einheitlichere Oberfläche. Auch kann das obere Ende der Latten gekegelt, abgeschrägt, zugespitzt, gerundet oder in anderer Weise gestaltet sein. Jede Form ergibt eine individuelle Note. Die Latten werden auf die tragenden Querriegel genagelt oder geschraubt. Der Lattenabstand sollte etwas geringer sein als die Lattenbreite.

Ein weiteres Gestaltungsmerkmal sind die Zaunpfosten. Setzt man sie hinter den Zaun, so treten sie nicht weiter in Erscheinung und es ergibt sich eine durchgehende Sichtfläche. Für diese Bauweise lassen sich recht gut Metallpfosten verwenden. Man sieht sie kaum und ihr Vorteil besteht darin, dass sie lange halten. Setzt man jedoch die Zaunteile zwischen die Pfosten, dann haben Letztere nicht nur eine tragende Funktion, sondern werden auch zum Gestaltungselement. Sie geben dem Zaun einen Rhythmus, der noch deutlicher wird, wenn sie die Zaunteile etwas überragen. In jedem Fall lenken so gesetzte Zaunpfosten die Aufmerksamkeit auf sich. Deshalb sollten sie mit Bedacht geformt bzw. ausgewählt werden, ganz gleich, ob sie aus Holz, Betonstein oder Naturstein bestehen.

Nicht selten muss der Zaun einem Hanggelände angepasst werden. Am besten geschieht das, indem er dem Geländeverlauf folgt. Dabei stehen Pfosten und Latten senkrecht. Nur die Querriegel verlaufen parallel zur Hangneigung.

Die traditionellen Formen von Holzlattenzäunen insbesondere solche aus Halbrundhölzern passen vor allem gut in den ländlichen Raum. Profillattenzäune gehören eher in die Siedlungsgebiete und in ein städtisches Umfeld.

Normalerweise müssen Zäune nicht gestrichen werden. Das Holz darf in Würde ergrauen. Wer die Farbe des frischen Holzes erhalten will, kann dies mit einer geeigneten Lasur erreichen. Allerdings muss der Anstrich regelmäßig erneuert werden. Eine farbige Fassung ist mit Bedacht zu wählen. Auch hier gilt wieder: Die Farbe muss zu Haus und Umgebung passen.

## Zäune aus Metall

Metallzäune sind nicht nur pflegeleicht und sehr dauerhaft, sondern auch transparenter als Holzzäune. Schnell und kostengünstig lässt sich ein **Maschendrahtzaun** erstellen. Man wählt ihn aus praktischen Erwägungen und hofft, dass ihn eine geschnittene oder frei wachsende Hecke völlig einwächst und er dann kaum mehr wahrgenommen wird. Ähnlich ist es mit den kompakteren **Metallgitterzäunen**. Sie sind stabil genug, um Kletterpflanzen zu tragen. Von Geißblatt, Baumwürger und Kiwi umrankt, eignen sie sich besonders für höhere Abgrenzungen.

Anders ist dies bei **schmiedeeisernen, gusseisernen** oder **Stabgitterzäunen**. Ihre handwerkliche Gediegenheit macht ihren Reiz und ihre Schönheit aus. Sie können sich sehen lassen. Aber sie geben auch den Blick auf das frei, was dahinter liegt. Hier zeigen Rosen und Lavendel, Phlox und Astern ihre Blütenpracht. Sorgfältig geschnittene Buchshecken und gepflegter Rasen präsentieren sich dem staunenden Passanten. Meistens sind es Vorgärten, die in dieser Weise einen Einblick gewähren.

Solch edle Metallzäune leisteten sich von jeher die Wohlhabenden. Reich verzierte Eisenlanzenzäune umgaben sowohl die Villengrundstücke als auch stattliche Bauernhöfe. Wo diese

*Schwungvolle florale Elemente kennzeichnen den Jugendstil. Haus und Einfriedung mit schmiedeeisernen Elementen stammen aus dieser Epoche und werden mit Liebe zum historischen Detail erhalten.*

*Ein filigraner Metallzaun gewährt Einblicke in den Garten, ermöglicht aber auch den Blick nach außen. An Stellen, wo beides nicht erwünscht ist, zieht man eine Hecke hoch.*

Zäune noch vorhanden sind, wird man sie erhalten und pflegen. Inzwischen werden zeitgemäße, schlichte und meist weniger wehrhafte Stabgitterzäune angeboten, die auch zu modernen Häusern in städtischem Umfeld gut passen.

Während Holzzäune am besten mit 5 bis 10 cm Bodenfreiheit und ganz ohne Sockel erstellt werden, kann ein Metallzaun mit gemauerten Pfosten einen Sockel erforderlich machen. Diese Kombination ist reizvoll, denn die gemauerten Teile geben dem Auge Halt, vermitteln ein Gefühl von Festigkeit und stehen im Kontrast zu den filigranen Metallgittern. Allerdings haben auch Pfosten aus Metall Tradition. Sie wirken leichter, treten weniger deutlich in Erscheinung. Früher waren sie aus Gusseisen und genauso reich verziert wie die Zaunteile, die sie zu tragen hatten. Bei modernen Metallzäunen geben sich auch die Pfosten wesentlicher schlichter und damit zeitgemäßer.

Mag ein Zaunsockel aus der Sicht des Gartenbesitzers eine saubere und ordentliche Einfassung des Grundstücks darstellen, für Kleintiere ist er nicht selten ein unüberwindbares Hindernis. Ganz besonders gilt das für den Igel. Ihm wird mit einem hohen Sockel die Zuflucht in den Garten verwehrt. Wer also nicht nur auf die optische Wirkung achtet, sondern auch ein Herz für Kleintiere hat, wird auf einen Zaunsockel verzichten und dafür sorgen, dass ein Igel unter dem Zaun hindurchschlüpfen kann.

## Tore und Blumenbögen

Das Gartentor ist Teil der Einfriedung. Bestehen Zaun und Tor aus dem gleichen Material, so wirkt das Ganze wie aus einem Guss. Der Eingang soll aber doch in besonderer Weise hervorgehoben werden. Am besten geschieht das mit Torpfosten. Einfahrt und Zugang sind dann klar ersichtlich. Gemauerte Pfosten oder solche aus Naturstein bieten die Möglichkeit, Briefkasten, Klingelanlage, Beleuchtung usw. auf elegante Weise unterzubringen.

Einen besonderen Willkommensgruß stellt ein Blumenbogen dar. So kann ein Rosenbogen voll duftender Blüten den Eingang zum bäuerlichen Nutzgarten bilden. Oder ein leicht wirkender Torbogen aus Schmiedeeisen, mit Clematis umrankt, führt in ein romantisches Gärtchen. Auch kann sich die geschnittene Hecke, die den Garten umschließt, zum Torbogen weiten und öffnen. Blumenbögen und Heckentore betonen einen Eingang. Innerhalb des Gartens bilden sie den Übergang von einem Gartenraum in einen andern. Sie machen neugierig auf das, was dahinter liegt.

Wenn man die Wahl hat zwischen einem Blumenbogen aus Holz oder aus Metall, so sollte man dem Metall den Vorzug geben. Zumindest die tragenden Teile müssen dauerhaft haltbar sein. Auch auf die Stabilität ist zu achten, insbesondere, wenn man vorhat, den Blumenbogen mit ausdauernden Kletterpflanzen wie Rosen oder Geißblatt umranken zu lassen. 1,50 m breit und 2,30 m hoch sollte er mindestens sein, damit jeder bequem hindurchgehen kann. Form und Ausführung sind eher eine Frage des Geschmacks. Angeboten werden vor allem Rund- und Spitzbögen. Verzierungen treten umso weniger in Erscheinung, je üppiger der Bogen von Kletterpflanzen umschlungen wird.

*Ein Rosenbogen, flankiert von Rittersporn, spannt sich über die Türe zum Bauerngarten.*

# Frei stehende Wände

So richtig wohl fühlt man sich im Garten erst, wenn es dort Nischen und Winkel voller Geborgenheit gibt. In größeren Gärten lassen sich solche Situationen mit Gehölzpflanzungen schaffen. Je kleiner aber ein Garten ist, umso weniger Platz bleibt für ein Element, das vor Sicht, Lärm und Wind schützt. Gut geeignet sind dafür frei stehende Wände. Sie benötigen nur wenig Grundfläche und haben von Beginn an die gewünschte Höhe, während man bei einer Hecke geduldig darauf warten muss, bis sie heranwächst und den ersehnten Schutz bietet.

Leider wird bei der Planung des Wohngebäudes der Außenraum oft zu wenig bedacht. Gerade für den Sitzplatz am Haus wünscht man sich Privatsphäre. Ein Gebäudewinkel oder eine eingezogene Loggia könnte auch bei dichter Bebauung einen ungestörten Aufenthalt im Freien bieten. Stattdessen liegen, zumal bei Reihenhäusern, die Terrassen fast ohne Abstand nebeneinander, und jeder Eigentümer sieht sich gezwungen, im Nachhinein einen geschützten Aufenthaltsort zu schaffen. Für das Erscheinungsbild einer Siedlung wäre es zweifellos gut, wenn man wenigstens einheitliche Trennwände vorsehen würde. In der Praxis sieht es aber meistens so aus, dass jeder seine eigene Schutzwand errichtet, bestenfalls gemeinsam mit dem Nachbarn.

Wenn sie direkt an das Haus anschließt, darf so eine Trennwand in Bayern maximal 2 m hoch und 4 m lang sein. Man muss sie ohne Abstand direkt an der Grundstücksgrenze errichten. In größerer Entfernung vom Haus gilt die frei stehende Wand als Einfriedung und darf nicht höher als 1,80 sein.

## Mauer

In dieser Situation, also nahe am Sitzplatz und in unmittelbarer Verbindung mit dem Haus, erfüllt eine geschlossene Mauer den gewünschten Zweck am besten. Sie mag massiv und abweisend erscheinen. Man hat aber den Vorteil, nicht nur vor Einblicken und Zugluft geschützt zu sein, sondern auch vor Geräuschbelästigung. Das kann nur eine dichte Mauer gewährleisten. Aus diesem Grund würde sie sich auch als Schallschutz an einer viel befahrenen Straße eignen. Eine Wand an der Nachbargrenze muss nicht völlig geschlossen sein. Wo sie ein kleines Grundstück hofartig umgibt, kann man eine Tür einfügen. So erhält man einen praktischen Zugang zur Straße oder eine freundliche Verbindung zum Nachbarn.

Schließt die Trennwand direkt an ein Gebäude an, so wählt man für sie am besten das Material der Hausfassade. Dann fügt

*Eine Mauer umschließt diesen Garten. Das würde abweisend und zugleich einengend wirken, wäre da nicht die Türe, die eine nachbarliche Begegnung ermöglicht.*

sich beides gut zusammen. In den meisten Fällen ist das eine hell verputzte Mauer aus Stein. Hat sie keine direkte Verbindung zum Haus, so ist man mit der Materialauswahl freier. Neutral wirkt eine weiße Kalksandsteinmauer. Mit farbigem Anstrich lässt sich ein deutlicher Akzent setzen. Das ist gewagt und will sehr gut überlegt sein. Klinker muss in die Landschaft passen. Das gilt in gleicher Weise für Naturstein, auch wenn es sich um verblendetes Mauerwerk handelt. Jede Mauer benötigt ein frostfrei gegründetes Fundament und sie sollte zum Schutz vor eindringender Feuchtigkeit eine passende Abdeckung erhalten. Von Trennwänden aus Holzpalisaden ist wegen der begrenzten Haltbarkeit abzuraten.

Kletterpflanzen, Solitärgehölze und blühende Stauden kommen vor dem Hintergrund einer Mauer gut zur Geltung. Die Sonnenseite der Wand bietet Wärme bedürftigen Spalierobstarten wie Aprikose, Pfirsich, Wein, Kiwi oder Brombeeren einen idealen Pflanzplatz. Sie schützt vor kühlem Wind und leichten Frösten und lässt das empfindliche Obst gut ausreifen.

## Sichtschutzwand

Wo Schutz vor Einblicken und Zugluft benötigt wird, eine feste Mauer aber nicht erwünscht ist, da kann man eine Sichtschutzwand aus Holz errichten. Schalldämmung gewährleistet sie allerdings nicht. Das Angebot von Fertigelementen für Sichtschutzwände ist groß. Aus einer Vielfalt von Formen und Farben kann man wählen. Soll es eine dichte Wand oder ein Flechtzaun sein, aus Kiefer, Lärche oder Bambus, mit waagrecht, senkrecht oder schräg

*Der Wechsel von Elementen aus waagrechten Holzlatten und lebenden Weidenruten macht den Reiz dieser Sichtschutzwand aus.*

verlaufenden Strukturen, blickdicht oder von Diagonalgeflecht durchbrochen? Auch hier gilt wieder die wohlbekannte Regel: Klare, schlichte Formen überzeugen mehr als unruhige Wellenlinien und Zickzackmuster. Außerdem sollte man auf Stabilität und qualitativ hochwertige Ausführung achten, damit die Wand lange Zeit erfreut.

Wer handwerklich geschickt ist, kann eine Sichtschutzwand selbst bauen. Dabei sind der Fantasie fast keine Grenzen gesetzt. Es gibt aber bewährte Bauweisen, wovon einige erwähnt werden sollen. Dicht geschlossen sind Bretterwände, die nach dem Nut- und Federprinzip erstellt und auf stabile Querriegel geschraubt werden. Man kann die Bretter aber auch einfach aneinandersetzen und die Stoßfugen mit Abdeckleisten versehen. Auf diese Weise ergibt sich eine interessante Strukturierung der Fläche. Nicht ganz so dicht, wegen der Schattenwirkung aber reizvoll, sind Wände, bei denen die Bretter versetzt vor und hinter den Riegeln angeschraubt werden. Diese Variante lässt sich ebenso gut mit Halbrundhölzern ausführen. Die tragenden Querriegel werden bei dieser Bauweise beidseitig verdeckt. Es entsteht also keine Vorder- und Rückseite.

Man kann eine Sichtschutzwand aber auch mit waagrechten Strukturen versehen – aus Latten anfertigen, die man mit geringem Abstand auf senkrechte Trägerleisten schraubt. Schließlich fügt man die fertigen Wandelemente wie bei anderen Bauweisen auch zwischen die tragenden Pfosten ein. Wenn solch eine Holzwand deutlich länger ist als hoch, erscheint sie uns niedriger als sie tatsächlich ist.

## Rankgerüst

Ein transparentes Rankgerüst wirkt locker und durchlässig. Es stellt für kleinräumige Situationen, wo für Hecken kein Platz ist, eine hervorragende Abgrenzung nach außen dar. Das heißt aber nicht, dass man den ganzen Garten mit Gitterwerk und Sichtschutzwänden umgeben sollte. Meistens genügt es, Bereiche, in denen man sich ungestört aufhalten möchte, ganz gezielt mit einem entsprechenden Sichtschutz zu versehen. An anderen Stellen reicht eine lockere Abpflanzung aus.

Rankgerüste voll blühender Kletterpflanzen sind wunderschöne Raumteiler. Sie fügen sich ausgezeichnet in den Garten. Ganz zauberhaft wirkt eine locker umrankte Gitterwand in Verbindung mit einem Blumenbogen. Wo ein Rankgerüst den Gartenraum umschließt, stellt sich ein Gefühl der Geborgenheit ein. Deshalb ist es ein ideales Wandelement für eine Pergola.

Obwohl das Gitterwerk an sich schon sehr dekorativ wirken kann und trotz seiner Durchlässigkeit bereits einen Raumabschluss bildet, so verlangt es doch nach Pflanzen, die sich daran emporranken. In dem Maße, in dem sie ihr Blätterkleid entfalten, bieten sie Schutz vor Wind und neugierigen Blicken. Zudem erfreuen sie uns mit leuchtenden Blüten und zartem Duft. Im Sommer bildet ihr Laub eine dichte Wand. Im Herbst, wenn man sich nach Sonne sehnt, wird das Rankgerüst Licht durchlässiger.

Wunderschöne, traditionelle Rankgitter mit rautenförmig angeordneten oder diagonal gekreuzten Latten, runden Fensteröffnungen

*Ein transparentes Rankgerüst bildet einen wirkungsvollen Raumteiler. Mit Kletterpflanzen, Stauden und Solitärgehölzen lässt sich dieser Effekt noch verstärken.*

und allerlei Verzierungen werden auch heute wieder angeboten. Sie haben etwas Romantisches und passen daher zu älteren Häusern und verträumten Gärten. Zur zeitgemäßen Architektur sollte man einfachere Formen mit waagrechter oder senkrechter Verlattung wählen. Statt der Latten können sehr gut Rundstäbe verwendet werden. Auch hier ist das Angebot groß. Doch wer für sich nicht das Passende findet, kann immer noch zum Werkzeug greifen und sein Rankgerüst selbst gestalten. Bei der Auswahl bzw. Konstruktion muss man jedoch auf Stabilität achten. Das Rankgitter soll zwar grazil wirken, es muss aber Kletterpflanzen tragen, auch wenn diese regennass hängen und von Windböen geschüttelt werden.

Getragen werden Sichtschutzwände und Rankgerüste von Pfosten mit 10 x 10 cm oder 12 x 12 cm im Querschnitt. Damit sie nicht faulen, sollten sie mit ca. 5 cm Bodenfreiheit in Pfostenträgern aus verzinktem Stahl fest verankert werden. Für Holzverbindungen verwendet man rostfreie Schrauben. Dünne Latten kann man auch nageln. Gelegentlich werden Rankgitter und Flechtwände angeboten, deren Holzteile mit Metallklammern zusammengetackert sind. Davon kann man nur abraten.

Zum konstruktiven Holzschutz gehört auch, dass man das Kopfende von Pfosten abdeckt oder so formt, dass Regenwasser ablaufen kann. Überall, wo Wasser in das Holz eindringt, kommt es zu Fäulnisbildung. Das sollte bei allen Holzkonstruktionen im Freien vermieden werden. Deshalb ist immer darauf zu achten, dass alle Teile gut umlüftet sind und rasch abtrocknen.

Um Holz für die Verwendung im Außenbereich haltbarer zu machen, wird es meist druckimprägniert. Es gibt aber auch Holzarten, die von Natur aus relativ widerstandsfähig gegen Witterungseinflüsse sind und nicht eigens imprägniert werden müssen. Dazu gehören neben einigen Tropenhölzern, die man besser nicht verwenden sollte, Eiche, Lärche, Douglasie, Esskastanie und Robinie. Lärchenholz wird sehr vielseitig eingesetzt, aus Esskastanienholz fertigt man rustikale Zäune, und für Spielgräte und Pergolen verwendet man gelegentlich Robinienholz. Eine zeitgemäße Alternative zur Druckimprägnierung bietet das bereits erwähnte Thermoholz, das durch eine Hitzebehandlung besonders haltbar gemacht wird.

Während Zäune sehr oft unbehandelt bleiben und eine graue Patina ansetzen dürfen, werden Sichtschutzelemente und Rankgitter doch meist mit einem Anstrich versehen. Wer sich bei der Farbgebung unsicher ist, sollte eine Lasur in der Farbe des Holzes wählen. In manchen Fällen bietet sich aber auch eine Farbgebung an, die sozusagen als Leitmotiv den Garten durchwirkt. Das kann eine Blautönung sein, Tannengrün, gedecktes Weiß oder helles Grau, dunkles Rot oder eine andere Farbe, die den Pflanzen einen angenehmen Hintergrund bietet.

## Kleinarchitekturen

Früher hat sich das gesellschaftliche Leben im Garten hauptsächlich in der Gartenlaube abgespielt. Hier saß man plaudernd beisammen, traf sich zum Tee oder fand in trauter Zweisamkeit zueinander. Inzwischen sind Gartenlauben aus der Mode gekommen. Der Hauptsitzplatz heutiger Gärten ist doch eher die Terrasse am Haus. Geblieben ist der Wunsch nach einem Rückzugsort im Freien, wo man ganz geschützt ist, doch einen Ausblick in die Weite hat und unter Schatten spendendem Laub Zuflucht vor der sommerlichen Mittagshitze findet. Deshalb gehört ein idyllischer Laubengang, eine von Wein umrankte Pergola, eine Laubenbank oder ein Pavillon immer noch zu den Dingen, die viele sich für ihren Garten erträumen.

*Die von Rosen umrankte Gartenlaube alten Stils ist etwas aus der Mode gekommen. Aber zum traditionellen Bauerngarten passt sie nach wie vor sehr gut.*

### Pergola

So nennen die Italiener ihre Weinlaube, eine Konstruktion aus senkrechten Stütz- und waagrechten Tragelementen, die, von Wein umrankt, dem Platz darunter angenehm kühlen Schatten spendet. An heißen Sommertagen wünschen wir uns das auch in unserem Garten. Darüber hinaus bietet eine Pergola Sichtschutz, auch von oben, was bei einem Sitzplatz am Mehrfamilienhaus, wo man sich von den Bewohnern der oberen Stockwerke beobachtet fühlt, durchaus wünschenswert ist. Windgeschützt ist der Platz unter der Pergola, wenn er eine seitliche Begrenzung durch Wände oder Hecken erhält. Hier fühlt man sich auch dann noch wohl, wenn abendliche Kühle sich auf den Garten senkt. Sicherlich

*In die lauschige Pergola, umschlungen von Blauregen und Kletterrosen, zieht man sich gerne zurück.*

## Laubengang

In einer Pergola verweilen wir, einen Laubengang durchschreiten wir. Die Bauweise ist durchaus vergleichbar, nur der Grundriss unterscheidet sich. So gleicht der Laubengang eigentlich einer lang gestreckten Pergola. Er überspannt einen Weg und taucht ihn in angenehmen Halbschatten. Immer verbindet er zwei Punkte miteinander: Gartentor und Hauseingang, Haus und Garage oder Terrasse und Gartenmauer. Er hat einen Anfang und ein Ziel. Dabei muss er nicht frei stehen. Er kann an einer Hecke entlangführen oder von einer Mauer flankiert sein. Vielleicht begrenzen Rankgerüste die Sicht. Der Durchgang zwischen hohen Gebäuden verliert seine bedrohliche Schluchtwirkung, wenn Querbalken zwischen die Wände gespannt und von Pflanzen überrankt werden. Es gibt viele Möglichkeiten, einen Laubengang zu gestalten.

Ist schon ein Blumenbogen ein besonderer Rahmen für ein Gartenbild, so verstärkt sich dieser Eindruck beim Laubengang noch um ein Vielfaches. Das Auge wird ganz konzentriert auf den Zielpunkt gelenkt. Der soll dann auch etwas Besonderes sein: ein Brunnen vielleicht, eine Sonnenuhr oder eine Gartenplastik. Der Blick kann aber auch auf eine dekorative Bank vor der Hecke oder auf eine gut gestaltete Haustüre fallen.

ranken sich über unsere Lauben und Pergolen neben Wein auch Rosen und Clematis, Blauregen, Trichterwinden und Geißblatt, Kletterhortensien, Glockenreben und viele andere, leuchtende und duftende Blütenpflanzen.

Die Pergola ist ein umgrenzter Außenraum, ein halboffener Bereich zwischen Haus und Garten. Das bedingt ihre Lage am Gebäude oder an einer Mauer. Der Abstand der auf dem Dach befestigten Sparren bestimmt die Schattenwirkung. Je enger man sie zusammenrückt, umso schattiger wird es. In der Regel beträgt der Sparrenabstand 50 bis 80 cm.

Die Pergolapfosten können aus Holz oder Stein bestehen. Im Tessin, wo die Steinbrüche wunderschöne Monolithe aus Gneis anbieten, erhalten die Weinlauben vorwiegend Stützen aus diesem Naturstein. Bei uns wird man wohl eher auf andere Materialien zurückgreifen. Gemauerte Stützen haben ein massives Volumen. Sie tragen größere Pergolen mit kräftigen Traghölzern. Dann stimmt die Proportion. Ganz filigran wirken pergolaartige Rankgerüste aus Metall. Sie eignen sich deshalb gut für kleinere Gärten, die allzu massive Konstruktionen nicht vertragen. Diese Gerüste aus Metallstäben verlangen nach dichter Berankung, damit wenigstens im Sommerhalbjahr Blätter und Blüten stärker hervortreten als die tragende Konstruktion. Der gebräuchlichste Baustoff für Pergolen ist aber Holz. Rundhölzer wirken grazil, Kanthölzer vermitteln ein exaktes, geometrisches Bild. Selbstverständlich sind beim Bau einer Pergola die Grundsätze des Holzschutzes ebenso zu beachten, wie sie für Rankgerüste bereits dargelegt wurden.

*Ein Laubengang ergibt sich aus einer Folge von Blumenbögen oder Torelementen, die sich über den Weg spannen. Es entsteht der Eindruck eines schattigen Waldweges.*

### Pavillon

Vielleicht ist ein Pavillon nicht jedermanns Geschmack, aber wo er passt, kann er einen Garten sehr stimmungsvoll bereichern. Er muss mit Bedacht ausgewählt und platziert werden. Nur dann erhält er den wirkungsvollen Auftritt, der ihm gebührt. So kann er im geometrisch gegliederten Garten ein Wegekreuz überspannen oder den Endpunkt einer Sichtachse markieren. Im landschaftlich frei geformten Garten liegt er besser eingeschmiegt zwischen Bäumen.

Sein Dach bietet Schutz vor Sonne wie vor Regen. Das erlaubt, den Garten auch dann zu genießen, wenn man sich normalerweise ins Haus zurückziehen würde. Dabei kann man entdecken, dass auch Regenwetter seine faszinierenden Seiten hat. Steine beginnen zu glänzen und zeigen ihre Farbe. Die Luft riecht frisch und von den Zweigen fallen funkelnde Tropfen.

*Ein attraktiver Pavillon bietet einen besonderen Blickfang im Garten. In seinem Schutz kann man den Garten auch bei schlechter Witterung genießen.*

### Gartenhütte

Pergola, Pavillon und Gartenlaube dienen zum Aufenthalt im Freien. Etwas anders ist das mit den Nebengebäuden, der Gerätehütte, der Holzlege, dem Fahrradschuppen. Sie haben eine praktische Funktion zu erfüllen. Man wird sie an eine Stelle im Garten setzen, wo Brennholz, Düngemittel oder Rasenmäher gut erreichbar und schnell zur Hand sind. Diese Gebäude sollten nicht allzu deutlich in Erscheinung treten. Sie stehen entweder aus dem Blickfeld gerückt bei den Gemüsebeeten oder nahe am Haus, vielleicht im Anschluss an die Garage. Es wäre ohnehin am besten, wenn man

*Auch eine Gartenhütte für Fahrräder, Gerätschaften, Saatgut und Dünger kann durchaus ein Schmuckstück für den Garten sein.*

Fahrräder, Gartengeräte usw. in einem Nebenraum der Garage unterbringen und somit auf weitere Anbauten und Geräteschuppen verzichten könnte.

Doch wenn sich diese Lösung nicht ergibt, kann man ja das Praktische mit dem Schönen verbinden. Die Gerätehütte kann durchaus attraktiv gestaltet sein. Manchmal hat so ein kleines Gartengerätehäuschen sogar etwas Einladendes, mit einer schmalen Bank davor, eingewachsen und halb verdeckt von Flieder und Jasmin. Dann lässt man sich dort gerne ein wenig nieder, um die wärmenden Sonnenstrahlen zu genießen und dem Gesang der Vögel zu lauschen.

## Schönes und Praktisches

Es gibt einiges, was zur besonderen Ausstattung eines Gartens gehört. So ist Kunst im Garten das i-Tüpfelchen der Gestaltung, Licht auf dem Wege gibt Sicherheit, und automatische Bewässerung nimmt uns die Arbeit des Gießens ab. Das alles ist sehr begrüßenswert, solange das rechte Maß gewahrt bleibt. Ansonsten belastet es in manchen Fällen sogar die Umwelt und verursacht obendrein unnötige Kosten.

### Dekoration und Kunst

Sich mit Schönem zu umgeben, Haus und Garten zu schmücken, das ist vermutlich ein ganz ursprüngliches Bedürfnis. Wer es sich leisten konnte, hat auch in früheren Zeiten Wert darauf gelegt, sein privates Umfeld ansprechend zu gestalten.

*Aus dem ledrigen Blattwerk einiger Bergenien reckt sich ein Keramikbrunnen empor. Er markiert den Endpunkt eines kleinen Bachlaufs und bildet einen schönen Kontrast zu einer Gruppe von Riesenseggen.*

An bäuerlichen Anwesen waren das besonders verzierte Zäune, dekorative Verlattungen für Obstspaliere, eine schöne Hausbank, der besonders gestaltete Brunnen im Schnittpunkt des Wegekreuzes, bunte Glaskugeln und anderes mehr. Je wohlhabender man war, umso mehr Gartenkunst konnte man sich leisten. Barocke Lustgärten sind dafür ein beredtes Zeugnis. Ihr strenges Gerüst aus Symmetrien, klaren Linien und ausgewogenen Proportionen bildet den Rahmen für Skulpturen. Dargestellt wurden Allegorien und Gestalten aus Mythologie und Sagenwelt. Diese Bildwerke sind so gesetzt, dass sie gut zur Geltung kommen und sich in ihrer Wirkung gegenseitig steigern. Sie betonen den Schnittpunkt von Wegen, bilden das Ziel einer Sichtachse oder reihen sich in rhythmischer Wiederholung aneinander. Als Hintergrund haben sie manchmal den blauen Himmel, häufig eine geschnittene Hecke, eventuell eine Mauer. So kann man es in restaurierten Gartenanlagen aus Renaissance, Barock und Rokoko bewundern.

Der eigene Garten ist meist ganz anders angelegt. Aber die Gestaltungsgrundsätze gelten hier wie da. Wer im privaten Freiraum ein dekoratives Objekt besonders zur Geltung kommen lassen will, der sollte es ins rechte Licht rücken und zusehen, dass die Aufmerksamkeit in angemessener Weise darauf gelenkt wird.

Oft ist es ratsam, ein Kunstobjekt ganz für sich wirken zu lassen. Dann darf in der Umgebung nichts sein, was ihm „die Schau stiehlt". Der Hintergrund sollte neutral wirken, die Bepflanzung dezent und zurückhaltend sein. Man wird es so setzen, dass der Blick darauf fällt, sei es vom Haus oder von der Terrasse aus. Es kann den Endpunkt eines Weges oder eines Laubenganges markieren. Vielleicht wird es von Pflanzen symmetrisch flankiert oder von einem Blumenbogen eingerahmt. All das steigert die Wirkung.

Nicht immer muss ein Kunstwerk im vollen Licht stehen. Das hängt von seiner Art, dem Ausdruck, der Stimmung ab. Manches muss hell und frei stehen, anderes wirkt besser in einem kleinen schattigen Hof oder im wechselnden Licht unter der Krone eines Baumes.

Gelegentlich steigern sich dekorative Objekte gegenseitig in ihrer Wirkung. Bei Steinsetzungen kann das der Fall sein. Dann bilden drei oder fünf Steine zusammen erst ein harmonisches Ganzes. Ähnlich ist es mit unterschiedlich großen Kugeln aus Stein oder Keramik. Auch attraktive Pflanzgefäße auf der Terrasse oder vor dem Hauseingang verlangen manchmal nach einem Gegenüber bzw. einer Abfolge ähnlicher Objekte.

Gartenkunst sollte immer authentisch sein. Eine Originalskulptur erfreut Herz und Sinne. Begegnet sie uns aber als massenhaft reproduzierte Kopie, so entsteht ein Gefühl von Überdruss und Langeweile. Ähnlich ist es mit Importen aus fremden Kulturräumen. Die japanische Steinlaterne neben der roten Bogenbrücke passt in einen asiatischen Garten. Man akzeptiert sie vielleicht sogar in einem Freiraum, der nicht in Japan liegt, sofern er musealen Charakter hat oder seine Bewohner in Ostasien verwurzelt sind. In einem ländlichen Garten Mitteleuropas sind jedoch Zitate dieser Art fehl am Platze. Anregungen kann man sich durchaus holen, auch aus anderen Kulturräumen, aber sie müssen einen Aneignungsprozess

*Ein Bild guter Naturgeister: Gartenzwerge können vielerlei Gestalten annehmen. Der Grat zwischen Kunst und Kitsch ist hier besonders schmal.*

durchlaufen. Etwas Originales sollte daraus erwachsen, ein Werk, das ganz das Eigene ist und das es nur hier gibt.

Gartenmärkte halten ein verlockendes Angebot an Kunsthandwerk für den Außenbereich bereit. Oft kann man nicht widerstehen und kommt mit einem schönen Stück nach Hause. Erst dann überlegt man sich, wo der Neuzugang seinen Platz finden soll. Das gestaltet sich nicht selten schwierig, denn die besten Stellen sind schon von allerlei gut gemeinten Mitbringseln und Geschenken besetzt. Es besteht die Gefahr, dass der Garten mit Dekorationen überladen wird. Damit sinken die einzelnen Objekte in die Beliebigkeit ab. Dann ist es höchste Zeit auszuwählen. Weniger ist hier mehr. Nur das, was authentisch wirkt und richtig an seinem Platz ist, sollte stehen bleiben. Alles andere ist des Guten zu viel. Es wird aufbewahrt und kann zu einem späteren Zeitpunkt anstelle eines anderen Objektes aufgestellt werden.

Über Geschmack kann man bekanntlich nicht streiten. So gibt es einerseits glühende Verehrer von Gartenzwergen und zum andern Menschen, welche die kleinen Wichtel mit den roten Zipfelmützen als üblen Kitsch ablehnen. Vielleicht sollte man sich in Auseinandersetzungen dieser Art besser nicht einmischen und einfach jeden nach seiner Fasson leben lassen. Möglicherweise kommt es aber sehr darauf an, wie die Zwerge dargestellt sind und auf welche Weise sie einen Garten bevölkern. Wohnen sie als Jäger, Angler und Gärtner in einer Miniatur-Alpenlandschaft neben dem kleinen Märchenschloss im Vorgarten, so dürfte der Fall eindeutig sein. Wie ist das aber, wenn sich ein einzelner Keramikgartenzwerg aus dem Antiquariat am Wurzelstock eines Baumes versteckt, sodass viele achtlos vorbeigehen und erst der aufmerksame Beobachter ihn entdeckt? Gartenzwerge sind sogar in herrschaftlichen Gärten zu Ruhm und Ehre gelangt. Man denke an den bekannten „Zwergerlgarten" beim Schloss Mirabell in Salzburg. Hier haben 28 groteske Marmorzwerge die Qualität, den Rang und die Bedeutung barocker Gartenskulpturen erlangt.

Man sieht also: Kunst im Garten ist ein heikles Kapitel. Bei industriell und in Massen gefertigten Objekten ist Vorsicht geboten. Davon nimmt man besser Abstand. Überhaupt sollte man im Zweifelsfall bei Gartenkunst Zurückhaltung üben. Zunächst schmücken Blumen einen Garten, und die Pflanzen sind in ihrer Gestalt und Farbe an sich dekorativ. Anderseits gibt es durchaus Blickpunkte im Garten, die eine besondere Aufmerksamkeit verdienen. Dafür ist mit Bedacht ein schönes, passendes Objekt auszuwählen, woran man lange Zeit seine Freude haben wird.

## Beleuchtung

Damit man sich im Dunkeln auf Gartenwegen rund um das Haus gut zurechtfindet und nirgends stolpert, ist eine gute Außenbeleuchtung erforderlich. Sie hilft zudem, unliebsame Besucher fern zu halten. Ganz besonders gilt das für den Zugangsbereich. Dabei sollte man Lampen so anbringen, dass sie zwar die erforderliche Helligkeit erbringen, dabei aber nicht blenden. In dieser Hinsicht sind mehrere Leuchten mit einer Leistung von etwa 60 Watt empfehlenswerter als eine einzige hellere. Lampen gibt es in vielfältigen Ausführungen. Das reicht von der historischen Laterne bis zur unauffälligen Einbauleuchte. Bei der Auswahl ist darauf zu achten, dass die Lampe zum Stil von Haus und Garten passt. Das Wichtigste ist jedoch die Zweckmäßigkeit.

Eine Platzfläche oder ein schmaler Vorgarten lässt sich meistens ganz gut mit Wandlampen ausleuchten. Zusätzliche Einbauleuchten im Bodenbelag oder in Treppenstufen sind oft sinnvoll. Einen Weg beleuchtet man am besten mit Poller- oder Sockelleuchten. Sehr ansprechend wirkt eine indirekte Beleuchtung mit Strahlern, die selbst kaum sichtbar in eine seitliche Begrenzung eingelassen werden und ihr Licht auf den Weg werfen.

Licht dient aber nicht nur der Sicherheit im Dunkeln. Es schafft auch eine besondere Atmosphäre. So gewinnt eine nächtlich angestrahlte Baumgestalt ein völlig ungewohntes Aussehen. Eine Wasserkaskade wird vom Licht in fließendes Gold verwandelt. Es hat durchaus seinen Reiz, einen Bambus von unten zu beleuchten, sodass sein filigranes Laub tanzende Schatten auf eine Wand zaubert. Mit dem gebündelten Licht kleiner Strahler lassen sich solche und ähnliche Gartensituationen hervorheben.

Doch zu viel Beleuchtung hat durchaus Nachteile. Mit künstlichem Licht machen wir die Nacht zum Tage. In den Städten spricht man bereits von Lichtverschmutzung. Wenn unten alles ausgeleuchtet ist, können wir die natürlichen Lichter des Himmels – die Sterne – nicht mehr sehen. Damit geht uns vieles verloren. Im Übrigen wirkt Licht nur im Kontrast zur Dunkelheit. Wer den ganzen Garten taghell erleuchtet, wird die Schönheit der Nacht nicht mehr wahrnehmen. Kerzen, Öllämpchen oder Fackeln schenken an einem Sommerabend das stimmungsvollste Licht. Kleine Teelichter können auch den schneebedeckten Garten im Winter verzaubern. Es muss also nicht immer elektrisches Licht sein.

Für einige nachtaktive Tiere stellt die Ausleuchtung der Dunkelheit ein Problem dar. Bekanntlich werden Nachtfalter von Lichtquellen angelockt. Sie tanzen um die Lampen, bis sie schließlich darin zugrunde gehen oder zur leichten Beute nächtlicher Jäger werden.

Es spricht also vieles dafür, bei der Beleuchtung Zurückhaltung zu üben. Auch der Energieverbrauch spielt eine Rolle. Man kann ihn zwar reduzieren, indem man Leuchtmittel mit geringem Strombedarf verwendet, aber bei sehr vielen Lampen, die lange Zeit brennen, summiert sich der Verbrauch dann doch. Lediglich der Eingangsbereich, Treppen und häufig begangene Wege müssen eine ausreichende Beleuchtung erhalten.

*Schwimmkerzen auf dem Wasser sorgen zwar nicht für Helligkeit, spenden aber ein stimmungsvolles Licht.*

*Weil LEDs recht klein sind, lassen sie sich gut als Einbauleuchten in Belagsflächen, Stufen oder Stützmauern verwenden.*

Für eine helle Ausleuchtung benötigt man leistungsstarke Lampen, die mit Netzstrom (220 Volt) versorgt werden. Es ist eine Überlegung wert, hier Energiesparlampen zu verwenden. Leider sind nicht alle Modelle gut für den Außenraum geeignet. Manche haben bei tiefen Temperaturen einen schlechten Wirkungsgrad. Empfehlenswert sind dagegen Bewegungsmelder und Zeitschaltuhren. Sie helfen, Strom zu sparen. An vielen Stellen reicht jedoch eine Gartenbeleuchtung mit Niederspannung aus. Sie versorgen sogenannte LEDs. Das sind Licht ausstrahlende Dioden. Sie haben eine hohe Lichtausbeute bei geringem Energiebedarf. Elegant wirkt die Beleuchtung mit Licht-Leitfasertechnik. Dabei wird das Licht in kleinen Projektoren erzeugt und mittels spezieller Leitfasern an den gewünschten Ausstrahlbereich gelenkt. Das können Glassteine im Wegebelag sein, Vorderkanten von Stufen oder Teile der Hausfassade.

Ganz ohne Strom aus dem öffentlichen Netz kommen solarbetriebene Leuchten aus. Dabei speichert ein Akku die vom Solarpaneel aufgenommene Energie und gibt sie nach Einbruch der Dunkelheit an die Lampe ab. Dazu muss das Paneel natürlich an einer Stelle untergebracht sein, wo es ausreichend Einstrahlung genießt. Ein Kabel verbindet es mit der Lampe. Solarleuchten mit integrierter Zelle sind flexibler einsetzbar. Allerdings ist die Lichtausbeute bei ihnen nicht immer befriedigend.

## Gartenbewässerung

Die Sommer werden heißer, die Zeitspannen ohne Niederschläge länger. Wer unter diesen Umständen einen blühenden, fruchtbaren Garten pflegen will, sieht sich gezwungen, die Pflanzen regelmäßig mit Wasser zu versorgen. Ob man dafür Gießkanne, Gartenschlauch oder automatisierte Bewässerung wählt, ist hier die Frage. Ganz einfach und pauschal lässt sie sich nicht beantworten, denn die Entscheidung hängt von verschiedenen Faktoren ab.

Die herkömmliche Methode besteht darin, Regenwasser in geeigneten Behältern aufzufangen und mit der Gießkanne den durstenden Pflanzen zukommen zu lassen. Wer überschaubare Beetflächen besitzt, Zeit und Kraft zum Wassertragen hat, für den ist dies immer noch eine empfehlenswerte Vorgehensweise. Wenn die Regentonnen leer sind, muss man allerdings auf Leitungswasser zurückgreifen. Der Vorteil dieser Art des Gießens liegt darin, dass die Pflanzen ganz gezielt die benötigte Wassermenge erhalten und zu einem guten Teil angewärmtes Regenwasser verwendet wird.

Aber was tut man in Zeiten der Abwesenheit? Nicht immer gibt es freundliche Nachbarn, die bereit sind, so lange das Gießen zu übernehmen. Außerdem kann sich nicht jeder die Zeit zur regelmäßigen Gartenbewässerung nehmen, oder man hat schlichtweg keine Lust dazu. In diesen Fällen empfiehlt sich ein automatisches Bewässerungssystem.

Doch was muss gegossen werden, und wie sollte man das tun? Wer sich das ganze Jahr über an grünen Rasenflächen erfreuen möchte, wird ohne Bewässerung nicht auskommen. Vom Wasserverbrauch her ist das nur dann vertretbar, wenn ausreichend Niederschlagswasser aus einer Zisterne zur Verfügung steht. Wer Trinkwasser für die Beregnung von Rasen verwendet, muss dafür schon eine gute Begründung haben. Für das Umweltgewissen und auch für den Geldbeutel ist es besser, den Rasen in Trockenzeiten einfach gelb werden zu lassen. Nach einer Woche Regenzeit ergrünt er wieder.

Wiesen und Wildstaudensäume kommen mit den natürlichen Wetterbedingungen gut zurecht. Jeder Tropfen Trinkwasser wäre hier verschwendet. Die Pflanzen holen sich die Feuchtigkeit aus großer Tiefe und stellen sich auf die Trockenheit ein. Arten, die solche Bedingungen nicht überstehen, werden von anderen ersetzt, die an den Standort besser angepasst sind.

Meistens ist uns gar nicht bewusst, wie tief Pflanzen wurzeln können. Während der Löwenzahn seine Pfahlwurzel gerade mal 30 bis 40 cm tief in die Erde streckt, erreichen viele Gräser, darunter auch unsere Getreidearten, eine Wurzeltiefe von 2 bis 3 m. Ein Weinstock kann sogar tiefer als 12 m wurzeln. Da verwundert es nicht, dass solche Pflanzen auch nach längerer Trockenheit noch frisch und grün erscheinen.

*Mit Pinsel und Farbe, Fantasie und Geschick lässt sich eine schlichte Regentonne aus Kunststoff deutlich aufwerten.*

Es ist grundsätzlich empfehlenswert, im Garten Pflanzen anzusiedeln, die den vorhandenen Standortbedingungen entsprechen. Lavendel, Schwertlilie, Blauraute, Palmlilie und ihre Begleiter sind an durchlässige Böden und warme, sonnige Standorte angepasst. Sie sind nicht nur in der Lage, Wasser aus großer Tiefe aufzunehmen, viele dieser Arten können es auch in Wurzeln, Knollen oder Blättern speichern. Manche haben graues Laub, welches das Licht reflektiert. Vor Verdunstung schützen sie sich mit schmalen Blättern, ledriger Außenhaut, wachsartigen Überzügen und durch filzige Behaarung. So überstehen sie Trockenheit und Hitze, ohne ernsthaft Schaden zu nehmen. Im Kapitel „Farbenpracht der Stauden" findet man entsprechende Pflanzvorschläge.

Natürlich muss man frisch gepflanzte Gehölze während der Anwachszeit in Trockenperioden gießen. Dabei gilt: ein- bis zweimal wöchentlich ca. 20 l je Strauch oder Kleinbaum sind besser als täglich nur wenig. Nach etwa zwei Jahren haben die Gehölze ihre Wurzeln ausgebildet. Dann kommen sie alleine zurecht und brauchen nur in Extremfällen eine Bewässerung.

Im Gegensatz dazu benötigen Gemüse, Beetrosen, Sommerblumen und anspruchsvolle Stauden ausreichend Bodenfeuchte und leiden in Trockenzeiten. Ähnlich verhält es sich mit dem Nutzgarten. Hier muss regelmäßig gewässert werden und zwar gründlich. Eine Faustregel besagt, dass zur Durchfeuchtung von 1 cm Boden eine

Wassergabe von 1 $l/m^2$ erforderlich ist. Da aber eine Eindringtiefe von 10 bis 20 cm wünschenswert wäre, sollte man lieber alle paar Tage kräftig gießen, als täglich nur die Oberfläche anzufeuchten. Eine Pflanze, die stets an der Oberfläche des Bodens ein ausreichendes Wasserangebot vorfindet, wird nur flach wurzeln, während oberflächlicher Wassermangel das Tiefenwachstum der Wurzeln anregt. Damit steht ihnen eine größere Wasserreserve zur Verfügung. Eine ständig feuchte Bodenoberfläche brauchen ohnehin nur die Saatbeete, und unter solchen Bedingungen fühlen sich vor allem die Schnecken wohl.

Bei Sonnenschein und Wärme verdunstet ein Teil des Gießwassers. Im Sommer sollte deshalb in den Abendstunden bewässert werden, am besten so, dass die Blätter noch abtrocknen können. Auf diese Weise bleibt die Feuchtigkeit während der Nacht erhalten und kann ausreichend tief in den Boden eindringen. Wer allerdings Pilzbefall an den Pflanzen vorbeugen möchte oder Schneckenfraß befürchtet, sollte das Gießen besser in die frühen Morgenstunden verlegen. Im Frühjahr und Herbst ist das ohnehin ratsam, weil sonst der Boden über Nacht zu stark auskühlen würde. In diesen Jahreszeiten trocknet die Sonne am Morgen die feuchten Blätter und erwärmt tagsüber den Boden.

Die Menge des erforderlichen Gießwassers hängt nicht nur vom Feuchtigkeitsbedarf der Pflanzen ab, sondern auch von der Bodenart, seiner Tiefgründigkeit und seiner Fähigkeit, Wasser zu speichern. Tiefgründige, humose, lehmige Böden besitzen eine hohe Wasserspeicherfähigkeit, die den Pflanzen zugute kommt. Sie müssen nicht so oft bewässert werden. Auf flachgründigen Sand- und Kiesböden ist das anders. Sie sind durchlässig und können Feuchtigkeit nur in geringem Umfang speichern. Deshalb haben die Pflanzen auf solchen Standorten einen größeren Wasserbedarf.

Auch die Bodenbearbeitung hat Einfluss auf die benötigte Gießwassermenge. So wird durch regelmäßiges Hacken die Kapillarwirkung unterbrochen und dadurch die Verdunstung aus dem Boden herabgesetzt. Zudem nimmt die gelockerte Erde die Feuchtigkeit besser auf. Eine ähnlich positive Wirkung hat das Mulchen. Davon wird später noch die Rede sein. Manche Böden lassen sich, wenn sie stark ausgetrocknet sind, nur schwer wieder benetzen. Dann hilft es, mehrmals kleinere Gaben nachzugießen, bis das Wasser in tiefere Bodenschichten eingedrungen ist.

Welche Möglichkeiten der Gartenbewässerung gibt es nun und welche sind sinnvoll? Wer zum Gießen wenig Wasser aus der Leitung verwenden will, wird das Regenwasser von den Dachflächen sammeln, entweder in Regentonnen oder in einer Zisterne. Beim Neubau eines Hauses sollte auf jeden Fall eine Zisterne für das Brauchwasser im Haus und für die Gartenbewässerung vorgesehen werden. Der nachträgliche Einbau ist mit umfangreichen Erdar-

*Die richtige Pflanzenauswahl hilft Gießwasser sparen: Schwertlilie, Lavendel, Katzenminze, Blauraute und Wolfsmilch bevorzugen einen sonnigen Platz auf durchlässigem Boden. Sie alle überstehen sogar längere Trockenperioden ohne zusätzliche Gießwassergaben.*

beiten verbunden. Solch einen Eingriff wird man wohl nur dann vornehmen lassen, wenn ohnehin größere Umgestaltungsmaßnahmen geplant sind.

Da ist es einfacher, das Niederschlagswasser in Regentonnen aufzufangen. Bevor es allerdings in ein Auffanggefäß geleitet wird, sollte es gefiltert werden, denn besonders die ersten nach einer Trockenperiode abfließenden Niederschläge waschen den Schmutz von den Dachflächen ab und sind entsprechend verunreinigt. Zur Grobreinigung sind Filtersysteme im Handel erhältlich, die direkt in das Fallrohr eingesetzt werden. Sie haben eine beachtliche Reinigungsleistung und erfordern nur einen geringen Wartungsaufwand. Aus Sicherheitsgründen erhalten Regentonnen immer eine Abdeckung.

Ganz gleich, ob man aufgefangenes Regenwasser oder solches aus der Leitung verwendet, es muss den Pflanzen zugeführt werden. Kleine Flächen kann man vielleicht noch mit der Kanne gießen oder mit Schlauch und Gießstab ganz gezielt bewassern. Für größere Flächen verwendet man besser Regner. Erfahrungsgemäß passen sich Viereckregner am besten dem Zuschnitt der zu bewässernden Fläche an. Meist lässt sich der Sprühwinkel, bei einigen Modellen auch die Sprühbreite regulieren. Für lang gestreckte Beete bietet sich der Rieselschlauch an. Er sprüht das Wasser aus vielen Öffnungen und bewässert so auf seiner ganzen Länge einen ca. 1,50 m breiten Streifen. Allerdings besteht die Gefahr, dass einzelne Öffnungen verstopfen oder der Druck im Schlauch zum Ende hin abnimmt, sodass die Fläche ungleichmäßig beregnet wird.

Bei allen Sprühsystemen werden die Pflanzen völlig benetzt. Rosen und andere empfindliche Arten können dadurch anfällig werden für Pilzinfektionen. Außerdem lässt sich das Gießwasser durchaus sparsamer und gezielter einsetzen, indem man nämlich nur den Boden anfeuchtet und nicht die oberirdischen Pflanzenteile. Der Perlschlauch bietet diese Möglichkeit. Er besteht aus einem durchlässigen Gewebe, durch welches das Wasser austritt, ohne zu sprühen. Allerdings ist seine Wirkungsbreite nur gering, sodass er sich am besten für Pflanzreihen, etwa im Gemüsebeet, eignet.

Einen höheren Komfort bieten automatische Bewässerungsanlagen. Günstigenfalls lässt sich damit sogar Gießwasser einsparen. Man kann genau vorgeben, welche Flächen wann wie viel Wasser erhalten sollten. Über Feuchtefühler reguliert sich das System je nach Witterungsverlauf und Feuchtigkeit im Boden.

Wer die gesamte Gartenfläche automatisch beregnen lassen will, wird sich vielleicht eine Bewässerungsanlage mit versenkbaren Sprühregnern installieren lassen. Effektiver ist jedoch die gezielte Bewässerung der Gartenbeete mit Miniregnern oder Tropfschläuchen. Bei den Miniregnern werden kleine Sprühdüsen auf ein Verlegerohr montiert, das man mit Rohrhaltern auf der Bodenoberfläche befestigt. Es können Düsen mit unterschiedlichem Sprühwinkel eingesetzt werden. Auch die Wurfweite ist regelbar.

*Tröpfchenbewässerung: geeignet für Beet, Kasten oder Kübel.*

Die Tröpfchenbewässerung versorgt einzelne Pflanzen bodennah mit der erforderlichen Feuchtigkeit. Deshalb eignet sie sich für die Bewässerung von Beetflächen im Freien und unter Glas ebenso wie für Topf- und Kübelpflanzen. Die Verlegeweise geschieht ähnlich wie bei Miniregnern. Die Tropfer können direkt dem Verlegerohr angeschlossen oder mittels Verteilerschläuchen weiter verzweigt verlegt werden. So lassen sich einzelne Pflanzen ganz gezielt versorgen. Wichtig ist hier ein Basisgerät zur Druckreduzierung. Zur flächigen Bewässerung werden die Tropfdüsen im Abstand von 30 cm angebracht. Mit regelbaren Düsen kann man dem unterschiedlichen Wasserbedarf der Pflanzen gerecht werden. Einen Nachteil haben sowohl Miniregner als auch Tröpfchenbewässerung: Wird kalkhaltiges Wasser verwendet, so kann sich in den feinen Düsen Kalk ansetzen und die Öffnungen verstopfen. Durch regelmäßige Reinigung lässt sich das Problem aber beheben. Diese Schwierigkeit tritt bei Tropfschläuchen mit Mikrolamellen kaum auf. Sie werden mit 50 cm Abstand auf der Beetfläche verlegt und wie die Tröpfchenbewässerung mit einer Druckreduzierung an die Wasserleitung bzw. an die Zisternenpumpe angeschlossen.

Mit Zeitschaltuhren und Feuchtefühlern lassen sich die automatischen Bewässerungsanlagen so steuern, dass nur im Bedarfsfall beregnet wird. Ist alles richtig verlegt und gut programmiert, kann man den Garten getrost für die Dauer des Urlaubs und länger sich selbst überlassen, ohne dass etwas vertrocknet.

# Wasser im Garten

Nicht jeder Garten muss einen großen Teich haben. Doch in irgendeiner Weise sollte Wasser präsent sein: leise rieselnd, munter plätschernd oder als stiller Spiegel belebt es jeden Gartenraum. Wasser erquickt auch unsere Seele, wir fühlen uns von Wasser angezogen, es übt eine große Faszination auf uns aus. Vermutlich wünscht sich deshalb fast jeder Gartenbesitzer Wasser als Zierde des eigenen, kleinen Paradieses. Doch es bereichert den Garten nicht nur gestalterisch, sondern ist auch ökologisch von großem Wert. Für etliche Tiere stellt es einen wichtigen Lebensraum dar und sei es nur, dass sie zum Trinken oder Baden kommen. In Wassernähe nimmt die Vielfalt an Pflanzen und Tieren deutlich zu. Kein Bereich bewächst und belebt sich so rasch, wie eine Wasseranlage. Dabei sind die Erscheinungsformen ganz vielfältig, je nach den persönlichen Vorstellungen und den vorgefundenen Situationen.

## Kleine Gefäße für Wasser und Pflanzen

### Vogeltränke

Wer nur eine Terrasse oder einen Balkon sein eigen nennt, muss deshalb nicht auf Wasser verzichten. Eine flache Schale aus Keramik, ein Findling mit Mulde oder ein niedriger Steintrog bieten nicht nur einen erfreulichen Anblick, sie dienen auch den Vögeln als Tränke und Badeplatz. Bereits 5 bis 10 cm Wassertiefe reichen aus. Wichtig ist jedoch, dass die Vogeltränke frei steht und die Umgebung anschleichenden Katzen keine Deckung bietet. Damit es nicht zur Brutstätte für Krankheitserreger wird, sollte das Vogelbad regelmäßig gereinigt werden. Nicht nur Vögel sind für eine Erfrischung dankbar, auch Bienen und Wespen lassen sich gerne am Rand der Vogeltränke nieder, um ihren Durst zu stillen.

*Eine flache Granitschale dient den Vögeln als Bad und Tränke. Umgeben ist sie von Stachelnüsschen, Strauchveronika und Blaustrahlhafer.*

## Der Teich im Kübel

Der Wassergarten im Steinzeugbottich ist eine echte Alternative zum bepflanzten Balkonkasten. Er sieht nicht nur dekorativ aus, sondern ist auch sehr pflegeleicht.

Einmal angelegt, erfreut er uns einen ganzen Sommer lang. Nur gelegentlich ist ein Pflegeeingriff erforderlich, oder es muss Wasser nachgefüllt werden. Man kann ganz entspannt dem Wachsen, Blühen und Fruchten der Wasserpflanzen zusehen und beobachten, wie sich Libellen und Wasserkäfer für das kleine Feuchtbiotop interessieren.

Geeignet sind dafür die verschiedensten Gefäße: die ausgediente Zinkwanne ebenso wie das halbierte Holzfass. Besonders schön sind Steinzeug und Keramikschalen sowie glasierte Tongefäße. Im Winter sollte man sie allerdings entleeren oder frostfrei stellen, weil sie dem Druck des Eises nicht standhalten würden. Holzgefäße gibt es mit Wanneneinsatz. Man kann sie aber auch mit Folie auskleiden. Sehr edel wirken Tröge aus Naturstein. Für einen Balkon dürften sie allerdings zu schwer sein.

Viele der Wasserpflanzen, die man sich am Teichrand wünscht, gedeihen auch in solch kleinen Gefäßen. Wird der Bewuchs zu üppig, so lässt er sich bei Bedarf ohne großen Aufwand ausdünnen. Am einfachsten ist die Bestückung mit Schwimmpflanzen. Froschbiss *(Hydrocharis morsus-ranae)* und Krebsschere *(Stratiotes aloides)* wären hier zu nennen. Man kann auch Feenmoos *(Azolla caroliniana)*, Wassersalat *(Pistia stratiotes)* oder Wasserhyazinthe *(Eichhornia crassipes)* einsetzen. Diese Arten sind tropischer Herkunft und deshalb bei uns auch nicht winterhart.

Es gibt sogar einige Seerosen, die mit einer Wassertiefe von 20 bis 30 cm zufrieden sind und sich daher zur Bepflanzung eines Wassergefäßes eignen. Dazu gehören die Sorten der Zwergseerose *(Nymphaea pygmaea)*, z. B. die orange-gelbe 'Graciella' und die rot blühende 'Rubra'. Eine weiße Zwergrose ist *Nymphaea tetragona* 'Alba', *Nymphaea caroliniana* 'Perfect' blüht rosa. Diese Zwergseerosen erfreuen uns den ganzen Sommer lang mit ihrer Blüte und sind ausreichend frosthart.

Die Pflanzen kann man direkt in ein lehmiges Substrat auf den Boden des Gefäßes setzen. Nur Arten mit Ausbreitungsdrang lässt man besser in einem Container. Die Erde wird anschließend 2 cm hoch mit Feinkies oder Sand abgedeckt, damit das Wasser klar bleibt. In tiefen Gefäßen werden die Flachwasserpflanzen auf einen Steinsockel gestellt, sodass sie nur gering überflutet sind.

*Aus einem Teppich von Feenmoos, der die Wasserfläche des Granittrogs völlig bedeckt, taucht ein fröhlicher Wassergeist auf.*

In Gefäßen wirkt eine Kombination von aufragenden und flach wachsenden Pflanzen sehr schön. Deshalb lassen sich mit Zwergseerosen gut folgende, bis zu 100 cm hoch wachsende Flachwasserpflanzen kombinieren:

- Weißbunter Kalmus *(Acorus calamus* 'Variegata'*)*
- Froschlöffel *(Alisma plantago-aquatica)*
- Blumenbinse, Schwanenblume *(Butomus umbellatus)*
- Herzförmiges Hechtkraut *(Pontederia cordata)*
- Zebrasimse *(Schoenoplectus tabernaemontani* 'Zebrinus')
- Zwerg-Rohrkolben (*Typha minima)*

Nur halbhoch werden:

- Sumpfkalla *(Calla palustris)*
- Sumpf-Dotterblume *(Caltha palustris)*
- Tannwedel (Hippuris vulgaris)
- Korkzieherbinse *(Juncus effusus* 'Spiralis')
- Gauklerblume *(Mimulus luteus)*
- Pfeilkraut *(Sagittaria sagittifolia)*

*Schwachwüchsige Zwergseerosen gedeihen sehr gut in einem Sandsteintrog. Nur über Winter sollte man sie herausnehmen, an anderer Stelle überwintern und den Trog entleeren, um Frostschäden zu vermeiden.*

## Wasser in Bewegung

Fließendes Wasser erfreut nicht nur das Auge, wir nehmen es auch akustisch wahr. Es genügt schon, dass wir das Geräusch des Wassers hören und schon entsteht vor dem inneren Auge das entsprechende Bild. Ein Rauschen assoziiert einen Wasserfall, einen mächtigen Schwall, der aus großer Höhe herabfällt, dabei in kleinste, glitzernde Tröpfchen zerstäubt und beim Eintauchen in einen Kolk brodelnde Gischt aufschäumen lässt. Im Garten ist das nicht leicht nachzubilden, es sei denn, man besitzt ein Grundstück mit Bachlauf und starkem Gefälle. Meist begnügt man sich mit dem munteren Plätschern eines Brunnens oder erfreut sich an dem glucksenden Geräusch, das entsteht, wenn sich Wasser durch die Engstelle eines kleinen Bachlaufes zwängt.

*An heißen Tagen bringt ein munter plätschernder Brunnen eine Atmosphäre der Kühle und Frische in den Garten.*

Ruhendes und bewegtes Wasser gehören zusammen. Gemeinsam bilden sie ein Ganzes. So wie jeder Strom im Meer endet, so findet die Kaskade ihren Ruhepunkt in einem Becken. Der Quellstein ergießt sich in den Teich, das Wasser aus dem Brunnenspeier landet in der Schale und startet von dort zu einem neuen Umlauf.

In der Natur ist es die Verdunstung durch die Sonne, die den Kreislauf in Gang hält. Im Garten verwenden wir dazu Pumpen (die auch mit solarerzeugtem Strom betrieben werden können). Am einfachsten befindet sich die Pumpe auf dem Grund des Wassergefäßes bzw. des Teiches und befördert das Wasser über Schlauch und Rohrleitung zur gewünschten Austrittstelle. Falls die Tauchpumpe sich, wie bei Quellsteinen üblich, in einem Wasserreservoir unter dem Stein befindet, sollte eine Öffnung vorgesehen werden, damit man sie nötigenfalls ohne Schwierigkeiten herausnehmen kann. Aufwendiger, dafür aber technisch perfekt ist der Betrieb über einen separaten Pumpenschacht. Für größere Brunnenanlagen und für Schwimmteiche ist dies in jedem Fall erforderlich.

Die Leistung der Pumpe muss natürlich auf den jeweiligen Bedarf abgestimmt werden. Die Kennlinie einer Pumpe gibt Aufschluss darüber, welche Wassermenge je Sekunde wie hoch transportiert werden kann. Für kleinere Brunnen und Quellsteine genügen Pumpen mit geringer Leistung, ein Bachlauf, Kaskaden und Wasserfälle verlangen im Allgemeinen eine größere Fördermenge. Für die Umwälzung in einem Schwimmteich benötigt man eine sehr leistungsfähige Pumpe, die dann allerdings auch entsprechend viel Strom verbraucht. Für die technische Ausrüstung zum Betrieb von Brunnen und Quellsteinen sind fertige Sets erhältlich, auf die man durchaus zurückgreifen kann.

Bei der Umwälzung wird das Wasser erwärmt und zugleich mit Sauerstoff angereichert und zwar umso mehr, je stärker es durch Verwirbelung und Zerstäubung mit der Luft in Kontakt kommt. Leider verliert das System dabei oft eine beträchtliche Wassermenge durch Verdunstung und manchmal auch durch Verwehung. Andererseits kommt die Sauerstoffanreicherung dem Leben im Wasser zugute.

## Brunnen

An heißen Tagen beschert uns ein sprudelnder Brunnen eine Atmosphäre der Kühle und Frische. Sein feines Plätschern bewirkt, dass der Garten zur Oase der Erholung wird. Dabei ist es ganz gleich, ob sich das Wasser aus einem Wandbrunnen in ein Becken ergießt oder leise über den Rand einer frei stehenden Brunnenschale rieselt.

Bei der Gestaltung eines Brunnens sind der Fantasie kaum Grenzen gesetzt. Er kann gemauert, behauen oder gegossen sein, aus Stein, Metall oder Keramik bestehen, abstrakt oder figural geformt sein. Auch Elemente aus Glas wirken sehr schön und sogar Kunststoff ist denkbar. Doch immer muss man auf die richtige Proportion, eine gute Form und den passenden Stil achten, damit der Brunnen sich harmonisch in das Ganze des Gartens fügt.

Bei der Auswahl oder Gestaltung muss man bedenken, dass nicht beständig und nicht das ganze Jahr über Wasser fließen wird. In den „Ruhezeiten" wirkt ein Brunnen wie eine Gartenplastik. Auch in dieser Form sollte er dem Gartenraum zur Zierde gereichen.

Im Grunde kann man zweierlei Arten von Brunnen unterscheiden. Bei der einen steht die Skulptur im Vordergrund, die durch das Wasser belebt wird. Bei der anderen birgt ein schlichtes Becken das Wasser, welches in Bewegung gebracht selbst zu einer sich ständig verändernden Skulptur wird. Entscheidend ist dabei die Öffnung bzw. die Düse, durch die das Wasser austritt. Sie formt den Wasserstrahl, und so entstehen ganz unterschiedliche Bilder, je nachdem, welcher Fontänenaufsatz gewählt wurde. Hoch aufspritzende, gefächerte oder spiralige Fontänen entsprechen dem traditionellen Springbrunnen. Für das Wasserbecken an der Terrasse wählt man wohl eher einen Schaumsprudler oder einen Geysir, während Wasserglocken in einer größeren Wasserfläche am besten zur Geltung kommen.

*Ein solider Steintrog und ein einfacher Speier bilden einen Brunnen, der durch seine Schlichtheit überzeugt.*

## Quellstein

Eine besondere Form des Brunnens stellt der Quellstein dar. Das kann ein ausgedienter Mühlstein sein, ein vom Steinmetz behauener Monolith, ein gerundeter Flussstein oder eine hohe Stele. Ganz gleich, ob ihn die Kräfte der Natur oder Menschenhand geformt haben, er erhält in jedem Fall ein Bohrloch, durch welches das Wasser austritt und über den Stein rieselt. Je nach der Oberflächenstruktur bilden sich dann unterschiedliche Bewegungsmuster. Eine glatte Kugel überzieht das Wasser mit einem dünnen Film. Über eine gerillte Oberfläche rieselt es in kleinen Wellen. Auf einem unregelmäßig geformten Feldstein sucht es seinen Weg in etlichen Rinnsalen, bildet kleine Kaskaden und sammelt sich in den Vertiefungen des Gesteins.

Quellsteine und Brunnen beleben einen engen Gartenhof auf angenehmste Weise. Geradezu ideal bereichern sie kleine Gärten. Sie können für sich alleine stehen, lassen sich aber genauso gut mit größeren Wasseranlagen kombinieren. So könnte der Quellstein einen Bachlauf speisen oder den Zulauf eines Teiches bilden.

*Kaum hörbar rieselt Wasser über den quaderförmigen Quellstein mit seinen gerundeten Kanten und Ecken.*

Sehr schön wirkt es, wenn die Austrittstelle des Wassers einer natürlichen Quelle nachempfunden wird. Dort kommt das Wasser oft in einem Quelltümpel zu Tage, manchmal rinnt es zwischen Steinen hervor. Im Garten entsteht ein geheimnisvoller kleiner Quellteich, indem man den wasserführenden Schlauch zwischen flachen Steinen in ein kleines Becken münden lässt, und zwar unterhalb des Wasserspiegels. Dann sieht man nur die Bewegung des hervorquellenden Wassers, das von hier aus überfließt in einen Bach oder einen Teich.

## Bachlauf

Reizvoll wirkt bereits ein Wassergraben, der die Niederschläge von den Dächern zu einem Teich leitet. Man kann das Regenwasser in solch einem Graben jedoch auch einfach versickern lassen. Hat der Graben kaum Gefälle, so bleibt das Wasser bei feuchter Witterung einige Zeit stehen. Erst an warmen Tagen trocknet er aus.

*Ein Wassergraben, der das Niederschlagswasser der Dächer sammelt und einem Teich zuleitet. Regnet es längere Zeit nicht, so fällt er trocken. Die Vegetation ist an diese Verhältnisse angepasst.*

An solchen Stellen gedeihen Pflanzen, die zwar sumpfige Böden bevorzugen, aber auch kurzfristige Trockenheit gut überstehen. Das Blutströpfchen gehört dazu, wie auch der Blutweiderich, das Mädesüß, der Gilbweiderich und der Baldrian.

Soll der Graben nicht zur Versickerung dienen, so muss er abgedichtet werden. Dann ist es nur noch ein Schritt zur Anlage eines Bachlaufes, bei dem das Wasser umgewälzt wird. Dazu sollte das Gelände ein Gefälle von mindestens 1–2 % aufweisen. Überzeugend wirkt ein Bach erst, wenn er nicht nur ein kleines Anhängsel des Teiches ist, sondern einen ausreichend langen Lauf hat, und wenn das fließende Wasser im Bachbett deutlich in Erscheinung tritt. Dies erreicht man, indem die Pumpenleistung und der Querschnitt des Bachbettes gut aufeinander abgestimmt sind. Je stärker die Pumpe ist, umso tiefer und breiter kann das Bachbett sein.

*Im Gegensatz zum Graben braucht ein plätschernder Bach ausreichend Gefälle. Wer nicht auf einen natürlichen Wasserzulauf zurückgreifen kann, muss für Umwälzung sorgen.*

Abwechslungsreich wird der Wasserlauf erst, wenn er Windungen, flache und tiefe, enge und weite Stellen aufweist. An den Staubecken scheint das Wasser zu stehen, an Engstellen sprudelt es rasch zwischen Steinen hindurch. Bei größerem Gefälle lassen sich Überlaufstellen, Kaskaden oder ein Wasserfall einbauen.

Die Abdichtung erfolgt am besten mit einer Teichfolie, die in Kastenform eingebracht wird. Die Windungen, Eintiefungen und Flachstellen gestaltet man erst innerhalb der Folie mit Magerbeton, Fein- und Grobkies, kleinen und großen Steinen. Der Folienrand muss mindestens 5 cm über dem Wasserspiegel liegen. Mit einem Betonkeil wird er fixiert und mit Grobkies abgedeckt. Das ist wichtig, weil sonst viel Wasser durch kapillare Absaugung in die Umgebung verloren ginge. Die Schlauchzuführung von der Pumpe zur „Quelle" sollte im Bachbett liegen. So ist kein Wasserverlust zu befürchten, falls an der Zuleitung ein Leck auftreten sollte.

Gerundete Feldsteine und Kiesel bilden die Ufer. Dazwischen gedeihen Pflanzen, die wir auch am Graben finden, dazu Frauenmantel und Jakobsleiter, Sibirische Schwertlilie, Trollblumen und Taglilien, Pfennigkraut und Kriechender Günsel. Man kann aber auch wachsen lassen, was sich spontan einfindet und einfach zurückschneiden, was die Sicht auf das Wasser nimmt oder in anderer Weise stört.

### Kaskaden

Wo ein Bachlauf größere Höhenunterschiede zu überwinden hat, bietet es sich an, das Wasser über Stufen herabfallen zu lassen. Man baut solch eine Kaskade wie eine Reihe kleiner Abstürze. Flache Steine oder kantige Platten bilden jeweils den Überlauf. Seitlich werden sie von größeren Brocken des gleichen Gesteins flankiert. Es ist darauf zu achten, dass das Wasser die Schwellen nicht seitlich umströmt, sondern möglichst gut sichtbar darüberfließt und sich dann in ein tiefer liegendes Becken ergießt.

Je nach der Pumpenleistung sprudelt ein kräftiger Schwall, oder es fließt nur ein dünner Strahl. Große Wassermassen sind natürlich eindrucksvoller, aber auch ein kleines Rinnsal hat seinen Reiz. Damit es zur Wirkung kommt, muss man das spärlich fließende Wasser zu einem Strahl bündeln. Dazu verwendet man eine etwas überstehende Platte als Überlauf und versieht sie mit einer Rinne, in der das Wasser fließt. Der so entstehende Wasserstrahl sollte eine Fallhöhe von mindestens 40 cm haben. Eine schöne Wirkung

*Ähnlich wie ein Brunnen belebt eine kleine Kaskade den Garten. Bemoost und von Farnen umgeben wirkt sie ganz natürlich.*

In der Natur sägt sich ein Wasserfall rückschreitend in die Felswand ein, über die er herabstürzt. Dieses Bild sollte man vor Augen haben, wenn man im Garten Kaskaden baut. Ein aufgeschütteter Hügel, über dessen Oberfläche das Wasser herunterrieselt, überzeugt den Betrachter nicht. Dagegen kann eine Stützmauer im Garten durchaus eine natürliche Felswand symbolisieren. Hier ist die erforderliche Höhe für einen kleinen Wasserfall vorhanden. Auch eine Wassertreppe ließe sich wirkungsvoll einfügen.

Das heißt aber nicht, dass Wasserabstürze und Bachläufe grundsätzlich naturhaft gestaltet sein müssen. In einem Garten mit strengem Formengerüst wirkt es meist besser, wenn man auch für die Wasseranlagen gerade Linien und geometrische Formen wählt. So ließen sich verschiedene Becken mit Überläufen und Abstürzen aneinanderreihen. Rinnen und Kanäle transportieren das zu- und abfließende Wasser.

*Ein Wasserfall, der Natur abgeschaut: Das Wasser läuft über eine Schwelle und stürzt in ein tiefer liegendes Becken.*

entsteht, wenn das Wasser auf einen Stein trifft und in tausend Tropfen zerstiebt.

Für einen Wasservorhang ist natürlich eine größere Förderleistung nötig. Er entsteht, wenn Wasser über eine breite, auskragende Fläche abfließt. Sie muss absolut waagrecht und möglichst glatt sein. So bestimmt die Schwelle, über die das Wasser läuft, zusammen mit der transportierten Wassermenge und der Fallhöhe die Gestalt des fallenden Wassers.

Doch bei alledem darf nicht vergessen werden, dass bodenbündig eingesenkte Wasserbecken oder Kanäle für viele Tiere wie Igel, Mäuse, Eidechsen, Jungvögel, ja sogar für Frösche und Kröten zur Todesfalle werden können. Das ist vor allem dann der Fall, wenn es sich um Becken mit steilen, glatten Wänden und überkragenden Abdeckplatten handelt. Wenigstens an einer Stelle sollte ein flaches Ufer geschaffen oder eine Ausstiegshilfe angebracht werden, sei es in Form von Holz, Steinen oder Wasserpflanzen.

# Gartenteich

Glücklich schätzen kann sich derjenige, der ein natürliches Gewässer sein eigen nennt, sei es, wenn z. B. auf dem privaten Terrain eine Quelle entspringt oder ein Bach das Grundstück durchfließt. Dann genügt es, eine Mulde in der gewünschten Größe und Tiefe zu graben. Sie füllt sich mit Wasser und schon ist der Naturteich fertig. Vorher muss das Projekt jedoch genehmigt sein, denn ohne amtliche Zustimmung dürfen natürliche Oberflächengewässer nicht aufgestaut und auch nicht umgeleitet werden.

Doch wer besitzt schon ein natürliches Gewässer? Normalerweise muss man für den Zufluss selber sorgen und den Teichgrund künstlich abdichten, damit das Wasser nicht versickert.

### Standort

Die beste Lage für den Gartenteich ist eine Stelle im Gelände, an der sich von Natur aus Wasser sammeln würde. Bei Gärten mit geringen Höhenunterschieden bieten sich dazu meistens mehrere Möglichkeiten, während sich bei Hanggrundstücken selten ein idealer Platz finden lässt. Da ist es manchmal besser, kleine oder größere Wasserbecken zu bauen und sie mit fließendem Wasser zu verbinden. Ein Gelände mit geringem Gefälle lässt sich so modellieren, dass der Eindruck einer Mulde entsteht, in der ein Gartenteich ganz natürlich wirkt.

Ganz von selbst findet sich am Wasser reiches Tierleben ein. Viel Interessantes kann man hier beobachten. Deshalb sollte

*Es ist schön, wenn man von einem Sitzplatz am Teich aus den badenden Vögeln, den Libellen und Fröschen zusehen kann.*

der Gartenteich vom Hauptsitzplatz aus gut zu sehen sein. Aber auch ein Fensterplatz im Hause ist ein ausgezeichneter Beobachtungsposten. Denn Eichhörnchen und scheue Vögel kommen nur ans Wasser, wenn sie sich nicht gestört fühlen. Den Fröschen, Molchen, Wasserkäfern und Libellen kann man dagegen durchaus näher kommen.

Wer Wert legt auf üppige Seerosenblüte, der sollte seinem Teich eine besonnte Lage gönnen. Bei stärkerer Beschattung nimmt der Blütenreichtum ab. Im Vollschatten blühen Seerosen und manch andere Sumpfpflanzen kaum mehr. Das heißt aber nicht, dass ein Teich grundsätzlich nicht im Schatten liegen darf. Nur stellen sich hier ein anderer Bewuchs und eine andere Fauna ein. In diesem Fall verzichtet man am besten auf Seerosen und verwendet nur schattenverträgliche Sumpf- und Wasserpflanzen. Fieberklee, Sumpfschwertlilie, Wasserfeder und Sumpfvergissmeinnicht kommen auch hier noch zur Blüte. Alles entwickelt sich langsamer und wird nicht so üppig, aber das muss kein Nachteil sein.

Die Lage in der vollen Sonne hat nicht nur Vorteile. Hier erwärmt sich das Wasser im Sommer ziemlich stark. Das begünstigt die Algenbildung. Beim schattigen Teich ist das weit weniger der Fall. Dagegen gefriert hier im Winter das Wasser tiefer und taut erst spät im Frühjahr wieder auf. Es gibt also für beides ein Für und Wider. Hat man die Wahl, so sollte man sich für eine besonnte Wasserfläche entscheiden, auf die idealerweise in der Mittagszeit Schatten fällt. Die Frösche tun das auch. Sie bevorzugen angewärmtes Wasser.

Unter oder zwischen Bäumen ist kein guter Platz für den Gartenteich. Zum einen besteht die Gefahr, dass Wurzeln in die Sumpfzone einwachsen. Das kann den Wasserspiegel deutlich absinken lassen. Außerdem fallen Laub, Blüten und Früchte ins Wasser, die im Bodenschlamm von Bakterien zersetzt werden. Dazu wird Sauerstoff benötigt, der anderen Lebewesen fehlt. Auf diese Weise kann das biologische Gleichgewicht empfindlich gestört werden. Liegt der Teich bereits an einer Stelle, wo im Herbst mit größeren Mengen von Falllaub zu rechnen ist, dann spannt man am besten für die Zeit des Laubfalls ein Netz über das Wasser und fängt damit die organische Masse auf.

## Größe

Ein Gartenteich sollte 80 bis 90 cm tief sein. Mehr ist nicht erforderlich. Sicherlich haben auch flachere Tümpel einen Sinn. Es besteht jedoch die Gefahr, dass sie im Winter bis auf den Grund zufrieren. Wirbeltiere können dann im Teich nicht überwintern. Zudem verlanden flache Wasserbereiche schneller als tiefere.

*Je großzügiger die Wasserfläche, umso wirkungsvoller ist ein Gartenteich.*

Sofern es sich nicht um ein gemauertes Becken oder um einen Fertigteich handelt, ergibt sich aus der angestrebten Tiefe die Größe der Wasserfläche. Bei Folienteichen mit 80 cm Tiefe und einer Flachwasserzone am Rand liegt die Mindestgröße bei etwa 3 x 4 m. Wird mit Ton abgedichtet, so sind die Böschungen flacher, und es ist eine Wasserfläche von etwa 7 x 8 m anzustreben. Größer dürfen Teiche durchaus sein, sofern es das Grundstück hergibt und der Geldbeutel erlaubt. Je ausgedehnter die Wasserfläche gestaltet werden kann, umso großzügiger ist die Wirkung. Ein großer Teich kann sogar eine Insel erhalten.

*Im Zickzack durchzieht ein schmales Gerinne den Gartenraum und mündet in einen rechteckigen Teich.*

### Form

Klare Formen lassen einen deutlichen Gestaltungswillen erkennen. Oft ist es die Architektur des Hauses, die sich formal im Garten widerspiegelt. Das bezieht sich nicht nur auf den Grundriss von Wegen und Platzflächen, sondern auch auf die Form der Wasseranlagen.

Ein kubischer Baukörper verlangt unter Umständen nach rechteckigen Formen, nach Kanal und Becken. Erst nach außen zu den Grundstücksgrenzen hin löst die Bepflanzung die strengen Formen auf. In kleinen Gartenräumen kann man optische Effekte recht vorteilhaft nutzen. Ein langes, schmales Wasserbecken, das sich vom hausnahen Sitzplatz in den Garten erstreckt, lässt ihn tiefer erscheinen, als er in Wirklichkeit ist. Umgekehrt kann man ein lang gezogenes Grundstück gliedern und optisch verkürzen, indem man ein rechteckiges Becken quer zur Sichtachse anlegt. Ein paar Trittplatten führen über das Wasser in den dahinterliegenden Gartenteil.

Auch für einen mauerumschlossenen Gartenhof bietet sich ein recheckiges Bassin an. Man kann es in die Mitte der Fläche legen oder an eine fensterlose Wand rücken. Kombiniert man das Ganze noch mit einem Wandbrunnen, so entsteht ein Atrium mit mediterranem Flair. Im Senkgarten, dessen Bodenfläche um einige Stufen tiefer liegt als die Umgebung, konzentriert sich alles auf den stillen Wasserspiegel in der Mitte. Dieses Bassin kann rechteckig oder oval, quadratisch oder kreisrund sein, je nachdem, wie es sich aus der Form des Senkgartens ergibt.

Die Bepflanzung formaler Becken ist immer sehr zurückhaltend. Meist beschränkt sie sich auf eine Seerose und ein paar Pflanzkörbe mit Sumpfschwertlilien, Igelkolben oder Ähnlichem. Hier ist nicht Üppigkeit gefragt, sondern zurückhaltende Eleganz. Andererseits bieten Pflanzeninseln in einem steilwandigen Becken Ausstiegshilfen für Tiere.

Ganz im Gegensatz dazu steht die naturhafte Gestaltung des Gartenteichs. Er nimmt die geschwungenen Formen der Landschaft und ihrer Seen auf. Seine Ufer laufen flach aus. Die Vegetation ist üppig, das Tierleben reich. Für alle Gärten, die nicht an ein strenges Formengerüst gebunden sind, ist das eine angemessene Gestaltungsweise.

Reizvoll wird es, wenn man gerade und geschwungene Linien, Kantiges und Rundes miteinander kombiniert. So kann der naturhafte Teich an einen rechteckigen Sitzplatz anschließen. Oder ein Holzdeck ragt über die Wasserfläche hinaus. Ebenso lässt sich das Ufer an einer Seite mit Quadern befestigen. Es gibt viele Möglichkeiten, Wasser, Landschaft und Bauformen ansprechend miteinander zu verbinden.

### Abdichtung

Geometrische Becken mit beinahe senkrechten Wänden müssen **gemauert oder betoniert** werden, sofern man nicht auf Fertigbecken zurückgreift. Runde und ovale Bassins stellt man aus armiertem Beton her. Allein wegen der schwierigen Schalung, die dafür gebaut werden muss, empfiehlt es sich, diese Arbeit von Fachleuten ausführen zu lassen.

Rechteckige und quadratische Becken kann man aufmauern. Dazu wird zunächst die Grube ausgehoben und die Grundfläche verdichtet. Sie ist der Untergrund für eine armierte Betonplatte. Auf die Ränder dieses Beckenbodens werden die Mauern aufgesetzt und verputzt. Alles muss sehr exakt ausgeführt werden. Schließlich trägt man mehrere Schichten einer Dichtschlämme auf, damit sich das Wasser im Becken hält.

Ein gemauertes Becken lässt sich auch mit Folie abdichten. Dann ist kein betonierter Beckenboden erforderlich und natürlich auch keine Dichtschlämme. Ein waagrechter, standfester Untergrund mit 5 cm dicker Sandauflage und ein Fundament für die Mauern reichen aus. Es ist aber sinnvoll, die Folie maßgenau in der Form des Beckens schweißen zu lassen, damit Falten vermieden werden. Denn sie bleiben sichtbar und stören das Bild. Als Letztes bekommen die Ränder noch eine Abdeckung, und eine Ausstiegshilfe für Tiere darf nicht vergessen werden.

Leichter tut man sich mit dem Einbau eines **Fertigbeckens** aus glasfaserverstärktem Kunststoff. Man steckt die Ränder ab, koffert aus und zwar um 5 cm tiefer und um 20 cm länger und breiter als es die Form des Beckens verlangt. Die Grundfläche muss standfest

*Bei wenig Platz sind Gartenteiche aus Fertigbecken geeignet.*

und eben sein. Darauf kommt eine 5 cm dicke Sandschicht. Man bringt das Becken ein, richtet es so aus, dass die Oberfläche absolut waagrecht liegt und verfüllt den verbliebenen Graben mit Sand. Während das Wasser ins Becken läuft, wird der Sand außen herum eingeschlämmt. Schließlich ist nur noch der Rand zu kaschieren. Entweder man überbrückt ihn mit Kies oder mit Platten, die am besten auf einem Betonbett verlegt werden, damit sie nicht kippen.

Viele Fertigbecken haben eine bepflanzbare Uferzone. Hier gedeihen Sumpf- und Wasserpflanzen. Die Zwischenräume befüllt man mit Kies und einzelnen größeren Steinen, die durchaus den Wasserspiegel überragen dürfen.

Ein Nachteil der Fertigbecken liegt darin, dass ihre Ausmaße begrenzt sind. Zudem wirken die Formen nicht immer sehr vorteilhaft. Am meisten überzeugen die geometrischen Grundrisse. So ist der Fertigteich durchaus eine gute Alternative zum runden oder ovalen Betonbecken oder zu einem rechteckigen gemauerten Bassin.

*Nachdem die Teichmulde ausgekoffert, der Unterbau vorbereitet und die Folie eingelegt wurde, lässt man einen Teil des Wassers einlaufen. Vorher wurden Fundamente für Trittsteine eingebracht und ein Quellstein höhengerecht auf Betonringen versetzt. Erst zum Schluss erfolgt die endgültige Randausbildung.*

Naturhafte Teiche dichtet man üblicherweise mit Folie ab. Wem dieses Material zu künstlich erscheint, der kann auf **Tonelemente** zurückgreifen, mit denen der Teichgrund ausgelegt wird. Die Kanten der einzelnen ungebrannten Tonziegel greifen so ineinander, dass später keine Fugen entstehen. Die Lage aus Tonelementen wird verdichtet, mit einem Vlies überzogen und mit einer 20 cm dicken Kiesschicht abgedeckt. Für die Böschungen ist ein Neigungswinkel von 1:4 anzustreben. Deshalb sind Teiche mit Tonabdichtung entsprechend groß. Ob diese Bauweise wirklich umweltfreundlicher ist als Folie, bleibt fraglich. Denn für Gewinnung, Herstellung, Transport und Einbau der Elemente ist viel Maschineneinsatz und damit Energieverbrauch verbunden.

## Bau eines Folienteichs

Teichfolien müssen tier- und pflanzenverträglich sein, zugleich wurzelfest, UV-stabilisiert und ausreichend reißfest. Je nach Beanspruchung und Größe wählt man eine Dicke von 0,8 bis 2 mm. Doch welche Folie nimmt man? Gut zu verlegen sind PVC-Folien. Man kann sie heiß verschweißen oder mit einem Kaltschweißmittel verkleben. Seit PVC-Produkte recycelbar sind, ist das Umweltgewissen in dieser Hinsicht entlastet. Polyethylenfolien (PE) sind insgesamt umweltfreundlicher. Im Gegensatz zu PVC enthalten sie weder Weichmacher noch Schwermetalle. Leider sind sie etwas steif und lassen sich deshalb schwerer verlegen. Nähte müssen mit einem Spezialgerät verschweißt werden. Polyolefinfolien haben ähnliche Eigenschaften wie jene aus PE. Angeblich sind sie haltbarer. Recht gut lässt sich die EPDM-Folie aus Synthesekautschuk verlegen. Sie ist elastisch und kann verklebt werden. Leider haben solche Vorteile auch ihren Preis.

Beim Bau eines Folienteiches wird als erstes der Teich in der gewünschten Form abgesteckt. Dabei müssen die Geländehöhen beachtet werden. Pflöcke und Schnüre sind hilfreich bei der Markierung der endgültigen Wasserstandshöhe. Dann hebt man die Teichmulde in der erforderlichen Tiefe aus. Wichtig ist die Ausformung einer flachen Uferzone. Hier siedeln sich später Sumpfpflanzen und Arten des Flachwasserbereichs an. Unterhalb dieser Uferböschung kann der Teichgrund steil abfallen und somit eine deutliche Stufe bilden.

Steine, Wurzeln und Scharfkantiges werden sorgfältig abgesammelt. Um nachträgliche Setzungen zu vermeiden, wird lockerer Boden verdichtet. Wo später die Stütze eines Holzdecks oder eines Steges aufliegen soll bzw. Sockel für Trittsteine vorgesehen sind, muss man bereits auf dem Teichgrund Fundamente einbauen.

Dann kann die Folie ausgemessen werden, indem man ein Bandmaß (oder eine Schnur) längs und quer in die Teichmulde legt. Für die Randausbildung rechnet man 30 cm Zugabe. Bei komplizierten Formen ist es ratsam, die Folie nach Maß anfertigen zu lassen, denn das Verschweißen vor Ort hat seine Tücken.

Auf den verdichteten Untergrund wird eine 5 cm dicke Sandschicht aufgebracht, mit einem Vlies überdeckt und schließlich die Teichfolie eingelegt. Dies sollte bei warmem Wetter geschehen, denn Kälte macht die Folie steif und erschwert ihre Verarbeitung.

*Beim Abschluss des Folienrandes ist zu beachten, dass eine Kapillarsperre entsteht. Das erreicht man, wenn die Folie den Wasserspiegel um wenige Zentimeter überragt und zumindest auf der dem Wasser zugewandten Seite mit grobem Material, wie Kies oder großen Steinen bedeckt wird. Noch besser klemmt man den Folienrand zwischen Pflastersteinen, Platten oder Grobkies ein oder befestigt ihn mit einem Mörtelkeil. Auf diese Weise wird er gut fixiert, kann nicht unbeabsichtigt niedergetreten werden und von der Abdichtung ist so gut wie nichts mehr zu sehen.*

In der Teichmulde entstehende Falten werden glatt angedrückt. Sie sind nicht zu verhindern und haben auch keinen Einfluss auf die Haltbarkeit der Folie.

Sofern Stege, Trittsteine oder Podeste geplant sind, werden auf der Folie die erforderlichen Stützen und Betonsockel an der Stelle der bereits vorgesehenen Fundamente eingebracht. Eine Vliesunterlage schützt die Folie vor Beschädigung.

Seerosen und Unterwasserpflanzen bringt man am besten bereits zu diesem Zeitpunkt in den Teich ein. Man setzt sie in Pflanzkörbe in ein Gemisch aus lehmiger Erde und Sand und deckt die Oberfläche mit Feinkies ab. Schließlich kann geflutet werden.

Erhält der Teich einen Regenwasserzulauf, so sollte das überschüssige Wasser einer angrenzenden Sumpfzone zugeleitet werden, um dort zu versickern. An diesem Sollüberlauf liegt die niedrigste Stelle des Teichrandes. Nur bei sehr bindigem Boden erweist es sich als erforderlich, das überlaufende Wasser einer Sickergrube zuzuführen. Im Allgemeinen hat man keine Vernässung des Gartens zu befürchten.

Die Flachwasserzonen werden sparsam mit lehmigem Substrat versehen und mit Kies oder Sand abgedeckt. Jeder unnötige Nährstoffeintrag muss vermieden werden. Es soll nur soviel Erde eingebracht werden, wie die Pflanzen zum Anwachsen benötigen. Damit das Substrat nicht in tiefere Wasserbereiche abrutscht, fixiert man es mit Steinen. Man kann auch unter der Folie bereits einen kleinen Wall einbauen oder ein mit Sand gefülltes Dränrohr verlegen.

Bei der Randausbildung ist zu beachten, dass eine Kapillarsperre entsteht und damit die Absaugung von Teichwasser in das umgebende Erdreich vermieden wird. Deshalb muss die Folie den Wasserspiegel um einige Zentimeter überragen. Fixiert und zugleich kaschiert wird sie entweder mit Steinen und Kies oder indem man sie zwischen festen Bauteilen einklemmt. Das kann eine Gartenplatte und ein Kiesstreifen sein, zwei Reihen Pflastersteine oder ein beidseitiger Betonkeil, der mit Feinkies überdeckt wird. Solch eine Befestigung verhindert auch ein unbeabsichtigtes Herunterdrücken des Folienrandes. Erst wenn alles befestigt ist, wird die übrige Folie abgeschnitten.

Ein Absinken des Wasserspiegels während Trockenperioden wirkt sich für das Ökosystem Teich nicht nachteilig aus. Das Wasser, das beim nächsten stärkeren Regen fällt, reicht zur Auffüllung in der Regel aus, vor allem dann, wenn das Niederschlagswasser vom Dach beispielsweise über einen Graben dem Teich zugeführt wird. Es muss aber vermieden werden, dass nährstoffreiches Oberflächenwasser oder gar Gartenerde von umgebenden Beeten in den Teich gelangt.

*Von erhöhtem Standort lassen sich Tiere und Pflanzen am besten beobachten.*

*Eine leicht gewölbte Holzbrücke spannt sich übers Wasser.*

### Wege übers Wasser

Das Geschehen im Teich lässt sich besonders gut beobachten, wenn man senkrecht von oben ins Wasser sehen kann. Am besten geht das von einer Brücke, einem Steg, einem Holzdeck oder von einem sehr steil abfallenden Ufer aus. Da gibt es immer wieder Spannendes zu entdecken. Kaulquappen paddeln durchs Wasser, Libellenlarven gehen auf Beutefang, Molche hangeln sich an Wasserpflanzen entlang und die Schönheit der Seerosenblüte lässt sich ganz aus der Nähe bewundern.

*Trittplatten führen durch die Flachwasserzone des Teiches.*

Ein **Steg**, der sich durch den Uferbewuchs bis über die freie Wasserfläche streckt, benötigt Stützen. Sie können aus Holz sein, müssen dann aber voraussichtlich nach einigen Jahren erneuert werden. Diesen Aufwand spart man sich mit Metall- oder Betonpfosten. Gehalten werden sie von dem bereits erwähnten Fundament auf dem Teichgrund. **Holzdecks** können so konstruiert sein, dass sie lediglich ein Stück übers Wasser ragen und an Land verankert sind.

Eine **Brücke** führt über einen Bach, einen Graben oder über die Engstelle eines größeren Teiches. Bei ausgedehnteren Spannweiten wird man eine gewölbte Bücke wählen. Für kurze Distanz genügt ein Steg. So verbindet sie die Ufer miteinander. Zugleich kommen wir auch hier der Wasserfläche näher.

Bei **Trittsteinen** ist das noch deutlicher der Fall. Es bereitet ein besonderes Vergnügen, wenn man behutsam von Stein zu Stein gehend seinen Weg übers Wasser sucht. Das zwingt uns, die Schritte exakt zu setzen.

Für einen Trittplattenweg müssen in jedem Fall ausreichend dicke Platten oder flache Steine gut fixiert und auf die richtige Höhe gebracht werden, sodass ihre Oberfläche den Wasserspiegel nur um einige Zentimeter überragt. Dazu werden sie auf ein Fundament aus Mauersteinen aufgemörtelt. Starke Pegelschwankungen wirken sich in einem Teich mit Trittsteinweg ungünstig aus. Wo sich der Wasserstand schlecht regulieren lässt, ist es ratsamer, statt Platten lieber dicke Quader als Trittsteine zu verwenden.

Tieren sollten Ruhebereiche am Ufer vorbehalten bleiben. Hierhin führt am besten gar kein Weg.

## Schwimmteiche

Sommerliches Badevergnügen und die Erlebniswelt eines Gartenteichs gehen bei einem Schwimmteich eine ideale Verbindung ein. Dabei wird eine tiefere, mehr oder weniger steilwandige Schwimmzone von einem flachen Regenerationsbereich umgeben. Die Pflanzen, die dort wachsen, entziehen dem Wasser Nährstoffe und übernehmen somit die Funktion der Wasserreinigung. Unterstützt werden sie dabei von Mikroorganismen. Im Schwimmteich muss kein Wasser ausgewechselt werden und chemische Desinfektionsmaßnahmen wie in einem Pool sind nicht erforderlich. Dafür teilen sich die Badegäste das Gewässer mit Fröschen und anderen tierischen Teichbewohnern. Ein Schwimmteich ist, ganz wie ein natürlicher See, Badegewässer und Biotop zugleich.

Wenn man sich mehr als ein Tauchbecken wünscht, sollte man für den Schwimmteich eine Größe von mindestens 70 $m^2$ vorsehen, wobei der Regenerationsbereich mehr als die Hälfte der Fläche einnimmt. Die Schwimmzone sollte 2 m bis 2,50 m tief sein, damit der Bodenschlamm, der sich unvermeidlich bildet, liegen bleibt und beim Schwimmen nicht so sehr aufgewirbelt wird. Je größer und tiefer ein Schwimmteich ist, umso besser wirkt seine Selbstreinigung. Die Pflegemaßnahmen beschränken sich im Idealfall auf gelegentliche Absaugung des Bodenschlammes, den Rückschnitt des Uferbewuchses bei Bedarf und die Wartung der technischen Anlagen.

Für einen Schwimmteich gibt es verschiedene Bauweisen, die alle nicht ganz einfach sind. Deshalb ist es empfehlenswert, sich als Erstes verschiedene Schwimmteiche anzusehen und dann Gestaltung, Bau und technische Ausstattung gründlich zu planen, am besten in Zusammenarbeit mit einem Spezialisten. Von einer Erstellung in Eigenleistung ist in den meisten Fällen abzuraten. Sie erfordert viel Wissen und Erfahrung hinsichtlich Bauweise, Abdichtung, Installation und Wassertechnik.

*Ein Schwimmteich besteht aus einer tieferen, steilwandigen Badezone von einem flacheren Regenerationsbereich. Wasserpflanzen und Mikroorganismen sorgen für die Reinigung des Wassers.*

In jedem Fall muss das tiefere Becken der Schwimmzone von der Vegetationszone getrennt werden. Das geschieht durch eine Abgrenzung, deren Oberkante 20 bis 40 cm unter dem Wasserspiegel liegt. So wird ein Wasseraustausch beider Zonen erreicht. Zum Bau dieser Abgrenzung gibt es verschiedene Methoden und Materialien. Verhältnismäßig einfach ist der Aufbau mit schottergefüllten Vliessäcken auf der bereits verlegten Folie. Diese Teichsäcke werden oberhalb der Steilstufe wie die Steine einer Trockenmauer aufeinandergelegt. Mit uferseitig angebrachten Laschen verankert man sie im Kiesbett der Vegetationsschicht. Die Abstützung mit Teichsäcken kann in Eigenleistung erbracht werden. Zudem ist sie, verglichen mit anderen Bauweisen, verhältnismäßig kostengünstig. Allerdings liegt hier die Folie in Falten und es entstehen Böschungen mit vielen Unebenheiten. Dadurch lässt sich der Bodenschlamm in der Schwimmzone nicht gut entfernen.

Das ist anders, wenn die Abtrennung zuerst eingebaut und dann die maßgenau verschweißte Folie darüber gezogen wird. Für diese Art der Abstützung gibt es winkelförmige Elemente aus Recyclingkunststoff, die wie L-Steine eingebaut und mittels Haken und Ösen miteinander verbunden werden.

Bei den meisten Schwimmteichen grenzt ein Betonbecken die Badezone von der umgebenden Wasservegetation ab. Dazu wird der Boden betoniert und an den Rändern Mauern aus Schalsteinen aufgesetzt. Aus Gründen der Stabilität bringt man Ringanker ein und versieht die Mauer mit einer senkrechten Bewehrung, ehe die Schalsteine mit Beton verfüllt werden. Ist das Becken fertig, kann die Teichplane nach Maß angefertigt und mit einer Vliesunterlage eingebracht werden. Für die Abdichtung wählt man am besten eine EPDM-Folie aus Synthesekautschuk oder eine gewebeverstärkte Polyolefinfolie. Beides mit einer Mindestdicke von 1,5 mm.

Bei der technischen Ausstattung gehen die Meinungen weit auseinander. Die einen lieben es weitgehend naturbelassen und nehmen gelegentliche Wassertrübungen gerne in Kauf, andere verlassen sich lieber auf ausgefeilte Umwälz- und Filtertechnik. So saugt ein Skimmer das Oberflächenwasser mit den darauf schwimmenden Verunreinigungen ab. Es wird gefiltert und an anderer Stelle, etwa über einen Quellstein, dem Teich wieder zugeführt. Die Pumpe sitzt in einem Schacht außerhalb des Schwimmteiches.

Für die Reinigungswirkung der Regenerationszone ist es wichtig, dass geeignete Pflanzen eingesetzt werden. Dies sollten untergetaucht lebende Arten sein, Schwimmblattpflanzen und Arten der Flachwasserzonen. Zu nennen wären hier der Wasserhahnenfuß (*Ranunculus aquatilis*), der auch Wasserbewegung verträgt, Seerosen für ruhige Bereiche sowie Aufrechter Igelkolben (*Sparganium erectum*), Kalmus (*Acorus calamus*) oder Flatterbinse (*Juncus effusus*) für das flache Wasser.

Damit der Schwimmteich ansprechend wirkt, muss er gut integriert werden. Das gelingt, wenn die Vegetation der Flachwasserzone in eine gut gestaltete Randbepflanzung übergeht. Laubeintrag sollte allerdings vermieden werden. Am besten legt man das Badebiotop im ebenen Gelände an. Größere Höhenunterschiede verlangen aufwendige Abstützungen. Als Aufenthalts- und Liegebereich bietet sich ein Holzdeck am Wasserrand an. Von hier aus hat man über eine Leiter oder eine Treppe einen bequemen Einstieg ins Wasser.

*Ein Skimmer saugt das Oberflächenwasser mit darauf schwimmenden Verunreinigungen ab und leitet es einer Filteranlage zu.*

*Das gefilterte Wasser wird dem Schwimmteich am Rand der Regenerationszone wieder zugeleitet.*

## Die Pflanzen des Wassergartens

Damit Pflanzen im Teich wachsen können, müssen seine Flachwasserzonen mit einer geeigneten Erdschicht bedeckt sein. Meist lässt sich dazu der beim Aushub anfallende Unterboden recht gut verwenden. Man kann das Substrat aber auch aus lehmiger Gartenerde und Sand zu gleichen Teilen mischen. Wichtig ist nur, dass es den Pflanzen zwar einen guten Start ermöglicht, aber nicht zu viele Nährstoffe enthält, denn das hätte übermäßigen Algenwuchs zur Folge. Dieses Substrat wird mit einer etwa 5 cm dicken Schicht aus Kies oder Sand abgedeckt. Das verhindert das Aufwirbeln von Erde. So bleibt das Wasser klar.

Pflanzen, die auf dem Teichgrund oder in einem Wasserbecken stehen, kann man in Pflanzkörbe setzen. Das gilt vor allem für Seerosen und hat den Vorteil, dass man sie herausnehmen und teilen kann, falls erwünscht. Doch in der Flachwasserzone wird besser direkt in das Substrat gepflanzt. Es ist ratsam, auf stark wuchernde Arten zu verzichten, denn wenn Rohrkolben und Schilf die Uferzone einmal für sich erobert haben, lassen sie sich nicht mehr so einfach entfernen. Meistens ist dann ein radikaler Eingriff erforderlich, was nicht selten der Anlass für eine Neugestaltung des Teiches ist. Wer trotzdem Arten mit Ausbreitungsdrang in der Flachwasserzone ansiedeln möchte, der sollte sie in Gefäße pflanzen, die zwischen Kies eingesenkt werden.

Die beste Pflanzzeit ist das Frühjahr, wenn sich das Wasser schon leicht erwärmt hat und der Austrieb beginnt. Sumpf- und Wasserpflanzen wachsen meist recht zügig heran. Deshalb genügt es, wenn man sie sparsam verwendet. Zwei bis drei Pflanzen je Meter Uferlänge sind ausreichend. Den weiteren Bewuchs kann man getrost der Natur überlassen. Man sollte nur darauf achten, dass sich keine Arten breit machen, die alles zu überwuchern drohen. So entsteht eine den Verhältnissen angepasste Vegetation, der schon bald die entsprechende Fauna folgen wird.

Bei der Pflanzenauswahl sollte man den heimischen Arten den Vorzug geben. Sie sind nicht nur die Lebensgrundlage vieler Tierarten, sie fügen sich auch gut in das Gesamtbild eines naturnahen Gartenteiches. Außerdem wirken viele der heimischen Sumpf- und Wasserpflanzen so attraktiv, dass sie den Vergleich mit exotischen Arten keineswegs scheuen müssen. Es ist aber auch nichts dagegen einzuwenden, wenn einzelne nicht heimische Wasserpflanzen und ausgefallene Sorten verwendet werden. Sie bieten sich vor allem zur Bepflanzung von Miniteichen und formalen Becken an.

Schwimmpflanzen wie Froschbiss oder Krebsschere treiben frei auf der Wasseroberfläche. Ihre Wurzeln entnehmen dem Wasser Nährstoffe, ohne in ein Substrat einzuwachsen. Beim Froschbiss dienen die Blätter als Floß. Die weißen Blüten hält er den Bestäuberinsekten entgegen. Die kalte Jahreszeit übersteht er in Form von kleinen Winterknospen auf dem Teichgrund. Die Krebsschere sieht mit ihrer trichterförmigen Rosette und den stacheligen, spitzen, aus dem Wasser ragenden Blättern einer badenden Bromelie ähnlich. Im Winter geht sie auf Tauchstation und kommt erst wieder an die Oberfläche, wenn es wärmer wird. Wo sie kann, verankert sie sich im Bodenschlamm. Im Sommer schiebt sie ihre Blattspitzen und die weißen Blüten aus dem Wasser. Schwimmpflanzen bringt man in den Teich ein, indem man sie einfach ins Wasser wirft und schwimmen lässt.

So leicht kann man es sich mit anderen Pflanzen des Wassergartens nicht machen. Sie sind an einen bestimmten Wasserstand gebunden. In den tieferen Bereichen des Gartenteichs finden wir Unterwasserpflanzen und Schwimmblattpflanzen, in den Randbereichen wachsen Arten der Flachwasser- und Sumpfzone. Wasserpflanzen haben sich an schwankende Pegelstände gut angepasst. Deshalb sind die Übergänge zwischen dem Bewuchs verschiedener Wassertiefen fließend.

Untergetauchte Wasserpflanzen leisten einen wichtigen Beitrag zur Selbstreinigung des Teiches. Sie sorgen für Sauerstoffproduktion im Wasser und binden Nährstoffe. So tragen sie dazu bei, dass Algen sich nicht übermäßig ausbreiten. Zur Auswahl stehen Hornblatt, Nadelsimse, Wasserfeder, Tausendblatt und Wasserhahnenfuß. Ihr Wurzelgrund ist der Bodenschlamm in einer Tiefe von 30 bis 60 cm. Man muss sie nicht in Töpfe pflanzen. Es reicht, sie mit Steinen zu fixieren. Von hier aus breiten sie sich mit der Zeit, wenn man sie lässt, über den ganzen Wasserkörper aus. Wo sie zu üppig werden, kann man einen Teil davon vorsichtig mit dem Rechen entnehmen. Die Nadelsimse wächst auch im flachen Wasser. Dann reckt sie ihre dünnen Halme in die Luft. Sehr schöne weiße Blütenquirle bildet die Wasserfeder aus. Leider ist sie schwierig anzusiedeln. Sie liebt kühles, kalkfreies Wasser. In der Natur findet man sie sehr selten. Die Kanadische Wasserpest ist häufig anzutreffen. Bei ihr ist jedoch Vorsicht geboten, denn mit ihrem Ausbreitungsdrang macht sie ihren Namen alle Ehre.

Schwimmblattpflanzen wurzeln ebenfalls auf dem Teichgrund, meist in einer Tiefe von 60 bis 100 cm. Ein Teich wirkt am schönsten, wenn er maximal zu einem Drittel mit schwimmenden Blättern und Blüten bedeckt ist. So ist noch eine ausreichend große Wasserfläche zu sehen. Für den Gartenteich verwendet man vorwiegend Seerosen mit ihren vielen, attraktiven Sorten. Sie dürfen in keinem Wassergarten fehlen. Seerosen lieben volle Sonne und ruhiges Wasser. Den Dauerregen einer Fontäne vertragen sie nicht.

## Pflanzen für den Gartenteich

| Botanischer Name | Deutscher Name | Höhe cm | Pflanz-abstand | Blütezeit und Blütenfarbe/Blattfärbung | | | | | | | |
|---|---|---|---|---|---|---|---|---|---|---|---|
| | | | | Mrz | Apr | Mai | Juni | Juli | Aug | Sep | Okt |
| **Untergetauchte und Schwimmblattpflanzen (Wassertiefe 30 – 60 cm)** | | | | | | | | | | | |
| *Ceratophyllum demersum* | Raues Hornblatt | | | | | | | | | | |
| *Eleocharis acicularia* | Nadel-Sumpfsimse | 10 | 25 | | | | | | | | |
| *Hottonia palustris* | Wasserfeder (kalkarmes Wasser) | 40 | 25 | | | | | | | | |
| *Hydrocharis morsus ranae* | Europäischer Froschbiss | 5 | | | | | | | | | |
| *Myriophyllum verticillatum* | Quirliges Tausendblatt | | | | | | | | | | |
| *Nymphoides peltata* | Seekanne (wuchert) | | | | | | | | | | |
| *Ranunculus aquatilis* | Wasserhahnenfuß | | | | | | | | | | |
| *Stratiotes aloides* | Krebsschere | 25 | | | | | | | | | |
| **Seerosen (Wassertiefe 50 – 80 cm)** | | | | | | | | | | | |
| *Nyphaea alba* 'Anna Epple' | | | | | | | | | | | |
| *Nyphaea alba* 'Escarboucle' | | | | | | | | | | | |
| *Nyphaea alba* 'Hermine' | | | | | | | | | | | |
| *Nyphaea alba* 'James Brydon' | | | | | | | | | | | |
| *Nyphaea alba* 'Marliacea Chromatella' | | | | | | | | | | | |
| **Flachwasser- und Sumpfzone (Wassertiefe 0 – 30 cm)** | | | | | | | | | | | |
| *Alisma plantago-aquatica* | Froschlöffel | 70 | 60 | | | | | | | | |
| *Acorus calamus* 'Variegatus' | Weißbunter Kalmus (wuchert) | 80 | 60 | | | | | | | | |
| *Calla palustris* | Sumpfcalla | 20 | 30 | | | | | | | | |
| *Caltha palustris* | Sumpfdotterblume | 30 | 35 | | | | | | | | |
| *Darmera peltata* | Großes Schildblatt | 100 | 90 | | | | | | | | |
| *Hippuris vulgaris* | Tannwedel | 40 | 25 | | | | | | | | |
| *Iris pseudacorus* | Sumpf-Schwerttlilie | 100 | 40 | | | | | | | | |
| *Juncus ensifolius* | Zwergbinse | 30 | 25 | | | | | | | | |
| *Juncus effusus* 'Spiralis' | Korkzieherbinse | 35 | 30 | | | | | | | | |
| *Lysimachia thyrsiflora* | Straußblütiger Felberich | 50 | 30 | | | | | | | | |
| *Menyanthes trifoliata* | Fieberklee | 30 | 40 | | | | | | | | |
| *Mimulus luteus* | Gauklerblume | 30 | 40 | | | | | | | | |
| *Myosotis palustris* | Sumpf-Vergissmeinnicht | 30 | 30 | | | | | | | | |
| *Pontederia cordata* | Herzblättriges Hechtkraut | 60 | 40 | | | | | | | | |
| *Sagittaria sagittifolia* | Pfeilkraut | 60 | 50 | | | | | | | | |
| *Schoenoplectus lac.tabernaemont.* 'Zebrinus' | Zebrasimse | 180 | 60 | | | | | | | | |
| *Sparganium erectum* | Ästiger Igelkolben | 90 | 60 | | | | | | | | |
| *Typha minima* | Zwerg-Rohrkolben (wuchert) | 50 | 40 | | | | | | | | |
| *Veronica beccabunga* | Bachbunge | 30 | 30 | | | | | | | | |

Die Krebsschere (Stratiotes aloides) taucht im Winter auf den Teichgrund ab. Im Sommer schwimmen ihre Blattrosetten mit den weißen Blüten an der Wasseroberfläche.

Das Brasilianische Tausendblatt (Myriophyllum aquaticum), welches mit seinen Triebspitzen auf dem Wasser schwimmt, muss mindestens 50 cm tief im Wasser stehen.

Der Fieberklee (Menyanthes trifoliata) breitet sich im flachen Wasser aus, ohne lästig zu werden.

Die Sumpf-Dotterblume (Caltha palustris) findet man sowohl am Rande von fließenden als auch von stehenden Gewässern.

'Masaniello' ist eine stark wachsende Seerose für größere Teiche. Sie passt sich verschiedenen Wassertiefen von 50 bis 100 cm an.

Von der auffallenden Blattform hat das Pfeilkraut seinen Namen.

Die Sumpf-Schwertlilie (Iris pseudacorus) gedeiht auch noch an schattigen Plätzen.

Die Zwergbinse (Juncus ensifolius) bildet kompakte Horste.

Obwohl das Hechtkraut bei uns nicht heimisch ist, kann man es für Gartenteiche sehr empfehlen.

*Mädesüß (Filipendula ulmaria) siedelt sich meist ganz von selbst am feuchten Teichrand an.*

oder die Schwanenblume, die eine Dolde rosaroter Blüten auf einem langen, runden Stiel trägt. Die gelbe Sumpfschwertlilie ist nicht nur zur Blütezeit ein Blickfang, sondern nochmals, wenn die reifen Fruchtkapseln aufplatzen und die braunen Samen herauspurzeln.

Wichtiger als die Blüte ist oft die Blattwirkung. Bemerkenswert ist der weißbunte Kalmus mit seinen weiß gestreiften, schwertförmigen Blättern und das Große Schildblatt, das seinem Namen alle Ehre macht. Mit spiraligen Halmen fällt die Korkzieherbinse auf. Um angemessen zur Geltung zu kommen, sollte sie solitär stehen.

Natürliche Gewässer besitzen eine breite Übergangszone mit nassem bis feuchtem Boden. Bei einem künstlich abgedichteten Gartenteich mit Kapillarsperre ist das nicht der Fall. Hier schließt sich dem sumpfigen Bereich des Teichrandes direkt der normale Gartenboden an. Die umgebenden Pflanzen profitieren höchstens von der feuchteren Luft und von dem gelegentlich über den Teichrand laufenden Wasser nach Starkregenfällen. Die Vegetation der Feuchtezone endet also ziemlich abrupt am Teichrand.

Damit sich trotzdem ein stimmiges Bild ergibt, siedelt man in der Uferzone Arten an, die zwar keine Sumpfpflanzen sind, in ihrem Charakter aber zum Gewässer passen. Das können Pflanzen sein, wie wir sie in Feuchtwiesen finden und hier im Garten sehr gut verwenden können. Sie alle, ob Trollblumen, Kuckuckslichtnelke oder Jakobsleiter, Baldrian, Mädesüß oder Blutweiderich, finden wir auch in der Landschaft an vergleichbaren Stellen. Zum Glück sind sie anpassungsfähig und überstehen kürzere Zeit mit geringer Bodenfeuchte ohne Probleme.

Von den vielen Seerosensorten, die es gibt, sind in der Pflanzenliste solche aufgeführt, die mittelstark wachsen und reich blühen. Schwachwüchsige Seerosensorten für geringere Wassertiefe wurden bereits in Zusammenhang mit den Miniteichen (Seite 121) aufgeführt. Natürlich gibt es außer Seerosen noch andere Schwimmblattpflanzen. Doch meistens sind sie wegen ihres Ausbreitungsdranges eher für große Wasserflächen empfehlenswert, wie dies bei der Seekanne der Fall ist.

Für seichtes Wasser und sumpfiges Gelände gibt es ein sehr großes Angebot attraktiver Stauden. Allerdings ist bei der Bepflanzung der Flachwasserzone besondere Zurückhaltung geboten, denn viele der Arten, die sich hier wohlfühlen, breiten sich in bemerkenswerter Geschwindigkeit aus. Deshalb wählt man für den Gartenteich am besten, wie bereits erwähnt, nicht wuchernde Arten aus. Eine Ausnahme ist die Regenerationszone des Schwimmteiches. Hier steht die Wasserreinigung im Vordergrund, und die Bepflanzung darf durchaus dicht werden.

Zu den empfehlenswerten Blütenpflanzen der Flachwasserzone zählt die Sumpf-Dotterblume, die goldgelb im Frühling leuchtet, der Straußfelberich mit seinen dichten Büscheln kleiner, gelber Blüten

Schließt sich an den Teich ein halbschattiger Bereich an, kann man durchaus Rhododendren und ihre Begleiter verwenden. Ein naturnahes Gartenbild ergibt sich dann allerdings nicht. Als drittes wäre eine Pflanzung mit Kaukasus-Vergissmeinnicht, Frauenmantel, Funkien, Sibirischer Schwertlilie, Ligularien und verschiedenen Taglilien zu nennen. Pflanzenlisten hierzu findet man in den Kapiteln „Blütenstauden feuchter Wiesen“ (Seite 205) und „Blütenpracht im Halbschatten“ (Seite 214).

## Tiere finden sich ein

Wasser belebt sich sehr schnell von selbst. Doch wer darauf nicht warten möchte, kann die Besiedelung des Gewässers beschleunigen, indem er ein paar Eimer Wasser aus einem älteren, belebten Teich einbringt. Auf diese Weise reichert sich das Kleingewässer recht schnell mit jenen Arten an, die so klein sind, dass man sie nur unter dem Mikroskop sehen kann. Es ist erstaunlich, welche Kleinstlebewesen im Wasser eines Teiches leben: Da entdeckt man winzige Pantoffeltierchen, vielleicht einen Süßwasserpolypen oder Kleinkrebse.

**Wasserflöhe** ernähren sich von Plankton, den sie aus dem Wasser filtern. So helfen sie mit, dass trübes Wasser wieder klar wird.

**Wasserläufer** flitzen unter Ausnutzung der Oberflächenspannung über die Wasserfläche. Sie leben von kleinen Tieren in der Übergangszone von Luft und Wasser. Oft stürzen sie sich zu viert oder zu fünft auf ein Insekt, das ins Wasser gefallen ist.

Mit den Wasserläufern verwandt ist der **Rückenschwimmer**. Er fällt dadurch auf, dass er rücklings und meist ganz nahe an der Wasseroberfläche schwimmt. Dann saugt er mit der Spitze seines Hinterleibes Atemluft ein. Die langen Ruderbeine spreizt er dabei weit von sich. Er lebt räuberisch von Insektenlarven, greift aber auch Kaulquappen und sogar kleine Fische an. Sein Stich kann sogar für Menschen recht schmerzhaft sein.

**Mückenlarven** sind für viele Teichbewohner ein begehrtes Fressen. Es ist daher nicht zu befürchten, dass eine Mückenplage vom Gartenteich ausgeht, solange dieser gut belebt ist. Die Larven der Stechmücken haben so gut wie keine Chance, ihren zahlreichen Räubern zu entkommen. Man sieht sie allerdings manchmal in Gießwasserbehältern, wie sie mit ihrem Atemrohr an der Wasserfläche hängen und bei jeder Störung schnell untertauchen. Hier sind sie vor Fraßfeinden wesentlich sicherer.

Der gefräßige **Gelbrandkäfer** ist bei manchen Teichliebhabern berüchtigt. Er macht nämlich Jagd auf etliche kleine Wassertiere und Kaulquappen. Auch kleinere Fische greift er an. Ein ebenso fressgieriger Räuber ist seine Larve. Mit ihren Saugzangen lähmt und tötet sie ihr Opfer und saugt es schließlich aus. Der Käfer und seine Larve sind Luftatmer. Oft beobachtet man den Gelbrandkäfer, wie er mit der Hinterleibspitze an der Wasserfläche hängend Luft unter seine Flügeldecken einströmen lässt.

Auch Käfer interessieren sich für den Gartenteich. Sie fliegen aus der Umgebung zu. Am auffälligsten ist der etwa 5 cm große **Kolbenwasserkäfer**. Doch er ist selten und man wird ihn kaum zu Gesicht bekommen. Häufiger kommt der **Taumelkäfer** vor. Er ist nur 6 mm groß, fällt aber auf, weil er in rasanter Geschwindigkeit in Kreisen über das Wasser flitzt. Wird er gestört, so taucht der flinke Käfer blitzschnell ab und rudert unter Wasser weiter.

Auf dem Teichgrund kann man gelegentlich **Köcherfliegenlarven** entdecken. Ihr weicher Hinterleib steckt in einem Köcher aus Steinchen, Sandkörnern oder Pflanzenteilen, die sie mit einem Sekret zu einem schlauchförmigen Gehäuse verklebt haben. Solchermaßen gut getarnt sieht man diese Larven kaum. Doch wenn sie sich bewegen, hat man den Eindruck, als würde ein Röhrchen aus Sand oder Laub über den Teichboden gleiten.

Mit etwas Glück können wir im Wasser eine erstaunliche Spinnenart beobachten. Kaum auffindbar webt die **Wasserspinne** im dichten Gewirr von Unterwasserpflanzen ihr Netz, das ihr als eine Art Taucherglocke dient. Immer wieder schwimmt die Spinne an die Wasseroberfläche, nimmt beim Hinabtauchen eine Luftblase mit, die ihr zum Atmen dient und mit der sie ihre Unterwasserwohnung füllt. Hier wird die im Wasser erjagte Beute verzehrt. Auch die Paarung findet in einer solchen Luftkammer statt, der Eikokon ist hier befestigt, und sogar die Winterruhe verbringt die Wasserspinne in ihrem Taucherglockennest.

Auch **Wasserschnecken** siedeln sich im Teich an. Sie raspeln Algen von den Steinen, verzehren aber auch abgestorbene Pflanzenteile und tote Wassertiere. Manchmal schleppt man sie mit Wasserpflanzen ein, denn sie heften ihre gallertigen Eipakete gern an deren Blätter und Stängel. Zwei Arten kommen häufig in Gartenteichen vor: die Spitzschlamm- und die Posthornschnecke.

Zum Bild des sommerlichen Stillgewässers gehören die **Libellen**. Es wird nicht langweilig, diesen eleganten Flugkünstlern zuzusehen. Da gibt es farbenprächtige Kleinlibellen, wie die türkisblauen Männchen der Azurjungfer oder die Frühe Adonislibelle, die rot leuchtet, als bestünde sie aus Siegellack. Diese Kleinlibellen zeigen sich häufig bei der Kopulation im Paarungsrad und bei der Eiablage, die sie auch im Tandem vornehmen. Dabei werden die Eier an die Unterseite von Seerosenblättern oder anderen Wasserpflanzen geheftet. Großlibellen wie die häufig vorkommende Blaugrüne Mosaikjungfer bevorzugen für ihr Gelege Moos und morsches Holz am Wasserrand.

Wasserläufer machen sich die Oberflächenspannung des Wassers zunutze.

Wegen seiner Größe ist der Gelbrandkäfer ein auffallender Gast im Gartenteich.

Spitzschlamm-Schnecken raspeln Algen von den Steinen im Wasser.

Ein Imago der Blaugrünen Mosaikjungfer schlüpft aus ihrer Larvenhülle.

Bis Körper und Flügel erhärten, dauert es einige Zeit. Dann erst kann die Libelle davonfliegen.

Auf ihrem Floß aus Seerosenblättern fühlen sich die Wasserfrösche sicher und genießen ihr Sonnenbad.

Wer Goldfische im Gartenteich halten will, muss sich darüber im Klaren sein, dass sie das biologische Gleichgewicht im Wasser stören.

Bei manchen Libellenarten dauert das Larvenstadium nur wenige Monate, bei anderen kann es bis zu vier Jahre dauern, bis das Imago aus der Larve schlüpft. Auch Libellenlarven leben räuberisch unter Wasser. Ist ihre Zeit gekommen, so kriecht die Larve an einer Pflanze aus dem Wasser. Ihre Haut platzt am Rücken auf, die Larve schiebt sich rücklings heraus, schellt dann empor, hält sich fest und zieht den Hinterleib vollends aus der Larvenhülle. Dann entfalten sich die Flügel, erhärten, und die junge Libelle ist zum Abflug gerüstet. Dieser Vorgang nimmt oft einige Stunden in Anspruch.

Wer wünscht sich nicht **Frösche, Kröten** oder **Molche** im eigenen Gartengewässer? Doch so sehr es auch reizen mag, aus der freien Natur dürfen weder erwachsene Lurche, noch ihr Laich oder die Kaulquappen entnommen werden, denn sie stehen unter Artenschutz. Wenn ihnen der Teich im Garten zusagt, wandern diese Tiere auch zu, manche allerdings zögerlich, weil sie sich in Bezug auf ihr Laichgewässer sehr ortstreu verhalten.

Für Lurcharten ist das Umfeld des Teiches von großer Wichtigkeit. Hier sollten dichter Bewuchs, eine Laubschicht, locker aufgeschichtete Steine und morsches Holz Schlupfwinkel bieten. Lurcharten sind im Grunde Landbewohner. Die erwachsenen Tiere begeben sich nur zur Paarung und Laichablage in ein Gewässer, das sie früher oder später wieder verlassen. Lediglich die Entwicklung der Kaulquappe vollzieht sich im Wasser. Schließlich verwandeln sie sich vom Kiemenatmer zum Lungenatmer und entsteigen als kleine Hüpferlinge dem Gewässer. Erst als geschlechtsreife Tiere kehren sie zur Laichablage dorthin zurück.

Bei der **Erdkröte** kann dies vier bis fünf Jahre dauern. Sie ist besonders ortstreu und kehrt zum Ablaichen immer wieder in ihr Geburtsgewässer zurück. Alljährlich in den ersten Frühlingsnächten beginnt die Wanderung der Erdkröten. Oft kommen sie von weit her. Dabei umklammern die kleineren Männchen ein Weibchen und lassen sich huckepack zum Laichgewässer tragen. Während das Weibchen seine Laichschnüre ins flache Wasser ablegt, werden die Eier vom Männchen befruchtet. Erdkröten sind eifrige Schneckenvertilger und deshalb im Garten sehr willkommen.

Im Gegensatz zu den Kröten, die ihre langen Laichschnüre um Wasserpflanzen schlingen, setzen die Frösche ihren Laich in großen Klumpen ab. Beim Grasfrosch geschieht das bereits im März. **Wasserfrösche** warten mit der Paarung und Laichablage bis zum Mai. Die Laichballen dieser großen, grünen Frösche können bis zu zehntausend Eier enthalten. Selbst wenn Laich und Kaulquappen für andere Wassertiere eine willkommene Beute darstellen, bleiben noch genug Frösche zur Besiedelung des Teiches. Gefällt es ihnen dort, dann belohnen sie uns mit einem Froschkonzert, was jedoch nicht überall erwünscht ist Wie bereits erwähnt, hält sich der Wasserfrosch das ganze Jahr über in dem Feuchtbiotop seiner Wahl auf. Hier überwintert er auch, vergraben im Bodenschlamm.

Nicht selten wandern **Schwanzlurche** zu, vor allem der Teichmolch und der prächtiger gefärbte Bergmolch. Man findet sie zur Paarungszeit im Frühjahr in Gräben, Tümpeln und Weihern, wo sie ihre Eier einzeln an Wasserpflanzen kleben. Später verkriechen sie sich in feuchtkühlen Schlupfwinkeln und führen ein nachtaktives Landleben.

An der Frage, ob **Fische** in einen Gartenteich gehören, scheiden sich die Geister. Aber Biologen raten eher ab. Denn in der freien Landschaft findet man in flachen Tümpeln keine Fische und zwar aus gutem Grund. Solche Kleingewässer frieren in strengen Wintern ein, nicht selten bis auf den Grund. In trockenen Sommern sinkt der Wasserstand, das Wasser erwärmt sich, der Sauerstoff wird knapp. Manch ein Tümpel trocknet sogar völlig aus. Das alles sind schlechte Lebensbedingungen für Fische.

In naturnahen Gartenteichen sind die Verhältnisse denen eines Tümpels in der Landschaft durchaus vergleichbar. Tiere, die wir hier beobachten, sind von selbst zugewandert und schon bald spielt sich ein ökologisches Gleichgewicht zwischen den einzelnen Teichbewohnern ein. Werden jedoch Fische eingesetzt, so stören sie dieses Gleichgewicht meistens, da sie kaum Fraßfeinde haben. **Goldfische**, die man häufig in Gartenteichen findet, vermehren sich dann stark. Ein weiterer Nachteil ist, dass sie gerne gründeln, dadurch den Teichboden aufwühlen und somit eine Trübung des Wassers verursachen. Allenfalls ließen sich in einem Gartenteich Moderlieschen halten. Aber auch sie sind sehr fortpflanzungsfreudig. Im Gegensatz zu Goldfischen heben sie sich kaum vom Untergrund ab. Ihre Nahrung besteht aus Insektenlarven und Kleintieren.

Ganz allgemein treten Fische für andere Tiere des Teiches als Nahrungskonkurrenten auf, manche leben räuberisch und fressen Laich. Wenn man Fische füttert, sorgt man für Nährstoffeintrag, was wiederum vermehrten Algenwuchs nach sich ziehen kann. Will man im Gartenteich trotzdem Fische halten, so muss man mit technischem Aufwand dafür sorgen, dass sich die Tiere darin wohlfühlen. Je größer der Teich und je kleiner die Fische sind, umso besser gelingt dies.

# Der Nutzgarten

*Ein Nutzgarten, der alles bietet, was das Gärtnerherz erfreut: fruchtbare Beete, ein Kleingewächshaus, Gemüse, das gut gedeiht und eingestreute Einjahresblumen. Das Ganze ist von Lavendel eingefasst und mit Stauden umrahmt.*

Der ursprüngliche Zweck des Gartens war es, Gemüse, Obst, Heil- und Würzkräuter anzubauen. Erst später gesellten sich Blumen zu den Nutzpflanzen, und gartenkünstlerische Aspekte gewannen an Bedeutung. Doch immer hatten sogar herrschaftliche Anlagen ihren Küchengarten, ihre Obstspaliere, ihre Boskette voller Obstbäume. In den oftmals kleinen Gärten unserer Zeit spielt der Anbau von Nutzpflanzen häufig nur noch eine untergeordnete Rolle. Man hat vielleicht noch ein Beet für Kräuter, frische Salate, ein paar Tomatenpflanzen und Beerensträucher. Der Schwerpunkt liegt eher auf dem Freizeitwert des Gartens und in seiner ästhetischen Gestaltung.

Eigentlich ist das bedauernswert. Wir verlieren damit ein wenig den „Wurzelgrund der Gärtnerfreude". Es ist doch immer wieder faszinierend, wie aus einem Samenkorn der noch sehr verletzliche Keimling sprießt und daraus eine starke, blühende und fruchtende Pflanze wird. Das Bangen um den gärtnerischen Erfolg begleitet uns bis zur Ernte. Auch wenn die Existenz des Freizeitgärtners davon nicht abhängt, so fürchtet er doch die Unbilden des Wetters und Fraßschädlinge oder Pflanzenkrankheiten. Nur ein Freizeitgärtner, der sich auch um Obst- und Gemüsekulturen kümmert, kann ermessen, welche Mühen, Schwierigkeiten und auch Freude einem Landwirt und einem Erwerbsgärtner bereitet sind.

Das Gärtnern verlangt natürlich Kenntnisse von Klima und Boden, von Wachstumsvorgängen, Kulturmethoden und Sorten. Deshalb soll hier ein kleiner Überblick gegeben werden. Er mag Anregungen bieten und Lust machen auf einen Nutzgartenbereich. Denn blühende und fruchtende Obstbäume, bunte Salate, duftende Kräuter und Tomatenpflanzen voller Früchte zieren jeden Garten.

## Sonne, Wind und Regen

Während man Geländegestaltung und Bodenbeschaffenheit bei der Gartenanlage in gewissem Umfang den eigenen Vorstellungen anpassen kann, ist das Wetter nicht zu beeinflussen. Mit der Auswahl der Pflanzen, insbesondere der Obst- und Gemüsekulturen, hat man sich nach den Gegebenheiten zu richten.

Das Kleinklima aber, die Temperatur-, Wind- und Feuchtigkeitsverhältnisse der bodennahen Luftschicht können durchaus verändert werden. Zumindest sollte man sie richtig einschätzen, um danach die entsprechende Pflanzenauswahl treffen zu können.

### Sonneneinstrahlung

So herrscht beispielsweise an Hängen und vor Wänden, bedingt durch den veränderten Einfallswinkel der Sonnenstrahlen, ein anderes Klima als auf ebenen Flächen. Vor Süd- und Südwestwänden ist vor allem im Winter und in den Übergangsjahreszeiten der Strahlungsgenuss wesentlich größer als auf ebener Fläche. Dies wirkt sich auf Pflanzenwuchs und Fruchtreife aus. Zusätzlich bietet die Wand Windschutz, und nachts wird die Wärme abgestrahlt. Dabei speichern dunkle Mauern die Tageswärme stärker, während eine weiße Wand die Einstrahlung großenteils reflektiert, was z. B. bei Tomaten zu früherer Fruchtreife führt.

An der Nordseite des Hauses, einer Hecke oder am Nordhang, wo Einstrahlung und Erwärmung gering sind und Feuchtigkeit sich lange hält, gedeihen Schattenpflanzen. Um den Pflanzbereich richtig einzuschätzen, ist es hilfreich, wenn man den Schattenwurf einer Mauer vorausberechnet. Dabei ist zu bedenken, dass dieser sich im Laufe des Jahres verändert. Grob gesagt sind bei 50° nördlicher Breite von April bis Anfang September mittags Schattenlänge und Mauerhöhe etwa gleich groß. Anfang Februar und Ende Oktober ist die Schattenlänge auf das Doppelte der Mauerhöhe angewachsen. Am 21. Dezember ist der Schatten etwa dreieinhalb Mal so lang wie die Mauer hoch ist (s. auch Kap. „Licht und Schatten"). Weil die meisten Pflanzen um diese Jahreszeit eingezogen sind, hat dieser Wert nur für Immergrüne eine gewisse Bedeutung.

### Windbewegung

Wenn Luft sich erwärmt oder abkühlt, kommt es zu Strömungen und damit zu Luftbewegungen, zu mehr oder minder starkem Wind. Leichter Wind hat Vorteile für die Vegetation und für Lebewesen überhaupt. Extreme Lufttemperaturen werden gemindert, frische Luft zugeführt. Im Garten spielt der Wind als Bestäuber eine Rolle,

*Die Kombination von Dekorativem und Nutzbringendem hat im Bauerngarten Tradition. Da passen die Kletterrosen am Zaun sehr gut.*

z. B. bei Tomaten. Gute Durchlüftung wirkt der Pilzerkrankung empfindlicher Pflanzen entgegen.

Stärkerer Wind, womöglich noch beschleunigt durch die Düsenwirkung zwischen zwei Gebäudeteilen, kann dagegen durchaus lästig werden und einem Gartensitzplatz die Behaglichkeit nehmen. Aber Zugluft ist nicht nur uns, sondern auch vielen Pflanzen unangenehm. Wind erhöht die Verdunstung, kühlt ab und trocknet aus. Mithilfe baulicher Maßnahmen, einer Mauer, einem hohen Zaun, einem Wall oder durch die Anlage einer Hecke lässt sich aber meist recht einfach ein windgeschützter Bereich schaffen.

### Niederschläge

Wer wertvolles Trinkwasser für wichtigere Zwecke als das Gießen sparen will, sollte die Bepflanzung so wählen, dass sie mit den natürlichen Gegebenheiten zurechtkommt. Im Gemüsegarten ist das allerdings nur selten möglich. Es ist klug, hierfür aufgefangenes Regenwasser zu verwenden (s. auch Kap. „Gartenbewässerung").

Für das Pflanzenwachstum ist weniger die durchschnittliche Jahresniederschlagsmenge von Bedeutung als deren jahreszeitliche Verteilung. In den meisten Teilen Deutschlands fallen die höchsten Niederschläge im zeitigen Frühjahr und im Hochsommer. In der jüngsten Zeit gab es diesbezüglich jedoch Verschiebungen. Wahrscheinlich müssen wir uns auf längere Hitze- und Trockenperioden einstellen und auch mit extremen Wetterlagen rechnen.

# Wie fruchtbarer Boden entsteht

Was wir bei der Bestellung eines Beetes vom Boden sehen, ist nur die oberste Zone, der Ober- oder Mutterboden. Erst wenn wir eine Grube ausheben, wird uns deutlich, dass der Boden verschiedene Schichten aufweist. Das reicht von der aufliegenden Streu über den stark belebten dunkelbraunen Humushorizont, die darunterliegende, zunächst noch kräftig braune, aber nach unten immer heller und gröber werdende Mineralschicht bis hinunter zum Ausgangsmaterial oder noch tiefer, zum Gestein des Untergrundes.

Von oben nach unten nehmen sowohl die Tätigkeit der Bodenorganismen als auch die Durchwurzelung ab. Die Schichten sind ganz verschieden ausgeprägt. Sie geben Auskunft über die Eigenschaften des Bodens und damit über seine Fruchtbarkeit.

Wie entsteht aber nun fruchtbarer Boden? Ausgangsmaterial ist immer Gestein, entweder Urgestein wie Granit oder Basalt oder Umwandlungsgesteine wie Schiefer oder Gneis und schließlich Sedimentgesteine, die bereits zerkleinert oder gelöst transportiert und wieder abgelagert worden sind. Dazu gehören neben Kalkstein auch zu Stein verfestigte Kiese und Sande.

Dieses Gestein verwittert. Zunächst wird es durch die Sprengkraft von gefrierendem Wasser zerkleinert und dann von Pflanzen besiedelt, die sich ihrerseits mit der Ausscheidung von Säuren am Abbauprozess beteiligen. Wasser transportiert lösliche Bestandteile. Pflanzenwurzeln dringen in die Zwischenräume ein. Von entscheidender Bedeutung für die Bildung fruchtbaren Bodens sind jedoch die tierischen und pflanzlichen Bodenorganismen, die abgestorbene Pflanzenteile zersetzen, mit den mineralischen Bodenbestandteilen innig verbinden und Bausteine herstellen, aus denen neues Pflanzenleben erwächst.

*Am Bodenprofil kann man gut erkennen, dass die dunklere, oberste Bodenschicht von organischer Substanz geprägt ist. Hier ist sowohl die Durchwurzelung als auch die Tätigkeit der Bodenorganismen am intensivsten. In tieferen Schichten herrscht mineralisches Material vor.*

## Bodenarten

Je nachdem, welches Ausgangsgestein vorliegt und wie das Klima die Bodenbildung beeinflusst, entstehen tief- oder flachgründige, nährstoffhaltige oder arme Böden, Sand-, Lehm- oder Tonböden.

Ein reiner Sandboden, der einem aus der Hand rieselt, ist reich an Hohlräumen. Er hat eine gute Durchlüftung, wird tief durchwurzelt, erwärmt sich schnell, und man kann ihn nach dem Regen bald wieder betreten, ohne Schaden anzurichten. Von Nachteil ist, dass Wasser rasch darin versickert und gelöste Nährstoffe mit sich in die Tiefe nimmt. Deshalb sind Sandböden nährstoffarm. Sie speichern kaum Feuchtigkeit und trocknen rasch aus. Die Erträge der Nutzpflanzen bleiben auf diesen Standorten gering. Verbessern lässt sich sandiger Boden durch eine Zumischung von Humus und Tonmineral.

Das andere Extrem, der schwere Tonboden, ist quellfähig, man kann ihn kneten und formen. An den Tonpartikeln lagern sich die für die Pflanzenernährung notwendigen Nährstoffionen so an, dass sie kaum mehr ausgewaschen werden. Trotzdem sind die Wachstumsbedingungen auf Ton und schwerem Lehm nicht ideal, weil Wurzeln nur schwer eindringen können und ihnen Luftporen zur Atmung fehlen. Zudem erwärmen sie sich schlecht und trocknen nur langsam ab. Sehr schwere Böden neigen zur Staunässe. Die Bearbeitung ist mühsam und kostet viel Kraft.

Mit mechanischer Lockerung sind die Nachteile kurzfristig behoben. Eine dauerhafte Verbesserung kann bis zu einem gewissen Grad durch das Einarbeiten von Sand erzielt werden. Auch eine maßvolle Kalkung kann sich günstig auf die Struktur leicht saurer Tonböden auswirken. Ganz ohne unser Zutun lockern Bodenlebewesen dichte Erde. Dazu muss ihnen ausreichend organische Substanz, z. B. in Form einer Mulchschicht, zur Verfügung stehen. Sie verkleben Ton- und Humuspartikel miteinander und tragen so zur Krümelbildung bei. Dieser Prozess vollzieht sich jedoch über einen längeren Zeitraum.

Die für Bearbeitung und Ertrag günstigen Böden liegen zwischen Sand und Ton. Es sind lehmige Sande bis sandige Lehme, deren Feinsubstanz bei der Prüfung mit der Hand bei mittlerer Feuchtigkeit mehr oder weniger stark an den Fingern haftet und die zwar formbar sind, dabei aber rissig werden.

Betrachtet man nur die physikalischen Eigenschaften, so stehen in einem fruchtbaren Boden die festen, flüssigen und gasförmigen Bestandteile in einem ausgewogenen Verhältnis zueinander. Pflanzenwurzeln können gut und tief eindringen, atmen und Wasser sowie gelöste Nährstoffe aufnehmen. Die Feuchtigkeit wird während einer Trockenperiode einige Zeit gespeichert.

## Düngung

Für ein gutes Gedeihen der Pflanzen sind neben den mechanischen, mineralischen und biologischen Eigenschaften noch Nährstoffgehalt und Säuregrad von Bedeutung. Ein Maß für den Säuregrad eines Bodens ist der **pH-Wert**. Die Skala reicht von 0 bis 14. Der pH-Wert 7 bezeichnet die neutrale, die tieferen Werte die saure und die höheren Werte die alkalische Reaktion. Der pH-Wert hat Einfluss auf die Bodenstruktur und die Verfügbarkeit der Nährstoffe. Für schwere Böden sollte man einen pH-Wert von 7 anstreben, für leichte Böden liegt der optimale Wert bei 5 bis 6. Regulieren lässt sich der Säuregrad des Bodens mit der kontrollierten Zugabe von Kalk bzw. von sauer reagierendem Humus.

Um zügig wachsen zu können, benötigen Pflanzen Hauptnährstoffe und Spurenelemente, die in einem bestimmten Verhältnis zueinander zur Verfügung stehen müssen. Die Hauptnährstoffe sind Stickstoff, Phosphat, Kali, Kalk und Magnesium.

*Neben dem geeigneten Standort ist eine optimale Nährstoffversorgung von entscheidender Bedeutung für den Ertrag des Nutzgartens.*

**Stickstoff** dient den Pflanzen zum Aufbau von Eiweiß und Blattmasse. Ist zu wenig von diesem Nährstoff vorhanden, so kümmert die Pflanze, und die Blätter haben eine blasse, gelbliche Farbe. Dagegen schießt bei einem hohen Stickstoffangebot alles „ins Kraut". Der Wuchs wird mastig, die Blätter sind blaugrün gefärbt. Die Pflanzen bilden weiches Gewebe und sind daher nicht standfest. Sie werden anfällig für Krankheiten. Blüten- und Fruchtansatz bleiben gering. Schließlich enthält das Erntegut zu viel Nitrat, was sogar gesundheitsschädlich sein kann. Bei stickstoffüberdüngten Gehölzen, z. B. Rosen, reifen die Triebe nicht aus und sind dann anfällig für Frostschäden.

**Phosphat** benötigen die Pflanzen vor allem zur Ausbildung von Blüten und Früchten. Gartenböden enthalten fast immer zu viel davon, denn es wird kaum ausgewaschen und man bringt es mit Kompost und handelsüblichen Volldüngern oft in größerer Menge aus, als gebraucht wird.

**Kali** verleiht den Pflanzen Standfestigkeit und macht sie widerstandsfähig gegen Frost, Trockenheit, Krankheiten und Schädlinge. Dieser Nährstoff wirkt sich günstig auf Geschmack und Haltbarkeit des Erntegutes aus. Auch bei Kali besteht am ehesten die Gefahr der Anreicherung.

**Kalk** beeinflusst nicht nur den pH-Wert des Bodens, er wirkt auch als Pflanzennährstoff.

**Magnesium** ist ein wichtiger Bestandteil des Blattgrüns und daher für die Fotosynthese von Bedeutung. Spurennährstoffe wie Eisen, Mangan, Kupfer, Zink, Molybdän, Chlor und Bor braucht die Pflanze in geringen Mengen zum Wachstum. In Böden, die gut mit Humus versorgt sind, stehen diese Spurenelemente in ausreichender Menge zur Verfügung.

Fehlt ein Nährstoff, so kümmern die Pflanzen. Der Mangel kann dann nicht durch einen anderen Mineralstoff ausgeglichen werden. Das Gedeihen der Pflanzen hängt von dem Nährstoff ab, der im Minimum vorhanden ist. Während ein guter Gartenboden für Stauden und Gehölze in aller Regel ausreichend Nährstoffe bietet, kann es im Nutzgarten, wo Erntegut entnommen wird, durchaus zu Nährstoffmangel kommen. Bevor man aber unkontrolliert und nur nach Gutdünken womöglich Volldünger ausbringt, ist eine **Bodenuntersuchung** unbedingt anzuraten. Erst aufgrund einer genauen Analyse sollten die erforderlichen Düngergaben verabreicht werden. Eine Düngerezeptur des Untersuchungslabors gibt hierzu genaue Hinweise. Die Bodenuntersuchung sollte nach 3 bis 5 Jahren wiederholt werden.

Es hat sich als sinnvoll erwiesen, anstelle von Volldüngern ganz gezielt die mangelnden Nährstoffe zuzuführen. Dabei ist die erforderliche Menge mit der Waage zu ermitteln. Die Erfahrung zeigt, dass Kali und vor allem Phosphat in den Hausgärten fast immer im Übermaß vorhanden sind, während Stickstoff manchmal fehlt. Allerdings ist der Gehalt an pflanzenverfügbarem Stickstoff hohen Schwankungen ausgesetzt. In mineralischer Form, dem Nitrat, wird er leicht ausgewaschen. Deshalb sollte man leicht löslichen, mineralischen Stickstoffdünger, wenn überhaupt, nur ganz gezielt in kleinen Mengen ausbringen. Besser ist es, Horngrieß zu verwenden, eine Gründüngung mit Schmetterlingsblütlern vorzusehen oder mit grünen Pflanzenteilen zu mulchen. Denn in Bodenorganismen sowie in pflanzlichen und tierischen Abfällen liegt Stickstoff in gebundener Form vor. Er wird erst von Bodenbakterien in eine von Pflanzen aufnehmbare Form umgewandelt.

Bei der Düngung der Gemüsekulturen ist auch der unterschiedliche Nährstoffbedarf der Pflanzen zu berücksichtigen. Man unterscheidet Schwach-, Mittel- und Starkzehrer, wobei Erbsen, Feldsalat und Radieschen geringe Nährstoffansprüche haben, dagegen Kürbis, Zucchini, Lauch, Sellerie und alle Kohlarten außer Kohlrabi zu den Starkzehrern zählen. Die übrigen Gemüsearten und Beerenobst liegen im mittleren Bereich.

*„Der ewige Kreislauf" hat nicht nur in der Landschaft, sondern auch im Garten seine Gültigkeit. Einen geschlossenen Nährstoffkreislauf erreicht man mit Kompostwirtschaft. Dies ist das Fundament von Fruchtbarkeit und Nachhaltigkeit.*

## Bodenleben

Doch der Boden ist nicht nur Träger gelöster Nährstoffe und Substrat zur Verankerung der Wurzeln, sondern auch Lebensraum für unzählige, zumeist winzige Organismen und Lebewesen, die an der Bodenbildung beteiligt sind. Eine Handvoll Komposterde, heißt es, beherbergt mehr Organismen, als auf unserem Planeten Menschen leben. Dabei ist die Zahl der Bakterien, Pilze und Algen am größten, gefolgt von den Einzellern. Sie alle werden erst unter dem Mikroskop sichtbar. Was wir mit der Lupe oder dem bloßen Auge wahrnehmen können, sind neben Regenwürmern, Tausendfüßlern, Asseln, Ameisen, Spinnen und Käfern vielleicht noch Springschwänze und Strudelwürmer.

*Dem Vorbild der Natur folgend sollte der Boden auch im Garten nicht ungeschützt Wind und Wetter ausgesetzt sein, sondern mit Pflanzen oder einer Mulchschicht bedeckt sein.*

Sie alle und viele andere verwandeln die Abfälle der Natur zu Rohstoffen, aus denen neues Pflanzenleben erwächst. Sie halten also den Kreislauf von Wachsen und Vergehen in Gang und bilden fruchtbaren Boden. Dabei haben die kleinsten Bodenorganismen, nämlich die Bakterien, vielleicht die größte Bedeutung. Denn einige von ihnen sind in der Lage, den Stickstoff aus der Luft zu binden und zwar direkt oder in Symbiose mit Schmetterlingsblütlern, wie beispielweise Bohnen oder Lupinen. Nach ihrem Absterben steht der Stickstoff den Pflanzen zur Verfügung.

Eine besondere Bedeutung kommt den Regenwürmern zu. Sie fressen und bohren sich durch den Boden. So durchmischen sie die Erde, sorgen für Lockerung, Lüftung und Dränage. Ihre Gänge verfestigen sie mit nährstoffhaltigen Schleimabsonderungen. Damit schaffen sie Wuchsbahnen für Pflanzenwurzeln. Mit den Pflanzenresten, die sie in ihre Wurmröhren ziehen und dann fressen, nehmen sie auch mineralische Bestandteile auf. So verbinden sich im Verdauungstrakt des Regenwurms die Produkte der Gesteinsverwitterung mit denen der Verrottung organischer Substanz. Dabei entstehen nährstoffreiche, sehr stabile Bodenkrümel.

Die Bedeutung der Bodenlebewesen kann man gar nicht hoch genug einschätzen. Für die Streuzersetzung, Humusanreicherung und Strukturbildung sind sie unentbehrlich. Deshalb bedeutet Bodenpflege letztlich, alle Voraussetzungen dafür zu schaffen, dass sich das Bodenleben gut entwickeln kann.

Durch tiefgründige Bearbeitung des Bodens werden die darin lebenden Organismen gestört. Um diesen Eingriff so gering wie möglich zu halten, rät man zumindest bei leichten Böden zur Lockerung mit dem „Sauzahn" oder einem vergleichbaren Gerät, wobei die natürliche Bodenschichtung erhalten bleibt. Schwere Böden sollte man aber doch spatentief umgraben, weil so Durchlüftung und Wasserführung verbessert werden. Der Spätherbst ist dafür die beste Zeit.

Der Boden sollte nie offen Wind und Wetter ausgesetzt sein. Immer braucht er die schützende Haut der Pflanzendecke oder eine Mulch- bzw. Streuschicht. Sie bewahrt ihn davor, auszutrocknen oder zu verschlämmen, vom Wind fortgetragen oder vom Regen abgeschwemmt zu werden. Auch die Temperaturextreme bei Hitze und Kälte werden gedämpft. Nur im bedeckten Boden können die Bodenorganismen bis in die obersten Zentimeter tätig sein.

## Kompost

In sehr kleinen Gärten tut man sich meist schwer, eine geeignete Ecke für Kompostbehälter zu finden. Viele Gartenbesitzer entsorgen deshalb die anfallenden Küchen- und Gartenabfälle über die Biotonne. Man kann das mit gutem Gewissen tun, weil die or-

*Das gesammelte Kompostmaterial wird gehäckselt.*

ganische Substanz in den professionell betriebenen Kompostanlagen genauso gut wie im eigenen Garten in Humus umgewandelt wird.

In größeren Gärten, wo auch entsprechend viel organische Substanz anfällt, ist die eigene Kompostierung aber nach wie vor sinnvoll. Denn auf diese Weise bleibt der Nährstoffkreislauf innerhalb des Gartens erhalten und Kompost ist ein kostengünstiger, natürlicher und auch sehr guter Dünger. Er enthält nämlich nicht nur Humus und Nährstoffe, sondern reichert den Boden auch mit Kleinlebewesen an. Deshalb soll kurz darauf hingewiesen werden, was bei der Kompostierung zu berücksichtigen ist.

Der Kompostplatz sollte gut erreichbar sein und im Schatten oder Halbschatten liegen. Sein Fassungsvermögen muss man auf die anfallenden Mengen abstimmen. Dabei ist es nicht so entscheidend, ob man eine Kompostmiete aufsetzt oder Behälter verwendet. Nur luftdurchlässig müssen sie sein. Am besten legt man zwei Komposthaufen bzw. -behälter an. Während einer fertig aufgesetzt in Ruhe verrottet, nimmt ein zweiter das laufend anfallende Material auf.

Eigentlich kann alles, was verrottet, kompostiert werden. Gut geeignet sind Küchenabfälle, wie sie beim Gemüseputzen anfallen, Kaffee- und Teefilter und dann natürlich Gartenabfälle, wie Laub, zerkleinerter Hecken- und Baumschnitt sowie Blumen- und Gemüseabfälle. Samentragende Unkräuter und kranke Pflanzenteile gibt man besser nicht auf den Kompost. Grasschnitt eignet sich zwar zur Kompostierung, sollte aber angetrocknet sein und muss mit sperrigem Material gut gemischt und in dünnen Schichten aufgesetzt werden. Andernfalls erhält er zu wenig Luft und gärt oder fault. Mist und Streu von Kleintieren ist ein willkommener Stickstofflieferant. Wo dergleichen fehlt, erweist sich eine Zugabe von Hornspänen als hilfreich. Wichtig ist die Vielfalt und Durchmischung der verschiedenen Rohstoffe.

Dieses organische Material sammelt man, bis ein Behälter voll ist. Dann wird alles klein gehäckselt und zur weiteren Verrottung aufgesetzt. Dabei vermischen sich die Rohstoffe noch einmal. Um den Rottevorgang zu beschleunigen, kann man den frischen Abfällen einige Schaufeln voll vorjährigem Kompost zufügen. Die darin enthaltenen Mikroorganismen vermehren sich rasch. In dieser ersten Stufe der Verrottung kann der Kompost sehr heiß werden. Ist diese Phase vorüber, so sackt er zusammen, manchmal bis auf die Hälfte seines Volumens.

Bodenorganismen verwandeln unsere Küchen- und Gartenabfälle zu Humus. Sie brauchen zu ihrer optimalen Entwicklung das rechte Maß an Wärme, Feuchtigkeit und Luft. Deshalb muss das zu verrottende Material locker auf durchlässigem Boden aufgeschichtet werden. Es sollte nicht der prallen Sonne ausgesetzt sein. Bei großer Trockenheit muss man den Kompost gelegentlich gießen.

Ist der Komposthaufen fertig aufgesetzt, erhält er eine schützende Abdeckung aus Laub, Grasschnitt, Stroh oder mit einer Plane. So ruht er zwei bis drei Monate: Dann sollte man ihn umsetzen und nochmals gut durchmischen. Dabei lässt sich die Feuchtigkeit überprüfen und nötigenfalls durch Gießen bzw. Zugabe trockenen Materials (z. B. zerknüllte Zeitungen) in Ordnung bringen. Nach weiteren zwei Sommermonaten ist der Kompost reif. Im Winter dauert es entsprechend länger. Fertiger Kompost riecht dann wie Walderde. Von den Regenwürmern, die vorher so eifrig tätig waren, findet man jetzt keine mehr. Schließlich verteilt man den Kompost auf Beetflächen und Baumscheiben und arbeitet ihn flach ein, 3–5 l/m² genügen. Auch Rasenflächen können Kompost vertragen.

*Es hat sich bewährt, frisches Kompostmaterial in einem Behälter zu sammeln, während das bereits gehäckselte in einem zweiten Behälter verrottet. Hier vollbringen Regenwürmer und andere Bodenorganismen ihr Werk. Das Endprodukt ist dunkle, krümelige Komposterde.*

## Gartenbotanik

Einige grundlegende Kenntnisse in Botanik helfen, die Vorgänge von Wachsen, Blühen und Fruchten besser zu verstehen. Das Wichtigste soll deshalb kurz angeschnitten werden. Es ist auch als Anregung gedacht, sich damit noch einmal etwas intensiver zu befassen.

Von den Pflanzen nehmen wir vor allem die oberirdischen Teile wahr, weniger die Wurzeln. Dabei ermöglichen sie den grünen Pflanzenteilen erst die Existenz. Es gibt extreme Tiefwurzler wie die Eiche, die Unterwuchs duldet und extreme Flachwurzler wie die Birke, unter der nichts wachsen kann. Dazwischen liegen die Herzwurzler mit unterschiedlicher Toleranz gegenüber den unter ihrem Kronendach wachsenden Pflanzen.

Am wichtigsten sind die Faserwurzeln. Sie nehmen die Nährstoffe und das Wasser auf. Weil sie meist dicht unter der Erdoberfläche verlaufen, darf man beispielsweise unter Beerensträuchern und Obstbäumen nicht tief graben, um sie nicht zu verletzen. Faserwurzeln sind empfindlich, sie trocknen schnell aus. Deshalb dürfen Jungpflanzen und Bäume, die eingesetzt werden sollen, nicht in der Sonne herumliegen oder dem Frost ausgesetzt werden. Auch sollte man bei der Pflanzung die wohlgemeinte Kompostgabe nur in die oberste Bodenzone einarbeiten und nicht direkt an die Wurzeln bringen, denn überdüngter Boden lässt sie „verbrennen".

Leitbündel sorgen für den Transport von Flüssigkeiten in der Pflanze. Bei Gehölzen werden im innen liegenden Holzteil, dem Splintholz, Wasser und Salze von unten nach oben transportiert, im außen liegenden Siebteil, dem Bast, fließen die Assimilate von oben nach unten. Deshalb sind Rindenverletzungen bei Bäumen ernsthafte Schäden. Zwischen Holzteil und Siebteil liegt (meist) das Wachstumsgewebe, das Kambium. Es heilt Wunden aus und lässt Veredelungen zusammenwachsen, wenn der Gärtner seine Arbeit versteht.

Die oberirdischen grünen Pflanzenteile wachsen stets dem Licht entgegen. Mit dem Blattgrün und dem Sonnenlicht können sie aus Kohlendioxid und Wasser organische Stoffe, wie Zucker und Stärke bilden und werden so zum ersten Glied unserer Nahrungskette. Dabei wird Sauerstoff frei, was Tier und Mensch erst das Atmen ermöglicht. Die Blätter sind dadurch die wichtigsten Pflanzenorgane. Ihr Lichtbedarf ist unterschiedlich hoch. Gemüse, Obstbäume und Rosen brauchen stets die volle Sonne; Efeu, Immergrün und Farne kommen auch im Schatten voran oder sind sogar darauf angewiesen.

Blüten sind kurze Höhepunkte im Erscheinungsbild der Pflanzen. Sie dienen der Pflanze als Mittel zum Zweck, nämlich der Bildung von Samen. Es gibt Windbestäuber wie die Haselsträucher. Sie fallen, ebenso wie Nadelgehölze, durch die gewaltige Produktion von Blütenstaub auf. Insektenbestäuber sind auf Bienen, Hummeln, Fliegen und andere Insekten angewiesen. Um sie auf sich aufmerksam zu machen, bilden diese Pflanzen prächtige, manchmal auch duftende Blüten aus. Sie locken zudem mit Blütenpollen und Nektar. Vor allem daran sind die Insekten interessiert. Ganz nebenbei vollziehen sie die Bestäubung. Deshalb sollte man weitgehend auf gefüllt blühende Pflanzen verzichten.

*Pflanzen, die auf die Bestäubung durch Insekten angewiesen sind, machen mit prächtigen, oft duftenden Blüten auf sich aufmerksam und locken ihre Bestäuber mit Blütenpollen und Nektar an. Blühende Krokusse bieten den Bienen erste Nahrung im Vorfrühling. Blüten mit tiefen Kronröhren können nur von langrüsseligen Insekten, wie sie einige Hummelarten haben, bestäubt werden. Bienen weiden flache Blütenstände ab und sammeln den Pollen in ihren „Höschen".*

Dort sind nämlich die Staubblätter zu Blütenblättern umgebildet. Somit halten sie keine Nahrung für die Insekten mehr bereit.

Äpfel, Birnen und Süßkirschen sind in der Regel selbstunfruchtbar. Sie benötigen zur Bestäubung eine andere Sorte als Pollenspender. Dabei genügt es, wenn eine geeignete Sorte nicht mehr als 200 m entfernt steht. Manche Arten tragen entweder nur männliche oder nur weibliche Blüten. Man nennt sie zweihäusig. Wenn also z. B. eine Kiwi Früchte tragen soll, muss man auch ein männliches Exemplar pflanzen.

Nach ihrem Blütenbau werden die Gartengewächse verschiedenen Pflanzenfamilien zugeordnet. Sie ein wenig zu kennen, ist vor allem beim Gemüsebau vorteilhaft. Durch ihre verwandtschaftlichen Beziehungen haben sie oft die gleichen Krankheiten, was beim Fruchtwechsel berücksichtigt wird. So pflanzt man (außer Tomaten) keine Nachtschattengewächse wie Kartoffeln, Paprika oder Auberginen nacheinander auf die gleiche Fläche. Das gilt auch für die Kreuzblütler Kohl, Rettich und Radieschen. Direkt selbstunverträglich sind Gänsefußgewächse wie Rote Rübe, Mangold und Spinat, ebenso die Doldenblütler Gelbe Rübe, Sellerie, Petersilie, Kerbel und Fenchel.

## Der Gemüsegarten

Gemüse wird heutzutage im Hausgarten vor allem deshalb angebaut, weil man Freude an der gärtnerischen Betätigung hat, das frisch geerntete Gemüse schätzt und sich nicht zuletzt Nahrungsmittel verspricht, die weitgehend frei sind von Schadstoffen.

Gemüse gedeiht nur bei vollem Lichtgenuss. Deshalb müssen die Beete einen sonnigen Platz bekommen. Gehölze sollten in respektvollen Abstand stehen, nicht nur, weil sie Schatten werfen, sondern auch, damit ihre Wurzeln den Gemüsekulturen keine Konkurrenz machen. Die Beete verlaufen am besten in Nord-Süd-Richtung. Damit vermeidet man, dass höhere Kulturen den niedrigeren das Sonnenlicht rauben. Beete mit einer Breite von 1,10 m bis 1,20 m sind gut zu bearbeiten. Die Wege dazwischen müssen nicht befestigt sein. Meist genügt ein Trampelpfad. Wer will, kann Lattenroste aus unbehandelten Dachlatten auslegen. Ein Wasseranschluss sollte in erreichbarer Nähe vorhanden sein. Noch besser ist ein Schöpfbecken mit Regenwasser.

Der Freizeitgärtner muss nicht von der Ernte aus dem eigenen Garten leben. Deshalb werden vom privaten Nutzgarten auch keine Höchsterträge verlangt. Nicht jede Aussaat oder Pflanzung muss unbedingt ein voller Erfolg werden. Allerdings trübt es die

*Lattenroste zur Befestigung der Wege zwischen den Beeten haben sich bewährt.*

Freude am Gärtnern doch sehr, wenn die Tomaten unter Pilzbefall dahinwelken und so manche Tierchen die Ernte streitig machen. Trotzdem sollte man nicht gleich zu „scharfen Geschützen" greifen, sondern naturgemäße Anbauweisen und Hilfsmittel nutzen. Sie schonen das Ökosystem Garten und sind langfristig gesehen erfolgreicher als konventionelle Bekämpfungsmaßnahmen.

### Gründüngung

Nichts schadet dem Boden mehr, als unbedeckt Sonne, Regen und Wind ausgesetzt zu sein. Deshalb ist es vorteilhaft, wenn man Beete, die im Frühjahr noch nicht und im Herbst nicht mehr bebaut werden, mit Gründüngungspflanzen ansät. Sie wachsen schnell, durchwurzeln den Boden tief und lockern ihn. Sie binden die Nährstoffe und verhindern somit deren Auswaschung, liefern Humus und hinterlassen den Boden in einem guten Zustand. Auch regenerieren sie ertragsmüde Böden. Einige Arten sind sogar in der Lage, zur Gesundung von Böden beizutagen, die mit Nematoden (Fadenwürmern) verseucht sind. Vor allem Tagetes, aber auch Ringelblumen und Ölrettich tun hier gute Dienste.

Schmetterlingsblütler, wie Erbsen, Wicken, Lupinen, Ackerbohnen und Kleearten können mithilfe von Bakterien sogar den Stickstoff aus der Luft binden. Diese sog. Knöllchenbakterien bilden knollenartige Verdickungen an den Wurzeln der Schmetterlingsblütler, mit denen sie in Symbiose leben. Nach dem Absterben der

Pflanzen und damit der Bakterien, steht dieser Stickstoff nachfolgenden Kulturen zur Verfügung. Bis dahin ist er in der Pflanzenmasse gebunden.

Schwere und verdichtete Böden lassen sich mit Gründüngungspflanzen verbessern, deren Wurzeln tief eindringen. Dazu zählen neben den Schmetterlingsblütlern Ackerbohne, Luzerne und Lupine, auch Borretsch und Sonnenblume sowie die Kreuzblütler Ölrettich, Raps und Senf. Letztere sollte man jedoch nicht einbringen, wenn es im Garten schon einmal Probleme mit Kohlhernie gab, denn alle Kreuzblütler sind Wirtspflanzen dieses Schadpilzes. Ideale Gründüngungspflanzen für leichte Böden sind Phazelia und Buchweizen.

Auf eine Fläche, die im Sommer frei ist, sollte man blühende Gründüngungspflanzen wie Ringelblumen, Tagetes, Phazelia, Sonnenblumen, Buchweizen, Amaranth und Steinklee ansäen. Das ist nicht nur eine Augenweide für uns Gärtner, sondern lockt auch viele Nutzinsekten an. Für Herbstanbau eignen sich dagegen frostbeständige Arten wie Winterwicke, Winterraps und Winterroggen.

Jede Gründüngung wird nach einer bestimmten Wuchszeit abgemäht oder eingehackt. Das sollte spätestens nach der Blüte und vor der Samenreife geschehen. Die Pflanzenmasse lässt man dann als Mulchdecke auf der Fläche liegen, oder man arbeitet sie flach ein.

*Eine Gründüngung aus Phazelia und Sonnenblumen dient nicht nur der Regeneration des Bodens, sondern ist auch eine Augenweide.*

## Mulchabdeckung

Nicht nur abgemähte Gründüngungspflanzen lassen sich als Mulchmaterial verwenden, sondern auch Grasschnitt, gehäckseltes Stroh oder zerkleinerte Ernterückstände. Nur mit Krankheitserregern infiziertes Blattwerk darf nicht auf den Beeten liegen bleiben. Eine Mulchdecke hat viele Vorteile. Sie vermindert Austrocknung, Verschlämmung und Abtragung des Bodens. Die obersten Schichten bleiben feucht und gut temperiert. Das regt die Tätigkeit der Bodenorganismen an. Sie verarbeiten das Mulchmaterial zu Humus und Nährstoffen, die schließlich den Pflanzen zur Verfügung stehen. Außerdem unterdrückt eine Mulchschicht unerwünschten Aufwuchs.

Ein Nachteil muss jedoch auch erwähnt werden: Manchmal treiben unter dickeren Mulchschichten Wühlmäuse ihr Unwesen. Deshalb sollte man das Mulchmaterial nur in einer Stärke von 3 bis 5 cm aufbringen. Im Gemüsebeet ist das ohnehin der Fall. Aber Gehölzflächen werden oft 10 cm dick mit gehäckselter Rinde oder anderem Material gemulcht. Darauf sollte man verzichten, wenn Wühlmausbefall zu befürchten ist. Das gilt besonders für die Baumscheiben von Obstbäumen.

Für Wärme liebende Kulturen, wie Gurke, Kürbis, Melone, Zucchini oder Paprika, verwendet man zur Bodenbedeckung gelegentlich schwarze Mulchfolie, denn darunter erwärmt sich der Boden sehr rasch. Die Bodenorganismen fördert das allerdings nicht. Ihnen fehlt die Nahrung.

## Fruchtwechsel

Gemüsekulturen aus einer Pflanzenfamilie dürfen nicht mehrere Jahre hintereinander auf derselben Fläche angebaut werden. Das hat mehrere Gründe: Zum einen beansprucht jede Pflanzenart den Boden auf spezifische Weise. Jede Art entnimmt dem Boden bestimmte Nährstoffe und hinterlässt ihrerseits entsprechende Stoffwechselprodukte. Zudem gibt es Krankheitserreger, die im Boden überdauern und immer wieder Wirtspflanzen der gleichen Pflanzenfamilie heimsuchen. Deshalb sollte ein mehrjähriger Fruchtwechsel eingehalten werden. Erst nach 3 bis 5 Jahren kann ein Beet bzw. bei Mischkulturen eine Reihe wieder mit der gleichen Gemüseart bestellt werden. Auf guten Fruchtwechsel ist vor allem bei Kohlarten, Gurken, Mangold, Zwiebeln, Erbsen, Gelben Rüben, Petersilie und Kartoffeln zu achten. Tomaten, Lauch und Sellerie sind diesbezüglich weniger empfindlich. Weil man oft schon vergessen hat, was vor Jahren auf einer Fläche wuchs, ist es ratsam, alljährlich einen Anbauplan zu erstellen.

## Mischkultur

Die Erkenntnis, dass Pflanzen sich gegenseitig ergänzen und beeinflussen, macht man sich bei der Mischkultur zunutze. Dabei pflanzt oder sät man verschiedene Gemüsearten, die sich erfahrungsgemäß günstig beeinflussen, in Reihen nebeneinander. So wird der Boden besser ausgenützt, denn Tief- und Flachwurzler durchdringen verschiedene Schichten und nacheinander heranwachsende Pflanzen decken ihren Nährstoffbedarf zu unterschiedlichen Zeiten. Auch bei den oberirdischen Pflanzenteilen macht man sich die zeitliche und räumliche Staffelung zunutze. Ein Beet wird während der Vegetationszeit nicht völlig abgeräumt. Während man eine Gemüsereihe erntet, entfaltet sich daneben eine andere. So bleibt der Boden immer beschattet. Zudem werden Schadinsekten, die auf bestimmte Wirtspflanzen spezialisiert sind, durch den Geruch der Nachbarpflanzen irritiert.

Leider vertragen sich nicht alle Gemüsearten und Kräuter miteinander. So sollte man neben Bohnen weder Lauchgewächse noch Erbsen oder Fenchel setzen. Gurken vertragen sich nicht mit Tomaten und Rettichen. Rote Rüben passen schlecht zu Lauch und Mais. Kopfsalat verträgt sich mit allen Gemüsearten außer Sellerie und Petersilie. Kartoffeln sind eine sehr gute Vorfrucht. Aber für Mischkultur eignen sie sich schlecht. Es gibt etliche Nachbarn, mit denen sie nicht gut harmonieren. Dagegen ist es durchaus empfehlenswert, einjährige Kräuter in die Gemüsereihen einzustreuen, z. B. Kerbel zu Salat oder Dill zwischen Gurken.

Obwohl die allermeisten Gemüsearten sich gegenseitig günstig beeinflussen oder zumindest neutral aufeinander wirken, ist es nicht ganz einfach, einen Anbauplan mit Mischkulturen zusammenzustellen. Am besten probiert man bewährte Kombinationen aus, die in der Fachliteratur veröffentlicht werden.

**Geeignete und weniger geeignete Partner in Gemüse-Mischkulturen:**

| | Zwiebeln | Zucchini | Tomaten | Stangenbohnen | Spinat | Sellerie | Rhabarber | Radieschen/Rettich | Pflücksalat | Mangold | Mais | Lauch | Kopfsalat | Kohlrabi | Kohlgewächse | Kartoffeln | Karotten/Möhren | Gurken | Erdbeeren | Erbsen | Buschbohnen |
|---|---|---|---|---|---|---|---|---|---|---|---|---|---|---|---|---|---|---|---|---|---|
| Buschbohnen | – | ○ | – | ○ | ○ | + | + | + | + | + | ○ | – | + | + | + | ○ | ○ | + | ○ | – | |
| Erbsen | ○ | ○ | + | + | ○ | ○ | ○ | + | ○ | ○ | ○ | – | + | + | + | – | + | ○ | ○ | | – |
| Erdbeeren | + | ○ | ○ | ○ | ○ | ○ | ○ | + | ○ | ○ | ○ | + | + | ○ | + | ○ | ○ | ○ | | ○ | ○ |
| Gurken | + | ○ | – | + | ○ | + | ○ | – | ○ | ○ | ○ | ○ | + | ○ | + | – | ○ | | ○ | ○ | + |
| Karotten/Möhren | + | ○ | + | ○ | ○ | ○ | ○ | + | ○ | + | ○ | + | ○ | ○ | ○ | ○ | | ○ | ○ | + | ○ |
| Kartoffeln | ○ | ○ | – | ○ | + | – | ○ | ○ | ○ | ○ | ○ | ○ | ○ | + | – | | ○ | – | ○ | – | ○ |
| Kohlgewächse | – | ○ | + | + | + | + | + | + | + | + | ○ | + | + | – | | – | + | ○ | + | + | + |
| Kohlrabi | ○ | ○ | + | + | + | + | ○ | + | ○ | ○ | ○ | + | + | | – | + | ○ | + | + | + | + |
| Kopfsalat | + | ○ | + | + | ○ | – | + | + | ○ | ○ | + | + | | + | + | ○ | ○ | + | + | + | + |
| Lauch | ○ | ○ | + | – | ○ | + | ○ | ○ | ○ | ○ | ○ | | + | + | + | ○ | + | ○ | + | – | – |
| Mais | ○ | ○ | + | ○ | ○ | – | ○ | ○ | ○ | ○ | | ○ | + | ○ | ○ | ○ | ○ | ○ | ○ | ○ | ○ |
| Mangold | ○ | ○ | ○ | ○ | ○ | ○ | ○ | + | ○ | | ○ | ○ | ○ | ○ | + | ○ | + | ○ | ○ | ○ | + |
| Pflücksalat | ○ | ○ | + | ○ | ○ | ○ | + | + | | ○ | ○ | ○ | ○ | ○ | + | ○ | ○ | ○ | ○ | ○ | + |
| Radieschen/Rettich | ○ | ○ | + | + | + | ○ | ○ | | + | + | ○ | ○ | + | + | + | ○ | + | – | + | + | + |
| Rhabarber | ○ | ○ | ○ | ○ | + | ○ | | ○ | + | ○ | ○ | ○ | + | ○ | + | – | ○ | ○ | ○ | ○ | + |
| Sellerie | ○ | ○ | + | + | ○ | | ○ | ○ | ○ | ○ | – | + | ○ | + | + | ○ | ○ | + | ○ | ○ | + |
| Spinat | ○ | ○ | + | + | | ○ | + | + | ○ | ○ | ○ | ○ | ○ | + | + | + | ○ | ○ | ○ | ○ | ○ |
| Stangenbohnen | – | + | ○ | | + | + | ○ | + | ○ | ○ | ○ | – | + | + | + | ○ | ○ | + | ○ | – | + |
| Tomaten | ○ | ○ | | ○ | + | + | ○ | + | + | ○ | + | + | + | + | + | – | + | – | ○ | – | + |
| Zucchini | + | | ○ | + | ○ | ○ | ○ | ○ | ○ | ○ | ○ | ○ | ○ | ○ | ○ | ○ | ○ | ○ | ○ | ○ | ○ |
| Zwiebeln | | + | ○ | – | ○ | ○ | ○ | ○ | ○ | ○ | ○ | ○ | + | ○ | – | ○ | + | + | + | ○ | – |

+ (grüner Punkt) = *günstig*  ○ = *neutral*  – (roter Punkt) = *ungünstig für Misch- und Nachbarschaftskulturen*

## Pflanzenschutz

Eine kräftige, gut ernährte Pflanze hat wenig Probleme mit Schädlingen und Krankheiten. Es gilt also, die Bedingungen für den Anbau optimal zu gestalten und Kulturen auszuwählen, die dem Standort entsprechen. Auf das, was auf dem vorliegenden Boden und dem zur Verfügung stehenden Platz nicht gedeiht, verzichtet man besser.

Die Pflanzenzüchter sind bemüht, nicht nur ertragreiche, sondern auch widerstandsfähige Sorten heranzuziehen und anzubieten. Es gibt Züchtungen, die resistent oder zumindest tolerant gegen die wichtigsten Pflanzenkrankheiten sind. Und das gilt für Gemüsesorten ebenso wie für Beeren- und Baumobst, für Rosen und Stauden. Mit der Auswahl einer robusten, widerstandsfähigen Sorte ist also schon viel gewonnen.

Vorbeugender Pflanzenschutz bedeutet auch, die vielen Nützlinge im Garten zu fördern. Eine Invasion von Blattläusen findet bald ein Ende, wenn sich die zahlreichen Gegenspieler dieser Pflanzensaftsauger wie z. B. Schwebfliegen, Marienkäfer und Florfliegen bereits im Garten eingefunden haben und ihren Appetit mit Läusen stillen. Zu den wichtigen Helfern gehören auch Vögel, Igel, Kröten, Spitzmäuse und viele andere. Wenn ein Garten so gestaltet ist, dass sie Rückzugsraum, Nistplatz und Nahrung finden, muss man sich um Fraßschädlinge nicht mehr allzu sehr sorgen.

Doch eine Tierart gibt es, die trotz allem manchmal zur Plage wird. Das sind die Schnecken. Damit ihnen nicht alle zarten Pflänzchen zum Opfer fallen, muss man Vorkehrungen treffen. Gemüsebeete lassen sich mit einem Schneckenzaun schützen. Es gibt verschiedene Ausführungen, die für die Mollusken unüberwindlich sind. Nur müssen die Beete innerhalb dieser Schutzeinrichtung schneckenfrei gehalten werden. Hier und auch außerhalb des Schneckenzauns sammelt man die schleimigen Tiere am besten ab und zerschneidet sie. Man kann auch mehr oder weniger wirkungsvolle Hausmittel anwenden. Wenn das alles nicht hilft, greift man zum Schneckenkorn. Sofern diese Mittel die Wirkstoffe Methaldehyd oder Eisen-III–Phosphat (Ferramol) enthalten, ist dagegen nichts einzuwenden. Im Zweifelsfall gibt man dem im Bioanbau zugelassenen Ferramol den Vorzug. Doch, wer Schneckenkorn verwendet, sollte es gezielt und bereits zeitig im Jahr einsetzen, damit die Vermehrung der Schnecken von Beginn an gering bleibt.

*Gemüsebeete kann man mit einem Schneckenzaun vor der Zuwanderung dieser gefräßigen Mollusken schützen.*

Gemüsefliegen und andere Schadinsekten lassen sich am besten mit Kulturschutznetzen von den Gemüsepflanzen fernhalten. So kommen Kohlweißlinge, Zwiebelfliege, Lauchmotte und Möhrenfliege nicht zu ihrer Wirtspflanze. Man muss jedoch dafür sorgen, dass diese wasser-, licht- und luftdurchlässige Abdeckung das Beet von der Pflanzung oder vom Keimlingsstadium an dicht umschließt. Eingedrungene Insekten richten großen Schaden an, weil sie aus dem Netz nicht mehr entkommen können.

*Mit Kulturschutznetzen hält man Schadinsekten von den Gemüsekulturen fern.*

Blattkrankheiten werden oft von Pilzen verursacht. Sie breiten sich vor allem auf feuchten Pflanzen aus. Wenn man also einem Befall von Braunfäule bei Tomaten, Sternrußtau bei Rosen, echtem oder falschem Mehltau bei Obst, Gemüse oder Stauden vorbeugen will, so gilt es, die oberirdischen Pflanzenteile möglichst trocken zu halten. Bei der Bewässerung ist das ein wichtiger Punkt (siehe auch Kap. „Gartenbewässerung"). Tomaten kultiviert man am besten unter einer lichtdurchlässigen Bedachung. Ansonsten hilft nur, pilzresistente oder -tolerante Sorten auszuwählen.

### Ernteverfrühung

Frühbeet und Gewächshaus ermöglichen die Pflanzenanzucht bereits im zeitigen Jahr und verlängern die Gartensaison im Herbst. Man nutzt dabei den „Glashauseffekt": Die Lichtstrahlen durchdringen ungehindert das Glas, die reflektierten Wärmestrahlen werden aber zurückgehalten. Daher kann es an einem sonnigen Tag unter der Glasabdeckung sehr warm werden. Ausreichende Belüftungsmöglichkeit, am besten automatisch gesteuert, ist deshalb für jedes Frühbeet und Gewächshaus von großer Bedeutung.

Kleingewächshäuser für den Privatgarten gibt es in den verschiedensten Ausführungen und Größen. Ein kleines Gewächshaus in solider Ausführung muss auch nicht versteckt in einer entlegenen Gartenecke stehen. Es kann durchaus als Raumteiler zwischen Zier- und Nutzgarten aufgestellt werden.

*Wer sich kein Gewächshaus zulegen will, kann eine Ernteverfrühung auch mit einer einfachen Vliesabdeckung erzielen. Nur sieht das weniger gut aus.*

## Der Obstgarten

Blühende und fruchtende Obstgehölze sind für jeden Garten eine Bereicherung und sollten deshalb nicht fehlen. Sie übertreffen in ihrem Schmuckwert manches Ziergehölz, ganz abgesehen von ihrem Nutzeffekt.

Hochstämmige Apfel-, Birnen-, Kirsch- und Walnussbäume eignen sich sehr gut als Haus- und Hofbäume und tragen in gefälliger Weise zur Eingrünung von Siedlungen und Gehöften bei. Spalierobst und niedrig bleibende Busch- und Spindelbäume haben aber auch ihre Vorteile. Auf engem Raum können mehrere Obstgehölze untergebracht werden. Auf diese Weise genießt man die Vorzüge mehrerer Obstarten und -sorten, und man erntet von jeder so viel, wie im Haushalt gut zu verarbeiten ist. Ein weiteres Argument, das für Buschbäume spricht, ist der früh einsetzende Ertrag, meist schon im zweiten Jahr nach der Pflanzung. Natürlich lassen sich niedrige Bäume auch leichter schneiden und pflegen und man gelangt besser an die Früchte. Ein Nachteil von Niedrigstammobst besteht darin, dass der Gartenbewohner für sich kaum mehr Platz unter den Bäumen findet, während er unter einem Hochstamm bequem seinen Liegestuhl oder Ähnliches aufstellen kann.

Beerenobst pflanzt man ohnehin am besten als abschirmendes oder raumbildendes Gartenelement, sei es als Hecke oder als Spalier. Während Stachelbeeren und Johannisbeeren als Sträucher oder Stämmchen einzeln gepflanzt und gegebenenfalls lediglich windfest verankert werden, zieht man die rutenförmig wachsenden Himbeeren und Brombeeren am besten am Drahtgerüst. Brombeeren eignen sich auch für Spaliere. Sie lieben die Wärme der Hauswand.

Dasselbe gilt natürlich für die Weinreben. Sie benötigen das warme Klima an Süd- und Südwestwänden, damit sie gedeihen und die Trauben ausreifen können. Bei Weintrauben sollte man besonders auf mehltauresistente Sorten achten.

Bei allen Obstgehölzen muss die Wahl der Sorte auf die klimatischen Vorgaben und die Bodenverhältnisse abgestimmt sein und auch dem Bedarf entsprechen. Manchmal werden Sorten gepflanzt, die in der Urlaubszeit zu ernten sind, wenn keiner zu Hause ist. Oder verschiedenes nicht lagerfähiges Obst wird gleichzeitig erntereif und muss verarbeitet werden, was zu vermeidbaren Engpässen in der Küche führt.

Wer wünscht sich nicht, guten Obstertrag ohne großen Pflegeaufwand betreiben zu können? Aber vor den Genuss ist doch immer der Schweiß gesetzt. Auch klug ausgewählte Obstgehölze, die robust und wenig anfällig sind, können nur dann befriedigenden Ertrag bringen, wenn ein Mindestmaß an Bodenpflege, Düngung, Bewässerung und Schnittmaßnahmen sichergestellt ist.

Auch die erforderlichen Pflanzabstände müssen eingehalten werden. Ein gut gedeihender Obsthochstamm, etwa eine Walnuss oder Kirsche, kann einen Kronendurchmesser von 12 m erreichen, bei Äpfeln und Birnen sind es vielleicht 10 m, während Zwetschgen ca. 7 m erreichen. Spalierobst pflanzt man je nach Wüchsigkeit im Abstand von 3 bis 5 m, Johannisbeeren im Meterabstand, während Himbeeren in Reihen gepflanzt werden und zwar alle 50 cm eine Rute.

Äpfel, Birnen und die meisten Süßkirschensorten sind selbstunfruchtbar, d. h., sie benötigen eine andere Sorte zur Bestäubung. Befindet sich im Umkreis von höchstens 500 m keine geeignete Bestäubersorte, so muss man im eigenen Garten eine pflanzen. Aber es muss nicht immer eine Fruchtsorte sein. Apfelbäume werden auch von Zieräpfeln befruchtet.

Natürlich ist das Auftreten von Krankheiten und Schädlingen auch bei richtiger Pflanzen- und Sortenauswahl und guter Pflege nicht ganz auszuschließen. Bekämpfungsmaßnahmen sollten sich im Hausgarten allerdings auf Eingriffe beschränken, wie sie auch im Bioanbau angewandt werden.

Die wichtigsten Helfer sind dabei die Nützlinge im Garten. Sie müssen gefördert werden, wo immer möglich. Darüber hinaus gibt es einige einfache, empfehlenswerte Maßnahmen, um einem erheblichen Schädlingsbefall zuvorzukommen. So versperren Leimringe am Stamm dem Frostspanner den Weg in die Baumkrone. Apfelwickler kann man mit Wellpappegürteln fangen. Fallobst sollte aufgesammelt werden, damit die Raupen im „wurmigen" Apfel sich nicht zu vermehrungsfreudigen Faltern entwickeln können. Der Moniliaspitzendürre begegnet man mit dem Rückschnitt der befallenen Triebe.

Sollte die Gefahr bestehen, dass Wühlmäuse die Obstbaumwurzeln anfressen, dann schützt man die jungen Bäumchen bei der Pflanzung mit Drahtkörben. In gefährdeten Bereichen sollte auch die Mulchdecke auf der Baumscheibe nur dünn aufgetragen und im Herbst abgeräumt werden.

*Die Vor- und Nachteile von Hoch- und Niedrigstammobst halten sich die Waage. Niedrige Bäume lassen sich besser abernten, im Schatten der Hochstämme findet der Gartenbewohner vielfältig Ruhe und Erholung.*

*Eine Lösung stellt deshalb oft der Anbau in Form von Obstspalieren dar, entweder an Haus- und Garagenwänden oder als Obsthecke entlang der Grundstücksgrenze.*

## Übersicht geeigneter Kernobstsorten für den Hausgarten:

### Apfel-Frühsorte:

***Piros***[(S)]

*Genussreife Anfang August, haltbar 3 Wochen. Frucht mittelgroß bis groß, wohlschmeckend. Wenig Schnittaufwand, Ertrag früh, später hoch und regelmäßig. Widerstandsfähig gegen Frost und Mehltau.*

***Pirella/Pirol***[(S)]

*Genussreife ab Mitte September, haltbar bis Ende November. Frucht groß bis sehr groß. Wohlschmeckend, säuerlich-süß mit kräftigem Aroma. Ertrag hoch und regelmäßig. Wenig anfällig für Mehltau und Feuerbrand.*

### Apfel-Spätsorten:

***Regine***[(S)]

*Genussreife ab Oktober, haltbar bis Februar. Frucht mittelgroß bis groß. Fruchtfleisch fest, feinzellig, mit gutem Aroma. Vorwiegend für Frischverzehr. Resistent gegen Feuerbrand, Schorf, Spinnmilben.*

### Apfel-Herbstsorten:

***Reglindis***[(S)]

*Genussreife ab Mitte September. Frucht mittelgroß, saftig, aromatisch, säuerlich-süß. Tafel- und Kelterfrucht. Ertrag regelmäßig.*

***Jakob Fischer***

*Genussreife September bis Oktober. Frucht groß, saftig, mit weinsäuerlichem Geschmack. Guter Tafel-, Back- und Mostapfel. Sehr frosthart, starker und gesunder Wuchs. Widerstandsfähig gegen Feuerbrand.*

***Roter Boskoop***

*Genussreife ab November, haltbar bis Februar. Frucht groß, säuerlich mit viel Zucker. Unterschiedlich stark berostet. Baum starkwüchsig, bis in mittlere Höhenlagen anbaufähig. Schlechter Pollenspender.*

***Alkmene***

*Sehr guter Tafelapfel, brauchbarer Wirtschaftsapfel. Genussreife Mitte September, haltbar bis November. Frucht mittelgroß, edelaromatisch. Ertrag früh, regelmäßig. Widerstandsfähig gegen Schorf und Mehltau.*

***Resi***[(S)]

*Genussreife ab Oktober, haltbar bis Januar. Frucht mittelgroß. Fruchtfleisch fest, saftig, süß mit etwas Säure und kräftigem Aroma. Resistent gegen Schorf, Feuerbrand und Spinnmilbe.*

***Florina***

*Schorfresistente Lagersorte. Frucht mittelgroß, süß mit kräftigem Aroma. Baum starkwüchsig mit wenig Seitentrieben. Neigt etwas zur Alternanz. Weniger anspruchsvoll an Boden und Klima.*

## **Apfel**-Spätsorten:

***Roter Berlepsch***

*Baumreife ab Anfang Oktober. Mehrmaliges Durchpflücken empfehlenswert. Genussreife ab November. Haltbar bis März. Frucht sehr aromatisch, reich an Vitamin C. Starker Wuchs, wenig anfällig für Schorf, aber durch Feuerbrand gefährdet.*

***Rewena***(S)

*Genussreife ab November, haltbar bis Februar. Für Frischverzehr und Verwertung. Frucht säuerlich-süß, aromatisch. Geringe Ansprüche an den Standort. Ertrag früh einsetzend und hoch.*

***Topaz***(S)

*Reife ab Ende September, etwa 4 Monate im kühlen Naturlager haltbar. Fruchtfleisch anfangs fest, feinzellig. Sehr saftig mit gutem Aroma und angenehmer Säure. Sehr gut für den Frischverzehr.*

## Birne

***Frühe von Trévoux***

*Genussreife Mitte August. Haltbarkeit 2 Wochen. Frucht mittelgroß bis groß, Fruchtfleisch schmelzend, süß, mildes Aroma. Auf geschütztem Standort auch in höheren Lagen anbaufähig. Für alle Erziehungsformen geeignet. Anfällig für Feuerbrand.*

***Harrow Sweet***(S)

*Genussreife ab Ende September, haltbar bis Dezember. Fruchtfleisch schmelzend, aromatisch. Baum mittelstark wachsend, sehr blühwillig. Ertrag hoch und regelmäßig. Resistent gegen Feuerbrand.*

***Condo***

*Genussreife ab Oktober, haltbar bis Dezember. Frucht mittelgroß, Fruchtfleisch schmelzend, süß mit etwas Aroma. Anbau in warmen Lagen, in höheren Lagen als Hausspalier. Wenig anfällig für Schorf/Feuerbrand.*

***Vereinsdechantsbirne***

*Genussreife ab Mitte Oktober. Haltbar bis Ende November. Frucht groß, Fruchtfleisch schmelzend, süßaromatisch. Für Frischverzehr, Verwertung. Auf geschütztem Standort bis in mittlere Höhenlagen anbaufähig.*

***Madame Verté***

*Genussreife ab Mitte Oktober, haltbar bis Dezember. Frucht kräftig berostet. Fruchtfleisch wohlschmeckend, schmelzend, saftig, sehr süß. Für Frischverzehr, Verwertung. Ertrag hoch, meist regelmäßig. Sehr gute Eignung als Hausbaum.*

## Quitte

***Portugiesische Birnenquitte***

*Reifezeit Anfang bis Mitte Oktober. Frucht groß mit leichter Wolle. Baum starkwüchsig. Ertrag hoch, früh einsetzend. Nur für gute Anbaulagen.*

## Übersicht geeigneter Steinobstsorten für den Hausgarten:

### Süßkirsche

***Burlat*** *(2. Kirschwoche)*

*Halbknorpelkirsche. Frucht dunkelrot bis dunkelbraun, wohlschmeckend, ziemlich platzfest. Kräftiger und gesunder Wuchs. Große, hochpyramidale Krone. Ertrag früh einsetzend, hoch und regelmäßig.*

***Johanna***

*Herzkirsche. Frucht mittelgroß, schwarzrot. Fruchtfleisch mittelfest, aromatisch. Geeignet für Spindelerziehung.*

### Sauerkirsche

***Karneol***(S) *(6.–7. Kirschwoche)*

*Weichselkirsche. Frucht groß, aromatisch-sauer, sehr saftig, gut steinlösend. Saft färbend. Auch für Frischgenuss. Kann ohne Stiel geerntet werden. Geeignet für Spindelerziehung. Teilweise selbstfruchtbar. Ertrag mittelhoch, bei Fremdbestäubung hoch.*

### Zwetschge

***Katinka***(S)

*Vielseitig verwertbare Frühsorte mit Backeignung. Frucht mittelgroß, sehr schmackhaft, gut steinlösend. Reifezeit ab Ende Juli. Fruchtet bereits am einjährigen Holz. Selbstfruchtbar.*

***Čačacks Schöne***

*Vorwiegend Verwertungsfrucht mit guten Backeigenschaften. Frucht groß, mäßig saftig, gut steinlösend. Ernte Mitte August, mindestens 10 Tage nach vollständiger Blaufärbung. Selbstfruchtbar.*

***Hanita***(S)

*Mittelgroße Früchte, feinsäuerlich aromatisch, gut steinlösend. Für Frischgenuss und alle Verwertungsarten. Reifezeit ab Ende August. Wegen folgernder Reife mehrmals durchpflücken. Scharkatolerant, selbstfruchtbar. Auch für kühlere Lagen.*

### Mirabelle

***Mirabelle von Nancy***

*Süßaromatische, verhältnismäßig kleine Frucht, steinlösend. Reifezeit Anfang September. Zur Verwertung hartreif ernten. Gute Qualität nur in warmen Lagen. Selbstfruchtbar, guter Pollenspender.*

### Reneklode

***Oullins Reneklode***

*Frucht groß, kann bei Regen platzen. Fruchtfleisch sehr saftig und würzig. Geeignet für Frischgenuss, Marmelade und als Brennfrucht. Reifezeit ab Mitte August, mehrmals durchpflücken. Selbstfruchtbar.*

### Aprikose

***Kuresia***(S)

*Frucht mittelgroß bis groß, orangegelb mit teilweise intensiver roter Deckfarbe. Reifezeit Ende Juli bis Anfang August. Saftig, sehr aromatisch, säuerlich-süß, gut steinlösend. Hoher Ertrag. Selbstfruchtbar. Scharkaresistent.*

## Übersicht geeigneter Beerenobstsorten für den Hausgarten:

### Johannisbeere

***Jonkheer van Tets***

*Frühsorte, Reifezeit Ende Juni. Frucht groß, dünnschalig, säuerlich-aromatisch. Für alle Verwertungsarten. Frischgenuss nur bei Vollreife. Ertrag mittelhoch bis sehr hoch. Selbstfruchtbar.*

***Rovada***

*Lange Trauben mit regenfesten Beeren, die lange am Strauch hängen können. Guter Geschmack und intensives Aroma. Für alle Verwertungsarten, vor allem zur Saftgewinnung. Reifezeit Ende Juli.*

***Ometa(S)***

*Lange Trauben mit mittelgroßen, gleichmäßig reifenden Beeren. Wohlschmeckend, süßsäuerlich. Für alle Verwertungsarten, vor allem für Süßmost. Reifezeit ab Mitte Juli. Ertrag sehr hoch. Widerstandsfähig gegen Kälte und Krankheiten.*

***Titania(S)***

*Mittellange Trauben mit sehr großen Beeren. Sie halten reif am Strauch ohne zu verrieseln. Säurereich, deshalb nur für die Verwertung geeignet. Reifezeit Mitte Juli. Sehr hohe und regelmäßige Erträge.*

### Stachelbeere

***Invicta(S)***

*Mittelgroße bis große Beeren, weißlich grün, wohlschmeckend. Reifezeit Mitte Juli. Ertrag sehr hoch. Wuchs stark, Jahrestriebe kräftig bestachelt. Widerstandsfähig gegen Mehltau.*

***Remarka***

*Frucht groß, mittel- bis dunkelrot. Säuerlicher Geschmack, nur zur Verwertung geeignet. Triebe wenig bestachelt. Reifezeit Anfang Juli. Ertrag hoch. Widerstandsfähig gegen Mehltau.*

### Himbeere

***Meeker***

*Mittelgroße Frucht. Ansprechendes Aroma mit viel Zucker und Säure. Mittel bis spät reifend. Sehr starker Wuchs. Sicherer hoher Ertrag. Gering anfällig für Fruchtfäule und Rutenkrankheit.*

***Rubaca(S)***

*Frucht groß, mit gutem Aroma. Reifezeit mittelspät. Wuchs mittelstark, Ertrag hoch. Die Sorte zeichnet sich durch eine hohe Widerstandsfähigkeit aus, besonders gegen Wurzelfäule und Rutenkrankheit.*

***Autumn Bliss(S)***

*Herbsttragende Sorte. Frucht mittelgroß mit gutem Aroma. Für alle Verwertungsarten geeignet, auch zum Einfrieren. Ertrag hoch. Kräftige, mittelhohe Ruten benötigen nur einfache Stütze. Sehr gesunder Wuchs.*

## Brombeere

***Theodor Reimers***

*Frucht mittelgroß, süß und aromatisch. Ernte ab Anfang August. Ertrag hoch. Widerstandsfähig gegen Krankheiten. Kräftiger Wuchs mit langen, stark bewehrten Jahrestrieben und vielen Seitentrieben.*

***Navaho***(S)

*Kompakt, aufrecht wachsend. Kürzere, stachellose Ranken. Frucht groß. Sehr guter aromatischer Geschmack. Reife ab Ende Juli bis Oktober. Ertrag hoch und regelmäßig. Robust.*

***Loch Ness***

*Starkwachsend, robust. Sehr hoher Ertrag. Große, feste, aromatische Frucht. Wenig anfällig für Fruchtfäule, anfällig für Falschen Mehltau. Gilt als die beste unter den stachhellosen Sorten.*

## Wein

***Phoenix***(S)

*Pilztolerante Sorte. Mittelgroße Traube mit grüngelben, feinschaligen Beeren. Reife Ende September. Wuchs mittelstark, aufrecht. Vorwiegend für Frischgenuss.*

***Muscat Bleu***

*Pilztolerante Sorte. Große Trauben mit aromatischen blauen Beeren. Reife Ende September. Sehr frosthart. Widerstandsfähig gegen Krankheiten.*

***Lakemont***

*Mittelfrüh, hellgrün. Kernlose Beeren. Sehr frosthart. Wenig anfällig für Grauschimmel, Echten und Falschen Mehltau.*

# Wildobst

Die essbaren Früchte der wild wachsenden Sträucher und Bäume waren ein wichtiger Bestandteil in der Ernährung unserer Vorfahren. Früher gehörte das Sammeln und Konservieren von Beeren und Wildfrüchten ganz selbstverständlich zum sommerlichen Alltag. Heute sind uns exotische Früchte wie Banane und Ananas oft vertrauter als Beeren aus dem Wald. Und wer kennt schon Mispelfrüchte, Maulbeeren oder Kirschpflaumen? Dabei haben Wildobstarten einen hohen gesundheitlichen Wert, denn sie enthalten oft mehr Vitamine, Aroma- und Mineralstoffe als herkömmliche Obstarten. Viele kann man roh genießen, aber auch schmackhafte Speisen daraus zubereiten.

Doch Wildobstarten bereichern nicht nur den Speisezettel, sie haben auch einen hohen Zierwert. Ob einzeln stehend oder in der Hecke gepflanzt, sie bereichern einen Garten durch ihre Gestalt, ihre Blüte, den Fruchtschmuck und oft auch noch mit leuchtender Herbstfärbung. Dabei sind sie robust und widerstandsfähig. Pflanzenschutz erübrigt sich. Darüber hinaus haben sie eine große Bedeutung für das Ökosystem Garten. Sie tragen zur Artenvielfalt bei. Zur Blütezeit stellen sie eine wichtige Bienenweide dar. Ihre Früchte wissen nicht nur wir zu schätzen, sondern auch viele Vögel. Holunder und Eberesche sind Nahrungspflanzen für mehr als 60 Vogelarten. Auch die Beeren der Felsenbirne wissen die gefiederten Freunde sehr zu schätzen. Manchmal bedarf es besonderer Strategien, damit sie den Ertrag mit uns teilen.

## Geeignete Wildobstarten für den Hausgarten:

*Mispel (Mespilus germanica)*

*Hunds-Rose (Rosa canina)*

*Apfelbeere (Aronia melanocarpa)*

Es ist ratsam, in guten und möglicherweise spezialisierten Baumschulen empfehlenswerte Sorten zu erwerben. Sie bringen meist mehr Ertrag, größere Früchte oder weniger Bitterstoffe als die Ursprungsform.

Allerdings sind nicht alle Wildobstarten für den Anbau im Garten empfehlenswert. So entwickelt der Sanddorn sehr kräftige Ausläufer, die mühelos eine Asphaltdecke durchstoßen. Er ist ein gutes Pioniergehölz für die freie Landschaft. Im Garten sollte man ihn besser nicht pflanzen. Ähnlich ist es mit den Schlehen. Auch sie bilden Ausläufer, die allerdings weniger aggressiv sind. Dagegen lassen sich Kartoffel-Rosen leichter bändigen. Sie haben zwar auch Wurzelbrut, man kann sie aber durch Rückschnitt gut im Zaum halten.

Der Anbau von Kulturheidelbeeren und Preiselbeeren erfordert ein Moorbeet, d.h., einen sehr humosen, feuchten Boden mit einem pH-Wert von 4 bis 5. Man kann sie in Gefäßen kultivieren oder mit Rhododendren und ihren Begleitern in einem Beet zusammenpflanzen. Das ist auch deshalb empfehlenswert, weil sie sowohl mit ihrer Blüte als auch ihrer Herbstfärbung die Rhododendronpflanzung bereichern.

*Zierapfel (Malus-Hybride)*

*Mini-Kiwi (Actinidia arguta)*

*Japanische Zierquitte (Chaenomeles japonica)*

*Kulturheidelbeere (Vaccinium corymbosum)*

## Wildobst für den Garten

| Botanischer / Deutscher Name | Sorten | Höhe / Breite (m) | Standort Licht / Boden | Fruchtreife | Verwertung | Anmerkung |
|---|---|---|---|---|---|---|
| *Actinidia arguta* Mini-Kiwi | Weiki, Maki, Ambrosia | 7 / 7 | Sonnig, warm, gut durchlüfteter kalkarmer Boden | ab September | Frischverzehr, Saft, Gelee, Wein | Kletterpflanze zweihäusig |
| *Amelanchier lamarckii* Kupfer-Felsenbirne | Ballerina | 4–6 / 4 | Sonnig, kultivierter Gartenboden | Juli | Frischverzehr,Saft, Kompott, Marmelade, Trocknung | Früchte gelieren gut |
| *Aronia melanocarpa* Apfelbeere | Viking, Nero, Rubina | 1–1,5 / 2 | Sonnig–halbschattig anspruchslos, anpassungsfähig | September | Kompott, Konfitüre, Likör | natürliche Lebensmittelfarbe |
| *Chaenomeles japonica* Japanische Zierquitte | Cido, Nivalis, Elly Mossel u.a. | 1–2 / 1–2 | Sonnig–halbschattig nicht zu trocken anpassungsfähig | ab September | Beigabe zu Säften, Gelee, Likör | |
| *Cornus mas* Kornelkirsche | Jolico, Schumerer, Kanslaker u.a. | 4–6 / 5 | Sonnig–halbschattig nicht zu trocken anpassungsfähig | ab September | Saft, Gelee, Likör | mit süßen Früchten mischen |
| *Corylus avellana* Haselnuss | Cosford, Webbs, Halle'sche Riesen u. a. | 5–7 / 6 | Sonnig–schattig alle Bodenarten | September | Frischverzehr | meist Wildform zur Bestäubung erforderlich |
| *Malus-Hybriden* Zieräpfel | Butterball, Eleyi, John Downie u.a. | 4–8 / 4–5 | sonnig nährstoffreich, humos, locker | ab August | Gelee Apfelschalentee | guter Pollenspender, hoher Pektingehalt, Kerne enthalten Blausäure |
| *Mespilus germanica* Mispel | Kernlose, Royal, Holl. Großfrüchtige, Krim, u.a. | 3–5 / 5–6 | Sonnig / halbschattig warm, kalhaltiger Lehm | nach dem Frost | Fruchtaufstrich, Zucker-Essig-Früchte | |
| *Morus nigra* Schwarze Maulbeere | Black Tabor, Bo 11, Bo 12, Wellington u.a. | 6–15 / 6–12 | Sonnig, warm, leichtere Böden, anpassungsfähig | August | Rohverzehr, Gelee, Konfitüre, Wein, Trocknung | Saft färbt stark |
| *Prunus cerasifera* Kirschpflaume | Ceres, Anatolia, Fertilla u.a. | 5–8 / 4–6 | Sonnig / absonnig, anspruchslos | August | Rohverzehr, Saft, Kompott, Gelee, Likör, Schnaps | selbstunfruchtbar |
| *Rosa canina* Hunds-Rose | Kiese | 3 / 3 | Sonnig–absonnig nahrhaft, teifgründig, durchlässig | ab September | Mus, Konfitüre, Wein, Likör, Tee | Hoher Gehalt an Vitamin C |
| *Rosa moyesii* Blutrote Rose | | 3 / 3 | Sonnig–halbschattig kalkhaltig | ab September | Mus, Konfitüre, Wein, Likör, Tee | Hoher Gehalt an Vitamin C |
| *Rosa rugosa* Kartoffel-Rose | Alba, Polareis, Dagmar Hastrup, Rotes Meer u. a. | 1–2 | Sonnig, anspruchslos, toleriert Trockenheit, Hitze, Frost und Salz | Juli–Okt. | Mus, Konfitüre, Wein, Likör, Tee | Bildet Ausläufer, duftende Blüten, große, weiche Früchte, viel Vitamin C |

| Botanischer/ Deutscher Name | Sorten | Höhe/ Breite (m) | Standort Licht/Boden | Fruchtreife | Verwertung | Anmerkung |
|---|---|---|---|---|---|---|
| *Sambucus nigra* Schwarzer Holunder | Haschberg, Donau, Samdal, Sampo, Mammut u.a. | 3–7 / 3–4 | Sonnig–halbschattig bevorzugt humose, feuchte Böden | ab Mitte August | Früchte: Saft, Gelee, Kompott, Wein, Likör Blüten: Tee, Sirup, „Hollerkücherl" | für Rohverzehr nicht geeignet, Giftstoffe werden beim Kochen abgebaut |
| *Sorbus aucuparia* subsp. *maravica* Eberesche | Konzentra, Rosina, Klosterneuburger Selektionen | 8–10 / 6 | Sonnig–halbschattig, anspruchslos | ab Ende August | Saft, Gelee, Konfitüre, Likör, Schnaps, kandierte Früchte | verträgt raue Lagen |
| *Vaccinium corymbosum* Kulturheidelbeere | Bluecrop, Spartan, Goldtraube, Patriot, Duke, Coville u.a. | 1–2 / 1–2 | Sonnig–halbschattig Moorbeet, feucht | Juli–Sept. | Rohverzehr, Saft, Kompott, Konfitüre, Wein, Likör | Gefäßkultur möglich |
| *Vaccinium vitis-idaea* Preiselbeere | Koralle, Erntedank, Erntekrone, Red Pearl, Erntesegen | 0,2 / 0,3 | Sonnig–halbschattig Moorbeet | Juli + Okt. | Rohverzehr, Saft, Kompott, Konfitüre | zur Unterpflanzung von Rhododendren geeignet |

# Gehölze – das Gerüst des Gartens

*Mit Laubgehölzen erleben wir den Wechsel der Jahreszeiten intensiver als mit Koniferen.*

Bäume und Sträucher bilden Dach und Wände des Gartenraumes. Dieser Rahmen vermittelt ein Gefühl der Ruhe und Geborgenheit, schützt vor Wind und spendet Schatten. Außerdem verleihen Gehölze dem Garten seinen unverwechselbaren Charakter und machen seine Stimmung aus. Das lichte Laub von Ebereschen, Birken oder Robinien lässt ihn heiter erscheinen. Rosen, Clematis und Geißblatt haben etwas Romantisches. Obstbäume wirken eher bodenständig. Dunkle, großblättrige Gehölze benötigen genügend Raum, sonst wirken sie bedrückend. Das kann auch bei Koniferen wie der Österreichischen Schwarzkiefer der Fall sein.

Tannen und Fichten entfalten ihre Schönheit im Freistand, wenn ihre voll benadelten Äste bis auf den Boden reichen. Doch wer hat schon so viel Platz im Garten? Nicht selten pflanzt man diese Koniferen als Sichtschutz dicht nebeneinander. Das wirkt gut, solange die Bäume klein sind. Doch später bedrängen sie sich gegenseitig, werden unten kahl und rauben dem Garten das Sonnenlicht, je höher sie wachsen. Wer auch im Winterhalbjahr Sichtschutz haben möchte, greift besser auf schnittverträgliche Eiben zurück oder verwendet wintergrüne Straucharten, wie Buchs, Liguster, Kirschlorbeer oder den Prager Schneeball.

Mit Laubgehölzen erleben wir den Wechsel der Jahreszeiten: Im Frühling erfreuen wir uns am frischen Grün des Austriebs. Schon einige Wochen zuvor beginnen die ersten Sträucher zu blühen und das setzt sich fort bis in den Sommer. Dann schmücken sich viele Gehölze bereits mit Beeren und Früchten. In heißen Sommerwochen spenden Bäume und Großsträucher uns angenehm kühlen Schatten. Wir lauschen dem Lied der Vögel und dem Rascheln der vom Wind bewegten Blätter. Im Herbst begeistern uns viele Gehölze mit prächtiger Laubfärbung. Dann fällt das Laub von Bäumen und Sträuchern und bald scheint die Wintersonne durch die kahlen Zweige.

Allerdings lässt der herbstliche Laubfall so manchen Gartenliebhaber stöhnen, wenn er Berge von Blättern vom Rasen und von den Wegen kehrt und abfährt oder zur Kompostierung aufsetzt. Aber unter den Sträuchern und Bäumen, auch auf manchen Beetflächen kann und soll Laub durchaus liegen bleiben. Das reduziert nicht nur die Gartenarbeit, es ist auch ökologisch sinnvoll. Denn die Bodenorganismen sorgen dafür, dass sich im Laufe der Zeit all dieses Laub zersetzt und seine Nährstoffe für die Pflanzen wieder verfügbar werden. So bleibt der Nährstoffkreislauf erhalten. Außerdem ist Laub der beste Winterschutz für alles, was unter den Bäumen wächst. Viele Insekten überwintern in der Laubschicht. Das kommt wiederum Vögeln zugute, die hier Nahrung finden. Damit trockenes Laub nicht vom Wind verweht wird, kann es mit einigen Schaufeln Erde beschwert werden.

## Die Bedeutung heimischer Pflanzen für die Tierwelt

Häufig wird die Forderung erhoben, im Garten in stärkerem Maße heimische Pflanzen zu verwenden. Welcher Gedanke steht dahinter?

Zwischen Fauna und Flora gibt es vielfältige ökologische Beziehungen, die sich in sehr langen Zeiträumen entwickelt haben und aufeinander abgestimmt sind. Das gilt z.B. für Bestäubungsmechanismen und Strategien der Samenverbreitung. Am deutlichsten wird es bei spezialisierten Fraßbeziehungen. Die meisten Tiere, insbesondere die Wirbellosen, sind auf bestimmte Wirtspflanzen angewiesen. Besonders fällt uns dies bei den Insekten auf bzw. deren Entwicklungsstadien, den Larven oder Raupen. In ihrer Mehrzahl benötigen sie als Saftsauger, Holznutzer oder Blattfresser ganz speziell für sie geeignete Arten, und das sind meistens heimische Pflanzen.

Bei uns erst in den letzten Jahrhunderten eingebürgerte Arten sind für sie nur in begrenztem Umfang nutzbar. Auch wenn uns Pflanzen wie die Rosskastanie sehr vertraut vorkommen, dienen sie nur wenigen Tieren als Nahrung. Lediglich neun Insektenarten ernähren sich von ihr, während es bei der Salweide 450 Arten sind, beim Weißdorn 209 und bei der Hasel 118 Arten. Dabei gilt dies nicht nur für Schmetterlinge und deren Raupen, sondern auch für Käfer und Blattwanzen, für Blattwespen und Blattläuse, um nur einige Gruppen zu nennen.

*Pfaffenhütchen (Euonymus europaeus) im Fruchtschmuck.*

*Früchte des Weißdorns (Crataegus monogyna).*

Nicht nur Wirbellose sind auf ihre Wirtspflanzen spezialisiert, auch bei Vögeln ist zu beobachten, dass sie die Früchte heimischer Gehölze bevorzugen. Untersuchungen haben dies bestätigt. Die Eberesche, die bezeichnenderweise auch Vogelbeerbaum heißt, behält nur kurze Zeit ihren Fruchtschmuck. Sie erfreut sich bei den Vögeln ganz besonderer Beliebtheit und ist entsprechend schnell kahl gefressen. Ähnlich ist es mit Holunderbeeren. Auch Hagebutten sind sehr begehrt, ebenso die Früchte von Hartriegel und Pfaffenhütchen. Weißdornbeeren scheinen für die Vögel erst durch den Frost so richtig schmackhaft zu werden. Sie hängen oft bis zum Januar am Strauch und garantieren somit den Standvögeln ihre Notration im Winter. Natürlich gibt es auch einige nicht heimische Ziersträucher in unseren Gärten und Parks, deren Beeren gerne von Vögeln gefressen werden. Dazu gehört z.B. die Kupferfelsenbirne.

Dies alles zeigt, wie vielfältig und eng die Verflechtung von heimischer Tier- und Pflanzenwelt ist. Wer also möchte, dass sich Artenvielfalt und damit ein ökologisches Gleichgewicht in den Gärten entwickelt, der wird sich für einen guten Grundstock an heimischer Vegetation einsetzen.

In der Liste sind Gehölze aufgeführt, die sich für den Garten eignen. Einige davon machen sich allerdings mit Ausläufern breit und sind deshalb für kleinere Gärten nicht zu empfehlen.

**Auswahl heimischer Gehölze** (Großbäume, Kleinbäume, Sträucher) **für den Garten**

| Botanischer/ Deutscher Name | Höhe/Breite (m) Blütezeit | Blütenfarbe | Wurzel | Standort Licht/Boden | Anmerkungen |
|---|---|---|---|---|---|
| **Großbäume** | | | | | |
| *Acer platanoides* Spitz-Ahorn | 20–30 / 15–20 IV | gelbgrün | Herzwurzel bodennahe Feinwurzeln | sonnig–halbschattig alle Bodenarten | verträgt Hitze und Trockenheit, bunte Herbstfärbung; viele Sorten: schwach- und schmalwüchsige, kugelförmige, rotlaubige |
| *Betula pendula* Sand-Birke | 18–25 / 7–12 III / IV | grüngelbe Kätzchen | Flachwurzel, weit streichend | sonnig alle Bodenarten | frosthart, trockenheitsresistent; Sorten: 'Fastigiata', 'Tristis', 'Youngii' u. a. |
| *Fagus sylvatica* Rot-Buche | 25–30 / 25–30 V | unscheinbar | Herzwurzel bodennahe Feinwurzeln | sonnig–schattig frisch–feucht nahrhaft, anlehmig | schattenverträglich, leidet unter Staunässe und längerer Trockenheit; Sorten: 'Atropunicea', 'Pendula' |
| *Fraxinus excelsior* Esche | 20–40 / 20–30 IV–V | unscheinbar | Tiefwurzler | sonnig–halbschattig frisch–feucht, tiefgründig, nährstoffreich | windfest, später Austrieb; Sorte: 'Pendula' |
| *Prunus avium* Vogel-Kirsche | 15–20 / 10–15 IV–V | weiß | Herzwurzel bodennahe Feinwurzeln | sonnig–halbschattig tiefgründige Lehmböden | wärmeliebend, schöne Herbstfärbung; Sorte: 'Plena' (gef. Blüte, keine Früchte) |
| *Quercus robur* Stiel-Eiche | 25–35 / 15–20 V | unscheinbar | Pfahlwuzel | sonnig–absonnig bodentolerant | frosthart, wärmeliebend, sturmfest; Sorte: 'Fastigiata Koster' (Säuleneiche) |
| *Tilia cordata* Winter-Linde | 18–25 / 10–15 VII | gelbgrün | Herzwurzel bodennahe Feinwurzeln | sonnig–halbschattig anpassungsfähig | frosthart, wärmeliebend, hitzetolerant, windfest, gut verpflanzbar Sorte: 'Erecta' |
| *Larix decidua* Europäische Lärche | 25–35 / 12–15 IV | rote Zapfen, gelbe Kätzchen | Herzwurzel | sonnig, Freistand! frisch–feucht nährstoffreich | frosthart, windfest, Nadeln zersetzten sich schlecht |
| *Pinus sylvestris* Wald-Kiefer | 10–30 / 7–10 V–VI | unscheinbar | Pfahlwurzel | sonnig anspruchslos | frosthart, verträgt Hitze und Trockenheit, windfest, Sorten: 'Fastigiata', 'Glauca' |

*Die Walnuss wird ein mächtiger Baum, der Raum für sich beansprucht. Zum landwirtschaftlichen Anwesen passt er sehr gut und prägt nicht nur den Hofraum, sondern auch das Straßenbild.*

## Bäume

Es ist gar nicht so einfach, die richtigen Gehölze für den Garten auszuwählen. Die Schwierigkeit besteht meistens darin, dass man sich bei der Pflanzung nicht vorstellen kann, welche Höhe und Breite so ein Baum einmal erreichen wird. Es ist aber sehr wichtig, auf die passende Proportion von Gebäude und Gehölzen zu achten. Wenn wir ihn pflanzen, ist er noch klein. Meistens wächst er auch langsam heran. Man kann sogar sagen, wir pflanzen Bäume nicht für uns, sondern für unsere Nachkommen. Deshalb muss man dafür sorgen, dass er auch im Alter noch genügend Raum hat.

Wer einen Großbaum pflanzt, wie Linde, Eiche, Buche, Ahorn, Esche, Ulme oder Rosskastanie, der sollte sich vorstellen, wie dieser Baum in 30, 50 oder 100 Jahren aussieht, wie er das Haus vielleicht um das Dreifache überragt und seine Äste weit über das Dach streckt. Solch ehrwürdige Gestalten finden wir in großen

| Botanischer/ Deutscher Name | Höhe/Breite (m) Blütezeit | Blütenfarbe | Wurzel | Standort Licht/Boden | Anmerkungen |
|---|---|---|---|---|---|
| **Kleinbäume** | | | | | |
| *Acer campestre* Feld-Ahorn | 5–15 / 5–10 V | gelbgrün | Herzwurzel bodennahe Feinwurzeln | sonnig–halbschattig anpassungsfähig, keine Staunässe | frosthart, wärmeliebend, windfest, schnittverträglich, gelbes Herbstlaub; Sorte: 'Elsrijk' |
| *Carpinus betulus* Hainbuche | 10–20 / 7–12 V | unscheinbar | Herzwurzel | sonnig–schattig bodentolerant | schnittverträglich, frosthart, wärmeliebend, hitzeverträglich, windfest; Sorten: 'Fastigiata', 'Monumentalis' |
| *Salix caprea* Sal-Weide | 5–8 / 3–6 III–IV | gelb | flach ausgebreitet | sonnig–absonnig anspruchslos | Männliche Sorte: 'Mas' |
| *Salix viminalis* Korb-Weide | 3–8 / 3–6 IV–V | gelb | flach ausgebreitet | sonnig anspruchslos | verträgt keine Trockenheit, für Flechtbauwerke geeignet |
| *Sorbus aria* Mehlbeere | 6–12 / 4–7 V–VI | weiß | Herzwurzel | sonnig–absonnig anspruchslos kalkliebend | wärmeliebendes Pioniergehölz, hitzeverträglich, wächst langsam, rote Beeren sind Vogelnahrung |
| *Sobus aucuparia* Eberesche, Vogelbeere | 6–12 / 4–6 V–VI | weiß | Herzwurzel | sonnig–halbschattig bodentolerant | Vogelnährgehölz, wächst langsam; Sorte: 'Edulis' (essbare Beeren) |
| *Sorbus domestica* Speierling | 10–15 / 10–15 V–VI | weiß | Tiefwurzler, Wurzelbrut | sonnig-halbschattig trocken-frisch Kalk-Lehmboden | wärmebedürftig, hitzeverträglich wächst langsam |
| *Malus* Apfel-Hochstamm | 5–7 / 4–6 V | weiß–rosa | Herzwurzel | sonnig mittelschwer, nahrhaft, feucht, locker | Eigenschaften je nach Sorte |
| *Prunus avium* Süßkirsche | 8–10 / 6–8 IV–V | weiß | Herzwurzel bodennahe Feinwurzeln | sonnig-halbschattig tiefgründige, durchlässige Lehmböden | Eigenschaften je nach Sorte |
| *Pyrus communis* Birne | bis 10 / 5-7 V | weiß | Pfahlwurzel | sonnig–absonnig trocken–frisch lockere Lehmböden | wärmeliebend Eigenschaften je nach Sorte |
| *Taxus baccata* Eibe | 10–15 / 8-12 III–IV | unscheinbar | Tiefwurzler | sonnig–schattig frisch–feucht sonst bodentolerant | schnittverträglich, ganze Pflanze ist giftig, außer dem roten Arillus; zahlreiche Sorten (schwach- und flachwüchsige, Säulenform u. a.) |

Grundstücken oder als Hofbaum am Bauernhaus, als Dorflinde im Mittelpunkt des Ortes, auf Hutungen, in alten Alleen, in Parks und natürlich in der Landschaft. Dort sind sie wunderschön und wertvoll für Mensch und Tierwelt. Für die oftmals kleinen Gärten der Siedlungsgebiete sollte man besser kleinere Baumarten bzw. entsprechende Sorten wählen.

Zumindest im ländlichen Raum sollte als Hausbaum vorzugsweise eine bodenständige, heimische Baumart der Umgebung ausgewählt werden. In Siedlungsgebieten und in den Wohnbereichen der Städte muss man das nicht so eng sehen. Auch hier haben heimische Arten durchaus ihre ökologische Bedeutung. Sie können aber recht gut mit Pflanzen aus dem breiten Sortiment der Baumschulen ergänzt werden. Wichtig ist in jedem Fall, dass die Gegebenheiten des jeweiligen Standortes berücksichtigt werden.

Manche Baumarten verankern sich mit einer Pfahlwurzel tief im Boden. So machen es Eichen, Walnuss und Kiefern. Andere, wie z. B. Birken und Fichten, lassen ihr dichtes Wurzelwerk flach und weit ausstreichen. Ahornarten haben eine Herzwurzel, die zwar tief in die Erde reicht, aber trotzdem an der Oberfläche ein dichtes Feinwurzelsystem ausbildet. Wer also unter einer Baumkrone schattenverträgliche Stauden und Gehölze pflanzen will, sollte bei der Auswahl der Baumart auch das Wurzelsystem bedenken.

| Botanischer/ Deutscher Name | Höhe/Breite (m) Blütezeit | Blütenfarbe | Standort Licht/Boden | Anmerkungen |
|---|---|---|---|---|
| **Sträucher** | | | | |
| *Amelanchier ovalis*<br>Gewöhnliche Felsenbirne | 1–3 / 2<br>IV–V | weiß | sonnig–absonnig,<br>bodentolerant | bevorzugt warme, durchlässige,<br>kalkreiche Standorte, hitzeverträglich |
| *Berberis vulgaris*<br>Berberitze, Sauerdorn | 1–3 / 2<br>V–VI | gelb | sonnig,<br>sandig-lehmig | wärmeliebend, roter Fruchtschmuck<br>Insektennahrung |
| *Buxus sempervirens* var. *arborescens*<br>Buchsbaum | 2–4 / 2–3<br>III–IV | unscheinbar | sonnig–schattig<br>nahrhaft, durchlässig, lehmig | schnittverträglich, anpassungsfähig,<br>gute Bienenweide, giftig |
| *Cornus sanguinea*<br>Roter Hartriegel | 3–4 / 3<br>V–VI | weiß | sonnig–schattig,<br>bodentolerant | Wurzelausläufer! Schattenverträglich<br>rote Herbstfärbung, Jungtriebe tiefrot |
| *Corylus avellana*<br>Hasel | 5 / 5<br>III / IV | gelb | sonnig–schattig,<br>bodentolerant | Sorten: 'Contorta' (Korkenzieherhasel)<br>'Rotblättr. Zellernuss' (rotlaubig) |
| *Crataegus monogyna*<br>Weißdorn | 2–6 / 4<br>V / VI | weiß | sonnig–halb-schattig,<br>trocken–frisch | anfällig für Feuerbrand!<br>rote Früchte |
| *Cytisus scoparius*<br>Besenginster | 2 / 1,5<br>V–VI | goldgelb | sonnig, sandig-humos, sauer,<br>nährstoffarm, trocken | kurzlebige Pionierpflanze, frostempfindlich;<br>Sorten: 'Luna', 'Dragonfly' u.a. |
| *Euonymus europaeus*<br>Pfaffenhütchen | 2–6 / 2–4<br>V | unscheinbar | sonnig–halbschattig,<br>trocken–nass | verträgt Hitze und Trockenheit, Befall mit<br>Gespinstmotten, roter Fruchtschmuck, giftig |
| *Ligustrum vulgare*<br>Liguster | 2–4 / 3<br>VI–VII | weiß | sonnig–schattig,<br>anpassungsfähig | schwarze Beeren, giftig,<br>Sorte: 'Atrovirens' (Laub haftet lange) |
| *Lonicera xylosteum*<br>Heckenkirsche | 2–3 / 3<br>V | weiß | sonnig–schattig<br>humos | ab Juli rote Beeren, giftig |
| *Prunus spinosa*<br>Schlehe | 1–3<br>IV–V | weiß | sonnig–absonnig,<br>anpassungsfähig | Wurzelausläufer! dorniger Strauch mit<br>blauschwarzen Beeren |
| *Ribes alpinum* 'Schmidt'<br>Alpen-Johannisbeere | 1–2 / 1–2<br>IV–V | gelb | sonnig–schattig, nährstoffreich,<br>mäßig, trocken–frisch | verträgt Schatten und Wurzeldruck,<br>rote Beeren haften lange |
| *Rosa canina*<br>Hunds-Rose | 3 / 3<br>VI–VII | hellrosa | sonnig–absonnig, nahrhaft,<br>tiefgründig, durchlässig | Fruchtschmuck<br>Sorte: 'Kiese' |
| *Rosa glauca*<br>Hecht-Rose | 2 / 2<br>VI–VII | rosa | sonnig–absonnig,<br>trocken–frisch, durchlässig | Fruchtschmuck, blau bereiftes Laub |
| *Rosa rubiginosa*<br>Wein-Rose | 2–3 / 2–3<br>VI–VII | hellrosa | sonnig–absonnig,<br>mäßig trockener Lehm | Tiefwurzler, Drüsenhaare duften nach Wein<br>oder Apfel |
| *Salix aurita*<br>Öhrchen-Weide | 2–3 / 2–3<br>III–IV | gelb | sonnig–absonnig,<br>frisch–nass, sauer | feintriebig, wächst langsam, Bienenweide |
| *Sambucus nigra*<br>Holunder | 3–7 / 3–5<br>VI–VII | weiß | sonnig–halbschattig, bevorzugt<br>humose, feuchte Böden | Stickstoffzeiger, Blüte und Früchte verwertbar,<br>roh ungenießbar |
| *Sambucus racemosa*<br>Hirsch-Holunder | 2–4 / 2–4<br>IV–V | gelbgrün | halbschattig–sonnig<br>locker, humos, frisch-feucht | Pioniergehölz, weitstreichende Wurzeln,<br>auffallender Fruchtschmuck, roh ungenießbar |
| *Viburnum lantana*<br>Wolliger Schneeball | 2–3 / 2–3<br>V | weiß | sonnig–schattig,<br>trocken–frisch, kalkliebend | wärmeliebend, Herbstfärbung, rote, später<br>schwarze Früchte, roh giftig |
| *Viburnum opulus*<br>Gemeiner Schneeball | 3–4 / 3–4<br>V–VI | weiß | sonnig–halbschattig, frisch–nass,<br>nährstoffreich, kalkliebend | roter Fruchtschmuck haftet lange, roh giftig;<br>Sorte: 'Roseum' (gefüllte Blüten, steril) |

**Für die Auswahl von Bäumen ist entscheidend:**

- die Berücksichtigung von Boden und Klima, weil nur standortgerechte Gehölze gut gedeihen,
- Beachtung des Landschafts- und Siedlungscharakters, vor allem bei fremdländischen Gehölzen,
- die endgültige Größe der Bäume, damit ein ausgewogenes Verhältnis zum Garten und zur Haushöhe gewahrt bleibt,
- ein ausreichender Standraum, damit sich die Gehölze gut entfalten können,
- die Rücksichtnahme auf die Gartennachbarn, zumal auch bei Einhaltung des vorgeschriebenen Grenzabstandes von Bäumen eine erhebliche Schattenwirkung ausgehen kann,
- die Bevorzugung von „verträglichen" Baumarten, die eine lichte Krone aufweisen, tiefgründig wurzeln und deshalb auch einen Unterwuchs zulassen,
- persönliche Vorliebe für eine bestimmte Baumart.

Es wäre schön, wenn der ausgewählte und gepflanzte Baum alt werden dürfte. Denn erst nach vielen Jahren entfaltet er seinen ganz eigenen Charakter. Auch seine ökologische Bedeutung nimmt mit der Zeit zu. Die sogenannten Alterserscheinungen, wie Höhlungen, Risse, Flechten- und Moosbesatz erhöhen seinen Wert für den Naturhaushalt. Schmetterlinge verbringen in Rissen und Spalten ihre Winterstarre. Bereits angefaulte Astlöcher erleichtern dem Specht die Arbeit beim Bau seiner Bruthöhle. Diese wird später gern von Baumläufer, Kleiber oder Meisen übernommen. Aber nicht nur Vögel, sondern auch Fledermäuse und Bilche wissen Baumhöhlen als Schlafplatz und Kinderstube zu schätzen. Außerdem besiedeln etliche Insekten solche Hohlräume. Gelegentlich findet man Hummeln, Wespen oder sogar Hornissen darin.

Weil unsere Gärten arm sind an natürlichen Bruthöhlen, sollten wir künstliche Nisthilfen anbringen. Das Angebot an fertigen Nistkästen oder Bauanleitungen ist sehr reichhaltig. Die Nisthöhlen sollten so aufgehängt werden, dass die Öffnung nach Südosten oder Osten weist und der Kasten sich nicht nach hinten neigt. Eine Aufhängung mit Drahtbügeln an tragfähigen Ästen ist empfehlenswert, ebenso Sicherungen vor Katzen und Mardern. Fledermauskästen sollten an einer warmen, sonnigen Stelle hängen. In Herbst müssen die Vogelnistkästen gereinigt werden, damit den Höhlenbrütern im nächsten Jahr sauberer, von Parasiten freier Wohnraum zur Verfügung steht.

*Alte Bäume bieten Nistgelegenheit, Schutz und Nahrung für viele Tierarten. Durch Rindenrisse und Höhlungen erhöht sich ihr ökologischer Wert noch. Möglicherweise nisten sich hier Hornissen ein oder Fledermäuse wählen den hohlen Stamm als Sommerquartier.*

**Ziergehölze für den Garten** – Bäume, Sträucher, Heckengehölze

| Botanischer/ Deutscher Name | Höhe/Breite (m) Blütezeit | Blütenfarbe | Standort Licht/Boden | Anmerkungen |
|---|---|---|---|---|
| **Großbäume** | | | | |
| *Catalpa bignonioides* Trompetenbaum | 10–15 / 6–10 VI | weiß | sonnig–halbschattig windgeschützt | große herzförmige Blätter, schöne Blüte |
| *Gingko biloba* Fächerblattbaum | 15–20 / 10–15 IV–V | gelbgrün | sonnig–halbschattig | zweihäusig, goldgelbe Herbstfärbung |
| *Juglans regia* Walnuss | 15–20 / 10–15 V | gelbgrün | sonnig–halbschattig | spätfrostgefährdet, wärmebedürftig |
| *Liqidambar styraciflua* Amberbaum | 10-20 / 6–12 V | grünlich | sonnig feucht, nahrhaft | prachtvolle Herbstfärbung |
| *Paulownia tomentosa* Blauglockenbaum | 12–15 / 12–15 IV–V | blau-violett | sonnig warm, geschützt | spätfrostgefährdet, wärmeliebend |
| **Kleinbäume** | | | | |
| *Acer tataricum* ssp. *ginnala* Feuer-Ahorn | 5–7 / 5–7 V | blassgelb | sonnig–halbschattig | Wurzelfilz, Herbstfärbung |
| *Acer negundo* 'Flamingo' Flamingo-Ahorn | 5–7 / 4–6 III–IV | blassgelb | sonnig–halbschattig | Herzwurzler, buntes Laub |
| *Cercidiphyllum japonicum* Katsurabaum | 8–10 / 4–7 IV–V | rot | sonnig | spätfrostgefährdet, Herbstfärbung |
| *Crataegus* x *lavallei* 'Carrierei' Apfeldorn | 7 / 7–10 V | weiß-rosa | sonnig | Fruchtschmuck, Herbstfärbung |
| *Crataegus laevigata* 'Paul's Scarlet' Rotdorn | 4–6 / 3–4 V–VI | karmesinrot | sonnig | gefüllte Blüte, schnittverträglich |
| *Crataegus* x *persimilis* 'MacLeod' Pflaumdorn | 6–7 / 4–5 V–VI | weiß-rosa | sonnig | Fruchtschmuck, Herbstfärbung |
| *Malus* 'Butterball' Zierapfel | 4–6 / 3–4 V | weiß-rosa | sonnig | gelber Fruchtschmuck |
| *Malus* 'Prof. Sprenger' Zierapfel | 5–6 / 4–5 V | weiß | sonnig | gelb-oranger Fruchtschmuck |
| *Pinus parviflora* 'Glauca' Mädchenhaar-Kiefer | 6–10 / 5–7 | | sonnig | blaugrüne Nadeln, gekrümmt und gedreht |
| *Prunus* 'Accolade' Zierkirsche | 5–7 / 3–6 IV | rosa | sonnig | gefüllte Blüten |
| *Prunus sargentii* Scharlach-Kirsche | 6–10 / 5–8 IV | rosa | sonnig windgeschützt | Herbstfärbung |
| *Prunus serrulata* 'Amanogawa' Säulen-Zierkirsche | 4–7 / 1–2 IV–V | hellrosa | sonnig | Blüten leicht gefüllt, zarter Duft |
| *Prunus subhirtella* 'Autumnalis' Zierkirsche | 5 / 5 XI–XII + III–IV | weiß-rosa | sonnig | Blüten halb gefüllt, Winterblüher |
| *Robinia* 'Casque Rouge' Scheinakazie | 6 / 5 V–VI | purpur-rot | sonnig windgeschützt | hitzeverträglich, windbruchgefährdet |

| Botanischer/ Deutscher Name | Höhe/Breite (m) Blütezeit | Blütenfarbe | Standort Licht/Boden | Anmerkungen |
|---|---|---|---|---|
| **Solitärsträucher** | | | | |
| *Amelanchier lamarckii* Kupfer-Felsenbirne | 4–6 / 4 IV | weiß | sonnig–halbschattig | kupferroter Austrieb, Herbstfärbung |
| *Buddleja alternifolia* Wechselblättr. Sommerflieder | 2–3 / 2–4 VI–VII | hellviolett | sonnig warm geschützt | breit ausladend überhängend |
| *Buddleja-davidii*-Hybriden Sommerflieder | 3–4 / 3 VII–IX | | sonnig geschützt | Blüten weiß, rosa, purpur, violett je nach Sorte |
| *Caryopteris* x *clandonensis* 'Heavenly Blue' Bartblume | 1 / 1 VIII–IX | blau | sonnig trocken–frisch | bezaubernder Spätsommerblüher |
| *Cotinus coggygria* Perückenstrauch | 3–5 / 4 VI–VII | unscheinbar | sonnig trocken und warm | fedrige Fruchtstände |
| *Cotoneaster bullatus* Runzlige Felsenmispel | 3 / 3 V–VI | weiß | sonnig–halbschattig | Fruchtschmuck, Herbstfärbung |
| *Cotoneaster multiflorus* Vielblütige Felsenmispel | 2–3 / 3–4 V–VI | weiß | sonnig | breit ausladend, üppige Blüte |
| *Cotoneaster salicifolius* var. *floccosus* Weidenblättr. Felsenmispel | 3–4 / 3–4 VI | weiß | sonnig–halbschattig geschützt | immergrün, duftende Blüten, Fruchtschmuck |
| *Euonymus alatus* Korkspindel | 2–3 / 3 V–VI | unscheinbar | sonnig–halbschattig | Korkleisten, Herbstfärbung, |
| *Euonymus planipes* Großfrüchtiges Pfaffenhütchen | 3–4 / 3–4 V | unscheinbar | sonnig–halbschattig | Herbstfärbung, Fruchtschmuck, giftig |
| *Hibiscus syriacus* Sorten des Strauch-Eibisch | 2 / 1,5 VII–IX | | sonnig geschützt | Blüten weiß, magenta, blauviolett je nach Sorte |
| *Laburnum* x *watereri* 'Vossii' Goldregen | 5 / 3–4 V–VI | gelb | sonnig–halbschattig | duftend, giftig |
| *Lonicera maackii* Schirm-Heckenkirsche | 4–5 / 4–5 V–VI | rahmweiß | sonnig–halbschattig | rote Beeren, schwach giftig, sehr anpassungsfähig |
| *Syringa meyeri* 'Palibin' Zwerg-Duftflieder | 1 / 1 VI | lila | sonnig | duftend, für Tröge geeignet |
| *Syringa* x *swegiflexa* Perlenflieder | 4 / 4 VI | rosa | sonnig | duftend, Blüten in überhängenden Rispen |
| *Syringa-vulgaris*-Hybriden Gewöhnlicher Flieder | 4–6 / 3–5 V–VI | | sonnig–halbschattig | Wildart treibt Ausläufer, Blütenfarbe weiß, lila, purpurrot, je nach Sorte |
| *Viburnum* x *bodnantense* Duft-Schneeball | 2–3 / 2–3 XI + III–IV | rosa | sonnig–halbschattig geschützt | duftender Winterblüher, Herbstfärbung |
| *Viburnum* x *burkwoodii* Duft-Schneeball | 2–3 / 2–3 IV–V | rosa / weiß | sonnig–halbschattig geschützt | duftend, wintergrün, hitzeverträglich |
| *Viburnum plicatum* 'Mariesii' Jap. Etagen-Schneeball | 1,5–2 / 2 V–VI | weiß | sonnig–halbschattig frisch–feucht | reich blühend, Herbstfärbung |
| *Viburnum* x *pragense* Prager Schneeball | 2–3 / 2–3 V–VI | weiß | sonnig–halbschattig geschützt | immergrün |

| Botanischer/ Deutscher Name | Höhe/Breite (m) Blütezeit | Blütenfarbe | Standort Licht/Boden | Anmerkungen |
|---|---|---|---|---|
| **Heckengehölze** | | | | |
| *Berberis julianae* Berberitze | 2–3 / 3–4 V–VI | gelb | sonnig–halbschattig | immergrün, bedornt |
| *Berberis thunbergii* 'Atropurpurea' Berberitze | 2–3 / 2–3 V | gelb | sonnig–halbschattig | rotlaubig, bedornt |
| *Berberis verruculosa* Warzen-Berberitze | 1,5 / 1,5 V–VI | gelb | sonnig–schattig | immergrün, bedornt |
| *Buxus sempervirens* var. *arborescens* Gewöhlicher Buchs | 2–4 / 2–4 III–IV | unscheinbar | sonnig–schattig | schnittverträglich, giftig |
| *Chaenomeles* Kulturformen der Zierquitte | 1–2 / 1–2 III–IV | | sonnig–halbschattig | Wuchs und Blütenfarbe je nach Sorte, Blüten weiß, orange rosa, rot |
| *Cornus alba* 'Sibirica' Weißer Hartriegel | 3 / 3 V | rahmweiß | sonnig–halbschattig | korallenrote Triebe, weiße Beeren |
| *Cotoneaster dielsianus* Graue Felsenmispel | 2,5 / 2,5 VI | weiß | sonnig–halbschattig | rote Früchte, Blätter graufilzig, Herbstfärbung |
| *Cytisus* x *praecox* 'Allgold' Elfenbein-Ginster | 2 / 2 IV–V | hellgelb | sonnig leichter Boden | nicht sehr langlebig |
| *Deutzia* x *hybrida* 'Mont Rose' Deutzie | 1,5 / 1 VI | rosa | sonnig–halbschattig | |
| *Deutzia scabra* 'Plena' Deutzie | 4 / 2 VI–VII | weiß/rosa | sonnig–halbschattig | gefüllte Blüten |
| *Forsythia* x *intermedia* 'Spring Glory' Goldglöckchen | 3 / 3 IV–V | hellgelb | sonnig | |
| *Kolkwitzia amabilis* Perlmutterstrauch | 2–3 / 2–3 VI | rosa | sonnig–halbschattig | |
| *Philadelphus coronarius* Europ. Pfeifenstrauch | 3 / 2 VI | weiß | sonnig–halbschattig | stark duftende Blüten |
| *Physocarpus opulifolius* 'Diabolo' Blasenspiere | 3 / 2 VI | rosa | sonnig–schattig | rotlaubige Sorte |
| *Prunus laurocerasus* 'Herbergii' Kirschlorbeer | 2–3 / 2–3 V | weiß | sonnig–schattig | Tiefwurzler, immergrün, schwarze Früchte, giftig |
| *Pyracantha-coccinea*-Hybriden Feuerdorn | 2–4 / 2–4 V–VI | weiß | sonnig–halbschattig | immergrün, bedornt, Wuchs je nach Sorte, Früchte gelb, orange, rot |
| *Ribes sanguineum* 'King Edward VII' Blut-Johannisbeere | 2 / 1,5 IV–V | rot | sonnig | |
| Einmal blühende Strauchrosen (s. Tab. „Rosen für den Garten" S. 178 f.) | 2–3 / 2–3 V–VII | | sonnig–halbschattig | Eigenschaften je nach Sorte |
| *Spiraea* x *arguta* Schnee-Spiere | 2 / 2 IV–V | weiß | sonnig | |
| *Spiraea* x *vanhouttei* Pracht-Spiere | 2–3 / 2–3 V–VI | weiß | sonnig–halbschattig | |
| *Weigela* 'Eva Rathke' Weigelie | 3 / 3 VI | rot | sonnig–halbschattig | |

# Frei wachsende Blütenhecken

Eine dichte Hecke sorgt für den erwünschten Schutz vor Sicht und Staub, in gewissem Umfang sogar vor Lärm. Sie schafft ein günstiges Kleinklima und bietet Tieren Lebensraum und Nahrung. Wo ausreichend Platz zur Verfügung steht, kann man eine frei wachsende Hecke anlegen, deren Sträucher uns mit Blüten und Duft, Früchten und ansprechender Laubfärbung erfreuen. Es ist üblich, solche Hecken linear zu pflanzen, wobei die Gehölze parallel zur Grundstücksgrenze gesetzt werden. Die Pflanzabstände betragen je nach Größe der betreffenden Strauchart 100 bis 150 cm. Man rechnet damit, dass sich die Hecke in drei bis vier Jahren geschlossen hat. Um dies zu erreichen, kann man zwischen dominierende Sträucher Füllgehölze pflanzen, die sich rasch entfalten, später aber von höheren Gehölzen sozusagen in den Schatten gestellt werden. Solche „dienenden" Straucharten sind beispielsweise Liguster, Alpenjohannisbeere oder Heckenkirsche. Sie vertragen die Beschattung und können in der Hecke belassen werden. Bei sonnenhungrigen Pionierarten wie dem Roten Holunder, verschiedenen Ginsterarten oder dem Schmetterlingsstrauch ist das nicht der Fall. Sie sind nicht sehr langlebig, halten einer Beschattung weniger stand und werden im Laufe der Zeit von anderen Gehölzen verdrängt. Welche Sträucher langfristig das Bild bestimmen sollen und worauf man später verzichten möchte, muss bereits bei der Planung berücksichtigt werden.

*Der lichtbedürftige Elfenbein-Ginster wächst zügig heran, wird aber nicht sehr alt.*

*Schematischer Querschnitt durch eine mehrstufige gestaffelte Hecke: Decksträucher am Zaun, höhere Sträucher und ein Baum auf der Gartenseite.*

Die „Lückenfüller" der ersten Zeit können später durch Buchs ersetzt werden. Er verträgt Beschattung und Wurzeldruck. Langsam wächst er zwischen den Sträuchern der Hecke zu beachtlicher Höhe heran. Im Sommer nimmt man ihn kaum wahr, aber wenn das Laub der Blütensträucher abgefallen ist, bietet er in angenehmer Weise Sichtschutz.

Eine Hecke lässt sich aber nicht nur linear, sondern auch gestaffelt aufbauen. Dabei wachsen die niedrigeren Arten am Zaun und Großsträucher mit ausladenden Kronen werden auf der Innenseite davor gepflanzt. So entstehen interessante Nischen innerhalb des Gartens. Will man die Fläche unterhalb der Großsträucher für den Aufenthalt nutzen oder mit schattenverträglichen Stauden, Gräsern und Farnen bereichern, dann wählt man zur Vorpflanzung kleinkronige Hochstämme, z. B. Zieräpfel oder kahlfüßige Sträucher wie den Goldregen. So entsteht ein nach außen abgeschlossener Gartenraum mit einer abwechslungsreichen Innenseite. Er erscheint dem Betrachter tiefer, als er tatsächlich ist. Mit einer solchermaßen gestaffelten Hecke wird man auch den Anforderungen des Nachbarrechts in eleganter Weise gerecht. Großsträucher sind weit genug ins Grundstück gerückt. Man ist nicht gezwungen, sie auf eine geforderte Maximalhöhe zurückzuschneiden, was diese meist ihrer Schönheit berauben würde.

Soll ein prächtiger Solitärstrauch optimal zur Wirkung kommen, so gelingt dies am besten, wenn er einzeln steht oder sich von seinem Hintergrund abheben kann. Am besten pflanzt man solche Ziergehölze am Haus, am Sitzplatz, markiert damit Wendepunkte eines Weges oder gibt einer Staudenpflanzung damit ein Gerüst.

Die Felsenbirne (Amelanchier lamarckii) erfreut durch ihren kupferfarbenen Austrieb, die Blüte im April, schmackhafte Früchte im Sommer und eine flammende Herbstfärbung.

In der Blüte ist der Goldregen (Laburnum) eine Pracht. Man sollte aber wissen, dass dieses Gehölz giftig ist und sich daher für Kinderspielbereiche nicht eignet.

Gehölze sind im Allgemeinen nicht so eng auf bestimmte Lebensbereiche fixiert wie Stauden. Viele gedeihen in jedem guten Gartenboden. Nur Staunässe vertragen die wenigsten. Hier sollte man durch tiefes Lockern oder mit einer Dränage Abhilfe schaffen.

Ähnlich wie Bäume gewinnen auch Strauchgruppen und Hecken mit dem Alter an Wert für den Naturhaushalt. Dann nistet in höher gelegenen Astgabeln und in dornigen Sträuchern die Singdrossel, der Buchfink, der Dompfaff oder der Hänfling. Auch die Amsel, die in kaum einem Garten fehlt, baut hier ihr Nest. Näher am Boden und in dichtem Gebüsch gut versteckt brütet die Mönchsgrasmücke. Ihr Lied begleitet uns weit in den Sommer. Das ist auch der Platz für den Zilpzalp, der seinen eigenen Namen ruft. Das

Die Blasenspiere (Physocarpus opulifolius) ist eigentlich ein unscheinbares Gehölz. Erst mit der Sorte 'Diabolo', die durch dunkle, braunrote Belaubung und rosa Blüten auffällt, wurde sie für die Gartengestaltung interessant.

Ein vielseitig verwendbares Gehölz ist der Kirschlorbeer (Prunus laurocerasus). Er behält sein Laub im Winter und bietet daher ganzjährig Sichtschutz. Es gibt zahlreiche Sorten mit unterschiedlichen Wuchsformen.

*Das Rotkehlchen ist im Garten ein gern gesehener Gast. Wenn der Boden umgegraben oder der Kompost umgesetzt wird, ist es zur Stelle, um Larven oder Würmer aufzupicken. Sein Nest baut es in einem Holzstoß, in dichtem Efeu oder auch in einer Halbhöhle.*

Rotkehlchen ist uns wegen seiner Zutraulichkeit besonders lieb. Es begleitet uns bei der Gartenarbeit und pickt Würmer und andere Bodentiere auf, die wir bei der Bodenbearbeitung ans Licht bringen.

*Blindschleichen verkriechen sich gern in einem Reisighaufen, unter einem morschen Strunk, zwischen Steinen oder in dicken Moospolstern. Sie sind keine Schlangen, sondern Eidechsen ohne Beine und haben daher auch keine Giftzähne.*

Nicht nur Wohnraum bieten Gehölze den Tieren, sondern auch reichlich Nahrung. Hier finden sie reichlich Samen, Körner und Beeren, vor allem aber Insekten. Sogar die Körnerfresser unter den Vögeln fangen Insekten zur Aufzucht ihrer Brut, weil die Jungvögel beim Heranwachsen eiweißreiche Nahrung benötigen. Dieses Futter sollten die Vögel überall im Garten finden, auf der Wiese und im Gehölzsaum ebenso, wie in der Laubdecke unter den Sträuchern.

Irgendwo in einer dichten Hecke könnte ein Platz für Baumstrünke, abgestorbene Äste oder einen Reisighaufen sein. Erstaunlich viele Tiere finden hier ihr Auskommen. Totholz dient einer ganzen Reihe von Insektenlarven als Wohnstätte und Nahrung. Auch Ameisen besiedeln gerne einen alten Holzstumpf. Der Zaunkönig baut sein Kugelnest vorzugsweise in das Gewirr eines Reisighaufens. Aber auch Igel, Spitzmäuse und Blindschleichen fühlen sich davon angezogen. Alle diese Tiere tragen dazu bei, dass sich im Garten ein stabiles Gleichgewicht einstellt und gefürchtete Gartenschädlinge nicht allzu sehr überhandnehmen.

## Geschnittene Hecken

Für kleinere Gärten sind geschnittene Hecken eine sehr gute Möglichkeit der Raumbegrenzung, sofern man nicht eine berankte Mauer oder Sichtschutzwand bevorzugt. Sicherlich werden ein paar Jahre vergehen, bis eine Schnitthecke dicht und hoch genug ist. Doch dann bietet sie nicht nur eine angenehme Raumbegrenzung, sondern auch einen recht neutralen, grünen Hintergrund, vor dem sich die Blütenpracht von Stauden gut entfalten kann.

Allzu hoch sollte man die Hecken nicht wachsen lassen, sonst wirken sie erdrückend und man fühlt sich beengt. Hecken müssen auch nicht unbedingt gerade wie eine

*Diese Hainbuchenhecke wurde so geschnitten, dass sie sich als Torbogen über dem Eingang wölbt*

**Arten, die sich für den Heckenschnitt eignen:**

- Buchs *(Buxus sempervirens)*
- Eibe *(Taxus baccata)*
- Eingriffeliger Weißdorn *(Crataegus monogyna)*
- Feld-Ahorn *(Acer campestre)*
- Hainbuche *(Carpinus betulus)*
- Kirschlorbeer *(Prunus-laurocerasus-*Sorten*)*
- Kornelkirsche *(Cornus mas)*
- Liguster *(Ligustrum vulgare* 'Atrovirens'*)*
- Rot-Buche *(Fagus sylvatica)*

Mauer geschnitten sein. Man kann ihr eine Wellenform geben, ihr Kugeln aufsetzen oder Fenster einfügen. In der Barockzeit war man da sehr erfinderisch und auch englische Gärten bieten Anregungen für den Formschnitt von Gehölzen.

Niedrige und überschaubare oder nur kniehohe Hecken bieten zwar keinen Sichtschutz, aber sie schaffen Ordnung, sie geben dem Garten eine klare Struktur und den Pflanzungen optischen Halt. Für solche Einfassungshecken wählt man besten Buchs der Sorte 'Suffruticosa'. Man kann aber auch Heckenkirsche (*Lonicera nitida* 'Elegant'), Lavendel oder niedrige Spiersträucher verwenden.

Für den Heckenschnitt eignen sich Gehölzarten, die sogenannte „schlafende Augen" aktivieren, wenn man ihre Triebe einkürzt. Dadurch werden sie bei fortgesetztem Schnitt immer dichter. Immergrüne Schnitthecken haben zwar den Vorteil, dass sie auch im Winterhalbjahr Sichtschutz bieten, sie wirken aber eintönig und düster. Laubgehölze bieten mehr Abwechslung, weil sich im Laufe des Jahres ihre Blattfärbung verändert. Reiche Blüte und Fruchtschmuck kann man von geschnittenen Hecken aber nicht erwarten.

Für geschnittene Hecken benötigt man bei der Pflanzung drei bis vier Stück je m (abgesehen von niedrigen Einfassungen). Schnitthecken erfordern regelmäßigen Formschnitt und zwar bereits von der Pflanzung an. Der August ist dafür die beste Zeit. Im Frühjahr und Frühsommer sollten Hecken mit Rücksicht auf nistende Vögel nicht geschnitten werden. Ein Verkahlen im unteren Bereich wird dadurch verhindert, dass sich das Heckenprofil nach oben verjüngt. So erhalten auch die unteren Zweige noch ausreichend Licht.

## Rosen

Was wäre ein Garten ohne Rosen, ohne ihre bezaubernden Blüten, ohne ihren zarten Duft? Ganz zu Recht gilt die Rose bei uns als Königin der Blumen. Schon seit Jahrhunderten beschäftigen sich die Züchter damit, immer wieder neue, verbesserte Sorten hervorzubringen. Es ist wohl kein Gehölz so vielfältig wie sie. Aus den einfach blühenden Heckenrosen europäischer, asiatischer und nordamerikanischer Herkunft entstanden vielerlei Sorten. Sie blühen in allen Schattierungen von Weiß, Rosa, Rot bis Purpur, sowie Gelb und Orange.

*Da Buchs langsam wächst, verwendet man ihn zum Formschnitt und für niedrige Hecken. Wer Geduld hat, kann seinen Garten auch mit höherem Buchs einfassen.*

*Eine historische Rose, die sich bewährt hat, ist die 'Rose de Resht'. Sie ist ausreichend frosthart, widerstandsfähig und bezaubert durch einen wunderbaren Duft.*

Die ungefüllten, einmal blühenden Strauchrosen bereichern unsere Hecken und schmücken sich im Herbst und Winter mit leuchtenden Hagebutten. Kletterrosen neigen sich über Zäune und Pergolen, schmücken so manche Fassade und sogenannte Ramblerrosen benutzen sogar ältere Bäume als Gerüst für ihre langen, biegsamen Ruten.

Ganz anders zeigen sich die Zierstrauchrosen. Sie verlangen eine Einzelstellung. Nach ihrer Hauptblütezeit im Juni legen sie eine kleine Pause ein, um uns dann den ganzen Sommer und Frühherbst über mit ihrer Blüte zu erfreuen. Zu ihnen zählen sowohl bewährte historische Sorten als auch neuere Züchtungen, die sich durch Gesundheit, gute Frosthärte sowie Robustheit auszeichnen. Am besten pflanzt man diese Rosensorten einzeln oder in kleinen Gruppen und umgibt sie mit Stauden und Gräsern (siehe Tabelle „Begleitstauden für Rosen“, Kap. „Farbenpracht der Stauden“). Ähnlich sollte man auch die Beetrosen verwenden. Sie sind die niedrigere Variante der Zierstrauchrosen und haben vergleichbare Eigenschaften und Ansprüche. Man kann sie zwar in größeren Gruppen oder auch beetweise anordnen, aber in lockerer Zusammenstellung mit begleitenden Stauden kommen sie doch besser zur Geltung.

*Die Sorte 'Graham Thomas' gehört zu den sog. „Austin-Rosen“, die den Charme alter Rosen und die Widerstandsfähigkeit moderner Züchtungen vereint.*

Kleinstrauchrosen zeichnen sich durch besondere Robustheit aus. Deshalb werden sie bevorzugt im öffentlichen Grün, beispielsweise an Verkehrsflächen großflächig gepflanzt. Daher kommt auch die wenig schmeichelhafte Bezeichnung „Bodendeckerrosen“. Sie blühen den ganzen Sommer lang, gedeihen in jedem durchlässigen, nährstoffreichen Gartenboden und verlangen relativ wenig Pflege. Allerdings duften sie kaum. Solch unkomplizierte Rosen sind natürlich auch für Privatgärten von Vorteil. Nur wird man sie hier eher einzeln oder in kleinen Gruppen pflanzen, entweder zusammen mit Stauden oder als Vorpflanzung am sonnigen, lichten Gehölzrand.

*Rosa moyesii*

*'Rosenreslie'*

*'Schneewittchen'*

**Rosen für den Garten**

| Name<br>Sorte | Höhe/Breite (cm)<br>Blütezeit | Blütenfarbe | Duft | Blütenbefüllung | Blattgesundheit | Anmerkungen |
|---|---|---|---|---|---|---|
| **Einmal blühende Strauch- und Wildrosen** | | | | | | |
| *Rosa hugonis*<br>'Goldröschen' | 200 / 120<br>VI–VII | goldgelb | | einfach | gut | schwarzrote Hagebutten, fallen bald ab |
| *Rosa moyesii* | 300 / 200<br>VI–VII | blutrot | | einfach | gut | zierende Hagebutten |
| *Rosa multiflora*<br>'Büschelrose' | 200 / 200<br>VI–VII | weiß | | einfach | sehr gut | kleine Hagebutten |
| *Rosa pimpinellifolia*<br>'Frühlingsgold' | 250 / 200<br>V–VI | goldgelb | leicht | einfach | gut | frühe Blütezeit |
| 'Marguerite Hilling' | 200 / 200<br>VI | karminrosa | | halb gefüllt | gut | |
| 'Nevada' | 200 / 200<br>VI | weiß | | halb gefüllt | gut | |
| **Öfter blühende Strauchrosen** (Historische Rosen) | | | | | | |
| 'Hansa' | 200 / 100<br>ab VI | violettrot | stark | halb gefüllt | sehr gut | schwache Nachblüte |
| 'Pink Grootendorst'<br>Nelkenrose | 100 / 70<br>ab VI | rosa | | halb gefüllt | gut | reichlich bestachelt, gefranste Blüten |
| *Rosa* 'Muscosa'<br>Moosrose | 100 / 80<br>ab VI | rosa | stark | dicht gefüllt | gut | Knospen stark bemoost, harziger Duft bei Berührung |
| *Rosa damascena*<br>'Rose de Resht' | 100 / 70<br>ab VI | hell purpur | stark | dicht gefüllt | gut | Blüten pomponartig |
| 'Versicolor' | 150 / 100<br>ab VI | karminrot rosa gestreift | intensiv | halb gefüllt | gut | |
| **Öfter blühende Strauchrosen** (Neuere Züchtungen) | | | | | | |
| 'Graham Thomas' | 150 / 70<br>ab VI | gelb | stark | dicht gefüllt | mäßig | Austin-Rose, vorbeugender Pflanzenschutz empfehlenswert |
| 'Lichtkönigin Lucia' | 150 / 70<br>ab VI | gelb | intensiv | halb gefüllt | sehr gut | |
| 'Rosenreslie' | 150 / 100<br>ab VI | lachsrosa | stark | halb gefüllt | gut | leicht überhängende Triebe |
| 'Schneewittchen' | 120 / 70<br>ab VI | weiß | leicht | halb gefüllt | mäßig | vorbeugender Pflanzenschutz empfehlenswert |
| 'Westerland' | 150 / 80<br>ab VI | kupfer-orange | stark | halb gefüllt | gut | |

| Name<br>Sorte | Höhe/Breite (cm)<br>Blütezeit | Blütenfarbe | Duft | Blütenbefüllung | Blattgesundheit | Anmerkungen |
|---|---|---|---|---|---|---|
| **Öfter blühende Beetrosen** | | | | | | |
| 'Angela' | 100 / 80<br>ab VI | altrosa | | halb gefüllt | gut | |
| 'Aprikola' | 70 / 60<br>ab VI | aprikosengelb | leicht | halb gefüllt | sehr gut | |
| 'Bonica 82' | 80 / 60<br>ab VI | zartrosa | | halb gefüllt | gut | |
| 'Gelber Engel' | 80 / 60<br>ab VI | hellgelb | leicht | halb gefüllt | sehr gut | |
| **Öfter blühende Kleinstrauchrosen** | | | | | | |
| 'Innocencia' | 50 / 50<br>ab VI | weiß | leicht | halb gefüllt | sehr gut | |
| 'Lavender Dream' | 60 / 60<br>ab VI | rosa-lila | intensiv | einfach | mäßig – gut | |
| 'Mozart' | 80 / 80<br>ab VI | rosa<br>weißes Auge | | einfach | gut | |
| 'Rotilia' | 70 / 50<br>ab VI | rot | leicht | halb gefüllt | sehr gut | |
| 'Sommerwind' | 60 / 60<br>ab VI | rosa | | halb gefüllt | gut | |
| **Öfter blühende Kletterrosen** | | | | | | |
| 'Golden Gate' | 250 / 100<br>ab VI | goldgelb | intensiv | halb gefüllt | sehr gut | |
| 'Ilse Krohn Superior' | 300 / 100<br>ab VI | weiß | intensiv | dicht gefüllt | gut | |
| 'New Dawn' | 300 / 150<br>ab VI | creme-rosa | leicht | halb gefüllt | gut | |
| 'Rosarium Uetersen' | 250 / 100<br>ab VI | tief rosa | leicht | dicht gefüllt | gut | |
| 'Super Dorothy' | 250 / 100<br>ab VI | rosa | | dicht gefüllt | gut | Charakter einer Ramblerrose |
| 'Sympathie' | 300 / 150<br>ab VI | dunkelrot | intensiv | dicht gefüllt | gut | |
| **Einmal blühende Ramblerrosen** | | | | | | |
| 'Bobbie James' | 300 / 100<br>VI | rahmweiß | stark | halb gefüllt | sehr gut | |
| 'Filipes Kiftsgate' | 800 / 150<br>VI | rahmweiß | intensiv | einfach | mäßig – gut | |
| 'Raubritter' | 300 / 100<br>VI | purpur-rosa | | halb gefüllt | mäßig | zarte Pompon-Blüten |

Rosen lieben warme, sonnige, luftige Plätze, wo sie nach einem Regen schnell wieder abtrocknen. Wenn ihr Laub längere Zeit feucht bleibt, besteht die Gefahr einer Infektion mit Mehltau oder Sternrußtau. Die einzelnen Rosensorten sind dafür unterschiedlich anfällig. Es ist ratsam, beim Rosenkauf auf gute Blattgesundheit zu achten. Rosen bevorzugen zwar einen sonnigen Standort, doch allzu große Hitze und Trockenheit mögen die meisten Arten und Sorten nicht. Der Boden sollte eine gute Wasserführung aufweisen und ausreichende Nährstoffversorgung gewährleisten. Krümelige Lehmböden mit einem pH-Wert von 6,5 bis 7,5 sind ideal. Nur Bibernell-Rosen *(Rosa spinosissima)* und Kartoffelrosen *(Rosa rugosa)* gedeihen auch auf leichteren Böden. Zudem sind öfter blühende Beet- und Zierstrauchrosen anspruchsvoller als Wild- und Kleinstrauchrosen.

*Es muss nicht nur Rhododendron sein: Berglorbeer (Kalmia latifolia) hat vergleichbare Bedürfnisse und bezaubert mit herrlichen Blüten.*

## Gehölze für das Moorbeet

Rhododendren und ihre Begleitpflanzen sind zwar für die heimische Fauna von untergeordneter Bedeutung. In der Gartengestaltung erfreuen sie sich jedoch so großer Beliebtheit, dass man notfalls sogar den Aufwand eines Bodenaustausches nicht scheut, um in den Genuss dieser immergrünen Gehölze mit ihrer prächtigen Blüte zu kommen.

Von Natur aus wachsen die Rhododendronarten, deren Abkömmlinge in den Baumschulen angeboten werden, in größeren Höhenlagen auf sauren, humosen Böden. Dort herrscht hohe Luftfeuchte und die Niederschlagsmengen liegen bei 1000 bis 3000 mm pro Jahr. Dass diese Pflanzen auch in unseren Gärten gedeihen, beweist ihre Anpassungsfähigkeit. Was sie allerdings nicht vertragen können, das sind schwere, undurchlässige, kalkhaltige Böden, Zugluft und Trockenheit. Je genauer man jedoch auf ihre Bedürfnisse eingeht, umso besser können sich Rhododendren und alle anderen Moorbeetpflanzen entwickeln. Optimal ist für sie atlantisches Klima. Wo das nicht vorhanden ist, sollte man ihnen eine absonnige bis lichtschattige und windgeschützte Lage bieten. Sie benötigen einen lockeren, humosen, ausreichend feuchten aber durchlässigen Boden mit einem pH-Wert von 4,5 bis 5,5. Als Flachwurzler sind Rhododendren dankbar für eine lockere Mulchauflage. Bei Trockenheit muss man sie mit Regenwasser gießen. Inzwischen gibt es sogenannte INKARHO-Rhododendren, die auch höhere pH-Werte vertragen, weil diese Sorten auf kalktolerante Auslesen veredelt sind.

Gerne werden halbschattige Plätze in Vorgärten mit Moorbeetpflanzen gestaltet. Das kann sehr vorteilhaft wirken, ist aber durchaus nicht der einzige Verwendungsbereich. Sehr schön wirken die immergrünen Rhododendren und ihre Begleiter als Vorpflanzung auf der Schattenseite von Gehölzgruppen oder unter Eichen, Kiefern oder Lärchen.

Obwohl Rhododendren zur Blütezeit alle Blicke auf sich ziehen, so können sie doch die übrige Zeit einen ziemlich düsteren und leblosen Eindruck hinterlassen. Deshalb kommt es darauf an, sie mit Arten zu kombinieren, die zu anderen Jahreszeiten für Farbakzente sorgen. Eine wichtige Rolle spielen dabei laubabwerfende Arten mit prächtiger Herbstfärbung. Zaubernuss, Prachtglocke und Azaleen wären hier zu nennen. Mit Lavendelheide und Berglorbeer lässt sich die Blütezeit der Moorbeetpflanzung verlängern. Prachtvolle Blumen-Hartriegel und elegante Magnolien runden das Bild ab. Ganz ideal passen Hortensien zu diesen Moorbeetpflanzen. Hinsichtlich Boden und Klima haben sie ähnliche Bedürfnisse und ihre Blütezeit begleitet uns durch den Sommer. Auf angenehmste Weise lässt sich das Schöne mit dem Nützlichen verbinden, indem man der Pflanzung Kulturheidelbeeren und als Unterwuchs Preiselbeeren oder Kranichbeeren hinzufügt.

## Moorbeetpflanzen für den Garten

| Botanischer/ Deutscher Name | Höhe/Breite (m) | Blütezeit (Woche, Monat) | Blütenfarbe | Anmerkungen |
|---|---|---|---|---|
| *Cornus cortoversa* 'Variegata' Pagoden-Hartriegel | 5–7 / 5–6 | VI | weiß | weißbuntes Laub |
| *Cornus florida* 'Rubra' Chin. Blumen-Hartriegel | 4–6 / 4–6 | V–VI | rosa | Fruchtschmuck |
| *Enkianthus campanulatus* Prachtglocke | 2–3 / 2 | IV–V | rötlich | Herbstfärbung gelb-orange |
| *Fothergilla gardenii* Federbusch-Strauch | 1 / 1,5 | V | weiß | Herbstfärbung gelb-orange-rot |
| *Hamamelis mollis* Zaubernuss | 3–5 / 4 | II–III | gelb | Herbstfärbung goldgelb |
| *Hydrangea arborescens* 'Annabelle' Ball-Hortensie | 1–2 / 1–2 | VI–VII | weiß | |
| *Hydrangea paniculata* 'Kyushu' Rispen-Hortensie | 3 / 3 | VII–IX | rahmweiß | duftend, Insektenweide |
| *Hydrangea sargentiana* Samt-Hortensie | 2–3 / 2–3 | VII–IX | violett | flache Schirmrispen |
| *Kalmia latifolia* Berglorbeer | 1–2 / 1–2 | V–VI | rosa | immergrün |
| *Magnolia stellata* 'Susan' Sternmagnolie | 2–4 / 2–3 | IV–VI | magentarot | blüht lange, wenig spätfrostgefährdet |
| *Pieris floribunda* Amerikan. Lavendelheide | 1–2 / 1–2 | IV–V | weiß | immergrün, sehr schattenverträglich |
| *Rhododendron luteum* Garten-Azalee | 1–2 / 1–2 | V | gelb | Herbstfärbung |
| *Rhododendron impeditum* 'Moerheimii' | 0,4 / 1 | 3. IV–2. V | violett | immergrün |
| *Rhododendron* 'Cunningham's White' | 3–4 / 3–4 | 2. V–1. VI | weiß | immergrün |
| *Rhododendron* 'Nova Zembla' | 2,5 / 2,5 | 4. V–3.VI | rubinrot | immergrün |
| *Rhododendron* 'Roseum Elegans' | 3 / 4 | 1.–4. VI | lila-rosa | immergrün |
| *Rhododendron repens* 'Baden-Baden' | 0,6 / 1,2 | 4. IV–3. V | scharlachrot | immergrün |
| *Rhododendron yakushimanum* 'Bad Zwischenahn' | 1 / 1,8 | 2.–4. V | rosa | immergrün |
| *Phyllostachys aurea* Goldrohrbambus | 3–4 | | | kurze Ausläufer, Halme gelbgrün |
| *Sinarundinaria murielae* Schirmbambus | 2–4 / 2–4 | | | horstig wachsend |

Zwischen und vor diesen Gehölzen fühlen sich anspruchsvolle Halbschattenstauden wie Silberkerze *(Cimicifuga spec.)*, Wachsglocke *(Kirengeshoma palmata)*, Lilientraube *(Liriope muscari)* oder Glockenprimel *(Primula florindae)* wohl. Dazu kann man niedrige Prachtspieren (*Astilbe-glabberima*-Hybr. 'Sprite') und Schlangenbart (*Ophiopogon planiscapus* 'Nigrescens') gesellen. Zartgliedrige Farnwedel bilden einen schönen Kontrast zum ledrigen Laub der Rhododendren.

## Schling- und Kletterpflanzen

Kletterpflanzen sind nicht nur in der Lage, weniger gut gelungene Architektur zu kaschieren, sondern sie beleben Häuser und Gärten in jedem Sinne. In manchen Stadtteilen sind neben den Straßenbäumen Kletterpflanzen das Einzige, woran sich der Wechsel der Jahreszeiten ablesen lässt. Der enge Raum eines Hofes oder eines Straßenzuges erhält durch sie grüne, lebende Wände. Aber sie sind nicht nur zur Bereicherung von Hausfassaden hilfreich. Lauben und Pergolen werden mit Waldrebe, Geißblatt und Kletterrosen rasch zu verwunschenen Plätzen voller Geborgenheit. Reihenhausgärten, in denen für Sichtschutz kaum Platz ist, lassen sich mithilfe eines von Kletterpflanzen übersponnenen Rankgerüstes nach außen abschließen.

Wie auch Bäume und Sträucher verbessern sie das Kleinklima und die Luft. Im Sommer kann der Kühleffekt durch Verdunstung ganz erheblich sein. Die Luftfeuchte wird erhöht, das Aufwirbeln von Staub verhindert. Kletterpflanzen binden in der Luft befindliche feste und gasförmige Schadstoffe. Eine Hauswand wird durch das Blattwerk vor Schlagregen und hohen Temperaturschwankungen geschützt. Während auf einer unbewachsenen Wand Temperaturunterschiede von 70 °C zwischen Sommer und Winter durchaus vorkommen können, reduziert sich diese Spanne bei immergrünem Bewuchs auf die Hälfte. In geringem Maße wirkt geschlossener, wintergrüner Fassadenbewuchs sogar wärmedämmend, weil sich zwischen Blättern und Wand ein isolierendes Luftpolster ausbildet. Eine energiesparende Thermohaut können die Pflanzen allerdings nicht ersetzen.

*Ganz bezaubernde zarte Blüten trägt die Kletterrose 'Raubritter'. Leider duftet sie nicht und blüht auch nur einmal im Jahr.*

Neben diesen ästhetischen, funktionalen, kleinklimatischen und bauphysikalischen Vorteilen haben Kletterpflanzen auch Bedeutung für den Artenschutz. Sie sind ein beliebter Lebensraum für Vögel. Nicht selten findet man Nester im Geäst der Fassadenberankung. Hier sind sie gut verborgen und vor Regen geschützt. Wie in anderen Gehölzen finden Vögel auch zwischen den Blättern von Wein, Efeu oder Waldrebe reichlich Insekten zur Aufzucht ihrer Jungen.

Man sieht also, es gibt viele Gründe, mit Pflanzen einen grünen Pelz über Gebäude zu spannen. Aber auf einige Einschränkungen sollte man doch achten. Es gibt Kletterpflanzen mit außerordentlicher Wuchskraft. Blauregen, Baumwürger und Schlingknöterich gehören dazu. Sie sollten nicht an Regenfallrohren wachsen. Diese könnten Deformierungen erleiden. Manchmal sieht man eine Fassadenbegrünung, die sogar das Dach erobert hat. In vielen Fällen geht das gut, aber es kann auch vorkommen, dass die Pflanzen ihre Triebe unter die Dachplatten schieben, sodass es zu einer Beschädigung der Dachhaut kommen kann. Wenn wilder Wein ein Flachdach überzieht, ist das weniger problematisch und manchmal sogar erwünscht. Dagegen hat Efeu die Eigenschaft, sich hinter die Bretter einer Attika oder Ähnlichem zu schieben, was durchaus zu Beschädigungen führen kann. Er muss daher regelmäßig zurückgeschnitten werden. Bei vorgehängten Fassadenteilen oder Wärmedämmungen sollte man auf Efeu verzichten. An Fachwerkbauten verwendet man besser keine Kletterpflanzen mit Haftwurzeln, um Pilzbefall vorzubeugen. Es kann zudem vorkommen, dass sie ihre Triebe in bereits an der Wand vorhandene Risse zwängen und durch ihr Dickenwachstum Teile des Verputzes absprengen.

Alle Kletterpflanzen hangeln sich an einer festen Stütze in die Höhe. Die Organe, die sie dazu befähigen und ihre Strategien sind aber recht unterschiedlich. Selbstklimmer haben Haftorgane ausgebildet, mit deren Hilfe sie sich an Wänden oder Baumstämmen festhalten können. Dazu gehören die Trompetenblume, Kriechspindel, Efeu, Kletterhortensie, Engelmann's Fünfblättriger Wilder Wein und Veitch's Dreilappiger Wilder Wein. Nicht immer reicht diese Art der Verankerung aus. So kann es vorkommen, dass ein heftiger Windstoß eine Kletterhortensie von der Wand reißt. Eine zusätzliche Verankerung ist in diesen Fällen anzuraten.

Gerüst-Kletterpflanzen benötigen generell eine entsprechende Hilfe, an der sie sich festhalten können. Alle Schlinger winden sich um eine senkrecht verlaufende Stütze, wie Bohnen um eine Stange. So wachsen Strahlengriffel (Kiwi), Akebie, Pfeifenwinde, Baumwürger, Schlingknöterich, Hopfen, Ceißblattarten und Blauregen. Der Wein bildet Ranken aus, mit denen er sich festhält. Den Waldrebenarten dienen dazu die Blattstiele. Kletterrosen und Brombeeren haken sich mithilfe ihrer Bestachelung fest. Mit Ausnahme der Schlinger benötigen diese Arten sowohl senkrechte als auch waagrecht oder diagonal verlaufende Kletterhilfen. Spalierobst muss ohnehin an einer Verlattung festgebunden werden.

Die Pflanzen stellen also verschiedene Anforderungen an die jeweilige Kletterhilfe. Diese muss solide sein und sie sollte wenig Pflegeaufwand erfordern. Holz oder Metall kann dabei Verwendung finden. Schön sind Verlattungen aus haltbaren, pflanzenverträglich imprägnierten oder gestrichenen Hölzern. Es ist praktisch, wenn man sie für einen frischen Anstrich abnehmen kann. Das Rastermaß muss den Bedürfnissen der Pflanzen und der Gestaltung des Hauses entsprechen. Kletterhilfen aus Metall sollten kunststoffummantelt, gestrichen oder verzinkt sein, damit sie nicht rosten. Das ist natürlich nicht erforderlich, wenn man Edelstahl verwendet.

*Sproßblütige Haftwurzeln*
*Beispiel Efeu*

*Haftscheiben*
*Beispiel Wilder Wein*

*Spreizklimmer*
*Beispiel Kletterrose*

*Sproßranker*
*Beispiel Scharlachwein*

*Die Kletter-Hortensie (Hydrangea anomala subsp. anomala) ist ideal für schattige Fassaden. Da sie sich mit Haftwurzeln verankert, benötigt sie keine Rankhilfe.*

*Das Feuer-Geißblatt (Lonicera x heckrottii) besticht mit intensivem, honigartigem Duft und äußerst üppiger, ausdauernder Blüte.*

Je nach ihrer Wuchshöhe und ihrem Lichtbedürfnis bzw. ihrer Schattenverträglichkeit eignen sich Kletterpflanzen für verschiedene Aufgaben und Standorte:

Für die Berankung einer Pergola oder einer Sichtschutzwand bieten sich verschiedene Kletterrosen und Clematisarten, duftendes Geißblatt, immergrüne Kriechspindel und Kletter-Hortensie an. Man denke aber auch an etliche Rank-, Kletter- und Schlingpflanzen, die uns essbare Früchte spenden. Stangenbohnen und Gurken wären hier zu nennen, aber auch kletternde Zucchinisorten neben Kürbis und Tomaten.

*Aprikosen lassen sich erfolgreich am Spalier ziehen. Der geschützte Standort und die Wärme der Hauswand kommen ihnen zugute.*

*Die Gold-Waldrebe (Clematis tangutica) blüht noch lange, während bereits die fedrigen Fruchtstände ausgebildet sind.*

## Kletterpflanzen

| Botanischer/ Deutscher Name | Höhe (m), Wüchsigkeit | Blüte und Blatt | Verwendung | Standort | Anmerkungen |
|---|---|---|---|---|---|
| **Selbstklimmer** | | | | | |
| *Campsis radicans* Trompetenblume | 5–10, stark | orange-rot, VII–IX | Wandflächen | sonnig, geschützt, warm | Haftwurzeln |
| *Euonymus fortunei* var. *radicans* Kletterspindel | 1–3, schwach | immergrün | Sockel, Zäune, Bäume, Säulen | halbschattig–schattig | Haftwurzel, weißbunte Sorten |
| *Hedera helix* Efeu | 10–25, mittel–stark | immergrün | Wandflächen | halbschattig–schattig | heim. Art, giftig, Haftwurzeln, durchwächst Mauerfugen |
| *Hydrangea anomala* subsp. *anamala* Kletter-Hortensie | 10–12, mittel | weiß, VI–VII Herbstfärbung | Bäume, Säulen, Wandflächen | halbschattig–schattig kühl, feucht | Haftwurzeln |
| *Parthenocissus quinquefolia* Fünflappiger Wilder Wein | 10–15, stark | Herbstfärbung | Wandflächen | sonnig–schattig | Haftscheiben |
| *Parthenocissus tricuspidata* 'Veitchi' Dreilappiger Wilder Wein | 15–20, stark | Herbstfärbung | Wandflächen | sonnig–halbschattig | Haftscheiben lassen sich schlecht entfernen |
| **Gerüstkletterer** | | | | | |
| *Akebia quinata* Akebie | 6–8, mittel–stark | violett-rosa, V | Pergolen | sonnig–halbschattig, warm | Schinger, in milden Wintern immergrün |
| *Aristolochia macrophylla* Pfeifenwinde | 6–10, stark | gelbgrün, VI–VIII große Blätter | Pergolen, Wandflächen | halbschattig–schattig, lehmig, feucht | Schlinger |
| *Celastrus orbiculatus* Baumwürger | 10–12, sehr stark | Fruchtschmuck | große Flächen | sonnig–halbschattig | stark wuchernder Schlinger zweihäusig |
| *Clematis alpina* 'Francis Rivis' Alpen-Waldrebe | 3, schwach | blau/weiß, V–VI | Zäune, Pergolen | halbschattig geschützt | Blattstielranker, giftig |
| *Clematis montana* 'Rubens' Anemonen-Waldrebe | 8, stark | rosa, V | Pergolen, Wandflächen | sonnig–halbschattig geschützt | Blattstielranker, giftig |
| *Clematis tangutica* Gold-Waldrebe | 3–5, schwach | goldgelb, VI + VIII–IX | Zäune, Pergolen, Wandflächen | sonnig–halbschattig | Blattstielranker, giftig, silbrig fedrige Samenstände |
| *Clematis vitalba* Gewöhnliche Waldrebe | bis 30, stark | rahmweiß, VII –IX | große Flächen | sonnig–halbschattig | heim. Art, Blattstielranker, giftig, silbrig fedrige Samenstände |
| *Clematis viticella* 'Etoile Violett' Italienische Waldrebe | 4–5, mittel | violett, VI–IX | Pergolen, Bögen, Wandflächen | sonnig–halbschattig geschützt | Blattstielranker, giftig |
| *Jasminum nudiflorum* Winterjasmin | 3, mittel | gelb, XII–III | Brüstungen, Mauern | sonnig–halbschattig geschützt | überhängender Spreizklimmer |
| *Lonicera* x *heckrottii* Feuer-Geißblatt | 3–4, schwach | purpur/gelb, VI–IX duftend | Pergolen, Bögen, Wandflächen | halbschattig | Schlinger, schwach giftig |
| *Lonicera* x *tellmanniana* Gold-Geißblatt | 5–6, stark | gelb-orange, V–VI + IX | Pergolen, Wandflächen | sonnig–halbschattig geschützt | Schlinger, schwach giftig |
| *Fallopia balschuanica* Schling-Knöterich | 8–15, stark | weiß, VII–IX | große Flächen | sonnig–halbschattig | stark wuchernder Schlinger |
| *Rosa (siehe Tabelle Rosen)* Kletterrosen | 2–6, mittel | weiß, rosa rot, ab VI | Bögen, Pergolen, Säulen, Wände | sonnig–halbschattig | Spreizklimmer Eigenschaften je nach Sorte |
| *Wisteria sinensis* Chinesischer Blauregen | 8–10, stark | violettblau, V–VI | Pergolen, Balkone, Laubengänge | sonnig, geschützt, warm | kräftiger Schlinger, giftig, zerdrückt Regenrohre |

# Rasen und Wiese

Rasen oder Wiese – das ist keine Streitfrage. Denn beide dienen ganz unterschiedlichen Zwecken. Rasen kann betreten werden, bei einer Wiese ist das nicht ratsam. Auf der Rasenfläche spielt sich ein großer Teil des Gartenlebens ab. Hier stellt man im Sommer Tisch und Stühle auf für geselliges Beisammensein oder man ruht gemütlich im Liegestuhl. Rasen ist ideal zum Barfußlaufen und unverzichtbar für Sport und Spiel. Das alles übersteht eine Pflanzendecke nur dann, wenn sie robust und strapazierfähig ist. Dazu bedarf es einer speziellen Auswahl von Gräsern und der regelmäßigen Pflege in Form von Schnitt, Bewässerung und ausgewogener Düngung. Rasen muss aber nicht ausschließlich aus Gräsern bestehen. Eine Schar Gänseblümchen gereichen ihm durchaus zur Zierde und einige Löwenzahnblüten sind auch zu tolerieren.

Eine frischgrüne Rasenfläche ist nicht nur vielseitig nutzbar, sie wirkt auch beruhigend auf das Auge. Sie bildet den stillen Gegenpol zur strukturreichen Hecke und zu farbenfrohen Beeten. So bringt der kurz geschorene Rasenteppich die Blütenpracht eines gepflegten Staudenbeetes erst so recht zur Geltung.

Wer einen kleinen Garten sein eigen nennt, der wird sich wohl kaum für eine Wiese entscheiden. Außer einem Sitzplatz wünscht man sich schützende Gehölze und einige Blumen. Steht dann noch Raum zur Verfügung, so wird man eine kleine Rasenfläche anlegen. Wiese passt besser in naturnahe Gartenräume und ihre Schönheit entfaltet sich erst in der Fläche.

Die Wiese ist eine Pflanzengesellschaft aus Gräsern und blühenden Kräutern. Je nach Standort und Pflege kann ihre Zusammensetzung und damit ihr Erscheinungsbild sehr unterschiedlich sein.

In jedem Fall ist sie sehr viel artenreicher als ein Rasen. Deshalb gibt es hier auch viel zu beobachten. Von Ostern bis in den Spätsommer blühen zahlreiche Kräuter, und Insekten besuchen die Blüten.

Wo der Platz für eine Wiesenfläche nicht ausreicht, kann man einen Wiesenstreifen als Saum vor der Hecke anlegen. Auch das dient der Artenvielfalt, erfreut mit bunten Blüten und erfordert wenig Pflegeaufwand. An steilen Böschungen und Hängen ist eine Wiese meist sinnvoller als Rasen, schon allein wegen der Pflege. Sie wird zweimal im Jahr gemäht. Dagegen wäre Rasenmähen in der Vegetationszeit wöchentlich erforderlich. Allerdings ist beides in Hanglagen nicht ganz so einfach.

## Vom Umgang mit gemähten Flächen

### Zierrasen

Das Ideal eines Rasens ist der sattgrüne, dichte, makellose Zierrasen, der „englische Rasen" eben, wie man ihn aus Gartenbüchern kennt. Solch ein Rasenteppich erfordert einen hohen Pflegeaufwand. Denn von Natur aus würde sich anstelle der Monokultur aus feinblättrigen Rasengräsern eine wesentlich vielfältigere Pflanzengesellschaft entwickeln. Dieser Tendenz muss der Besitzer eines Zierrasens mit erheblicher Mühe entgegenwirken. Es ist nicht mit regelmäßigem Schnitt, mit Düngung und Bewässerung getan, man muss auch vertikutieren, aerifizieren und gegen „Unkräuter" ankämpfen.

### Gebrauchsrasen

Wem das alles zu aufwendig ist, der sollte sich lieber für einen strapazierfähigen Gebrauchsrasen entscheiden. Er besteht aus robusten Rasengräsern, die auf normalen Gartenböden gut gedeihen. Nur für besonders trockene Standorte benötigt man spezielle Mischungen. Solch ein Gebrauchsrasen wird bei Bedarf im Frühjahr gedüngt, regelmäßig gemäht und gewässert, falls er auch in trockenen Hochsommerwochen grün sein soll. Es ist aber eine Überlegung wert, ob man dieses Gießwasser nicht besser sparen sollte. Allzu schlimm ist es nämlich nicht, wenn die Fläche einmal austrocknen sollte. Sie verfärbt sich dann zwar gelb, aber die ersten Regentage lassen sie rasch wieder ergrünen.

### Schattenrasen

Schattige Flächen sind für den Rasen nicht ideal. Es gibt zwar Saatgut für Schattenrasen, aber wo die Sonne nur selten ihre Strahlen hinschickt, will sich ein dichter, strapazierfähiger Rasenteppich nicht so recht entwickeln. Da macht sich eher Moos breit. Das sieht zwar auch schön grün aus. Belastbar ist es aber nicht. Vielleicht ist es besser, solchen Standorten mit einer flächigen Pflanzung aus Waldbodenstauden gerecht zu werden. (Siehe Kap. „Farbenpracht der Stauden")

### Blumenrasen

Wo der Boden wenig Nährstoffe enthält und der Rasen nicht gedüngt wird, kommen im Lauf der Zeit verschiedene Kräuter auf, und es entwickelt sich ein Blumenrasen. Hier finden sich aber nur Pflanzen ein, die zum einen den Standortverhältnissen entsprechen und sich außerdem sozusagen unter den Messern des Rasenmähers wegducken. Nicht selten haben sie Blattrosetten, die dem Boden flach aufliegen. Das Gänseblümchen wäre hier zunennen, auch Löwenzahn und Wegericharten. Andere wachsen mittels Ausläufer in die Fläche. So machen es verschiedene Kleearten, Ehrenpreis, Schafgarbe, Braunelle oder Kriechender Günsel. Mit entsprechendem Saatgut kann man bereits bei der Neuanlage einen Blumenrasen erzielen. Er wird sich aber im Lauf der Jahre verändern, weil sich die Vegetation den Verhältnissen anpasst.

### Wiesensaum

Wer auf die Vielfalt der Wiese nicht ganz verzichten möchte, im Garten jedoch eine strapazierfähige Rasenfläche benötigt, der kann entlang der Hecke einen mehr oder weniger breiten Wiesensaum

*Ein Blumenrasen hat durchaus seinen Reiz. Wer würde sich nicht über einen kleinen Strauß von Gänseblümchen freuen?*

*Am sonnigen Gehölzsaum gedeihen Karthäuser-Nelke, Johanniskraut, Königskerze.*

anlegen. Man sät und pflegt diesen Streifen aus Wildstauden und Gräsern wie die Wiese. Dieser Platz ist ideal zur Verwilderung von Zwiebelpflanzen. An sonnig warmen Stellen breiten sich Krokusse und Traubenhyazinthen aus, im Schatten fühlen sich eher Blausternchen wohl.

Oft genügen eine Mahd im Juni oder Juli und ein Sauberkeitsschnitt im Frühling des nächsten Jahres. Dann weben im Spätsommer die Spinnen hier ihre Netze und lauern auf Beute, die sie aus der Luft filtern. Die Kräuter kommen zur Samenreife, ihre Fruchtstände bleiben den Winter über stehen und die Samen dienen den Vögeln zur Nahrung. Gerade die scheuen Wintergäste unter den Vögeln, die nicht ans Futterhäuschen kommen, wissen dies zu schätzen.

### Wiese

Wie bereits erwähnt, eignen sich Wiesen für Flächen, die nicht oft betreten werden. Mit dem Rasenmäher kann man sich jedoch Wege durch das hohe Gras bahnen. So bleiben auch entlegenere Stellen gut erreichbar und alles, was da blüht, krabbelt, hüpft und flattert lässt sich gut beobachten.

Welche Artenzusammensetzung sich auf der Wiese einspielen wird, ist schwer vorherzusagen. Das hängt einerseits vom Boden ab, seinem Kalk- und Nährstoffgehalt sowie von seiner Feuchtigkeit, dann vom Klima und nicht zuletzt von Nutzung und Pflege. Die Arten des verwendeten Saatgutes und die im Boden enthaltenen Samen und ausschlagfähigen Wurzeln bestimmen zwar zunächst das Bild, werden aber zum größten Teil im Laufe der weiteren Entwicklung von neu Aufkommenden verdrängt, vor allem dann, wenn sie dem Standort und der Nutzung nicht entsprechen.

Auf nährstoffreichen und bindigen Böden bringt die Wiese Massenertrag, aber wenig Blüten. Man muss dann ziemlich oft mähen, weiß meist nicht, wohin mit dem vielen Schnittgut und hat keine rechte Freude an seiner mastigen Futterwiese. Die buntesten Wiesen entwickeln sich auf mageren, kalkhaltigen, durchlässigen

*Würde man eine umgebrochene Fläche sich selbst überlassen, so wäre die Wahrscheinlichkeit groß, dass sie sich im nächsten Sommer rot färbt von Mohnblüten.*

*Erst im 2. Jahr, wenn die Ackerwildflora der Einjährigen verschwunden ist, breiten sich Gräser und Kräuter aus. Dann kann es sein, dass Margeriten Oberhand gewinnen.*

Böden. Wer also seinen Garten auf solch einem Untergrund anlegt und sich eine Wiese wünscht, sollte nur eine ganz dünne Schicht Oberboden auftragen und dann die Wiese ansäen.

Für die Neuansaat bietet der Fachhandel sog. „Regelsaatgutmischungen" (RSM) an. Für Biotopflächen und Blumenwiesen wurde die RSM 8 entwickelt. Es gibt sie in mehreren Varianten, die jeweils den Gegebenheiten eines bestimmten Standortes gerecht werden.

Die Wiese im Garten wird weder gewässert noch gedüngt. Man will sie ja eher abmagern. Am schönsten blüht sie im Mai und Juni. Danach vergilbt sie. Deshalb liegt der optimale Zeitpunkt für die Mahd in der ersten Julihälfte. Gemäht wird mit der Sense, dem Balkenmäher oder mit der Motorsense. Das Mähgut wird abgeräumt. Man kann es aber zuvor einige Tage auf der Fläche trocknen lassen, sodass die Samen ausfallen können. Damit reduziert sich auch die Masse des Mähgutes. Im Herbst erfolgt die zweite Mahd. Weil der Wiesenflor im Hochsommer weniger spektakulär ist als im Frühsommer, kann man die Fläche nach der Julimahd wie einen Blumenrasen behandeln und regelmäßig mähen. Das hat den Vorteil, dass die Fläche betreten und genutzt werden kann.

## Anlage und Pflege

Der Rasen bzw. die Wiese wird angesät, wenn bei der Neuanlage des Gartens alle Bauarbeiten abgeschlossen und die Gehölze gepflanzt sind. Doch ehe man das Saatgut aufbringen kann, muss die Fläche dafür vorbereitet werden.

### Vorbereitung des Saatbettes

Bodenverdichtungen sind für gärtnerische Anlagen generell ein Problem, denn die daraus entstehende Staunässe wird von den wenigsten Pflanzen vertragen. Sofern man nicht eine Sumpfwiese anlegen möchte, muss der Boden tiefgründig gelockert und falls erforderlich mit einer Dränage versehen werden. Tief reichende Verdichtungen lockert man am besten großflächig, ehe der Garten angelegt wird und zwar mit einem Bagger oder ähnlichem Gerät. Das erfordert freilich einen gewissen Mehraufwand, lohnt sich aber. Handelt es sich nur um oberflächliche Verdichtung, so lässt sich diese durch Fräsen oder Umgraben beseitigen. Gründüngung mit tief wurzelnden Pflanzen wie Ölrettich oder Lupine schafft zusätzlich Abhilfe.

Als Nächstes müssen grobe Teile wie Bauschuttreste, Scherben, Holzstücke und Ähnliches abgesammelt werden. Außerdem dürfen keine ausschlagfähigen Wurzeln von Quecke, Ackerkratzdistel, Giersch, Ackerwinde oder anderen Wurzelunkräutern mehr im Boden sein.

Sofern das Substrat locker, krümelig, humos und belebt ist, sind keine weiteren Maßnahmen zur Bodenverbesserung nötig. Wo das nicht der Fall ist, sollte nachgeholfen werden. So werden schwere Böden mit Sand gelockert und abgemagert. Dadurch verbessern sich Durchlüftung und Wasserdurchlässigkeit. Man bringt dazu eine 5 bis 10 cm dicke Sandschicht auf und arbeitet sie etwa 20 cm tief ein. Sandige Böden werden dagegen mit Tonmineral

*Gelegentlich kann man einen Schwalbenschwanz im Garten beobachten. Das Weibchen sucht für die Eiablage Schirmblütler, denn nur diese Pflanzenfamilie eignet sich als Nahrung für die auffallend gefärbten Raupen.*

bindiger gemacht und für eine Rasenansaat zusätzlich mit etwa 10 bis 20 Liter Kompost je $m^2$ verbessert. Bei Wiesenflächen entfällt die Kompostgabe. Wie bereits erwähnt, darf der Boden hierfür deutlich magerer sein.

Ist der Untergrund soweit vorbereitet, kann planiert werden. Zuerst zerkleinert man grobe Schollen, entweder von Hand oder maschinell. Dann wird das Gelände glatt gezogen, am besten mit einem breiten Planie-Rechen. Wer Geduld hat und mit der Ansaat noch warten kann, sollte eine Gründüngung einsäen. Für leichte Böden empfiehlt sich Buchweizen. Gelbsenf lockert schwere Böden. Magere Standorte werden durch stickstoffsammelnde Kleearten verbessert. Für alle Böden eignet sich Bienenfreund oder ein Gemenge verschiedener Arten.

*Elfen-Krokusse (Crocus tommasinianus) eignen sich hervorragend zu Verwilderung. Im Schatten der Gehölze, wo im Frühjahr Moospolster den Rasen verdrängt haben, überziehen sie die Fläche mit ihren zarten, lavendelblauen Blütenkelchen.*

**Ansaat**

Saatgut für Rasen und Wiesen werden in Gartencentern und im Samenfachhandel angeboten. Gebrauchsrasen bekommt man eigentlich überall, aber wer Saatgut für besondere Standorte oder für Wiesen sucht, der sollte dem Fachhandel den Vorzug geben. Hier erhält man die bereits erwähnten Regelsaatgutmischungen.

Die erforderliche Saatgutmenge ist jeweils auf der Verpackung angegeben. Sie liegt bei Rasenmischungen bei etwa 25 $g/m^2$, für eine Wiese reichen 15 $g/m^2$. Ausgesät wird möglichst gleichmäßig auf oberflächlich abgetrocknetem Boden und bei Windstille. Das kann mit einer Sämaschine geschehen, die im gleichen Arbeitsgang das Saatgut einarbeitet und mit einer Walze andrückt. Oder man sät breitwürfig von Hand. Das Saatgut lässt sich gleichmäßiger verteilen, wenn man den benötigten Samen mit Sand 1:3 mischt. Dann wird er mit einem Eisenrechen leicht in den Boden eingearbeitet und schließlich abgewalzt. Auf kleinen Flächen kann das Andrücken auch mit der flachen Schaufel erfolgen. Diese Maßnahme fördert die Keimung und erleichtert später das Mähen.

Der günstigste Zeitpunkt für Ansaaten liegt zwischen März und September – mit Ausnahme heißer, trockener Sommerwochen. Der Boden sollte mindestens 6 °C warm sein. Die günstigste Lufttemperatur liegt zwischen 14 °C und 24 °C. Erhält die Saat ausreichend Feuchtigkeit, so ist schon nach zwei Wochen ein grüner Flaum zu sehen. Bei trockenem Wetter dauert das entsprechend länger. Wer die Ansaat bewässert, muss für kontinuierliche Feuchte sorgen, bis die Saat aufgegangen ist, denn die Keimlinge dürfen nicht austrocknen.

Der erste Schnitt erfolgt, wenn die Saat 10 cm hoch steht. Das gilt übrigens auch für die Wiese. Auf ihr können sich durch diesen sog. „Schröpfschnitt" rosettenbildende Kräuter besser entwickeln. Danach darf sich die Wiese bis nach der Hauptblütezeit entfalten. Strapazierfähiger Rasen muss dagegen regelmäßig gemäht werden.

*Wenn eine Rasenfläche nach der Neuanlage oder Umgestaltung bald wieder betretbar sein soll, lohnt sich die Verlegung von Rollrasen.*

**Fertigrasen**

Für ganz Eilige bietet der Handel sogenannten Fertigrasen an. Das sind auf einem flachen Saatbett vorkultivierte Rasensoden, die abgeschält und aufgerollt geliefert werden. Jede Rolle ist üblicherweise 250 cm lang und 40 cm breit und bedeckt somit 1 $m^2$ Fläche. Die Vorbereitung des Untergrundes ist bei der Verlegung von Rollrasen dieselbe wie bei der Rasenansaat. Nur empfiehlt es sich, nach dem Walzen die Fläche noch einmal leicht aufzurauen. Es ist auch nicht schlecht, wenn man vor der Verlegung einen Rasen-Langzeitdünger ausbringt. Beides fördert das Anwachsen.

Rollrasen wird dicht an dicht verlegt mit versetzten Fugen. An Böschungen verlegt man die Rasenstreifen quer zum Hang und sichert sie mit Holzdübeln vor dem Abrutschen. Bereits fertig gestellte Rasenflächen sollte man nur über ausgelegte Bretter betreten. Das schont die Rasensoden. Zum Schluss wird noch einmal abgewalzt und kräftig gewässert. So erhalten die Rasensoden Bodenkontakt und können gut anwachsen. Bei Trockenheit muss gründlich gewässert werden. Dann beträgt die Anwachszeit etwa 2 Wochen. Der Rasen kann betreten werden, wenn die Soden angewurzelt sind und sich nicht mehr verschieben lassen.

**Pflegemaßnahmen**

Wie oft der Rasen gemäht werden muss, hängt von Boden und Witterung ab. Die Schnitthäufigkeit wird außerdem von der Nutzung bestimmt. Je günstiger die Standortbedingungen und je stärker die Trittbelastung ist, umso häufiger muss man mähen. Die Schnitthöhe sollte dann etwa 4 cm betragen.

Im Laufe der Zeit kann die Grasnarbe verfilzen, über Winter breitet sich Moos aus, es bilden sich Kahlstellen. So manche Gartenbesitzer greifen dann zum Vertikutiergerät und schneiden damit die Verfilzungen aus der Grasnarbe. Zugleich wird mit dieser Maßnahme das Moos entfernt und so manche Kräuter werden zurückgedrängt. Wenn man den Rasen vor dem Vertikutieren düngt, ihn danach leicht einsandet und anschließend wässert, wird das Graswachstum deutlich angeregt und der grüne Rasenteppich ist bald wieder wie neu.

Man kann die Sache aber auch anders sehen. Moos muss durchaus kein Ärgernis darstellen. Warum sollte man diese weiche, gelbgrüne Fläche, die sich unter dem Schnee gebildet hat, nicht schön finden? Zugegeben, belastbar ist sie nicht. Aber, wenn die Krokusse daraus hervorspitzen und ihre blauen, gelben oder weißen Kelche öffnen, wer vermisst dann einen Teppichrasen? Übrigens ist Moos andernorts durchaus erwünscht. Man denke nur an japanische Teegärten. Dort gibt man sich große Mühe, ausgedehnte, reine Moospolster zu erhalten. Vermutlich ist das schwieriger, als einen Rasen zu pflegen. Im Sommer wird in unseren Gärten an besonnten Stellen das Moos ohnehin von Gräsern verdrängt. Es spielt sich also ein gewisser Rhythmus zwischen Moosausbreitung und Graswachstum ein.

Wer einen reinen Gräserrasen pflegen und erhalten will, der erreicht das mit einer angemessenen Düngung. Durch die ständige Mahd werden dem System Rasen regelmäßig Nährstoffe entzogen, die ihm in geeigneter Weise wieder zugeführt werden sollten. Es darf aber auch nicht zu viel gedüngt werden. Das schadet der Pflanzen genauso wie eine Mangelversorgung. Außerdem besteht dadurch die Gefahr einer Nährstoffauswaschung in das Grundwasser.

Guter Rasendünger entspricht in der Zusammensetzung seiner Nährstoffe den Anforderungen der Rasengräser. Außerdem verbraucht er sich nicht in kurzer Zeit, sondern gibt die Nährstoffe nach und nach ab. Damit keine Verbrennungen im Rasen entstehen, muss der Dünger richtig dosiert, gleichmäßig ausgebracht und anschließend eingewässert werden. Zier- und Gebrauchsrasen düngt man bis zu dreimal jährlich in der Zeit zwischen April und August. Dabei eignet sich für die Frühjahrsdüngung gesiebter Kompost recht gut. Wer auf Düngemaßnahmen verzichtet, erhält im Laufe der Zeit einen Blumenrasen, was ja auch recht schön ist.

*Eine Mähkante erleichtert die Rasenpflege. Man fährt ganz bequem mit zwei Rädern des Rasenmähers darauf. Kantenstechen entfällt.*

# Farbenpracht der Stauden

*Taglilien, Katzenminze und Rosenwaldmeister bestimmen im Juni diese Pflanzung. Ihre hellen, gedämpften Blütenfarben ergeben ein sehr harmonisches Bild.*

Während Bäume das Dach eines Gartenraumes bilden, Sträucher seine seitliche Begrenzung markieren und Rasen den grünen Teppich davor ausbreitet, bringen Stauden und Einjahresblumen Farbe in den Garten. Im Gegensatz zu den Sommerblumen sind Stauden dauerhaft. Sie lassen sich vielseitig verwenden und haben großen Zierwert.

Stauden sind ausdauernde Blütenpflanzen, deren oberirdische Teile nicht verholzen, wie dies bei Bäumen und Sträuchern der Fall ist, sondern nach ihrer Vegetationszeit völlig absterben. Nur die unterirdischen Teile, also Wurzeln, Rhizome, Knollen oder Zwiebeln überdauern den Winter. Hier, meist dicht unter der Oberfläche, sitzen die Knospen, die im nächsten Frühjahr wieder austreiben. Es gibt allerdings auch wintergrüne und immergrüne Stauden, bei denen die krautigen Pflanzenteile im Spätherbst nicht absterben, sondern die kalte Jahreszeit überdauern. Sie vergehen erst, nachdem sie vom neuen Austrieb im Frühjahr überdeckt wurden. Immergrüne wie Christrose und Haselwurz zählen zu dieser Gruppe. Auch Gräser, Farne und Zwiebelpflanzen sind Stauden. Aus praktischen Gründen werden sie in Pflanzenlisten allerdings meist gesondert aufgeführt. Einjahresblumen gehören nicht zu den Stauden, weil sie bei uns den Winter nicht überstehen. Man kultiviert sie alljährlich neu aus Samen.

Das Blühen im Staudenbeet ist wie ein Feuerwerk in Zeitlupe: Jede Pflanze blüht zu ihrer Zeit auf, um dann wieder zu erlöschen. Dabei dauert die Blütezeit einzelner Stauden meist nur wenige Wochen, manchmal sogar nur ein paar Tage. Natürlich gibt es auch

„Dauerblüher" und Remontierende (öfter Blühende) unter den Stauden, aber sie sind eher die Ausnahme. Einjahresblumen haben in aller Regel eine wesentlich längere Blütezeit. Deshalb können sie die Staudenblüte gut unterstützen. Mit ihrer Hilfe lässt sich ein bestimmter Farbklang über längere Zeit, ja manchmal sogar einen ganzen Sommer lang und bis in den Herbst hinein erhalten.

Die zahlreichen Blüten einer Pflanzung ziehen aber nicht nur die Blicke von uns Menschen auf sich, sie blühen ja eigentlich, um von Insekten bestäubt zu werden. Bienen, Hummeln und Schwebfliegen fühlen sich zu den bunten Blumen hingezogen. Schmetterlinge umgaukeln sie. Sogar Käfer interessieren sich für all das Blühen. Sie alle suchen Nektar und Pollen in den Blütenkelchen und sorgen ganz nebenbei für Bestäubung. Auf diese Weise kommt erst so recht Leben in das Staudenbeet.

Allerdings können gefüllte Blüten den Insekten nicht viel bieten, denn bei ihnen wurden durch eine Laune der Natur oder durch die Arbeit der Züchter Staubgefäße zu Blütenblättern umgebildet. Zumindest Pollen ist hier nicht mehr zu finden. Wer also etwas für blütenbesuchende Insekten tun möchte, sollte ungefüllten Sorten den Vorzug geben.

Etliche unserer Gartenstauden entstammen der heimischen Flora. Schönheiten aus Feldflur und Wiesen, aus Feuchtgebieten und Wäldern wurden schon vor Langem in den Gärten kultiviert. Dazu gesellten sich im Laufe der Jahrhunderte zahlreiche Arten aus den gemäßigten Zonen ferner Länder und anderer Erdteile. Sie haben das Staudensortiment ganz wesentlich bereichert und fanden dauerhaft Eingang in die gärtnerischen Pflanzungen, sofern ihnen Boden und Klima entsprachen. Dabei blieb es nicht bei den Wildformen. Auslesen und Züchtungen brachten Pflanzen mit größerer Blütenfülle hervor. Es entstanden Sorten mit anderen als den ursprünglichen Blütenfarben, ausgeprägtem Duft, besonderen Wuchseigenschaften und weiteren erwünschten Qualitäten. Auch Pflanzengesundheit, Widerstandsfähigkeit und Schädlingsresistenz sind wichtige Züchtungsziele.

Alle Pflanzen stellen ganz bestimmte Ansprüche an ihren Standort. Dies gilt besonders für die Stauden. Die einen gedeihen an sonnigen Plätzen, andere fühlen sich im Schatten wohl. Auf feuchten Böden und im Wasser finden wir andere Arten als in der Trockenheit steiniger und sandiger Substrate. Während die Hungerkünstler unter den Stauden in den Ritzen einer Trockenmauer ihr Auskommen finden, benötigen die prächtigen Beetstauden ein reiches Nährstoffangebot.

Deshalb kann sich eine Pflanzung nur dann dauerhaft entfalten, wenn die Standortansprüche der einzelnen Arten berücksichtigt werden. Eine wertvolle und unverzichtbare Hilfe ist hierbei die Zuordnung der Stauden zu einzelnen Lebensbereichen. Dies sind, dem Vorbild der Natur folgend, Pflanzengemeinschaften der Lebensräume Gehölz und Gehölzrand, Freiflächen, nährstoffreiche Standorte der Gartenbeete bis hin zu Steinanlagen einerseits und Sumpf- und Wasserflächen zum anderen. Abgesehen von den Feuchtlebensräumen werden bei allen Lebensbereichen Standorte verschiedener Bodenfeuchte unterschieden. Diese Einteilung betrifft natürlich nicht nur die heimischen Arten, sondern auch Pflanzen anderer Regionen.

*In ungefüllten Blüten finden Insekten reichlich Pollen und Nektar.*

*Nicht nur Blütenpracht macht die Schönheit einer Pflanzung aus, sondern auch ihr gesamter Aufbau, sowie unterschiedliche Blattfärbungen und -strukturen. Deshalb gliedert man eine Pflanzung gern mit Gräsern und verwendet Blattschmuckstauden wie die Funkie.*

Man wird sich also bei der Artenauswahl für eine Pflanzung zunächst fragen, welche Stauden dem vorliegenden Standort entsprechen, bzw. welchem Lebensbereich sie zuzuordnen sind. Als Nächstes müssen gestalterische Kriterien berücksichtigt werden und das betrifft nicht nur den Zierwert ihrer Blüten, obwohl dies auf den ersten Blick gesehen das Wichtigste zu sein scheint. Man sollte aber bei der Zusammenstellung einer Pflanzung die ganze Pflanzengestalt im Auge behalten, also auch ihren Wuchs sowie Form, Struktur, Färbung und Textur der Belaubung.

Am einfachsten stellt man sich die Pflanzung zunächst einfarbig vor. Dann wird schon deutlich, wie wichtig die Elemente sind, die einem Beet Struktur verleihen. Das können Solitärgehölze sein, geformter Buchs, aber auch stattliche Gräser oder wirkungsvolle Blattschmuckstauden. Sie bilden das Rückgrat der Pflanzung.

Damit alle Pflanzen gut zur Geltung kommen, sollte man sie nach ihrer Größe gestaffelt setzen. Dann kommen die hochwüchsigen Pflanzen in den Hintergrund bzw. in die Beetmitte, je nachdem ob man die Pflanzfläche nur von vorne oder von allen Seiten betrachten kann. Halbhohe Stauden stehen davor und ganz niedrige bilden Vordergrund und Einfassung.

Auch allein durch Blattformen entstehen ansprechende Pflanzenbilder. Einen spannungsvollen Kontrast ergibt die Kombination von großen, ganzrandigen Blättern und grasartigen Strukturen. Karl Foerster hat das sehr plakativ als „Pauke und Harfe" bezeichnet. Funkie und Riesensegge sind solch ein Paar. Derartige Gegensätze werden noch deutlicher, wenn sich auch die Texturen der Belaubung unterscheiden. Man denke z. B. an die ledrigen Blattteller der Bergenien und einzelne Horste der Schneemarbel mit ihren bewimperten Blattspreiten in einer Fläche von feingliedrigen Golderdbeeren. Bezieht man schließlich noch die unterschiedlichen Grüntöne der Belaubung in die Gestaltung ein und verwendet gegebenenfalls auch weißbunt Panaschiertes und Rötliches, so ergibt sich bereits ohne Blüten ein sehr ansprechendes Pflanzenbild.

Das ist von großem Vorteil, weil ein Staudenbeet eben nicht an zwölf Monaten des Jahres in voller Blüte steht und doch zu Zeiten

Wo es gelingt, eine Pflanzung anzusiedeln, die dem jeweiligen Lebensbereich entspricht, kann ein Gartenbild entstehen, das aus sich heraus stimmig und überzeugend wirkt. Zudem benötigt es wenig Pflege, weil die Bedürfnisse der Pflanzen weitgehend von Natur aus befriedigt sind. Häufige regulierende Eingriffe sind nur dann erforderlich, wenn Arten mit unterschiedlich starkem Ausbreitungsdrang zusammengepflanzt werden. Dann besteht die Gefahr, dass Zartes von Wucherndem erdrückt wird. Deshalb gesellt man am besten gleich Starkes zueinander.

*Die Horste des Lampenputzergrases (Pennisetum compressum) wirken gerade im Winter besonders attraktiv. Deshalb sollte man sie erst im Frühjahr zurückschneiden.*

einer Blühflaute das Auge des Betrachters erfreuen soll. In diesem Zusammenhang spielen immergrüne Stauden oder auch nur solche, die im Winter noch Strukturen zeigen, eine wichtige Rolle. Deshalb sollten im Beet auch Pflanzen stehen, die im Winter mit attraktiven Fruchtständen und grünen Blattschöpfen aufwarten oder als Grashorst Raureif ansetzen und aus der Schneedecke hervorspitzen.

Die Farbgestaltung im Garten wurde bereits im Kap. „Grundlagen der Gartengestaltung – mit Farbe gestalten" angesprochen. Die dort beschriebenen Regeln gelten in besonderer Weise für die Gestaltung von Staudenpflanzungen. Die Blütenfarben verleihen einem Gartenraum erst seine besondere Atmosphäre. Im Zusammenspiel mit dem Licht erzeugen gut kombinierte Farbklänge unvergessene Stimmungen. Mit weißen Blüten lassen sich dunkle Ecken aufhellen und behalten trotzdem etwas Geheimnisvolles. Pastellfarben erzeugen ein Bild der Harmonie, ebenso wie Ton-in-Ton-Kompositionen. Dagegen entsteht durch Farbkontraste Lebendigkeit. Fröhlich bunt und unbekümmert darf ein Bauerngarten wirken.

Die hier angesprochenen Aspekte sind in den nachfolgenden Tabellen berücksichtigt. Es sind einzelne Pflanzvorschläge, die man so oder in leicht abgewandelter Form an passenden Stellen im Garten verwirklichen kann. Jede Zusammenstellung entspricht einem bestimmten Lebensraum. In den Tabellen ist eine Rangordnung der aufgeführten Arten zu erkennen: Das **Gerüst** wird von hohen Stauden und Solitärgräsern gebildet, die alle anderen überragen. Mit ihrer ausgeprägten Gestalt, ihrer Blatt- und Blütenfarbe prägen sie das Bild der Pflanzung. Als Gerüstbildner wählt man Arten, die über lange Zeit attraktiv wirken. Man setzt sie einzeln oder in sehr geringer Stückzahl, denn sie benötigen ausreichend Raum zu ihrer Entfaltung. Ihnen werden die **Begleitstauden** hinzugesellt. Sie haben eher dienende Funktion, bleiben kleiner und sind in ihrer ganzen Erscheinung auf die Gerüstbildner abgestimmt. Man pflanzt sie in kleinen Trupps. Davor oder dazwischen breiten sich größere Gruppen der **Flächendecker** aus. Auch sie müssen in Farbe und Struktur mit allen anderen harmonieren. Schließlich werden die **Zwiebelpflanzen** in die Fläche eingestreut. Vor allem für die Blüte im Frühjahr sind sie von großer Bedeutung.

*Busch-Windröschen und Blausternchen schieben sich im zeitigen Frühjahr durch die Laubstreu und entfalten ihre Blätter und Blüten. So bieten sie den ersten Bienen, Hummeln und Zitronenfaltern willkommene Nahrung.*

## Im Schatten der Bäume und Sträucher

Wenn die Gehölze im Garten herangewachsen sind, sodass es unter ihrem Blätterdach schattig und kühl bleibt, und wenn sich aus dem Falllaub der Bäume und Sträucher weicher Mullboden gebildet hat, dann ist es Zeit für die Pflanzung von Waldbodenstauden. Sie benötigen das ausgeglichene Kleinklima, wie es im Laub- oder Mischwald herrscht und sind an die Lebensbedingungen dort hervorragend angepasst.

### Arten heimischer Laubmischwälder

Die Pflanzen des Waldbodens sind wahre Laubschlucker. Im Frühling schieben sie ihre Blätter und Blüten durch die Streudecke, die sie im Winter gewärmt hat. Frisches Grün breiten sie alljährlich über das welke Laub vom vergangenen Herbst und bedecken es, sodass die Bodenlebewesen es im Laufe des Sommers zu Mullhumus verarbeiten können.

In den wenigen Frühlingswochen, solange das Blätterdach der Gehölze noch nicht geschlossen ist und die Sonne den Boden darunter bescheint und erwärmt, ist Blütenhochzeit im Laubwald. Viele dieser Blumen, die es mit dem Blühen und Fruchten so eilig

**Waldstauden** (Boden humos, im Frühling feucht, im Sommer mäßig trocken, kalkhaltig)

| Botanischer Name | Deutscher Name | Höhe cm | Stück je m² | Pflanz-abstand | Blütezeit und Blütenfarbe/Blattfärbung | | | | | | | |
|---|---|---|---|---|---|---|---|---|---|---|---|---|
| | | | | | Mrz | Apr | Mai | Juni | Juli | Aug | Sep | Okt |
| **Gerüst** | | | | | | | | | | | | |
| *Asplenium scolopendrium* | Hirschzungenfarn | 40 | 7–12 | 30 | | | | | | | | |
| *Athyrim filix-femina* | Frauenfarn | 80 | 2–4 | 70 | | | | | | | | |
| *Dryopteris filix-mas* | Wurmfarn | 80 | 2–4 | 70 | | | | | | | | |
| *Carex sylvatica* | Wald-Segge | 25/50 | 9–12 | 25 | | | | | | | | |
| *Luzula pilosa* | Frühlings-Hainsimse | 15/25 | 9–15 | 25 | | | | | | | | |
| *Luzula sylvatica* | Wald-Hainsimse | 25/40 | 5–9 | 35 | | | | | | | | |
| **Bodendecker** | | | | | | | | | | | | |
| *Anemone nemorosa* | Busch-Windröschen | 10 | 15–25 | 20 | | | | | | | | |
| *Anemone ranunculoides* | Gelbes Busch-Windröschen | 10 | 15–25 | 20 | | | | | | | | |
| *Asarum europaeum* | Haselwurz | 10 | 15–25 | 20 | | | | | | | | |
| *Convallaria majalis* | Maiglöckchen | 20 | 12–20 | 20 | | | | | | | | |
| *Galium odoratum* | Waldmeister | 20 | 10–15 | 25 | | | | | | | | |
| *Hepatica nobilis* | Leberblümchen | 10 | 15–20 | 25 | | | | | | | | |
| *Primula elatior* | Wald-Schlüsselblume | 20 | 12–20 | 20 | | | | | | | | |
| *Pulmonaria officinalis* | Lungenkraut | 20 | 10–20 | 20 | | | | | | | | |
| *Vinca minor* | Immergrün | 25 | 9–12 | 25 | | | | | | | | |
| **Zwiebelpflanzen** | | | | | | | | | | | | |
| *Allium ursinum* | Bärlauch | 30 | | 10 | | | | | | | | |
| *Corydalis cava* | Lerchensporn | 25 | | 10 | | | | | | | | |
| *Cyclamen coum* | Frühlings-Alpenveilchen | 5 | | 10 | | | | | | | | |
| *Cyclamen hederifolium* | Herbst-Alpenveilchen | 15 | | 20 | | | | | | | | |
| *Scilla siberica* | Blausternchen | 15 | | 8 | | | | | | | | |

haben, wachsen aus Rhizomen, Knollen und Zwiebeln hervor. Diese Überdauerungsorgane befähigen sie zu ihrem raschen Austrieb. Ganz eilig haben es die kleinen Frühlingsalpenveilchen. Nicht selten spitzen sie schon im Januar oder Februar aus der schmelzenden Schneedecke. Dann lässt auch der Lerchensporn nicht mehr lange auf sich warten. Busch-Windröschen, Leberblümchen und Lungenkraut breiten ihre Blätter über das welke Falllaub. So wird alles grün und überdeckt das Graubraun des Winters.

Frühlingsblumen haben den Blütenreigen begonnen, Ziersträucher wie Brautspiere oder Japanische Zierquitte setzen ihn fort. Im April und Mai entfalten die Blattknospen schließlich ihr Laub und es wird wieder schattig unter Baum und Strauch. Wenn die Sonnenstrahlen den Waldboden nicht mehr erreichen, dann lässt dort auch das Blühen nach. Nur die besonders Schattenverträglichen breiten sich jetzt noch aus. Waldmeister, Maiglöckchen und Haselwurz schließen den Blätterteppich, während die Frühblüher bereits Samen angesetzt haben und allmählich vergilben. Im Sommer blüht es im Gehölzschatten nicht mehr. Trotzdem wirkt eine Pflanzung unter Bäumen attraktiv durch die verschiedenen Blattstrukturen der Bodendecke und die einzeln dazwischen gesetzten Farne und Gräser. Hirschzungenfarn, immergrüne Stauden und wintergrüne Gräser lassen die Fläche auch in der vegetationslosen Zeit nicht kahl erscheinen.

**Schattiger Gehölzrand** (Boden humos, mäßig feucht, zeitweilig trocken, kalkhaltig)

| Botanischer Name | Deutscher Name | Höhe cm | Stück je m² | Pflanzabstand | Blütezeit und Blütenfarbe/Blattfärbung | | | | | | | |
|---|---|---|---|---|---|---|---|---|---|---|---|---|
| | | | | | Mrz | Apr | Mai | Juni | Juli | Aug | Sep | Okt |
| **Gerüst** | | | | | | | | | | | | |
| *Aruncus dioicus* var. *dioicus* | Waldgeißbart | 180 | 1–3 | 90 | | | | | | | | |
| **Begleitstauden** | | | | | | | | | | | | |
| *Luzula nivea* | Schnee-Hainsimse | 20/40 | 9–12 | 25 | | | | | | | | |
| *Bergenia cordifolia* 'Abendglocken' | Bergenie | 40 | 7–9 | 30 | | | | | | | | |
| *Bergenia cordifolia* 'Silberlicht' | Bergenie | 30 | 7–9 | 30 | | | | | | | | |
| *Gillenia trifoliata* | Dreiblattspiere | 90 | 3–5 | 60 | | | | | | | | |
| *Helleborus foetidus* | Stinkende Nieswurz | 40 | 5–7 | 40 | | | | | | | | |
| *Helleborus*-Hybride 'Atrorubens' | Nieswurz, Lenzrose | 30 | 5–7 | 40 | | | | | | | | |
| *Helleborus niger* | Christrose (Winterblüte) | 25 | 7–9 | 30 | | | | | | | | |
| *Helleborus-orientalis*-Hybr. | Nieswurz, Lenzrose | 35 | 5–7 | 40 | | | | | | | | |
| *Lathyrus vernus* | Frühlings-Platterbse | 30 | 7–9 | 25 | | | | | | | | |
| *Polygonatum multiflorum* | Salomonssiegel | 60 | 9–12 | 25 | | | | | | | | |
| **Bodendecker** | | | | | | | | | | | | |
| *Carex plantanginea* | Breitblatt-Segge | 15/30 | 9–12 | 25 | | | | | | | | |
| *Fragaria vesca* | Wald-Erdbeere | 15 | 9–12 | 25 | | | | | | | | |
| *Omphalodes verna* | Gedenkemein | 15 | 10–15 | 20 | | | | | | | | |
| *Pulmonaria saccharata* | Lungenkraut | 30 | 9–12 | 25 | | | | | | | | |
| *Waldsteinia ternata* | Golderdbeere | 15 | 10–15 | 20 | | | | | | | | |
| **Zwiebelpflanzen** | | | | | | | | | | | | |
| *Crocus tommasinianus* | Elfen-Krokus | 10 | | 8 | | | | | | | | |
| *Galanthus nivalis* | Schneeglöckchen | 10 | | 8 | | | | | | | | |
| *Lilium martagon* | Türkenbundlilie | 120 | | 15 | | | | | | | | |

Waldstauden benötigen im Frühjahr ausreichend Bodenfeuchte, können aber im Sommer Austrocknung erstaunlich gut überdauern. Auch mit der Wurzelkonkurrenz durch Gehölze kommen sie gut zurecht. Bodenbearbeitung ist allerdings unerwünscht. Mit Hacke und Spaten würde man die Wurzelausläufer, Rhizome, Zwiebeln und Knollen nur beschädigen. Die einzige Pflegemaßnahme besteht darin, dass Unkräuter und unerwünschter Gehölzaufwuchs gejätet und Kostbares vor dem Überwuchern bewahrt wird.

*Im schattigen Gehölzrand fühlen sich Lenzrosen (Helleborus-Hybr.) und Hundszahnlilien (Erythronium tuolumnense) wohl. Dazwischen breitet sich Golderdbeere (Waldsteinia ternata) aus.*

### Staudensaum am Gehölzrand

Der Lebensbereich des schattigen Gehölzrandes ist eigentlich in jedem Garten in irgendeiner Form anzutreffen. Man findet ihn im

Schatten einer frei wachsenden oder geschnittenen Hecke, am Rande von Gehölzgruppen oder auch unter einer lichten Baumkrone. Aufragende Solitärgehölze wie Felsenbirne, Zierkirschen oder Goldregen laden zu einer Unterpflanzung mit Stauden geradezu ein. Im Allgemeinen sind die Stauden des Gehölzrandes an Wurzelkonkurrenz gut angepasst. Die Bepflanzung von sehr dichtem Wurzelfilz, beispielsweise von Birke, Zucker-Ahorn oder gar Fichten, erweist sich allerdings als reichlich schwierig. Hier wäre einer Bodendecke aus Efeu der Vorzug zu geben, sofern man sich nicht mit einer schütteren Rasenflächen begnügen möchte.

Die meisten Arten, die wir im vollen Schatten des Waldbodens finden, gedeihen auch im lichten Halbschatten des Gehölzrandes. Wir können sie also auch hier verwenden. Doch wo nach der Laubentfaltung mehr Licht zur Verfügung steht, setzen höhere Stauden den Blütenreigen bis in den Sommer fort. Darunter sind Bergenien und Nieswurzarten, die uns nicht nur mit ihren Blüten erfreuen, sondern auch mit ihrem Laub, das bis in den Winter ansehnlich bleibt. Salomonssiegel wirkt durch seinen grazilen Wuchs und fällt nochmals im Herbst durch goldgelb verfärbtes Laub und blaubereifte Beeren auf. Eine stattliche Erscheinung ist der Waldgeißbart. Dekorative Dreiblattspieren und die schönen Türkenbundlilien überragen im Juni die grüne Bodendecke aus Lungenkraut und Golderdbeeren. Danach bestimmt auch hier Grün in seinen zahlreichen Schattierungen das Bild, bis im Herbst die Laubgehölze ihr grünes Kleid gegen ein farbenprächtiges tauschen.

**Breitlagernde Stauden am Gehölzsaum** (halbschattige Lage, Boden nährstoffreich, mäßig feucht, zeitweilig trocken)

| Botanischer Name | Deutscher Name | Höhe cm | Stück je m² | Pflanz-abstand | Blütezeit und Blütenfarbe/Blattfärbung | | | | | | | |
|---|---|---|---|---|---|---|---|---|---|---|---|---|
| | | | | | Mrz | Apr | Mai | Juni | Juli | Aug | Sep | Okt |
| **Gerüst** | | | | | | | | | | | | |
| *Deschampsia caespitosa* | Waldschmiele | 60/100 | 3–4 | 60 | | | | | | | | |
| *Aquilegia-vulg.*-Hybr. 'Superba' | Akelei | 40 | 9–12 | 25 | | | | | | | | |
| *Astrantia major* 'Ruby Wedding' | Große Sterndolde | 70 | 7–9 | 30 | | | | | | | | |
| *Bistorta amplexicaule* 'Atropurpureum' | Kerzen-Wiesenknöterich | 100 | 3–5 | 60 | | | | | | | | |
| *Campanula latifolia* var. *macrantha* | Wald-Glockenblume | 100 | 7–9 | 30 | | | | | | | | |
| *Digitalis lutea* | Gelber Fingerhut | 70 | 9–12 | 25 | | | | | | | | |
| **Bodendeckende Begleitstauden** | | | | | | | | | | | | |
| *Alchemilla mollis* | Frauenmantel | 35 | 5–7 | 40 | | | | | | | | |
| *Aster divaricatus* | Herbst-Aster | 60 | 4–6 | 45 | | | | | | | | |
| *Geranium endressii* 'Rosenlicht' | Pyrenäen-Storchenschnabel | 40 | 6–9 | 35 | | | | | | | | |
| *Geranium macrorrhizum* 'Spessart' | Balkan-Storchenschnabel | 30 | 5–9 | 35 | | | | | | | | |
| *Geranium nodosum* | Knotiger Storchenschnabel | 50 | 6–9 | 35 | | | | | | | | |
| *Geranium* x *magnificum* | Pracht-Storchenschnabel | 50 | 5–9 | 35 | | | | | | | | |
| *Lamium maculatum* 'Silbergroschen' | Silber-Taubnessel | 20 | 9–12 | 25 | | | | | | | | |
| *Stachys macrantha* 'Superba' | Großblumiger Ziest | 40 | 5–9 | 35 | | | | | | | | |
| *Symphytum grandiflorum* | Kaukasus-Beinwell | 25 | 6–9 | 35 | | | | | | | | |
| **Zwiebelpflanzen** | | | | | | | | | | | | |
| *Eranthis hyemalis* | Winterling | 5 | | 8 | | | | | | | | |
| *Narcissus-pseudonarzissus*-Sorten | Trompeten-Narzissen | 40 | | 15 | | | | | | | | |

#### Halbschattenstauden mit Ausbreitungsdrang

Viele wünschen sich einen pflegeleichten Garten, sei es, weil sie wenig Zeit zur Gartenarbeit haben, ihnen die Kraft dazu fehlt, oder weil sie lieber einer anderen Beschäftigung nachgehen. Das bedeutet aber nicht, dass man deshalb auf blühende Stauden verzichten muss. Wer wuchskräftige, unkomplizierte Arten auswählt, die sich am vorgesehenen Standort willig ausbreiten, kann damit eine geschlossene Pflanzendecke aufbauen, die unerwünschtem Aufwuchs keine Chance gibt. Damit lässt sich die Pflege auf einen gelegentlichen Sauberkeitsschnitt reduzieren. Lediglich bei längerer Trockenheit kann Bewässerung erforderlich werden.

Die hier vorgestellten Pflanzen bevorzugen eine halbschattige Lage und einen mäßig feuchten Boden, obwohl sie auch sommerliche Trockenperioden gut überstehen. Für geschlossene Bodenbedeckung sorgen breitlagernde Stauden. Die wichtigste Rolle spielen hierbei einige Storchenschnabelarten. Begleitet werden sie von Frauenmantel und Großblumigem Ziest. Kaukasusbeinwell und Silbertaubnessel sind in ihrem Ausbreitungsdrang etwas weniger stark und sollten deshalb eine eigene Fläche bedecken. Jedenfalls darf man sie nicht zwischen Pyrenäen- oder Balkan-Storchschnabel setzen.

*Eine pflegeleichte Pflanzung lässt sich mit Arten aufbauen, die gleich starken Ausbreitungsdrang haben und am vorgesehenen Standort eine geschlossene Pflanzendecke bilden. Frauenmantel (Alchemilla mollis) und verschiedene Arten des Storchschnabels (Geranium spec.) spielen hier neben Gräsern eine wichtige Rolle.*

Waldschmiele, Waldglockenblume und Gelber Fingerhut verleihen der Pflanzung ihre Struktur. Die Große Sterndolde kann man dazwischen einstreuen. Akeleien versamen sich willig. Ihre Sämlinge sind wie Vagabunden. Sie suchen sich ihren Platz selbst.

Schon im Februar beginnen die Winterlinge zu blühen, und im April erfreuen uns die Narzissen. Zur Hauptblütezeit von Ende Mai bis Anfang Juli leuchtet es in Rosa, Violett und Blau. Dazu bildet der Frauenmantel grüngelbe Schleier, und cremefarbener Fingerhut ragt dazwischen auf. Die Blütezeit des Kerzenknöterichs reicht vom Sommer bis in den Oktober. Im ausklingenden Gartenjahr wird er von weißen Herbstastern mit ihren unzähligen, kleinen Blütensternen unterstützt.

## Stauden der Freiflächen

Eigentlich sind alle Blüten Kinder der Sonne. In gar zu dunklen Ecken können sie sich nicht entfalten. Je mehr Licht ihnen zur Verfügung steht, umso leuchtender sind ihre Farben. In der Natur finden wir die Sonnenanbeter unter den Stauden auf baumfreien Standorten. Das sind neben Ackerfluren und Ruderalflächen vor allem verschiedene Wiesentypen. Gemeinsam ist ihnen der intensive Lichtgenuss. Nährstoffangebot und Bodenfeuchte sind allerdings recht unterschiedlich.

Die Pflanzen der Feuchtwiesen haben ein üppiges Wachstum dank des Angebotes an Wasser und Nährstoffen. Dagegen bringen trockenere und vorwiegend magere Standorte meist niedrigere Pflanzen hervor, oftmals mit gedrungenem Wuchs. Diese Arten haben Strategien entwickelt, womit sie auch längere Trockenzeiten gut überbrücken können. Häufig sind ihre Einzelblüten recht klein. Sie erscheinen aber in so großer Zahl, dass sehr farbenprächtige Blütenaspekte entstehen. Für die gärtnerische Verwendung sind deshalb Arten wie sie auf Steppen, Heideflächen oder Halbtrockenrasen vorkommen von großer Bedeutung. Wer einen sonnenexponierten Pflanzplatz auf trockenem, durchlässigem Boden in seinem Garten hat und in niederschlagsarmen Sommerwochen nicht alle paar Tage den Regner aufstellen möchte, der sollte vielleicht den folgenden Pflanzvorschlag realisieren.

#### Silberlaub und gelbe Blüten

Pflanzen, die sich unter solchen Bedingungen behaupten, haben dafür besondere Strategien entwickelt. Sie besitzen ein tief reichendes, weit verzweigtes Wurzelsystem, womit sie Wasser und Nährstoffe aufnehmen können. Außerdem bilden viele Arten der Trockenstandorte Speicherorgane aus, um das kostbare

**Silberlaub** (Freifläche, voll besonnt, trockener durchlässiger Boden)

| Botanischer Name | Deutscher Name | Höhe cm | Stück je m² | Pflanzabstand | Blütezeit und Blütenfarbe/Blattfärbung Mrz | Apr | Mai | Juni | Juli | Aug | Sep | Okt |
|---|---|---|---|---|---|---|---|---|---|---|---|---|
| **Gerüstbildner** | | | | | | | | | | | | |
| *Festuca mairei* | Atlas-Schwingel | 50/180 | 2–3 | 80 | | | | | | | | |
| *Asphodeline lutea* | Junkerlilie | 80 | 7–9 | 30 | | | | | | | | |
| *Perovskia abrotanoides* | Blau-Raute | 120 | 3–5 | 60 | | | | | | | | |
| *Phlomis russeliana* | Brandkraut | 110 | 3–5 | 60 | | | | | | | | |
| *Verbascum bombyciferum* | Königskerze | 160 | 3–5 | 60 | | | | | | | | |
| *Yucca filamentosa* | Palmlilie | 140 | 2–3 | 80 | | | | | | | | |
| **Begleitstauden** | | | | | | | | | | | | |
| *Achillea-clypeolata*-Hybr. 'Moonshine' | Gelbe Schafgarbe | 60 | 7–9 | 30 | | | | | | | | |
| *Anaphalis triplinervis* 'Sommerschnee' | Perlpfötchen | 20 | 7–10 | 30 | | | | | | | | |
| *Anthemis-tinctoria*-Hybr. 'E. C. Buxton' | Färberkamille | 40 | 5–9 | 35 | | | | | | | | |
| *Calamintha nepeta* 'Little Riese' | Steinquendel | 40 | 5–9 | 35 | | | | | | | | |
| *Euphorbia polychroma* | Gold-Wolfsmilch | 40 | 5–7 | 40 | | | | | | | | |
| *Euphorbia segueriana subsp. niciciana* | Steppen-Wolfsmilch | 60 | 4–6 | 40 | | | | | | | | |
| *Inula ensifolia* 'Compacta' | Alant | 25 | 9–12 | 25 | | | | | | | | |
| *Iris*-Hybr. | Schwertlilien Sorten | 70–90 | 5–9 | 35 | | | | | | | | |
| *Nepeta* x *faassenii* 'Six Hill's Giant' | Katzenminze | 50 | 4–6 | 50 | | | | | | | | |
| *Primula veris* | Echte Schlüsselblume | 20 | 12–20 | 20 | | | | | | | | |
| *Ruta graveolens* 'Jackman's Blue' | Wein-Raute | 50 | 5–7 | 40 | | | | | | | | |
| *Salvia nemorosa* 'Ostfriesland' | Steppensalbei | 50 | 7–9 | 30 | | | | | | | | |
| *Salvia officinalis* 'Purpurascens' | Gewürzsalbei | 45 | 5–7 | 40 | | | | | | | | |
| *Sedum spectabile* 'Brillant' | Fetthenne | 45 | 4–5 | 40 | | | | | | | | |
| *Sedum-telephium*-Hybr. 'Herbstfreude' | Fetthenne | 50 | 4–5 | 40 | | | | | | | | |
| **Flächendecker** | | | | | | | | | | | | |
| *Artemisia stelleriana* 'Mori' | Eberraute | 25 | 7–10 | 30 | | | | | | | | |
| *Cerastium tomentosum* var. *columnae* 'Silberteppich' | Silber-Hornkraut | 10 | 9–12 | 25 | | | | | | | | |
| *Nepeta faassenii* 'Blauknirps' | Katzenminze | 30 | 7–9 | 30 | | | | | | | | |
| *Pseudolysimachion spicatum subsp. incana* | Ehrenpreis | 30 | 9–15 | 25 | | | | | | | | |
| *Salvia lavandulifolia* | Lavendelblättr. Salbei | 40 | 7–9 | 30 | | | | | | | | |
| *Santolina chamaecyparissus* | Heiligenblume | 40 | 5–9 | 35 | | | | | | | | |
| *Sedum floriferum* 'Weihenstephaner Gold' | Mauerpfeffer | 15 | 9–12 | 25 | | | | | | | | |
| *Stachys byzantina* 'Silver Carpet' | Ziest | 15 | 9–12 | 25 | | | | | | | | |
| **Zwiebelpflanzen** | | | | | | | | | | | | |
| *Allium karataviense* | Blauzungen-Lauch | 20 | | 12 | | | | | | | | |
| *Crocus etruscus* 'Zwanenburg' | Krokus | 8 | | 8 | | | | | | | | |

| Botanischer Name | Deutscher Name | Höhe cm | Stück je m² | Pflanz-abstand | Blütezeit und Blütenfarbe/Blattfärbung | | | | | | | |
|---|---|---|---|---|---|---|---|---|---|---|---|---|
| | | | | | Mrz | Apr | Mai | Juni | Juli | Aug | Sep | Okt |
| **Zwiebelpflanzen** | | | | | | | | | | | | |
| *Crocus flavus* | Krokus | 8 | | 8 | | | | | | | | |
| *Muscari armeniacum* | Traubenhyazinthe | 20 | | 10 | | | | | | | | |
| *Ornithogalum umbellatum* | Stern von Bethlehem | 25 | | 12 | | | | | | | | |
| *Tulipa tarda* | Gelbe Wildtulpe | 15 | | 11 | | | | | | | | |

Nass zu sammeln und zu bewahren. Das können Verdickungen von Wurzel, Spross oder Blattwerk sein. Um die Verdunstung herabzusetzen, bleiben die Blätter oft klein und schmal wie Nadeln. Sie können auch ledrig hart oder mit einer wachsartigen Schicht überzogen sein. Das Zellgewebe ist fest, die Spaltöffnungen sind klein. Manche dieser Arten tragen eine pelzige Behaarung. Die vorherrschende Blattfärbung ist ein silbriges Grau, das die Sonnenstrahlen reflektiert.

*Silbriges Laub, grüngelbe Blüten der Wolfsmilch (Euphorbia segueriana subsp. niciciana) und gelbbraune Töne der Gräser und Fruchtstände ergeben ein ansprechendes Spiel der Farben und Formen.*

Die hier vorgestellte Staudenkomposition lehnt sich an dieses Bild an. Silbergraue Belaubung und Blüten in Gelb und Blauviolett bestimmen das Bild. Viele der ausgewählten Arten haben ihre Heimat im Mittelmeerraum. Beispiele dafür sind Lavendel, Salbei, Heiligenblume oder Wein-Raute. Zusammen mit Schafgarbe, Steinquendel und den Wolfsmilcharten formen sie silbrige Kissen, die von Königskerzen, Junkerlilien, Blau-Raute und Brandkraut überragt werden. Mächtige Horste des Atlas-Schwingels stehen wie Haarschöpfe dazwischen. Dank der flachen Bodendecker wird sich die Pflanzendecke im Lauf von zwei Jahren nach der Neuanlage schließen, vorausgesetzt, die Fläche wird nicht gehackt, sondern falls nötig gejätet. Wer sich diese Arbeit sparen will, kann die Pflanzen in eine 5 bis 10 cm dicke Mulchschicht aus Kalksplitt setzen.

**Purpursteppe** (Freifläche, voll besonnt, trockener durchlässiger Boden)

| Botanischer Name | Deutscher Name | Höhe cm | Stück je m² | Pflanz-abstand | Blütezeit und Blütenfarbe/Blattfärbung | | | | | | | |
|---|---|---|---|---|---|---|---|---|---|---|---|---|
| | | | | | Mrz | Apr | Mai | Juni | Juli | Aug | Sep | Okt |
| **Gerüst** | | | | | | | | | | | | |
| *Stipa calamagrostis* 'Lemperg' | Silber-Ährengras | 45/70 | 2–3 | 80 | | | | | | | | |
| *Gaura lindheimeri* | Prachtkerze | 80 | 5–7 | 40 | | | | | | | | |
| *Papaver orientale* 'Marlene' | Türkenmohn, purpur | 70 | 2–3 | 80 | | | | | | | | |
| *Papaver orientale* 'Perry's White' | Türkenmohn, weiß | 80 | 2–3 | 80 | | | | | | | | |
| *Sedum-telephium*-Hybr. 'Matrona' | Fetthenne | 60 | 5–7 | 40 | | | | | | | | |
| **Begleitstauden** | | | | | | | | | | | | |
| *Aster amellus* 'Veilchenkönigin' | Sommer-Aster | 40 | 7–9 | 30 | | | | | | | | |
| *Aster ericoides* 'Blue Star' | Myrten-Aster | 90 | 3–5 | 60 | | | | | | | | |
| *Aster tongolenesis* 'Wartburgstern' | Aster | 40 | 9–15 | 25 | | | | | | | | |
| *Centranthus ruber* 'Coccineus' | Spornblume | 70 | 7–9 | 30 | | | | | | | | |
| *Hyssopus officinalis* | Ysop | 40 | 7–9 | 30 | | | | | | | | |
| *Iris pallida* 'Variegata' | Schwertlilie | 80 | 7–9 | 30 | | | | | | | | |
| *Nepeta faassenii* 'Six Hill's Giant' | Katzenminze | 50 | 5–7 | 40 | | | | | | | | |
| **Flächendecker** | | | | | | | | | | | | |
| *Geranium sanguineum* 'Apfelblüte' | Blutstorchschnabel | 25 | 7–9 | 30 | | | | | | | | |
| *Geranium sanguineum* 'Elsbeth' | Blutstorchschnabel | 25 | 7–9 | 30 | | | | | | | | |
| *Phuopsis stylosa* 'Purpurea' | Rosenwaldmeister | 20 | 7–9 | 30 | | | | | | | | |
| *Saponaria ocymoides* | Teppich-Seifenkraut | 15 | 9–12 | 25 | | | | | | | | |
| **Zwiebelpflanzen** | | | | | | | | | | | | |
| *Allium christophii* | Sternkugel-Lauch | 50 | | 30 | | | | | | | | |
| *Anemone blanda* 'White Splendour' | Strahlenanemone, weiß | 10 | | 8 | | | | | | | | |
| *Crocus chrysanthus* 'Snow Bunting' | Krokus | 8 | | 8 | | | | | | | | |
| *Crocus tommasinianus* | Elfen-Krokus | 10 | | 8 | | | | | | | | |
| *Tulipa humilis* 'Violacea' | Krokus-Tulpe | 12 | | 12 | | | | | | | | |
| *Tulipa* 'Little Beauty' | Wildtulpe | 12 | | 12 | | | | | | | | |

*Purpur und blauviolett blühen Rosenwaldmeister (Phuopsis stylosa 'Purpurea') und Katzenminze (Nepeta faassenii 'Six Hills Giant'). Die Blütenbälle des Sternkugel-Lauchs (Allium christophii) heben sich davon ab.*

## Purpursteppe

Hinsichtlich der Standortansprüche unterscheidet sich diese Zusammenstellung nicht sehr von der vorhergehenden. Nur Wasser und Nährstoffe dürfen etwas reichlicher vorhanden sein. Das gesamte Erscheinungsbild, insbesondere die Farbwirkung, ist jedoch ganz anders. Die meisten Pflanzen haben grünes Laub und ihre Blüten leuchten in Weiß, Rosa, Purpur, Violett und Blau. Es gibt darunter wahre Dauerblüher wie Katzenminze, Spornblume und Prachtkerze. Weil die Staudenblüte erst im Mai so richtig einsetzt, sollte an Krokus, Anemonen und Wildtulpen nicht gespart werden. Abgesehen von den Tulpen vermehren sich diese Frühlingsblüher zwar recht gut. Es dauert aber doch einige Jahre, bis eine Flächenwirkung zustande kommt.

## Pflanzen für das Heidebeet

Heidepflanzungen sind ein wenig aus der Mode gekommen, vielleicht ganz zu Recht, denn eine Fläche, die ausschließlich mit Heidekraut bestückt ist, wirkt im Sommer ziemlich leblos. Ein Heidegärtchen kann aber durchaus auch in dieser Zeit farbenfroh und vielfältig sein mit zahlreichen attraktiven Sommerblühern. Das natürliche Vorbild für diese Zusammenstellung sind die Steppenheiden kalkreicher Böden, wie wir sie auf den Schotterflächen der Alpenflüsse oder den Wacholderheiden der Jurahänge finden.

Zu einem klassischen Heidebeet stellt man sich Säulenwacholder, Zwergkiefern und Ginster vor. Auch Wildrosen wie die Hundsrose oder die Blaue Hechtrose passen gut dazu. Diese Gehölze geben der Pflanzung optischen Halt, ohne allzu viel Schatten zu werfen.

Es liegt auf der Hand, dass die Schneeheide das Thema angibt. Genau genommen gehört sie nicht zu den Stauden. Sie ist ein Zwerggehölz. Schon im ausklingenden Winter eröffnet sie den Blütenreigen und erfreut uns mit ihrer Farbe bis in den Mai. Ihre feinnadeligen Polster bilden im Sommer eine ansprechende Bodendecke und einen neutralen Rahmen für die Stauden, die im Laufe des Jahres blühen. Man sollte die Schneeheide allerdings jedes Jahr nach der Blüte etwas zurückschneiden. Damit wird einer Vergreisung vorgebeugt.

Begleitende Stauden bringen ganzjährig Farbe in die Pflanzung. Im Frühling sind das die Küchenschellen, Adonisröschen, niedrige Netzschwertlilien und einige Wildtulpen. In den Sommermonaten erinnern uns Wiesen-Salbei, Karthäuser-Nelke, Graslilie, Ehrenpreis und Ausdauernder Lein an das Blütenkleid heimischer Halbtrockenrasen. Dazu trägt auch das Federgras bei, dessen lange Grannen wie Haare im Wind wehen. Eine herausragende Erscheinung ist der Diptam mit seinen fein gezeichneten rosa Blüten. An heißen Tagen entströmt ihm ein nach Zitrone duftendes, ätherisches Öl, das im Extremfall sogar entzündbar ist. Mit Goldhaar-Aster und Silberdistel klingt die Blüte im Heidebeet herbstlich aus.

*Was wäre ein Heidebeet ohne Weißbuntes Pfeifengras (Molinia caerulea 'Variegata')? Im Frühjahr, wenn die Schneeheide blüht, tritt es noch nicht in Erscheinung, aber im Sommer und Herbst zieht es die Blicke auf sich.*

**Pflanzen für ein Heidebeet** (sonnige Lage, durchlässiger kalkhaltiger Boden)

| Botanischer Name | Deutscher Name | Höhe cm | Stück je m² | Pflanz-abstand | Blütezeit und Blütenfarbe/Blattfärbung | | | | | | | |
|---|---|---|---|---|---|---|---|---|---|---|---|---|
| | | | | | Mrz | Apr | Mai | Juni | Juli | Aug | Sep | Okt |
| **Gerüst** | | | | | | | | | | | | |
| *Molinia caerulea* 'Moorhexe' | Pfeifengras | 30/80 | 5–7 | 40 | | | | | | | | |
| *Molinia caerulea* 'Variegata' | Weißbuntes Pfeifengras | 30/50 | 5–7 | 40 | | | | | | | | |
| *Stipa pulcherrima* | Reiher-Federgras | 30/80 | 3–5 | 60 | | | | | | | | |
| *Dictamnus albus* | Diptam | 80 | 3–5 | 60 | | | | | | | | |
| *Filipendula vulgaris* | Mädesüß | 50 | 7–12 | 25 | | | | | | | | |
| **Begleitstauden** | | | | | | | | | | | | |
| *Festuca amethystina* | Regenbogen-Schwingel | 20/40 | 7–9 | 30 | | | | | | | | |
| *Koeleria glauca* | Schillergras | 20/30 | 9–12 | 25 | | | | | | | | |
| *Adonis vernalis* | Frühlings-Adonisröschnen | 20 | 9–12 | 25 | | | | | | | | |
| *Anemone sylvestris* | Hain-Anemone | 35 | 10–15 | 20 | | | | | | | | |
| *Anthericum liliago* | Graslilie | 50 | 9–12 | 25 | | | | | | | | |
| *Aster linosyris* | Goldhaar-Aster | 60 | 5–9 | 35 | | | | | | | | |
| *Carlina acaulis* | Silberdistel | 10 | 5–7 | 40 | | | | | | | | |
| *Dianthus carthusianorum* | Karthäuser-Nelke | 40 | 5–7 | 40 | | | | | | | | |
| *Linum perenne* | Ausdauernder Lein | 40 | 9–15 | 25 | | | | | | | | |
| *Pulsatilla vulgaris* | Küchenschelle | 25 | 9–12 | 25 | | | | | | | | |
| *Pseudolysimachion spicatum* 'Blaufuchs' | Ehrenpreis | 30 | 7–12 | 30 | | | | | | | | |
| *Salvia pratensis* subsp. *haematodes* | Wiesen-Salbei | 80 | 5–7 | 40 | | | | | | | | |
| **Flächendecker** | | | | | | | | | | | | |
| *Erica carnea* 'Vivelli' | Schnee-Heide | 35 | 3–5 | 60 | | | | | | | | |
| *Erica carnea* 'Winterbeauty' | Schnee-Heide | 35 | 3–5 | 60 | | | | | | | | |
| *Juniperus horizontalis* 'Glauca' | Kriech-Wacholder | 30 | 1–3 | 90 | | | | | | | | |
| **Zwiebelpflanzen** | | | | | | | | | | | | |
| *Crocus speciosus* 'Cassiope' | Herbst-Krokus | 15 | | 8 | | | | | | | | |
| *Iris-reticulata*-Sorten | Netz-Schwertlilie | 15 | | 10 | | | | | | | | |
| *Tulipa linifolia* 'Batalinii'-Grp. | Wildtulpe | 20 | | 12 | | | | | | | | |
| *Tulipa turkestanica* | Turkmenische Tulpe | 25 | | 12 | | | | | | | | |

### Blütenstauden feuchter Wiesen

Ganz anders als die vorhergehenden Pflanzungen der Freiflächen wirken die Arten der Feuchtwiesen. Ihre Verwendung bietet sich auf schweren, feuchten Böden an. Sie vertragen sogar gelegentliche Überflutung. Man wird sie deshalb wohl am ehesten in feuchten Gräben oder am Rand eines Gewässers ansiedeln.

Zu berücksichtigen ist, dass viele der aufgeführten Arten einen großen Platzbedarf haben. In der ersten Jahreshälfte, wenn Trollblumen und Sibirische Schwertlilien blühen, fällt das noch nicht so auf. Deutlich wird es jedoch, wenn die Gerüststauden heranwachsen. Wo also wenig Raum zur Verfügung steht, sollte man besser auf Wasserdost, Riesenehrenpreis und Baldrian verzichten.

**Pflanzen für eine Feuchtwiese** (feuchter bis nasser, zeitweise abtrocknender Boden)

| Botanischer Name | Deutscher Name | Höhe cm | Stück je m² | Pflanz-abstand | Blütezeit und Blütenfarbe/Blattfärbung | | | | | | | |
|---|---|---|---|---|---|---|---|---|---|---|---|---|
| | | | | | Mrz | Apr | Mai | Juni | Juli | Aug | Sep | Okt |
| **Gerüst** | | | | | | | | | | | | |
| *Molinia arundinacea* 'Karl Foerster' | Pfeifengras | 60/80 | 1–2 | 90 | | | | | | | | |
| *Eupatorium maculatum* 'Atropurpureum' | Wasserdost | 200 | 1–2 | 90 | | | | | | | | |
| *Filipendula ulmaria* | Mädesüß | 150 | 3–5 | 60 | | | | | | | | |
| *Veronicastrum virginicum* | Riesen-Ehrenpreis | 160 | 2–4 | 70 | | | | | | | | |
| *Thalictrum aquilegifolium* | Akeleiblättrige Wiesenraute | 100 | 3–5 | 60 | | | | | | | | |
| *Valeriana officinalis* | Baldrian | 150 | 2–3 | 70 | | | | | | | | |
| **Begleitstauden** | | | | | | | | | | | | |
| *Achillea ptarmica* 'Die Perle' | Sumpf-Schafgarbe | 60 | 7–9 | 30 | | | | | | | | |
| *Carex grayi* | Morgenstern-Segge | 30/60 | 5–7 | 40 | | | | | | | | |
| *Carex muskingumensis* | Palmwedel-Segge | 50/70 | 5–7 | 40 | | | | | | | | |
| *Geum rivale* | Bach-Nelkenwurz | 35 | 9–15 | 25 | | | | | | | | |
| *Iris sibirica* 'Caesar' | Sibirische Schwertlilie | 90 | 5–9 | 35 | | | | | | | | |
| *Lysimachia clethroides* | Schnee-Felberich | 90 | 5–9 | 35 | | | | | | | | |
| *Lythrum salicaria* | Blut-Weiderich | 80 | 5–7 | 40 | | | | | | | | |
| *Polemonium caeruleum* | Jakobsleiter | 80 | 5–9 | 35 | | | | | | | | |
| *Primula elatior* | Wald-Schlüsselblume | 20 | 12–20 | 20 | | | | | | | | |
| *Ranunculus acris* 'Multiplex' | Gold-Ranunkel | 60 | 5–9 | 35 | | | | | | | | |
| *Silene flos-cuculi* | Kuckucks-Lichtnelke | 40 | 12–15 | 20 | | | | | | | | |
| *Trollius chinensis* 'Golden Queen' | Chin. Trollblume | 70 | 6–9 | 35 | | | | | | | | |
| *Trollius europaeus* 'Superbus' | Trollblume | 60 | 5–9 | 30 | | | | | | | | |
| **Bodendecker** | | | | | | | | | | | | |
| *Ajuga reptans* | Kriechender Günsel | 15 | 10–15 | 25 | | | | | | | | |
| *Alchemilla mollis* | Frauenmantel | 35 | 5–7 | 40 | | | | | | | | |
| *Lysimachia nummularia* | Pfennigrebe | 5 | 12–15 | 20 | | | | | | | | |
| **Zwiebelpflanzen** | | | | | | | | | | | | |
| *Fritillaria meleagris* | Schachblume | 25 | | 10 | | | | | | | | |
| *Leucojum vernum* | Märzenbecher | 20 | | 8 | | | | | | | | |

## Zarte Pflanzen zwischen Steinen

Steinanlagen umfassen sehr vielfältige Standorte. Man denke nur an die verschiedenen Strukturen im Gebirge. Da gibt es sonnige und schattige, nasse und trockene, nährstoffreiche und magere Standorte. Dabei vertragen durchaus nicht alle Gebirgspflanzen das Leben im Tiefland. Zu unterschiedlich sind die Verhältnisse. So ist die UV-Strahlung in höheren Lagen sehr viel intensiver. Außerdem wird die schneefreie Zeit, in der die Pflanzen wachsen, blühen und fruchten können, umso kürzer, je höher man steigt. Deshalb geht die Blütezeit vieler Steingartenpflanzen in tieferen Lagen bereits im Juli zu Ende. Steinanlagen in unseren Gärten sind Pflanzungen zwischen einzeln gesetzten Steinen, in den Fugen von Steinplatten oder in den Ritzen von Trockenmauern. Eine Sonderform ist die extensive Dachbegrünung (s. Kap. „Besondere Situationen – Dachgärten"). Auch für Trogbepflanzungen sind Arten der Steinanlagen geradezu ideal, weil sie kompakt bleiben.

Der Boden sollte durchlässig sein. Nur unter und zwischen den Steinen finden Pflanzenwurzeln Kühle und Feuchtigkeit, während die Steine selbst die Wärme des Tages speichern, die sie nachts langsam wieder abgeben.

*Die Pflanzen des Steingartens lieben mineralischen, durchlässigen Boden. Als Substrat lässt sich sehr gut Wandkies verwenden. Mauerpfefferarten breiten sich hier zwischen Trittplatten aus.*

## Rosetten in Mauerfugen

Bereits aufgrund der Struktur der verwendeten Steine, vor allem jedoch wegen seines Fugenbildes wirkt eine gut gesetzte Trockenmauer recht lebendig. Pflanzen unterstreichen das noch. Ihre Rosetten quellen aus den Ritzen und blühende Polster hängen über die Mauerkrone.

Auf die Dach- oder Hauswurzarten kann man bei der Bepflanzung einer Trockenmauer nicht verzichten. Es gibt sehr viele Sorten. Ihre Rosetten sind ganz klein oder größer, dicht geschlossen oder offener. Man erhält sie in verschiedenen grünen und rotbraunen Farbtönen. Weil diese Rosetten bereits so dekorativ wirken, ist die Blüte eigentlich gar nicht mehr so bedeutsam. In deutlichem Kontrast dazu stehen die blauen Blütenpolster der Glockenblumen. Hungerblümchen, Steinbrech und Mauerpfeffer ergänzen das Bild.

In den Fugen einer nordexponierten Trockenmauer gedeihen neben zarten, kleinen Farnen auch Porzellanblümchen, Mauerzimbelkraut und der Lerchensporn, der den ganzen Sommer lang gelb blüht.

Damit die Pflanzen sich in den Mauerritzen gut entwickeln, müssen sie bereits beim Bau der Mauer in die Stoßfugen so eingelegt werden, dass ihre Wurzeln in die dahinterliegende Erde einwachsen können. Pflanzen, die man nachträglich in die Fugen stopft, fallen meist wieder heraus oder verdorren.

### Pflanzen für Steinfugen

| Botanischer Name | Deutscher Name | Höhe cm | Blütezeit und Blütenfarbe/Blattfärbung | | | | | | | |
|---|---|---|---|---|---|---|---|---|---|---|
| | | | Mrz | Apr | Mai | Juni | Juli | Aug | Sep | Okt |
| **In der Sonne** | | | | | | | | | | |
| *Campanula cochleariifolia* | Zwerg-Glockenblume | 10 | | | | | | | | |
| *Cymbalaria muralis* | Mauer-Zimbelkraut | 10 | | | | | | | | |
| *Draba aizoides* | Hungerblümchen | 5 | | | | | | | | |
| *Saxifraga paniculata* | Krustiger Steinbrech | 20 | | | | | | | | |
| *Sedum reflexum* | Felsen-Mauerpfeffer | 20 | | | | | | | | |
| *Sempervivum arachnoideum* | Spinnweb-Hauswurz | 10 | | | | | | | | |
| *Sempervivum-tectorum*-Hybriden | Dachwurz in Sorten | 10–25 | | | | | | | | |
| **Im Schatten** | | | | | | | | | | |
| *Asplenium ruta-muraria* | Mauerraute | 15 | | | | | | | | |
| *Asplenium trichomanes* | Streifenfarn | 15 | | | | | | | | |
| *Pseudofumaria lutea* | Gelber Lerchensporn | 20 | | | | | | | | |
| *Saxifraga* x *urbium* | Porzellanblümchen | 30 | | | | | | | | |

## Blütenpolster auf der Mauerkrone

Die Mauerkrone ist der ideale Platz für die Polsterstauden, die sich über die oberste Steinlage ausbreiten und einen Blütenvorhang über die Mauer werfen. Hauptblütezeit ist von April bis Juli. Danach bestimmen grüne und graue Polster das Bild.

*Für die Flächen am terrassierten Hang bieten sich sowohl Polsterstauden des Steingartens an als auch Arten, wie man sie auf Freiflächen mit durchlässigem Boden verwenden würde. Dazu gehören Nelken und Spornblume (Centranthus ruber), Sonnenröschen (Helianthemum nummularius) und Ehrenpreis (Veronica teucrium 'Knallblau'), Heiligenblume (Santolina chamaecyparissias) und Gold-Lauch (Allium moly).*

### Pflanzen für die Mauerkrone

| Botanischer Name | Deutscher Name | Höhe cm | Pflanz-abstand | Blütezeit und Blütenfarbe | | | | | | | |
|---|---|---|---|---|---|---|---|---|---|---|---|
| | | | | Mrz | Apr | Mai | Juni | Juli | Aug | Sep | Okt |
| *Aurinia saxatilis* 'Sulphureum' | Steinkraut | 20 | 25 | | ■ | ■ | | | | | |
| *Arabis caucasica* 'Schneehaube' | Gänsekresse | 20 | 20 | | □ | □ | | | | | |
| *Aubrieta*-Hybriden | Blaukissen | 10 | 20 | | ■ | ■ | | | | | |
| *Campanula portenschlagiana* | Polsterglockenblume | 10 | 20 | | | | ■ | ■ | ■ | | |
| *Dianthus gratianopolitanus* | Pfingst-Nelke | 25 | 30 | | | ■ | ■ | ■ | | | |
| *Dryas* x *suendermannii* | Silberwurz | 15 | 30 | | | | □ | □ | | | |
| *Euphorbia myrsinites* | Walzen-Wolfsmilch | 20 | 60 | | | ■ | ■ | | | | |
| *Geranium cinereum* 'Ballerina' | Grauer Storchschnabel | 15 | 25 | | | | ■ | ■ | ■ | ■ | ■ |
| *Geranium cinereum* subsp. *subcaulescens* 'Splendens' | Roter Zwerg-Storchschnabel | 15 | 25 | | | | ■ | ■ | | | |
| *Globularia cordifolia* | Herzblatt-Kugelblume | 10 | 20 | | | ■ | ■ | | | | |
| *Helianthemum nummularium* 'Eisbär' | Sonnenröschen | 20 | 35 | | | □ | □ | □ | □ | | |
| *Iberis sempervirens* 'Schneeflocke' | Schleifenblume | 25 | 30 | | □ | □ | | | | | |
| *Phlox-douglasii*-Hybriden | Polsterphlox | 5 | 20 | | | ■ | ■ | | | | |
| *Phlox subulata* 'Scarlet Flame' | Polsterphlox | 10 | 25 | | ■ | ■ | | | | | |
| *Phlox subulata* 'White Delight' | Polsterphlox | 15 | 25 | | □ | □ | | | | | |
| *Saponaria ocymoides* | Teppich-Seifenkraut | 15 | 25 | | | ■ | ■ | ■ | | | |
| *Satureja montana* | Berg-Bohnenkraut | 30 | 30 | | | | | □ | □ | □ | |

## Prachtstauden für Gartenbeete

Beetstauden sind anspruchsvoll. Sie benötigen guten, lockeren und nährstoffreichen Gartenboden, regelmäßige Düngung und Bewässerung bei Trockenheit. Wenn Unkräuter sie bedrängen, können sie sich nicht entfalten. Deshalb muss zwischen Beetstauden gejätet und gelegentlich flach gehackt werden. Auch gegenseitige Konkurrenz ertragen sie nicht. Jede der prachtvollen, hohen Blütenstauden und Gräser benötigt ausreichend Standraum. Die weiten Zwischenräume, die sich dadurch ergeben, lassen sich gut mit kleineren Begleitstauden, Einjahresblumen oder Zwiebelpflanzen füllen. Eine bodendeckende Unterpflanzung vertragen Beetstauden nicht. Nur zur Einfassung oder als flächige Vorpflanzung verwendet man niedrige, auch polsterbildende Arten. Sie rahmen das Staudenbeet ein.

Hoch wachsende und nicht ganz standfeste Beetstauden benötigen einen Halt. Man bindet sie locker an Stäben auf oder verwendet spezielle, im Handel angebotene Stecksysteme. Weitere Pflegearbeit verursacht das regelmäßige Abschneiden abgeblühter und unschön gewordener Pflanzenteile. Während man bei Wildstauden Samenstände den Winter über durchaus stehen lassen sollte, ist dies bei Beetstauden nicht ratsam. Nur die zierenden Gräser lässt man stehen und schneidet sie erst im Frühjahr zurück. Rittersporn kann durch rechtzeitigen bodentiefen Rückschnitt des Fruchtstandes zu einer zweiten Blüte angeregt werden. Das gelingt auch bei Phlox und Feinstrahlastern, nur dass man hier den welken Blütenstand ausbricht.

### Klassischer Dreiklang der Blütenfarben Blau, Weiß und Rot

Rittersporn und Phlox geben bei dieser Kombination den Ton an. Begleitet werden sie von Sommermargeriten und Feinstrahlastern. Mächtiges Chinaschilf oder Diamantgras verleiht der Pflanzung Festigkeit und gibt den Blüten einen neutralen Hintergrund.

Bei einem Prachtstaudenbeet im Hausgarten wünscht man sich eine ununterbrochene Blühabfolge vom Frühling bis zum Spätherbst. Das ist auch hier gewährleistet. Dabei gibt es einen Blütenschwerpunkt im Mai, wenn die Pfingstrosen ihre Pracht entfalten, Hochblüte im Sommer, und dann nochmals ein Farbenfest mit Herbstastern.

*Pfingstrosen dürfen im klassischen Staudenbeet nicht fehlen. Frauenmantel (Alchemilla mollis) und violettblauer Prachtstorchschnabel (Geranium x magnificum) haben sich als Begleiter bewährt.*

**Prachtstauden für das sonnige Gartenbeet** (kühle Farben)

| Botanischer Name | Deutscher Name | Höhe cm | Stück je m² | Pflanz-abstand | Blütezeit und Blütenfarbe/Blattfärbung | | | | | | | |
|---|---|---|---|---|---|---|---|---|---|---|---|---|
| | | | | | Mrz | Apr | Mai | Juni | Juli | Aug | Sep | Okt |
| **Gerüstbildner** | | | | | | | | | | | | |
| *Miscanthus sinensis* 'Kleine Fontäne' | Chinaschilf | 130/150 | 1–2 | 100 | | | | | | | | |
| *Panicum virgatum* 'Hänse Herms' | Ruten-Hirse | 60/90 | 2–3 | 80 | | | | | | | | |
| *Stipa calamagrostis* | Diamantgras | 60/90 | 1–3 | 80 | | | | | | | | |
| *Alcea-rosea*-Sorten | Stockrose | 180 | 3–5 | 60 | | | | | | | | |
| *Aster novae-angliae* 'Rudelsburg' | Raublatt-Aster | 120 | 2–3 | 80 | | | | | | | | |
| *Aster novi-belgii* 'Crimson Brocade' | Glattblatt-Aster | 90 | 3–4 | 60 | | | | | | | | |
| *Aster novi-belgii* 'Dauerblau' | Glattblatt-Aster | 130 | 3–4 | 60 | | | | | | | | |
| *Delphinium-belladonna*-Hybr. 'Völkerfrieden' | Rittersporn | 100 | 3–4 | 60 | | | | | | | | |
| *Delphinium-elatum*-Hybr. 'Berghimmel' | Rittersporn | 170 | 2–3 | 80 | | | | | | | | |
| *Delphinium-elatum*-Hybr. 'Polarnacht' | Rittersporn | 160 | 2–3 | 80 | | | | | | | | |
| *Paeonia-lactifl.*-Hybr. 'Krinkled White' | Pfingstrose | 80 | 2–3 | 80 | | | | | | | | |
| *Paeonia-lactifl.*-Hybr. 'Holbein' | Pfingstrose | 80 | 2–3 | 80 | | | | | | | | |
| *Phlox-paniculata*-Hybr. 'Pastorale' | Flammenblume | 80 | 3–5 | 60 | | | | | | | | |
| *Phlox-paniculata*-Hybr. 'Pax' | Flammenblume | 80 | 3–5 | 60 | | | | | | | | |
| *Phlox-paniculata*-Hybr. 'Starfire' | Flammenblume | 90 | 3–5 | 60 | | | | | | | | |
| **Begleitstauden** | | | | | | | | | | | | |
| *Campanula glomerata* 'Superba' | Knäuel-Glockenblume | 50 | 7–9 | 30 | | | | | | | | |
| *Chrysanthemum zawadskii* var. *zawadskii* 'Clara Curtis' | Chrysantheme | 60 | 5–7 | 40 | | | | | | | | |
| *Dicentra spectabilis* | Tränendes Herz | 80 | 3–4 | 60 | | | | | | | | |
| *Echinacea purpurea* 'Magnus' | Roter Sonnenhut | 90 | 5–7 | 40 | | | | | | | | |
| *Erigeron*-Hybr. 'Adria' | Feinstrahlaster | 60 | 5–7 | 40 | | | | | | | | |
| *Erigeron*-Hybr. 'Sommerneuschnee' | Feinstrahlaster | 60 | 5–7 | 40 | | | | | | | | |
| *Geranium* x *magnificum* | Pracht-Storchschnabel | 50 | 5–7 | 40 | | | | | | | | |
| *Leucanthemum-maximum*-Hybr. 'Beethoven' | Sommer-Margerite | 80 | 5–7 | 40 | | | | | | | | |
| *Monarda*-Hybr. 'Fishes' | Indianernessel | 90 | 5–7 | 40 | | | | | | | | |
| *Pseudolysimachion longifolium* subsp. *longifolium* 'Blauriesin' | Langblättr. Ehrenpreis | 70 | 5–7 | 40 | | | | | | | | |
| **Einfassung, Bodendecker** | | | | | | | | | | | | |
| *Alchemilla mollis* | Frauenmantel | 35 | 5–7 | 40 | | | | | | | | |
| *Aster-dumosus*-Hybr. 'Kassel' | Kissen-Aster | 40 | 7–9 | 30 | | | | | | | | |
| *Aste-dumosus*-Hybr. 'Prof. A. Kippenberg' | Kissen-Aster | 40 | 7–9 | 30 | | | | | | | | |
| *Dianthus-plumarius*-Hybr. 'Heidi' | Feder-Nelke | 20 | 9–12 | 25 | | | | | | | | |
| *Gypsophila repens* 'Rosa Schönheit' | Teppich-Schleierkraut | 15 | 7–9 | 30 | | | | | | | | |
| *Iberis sempervirens* 'Schneeflocke' | Schleifenblume | 25 | 7–9 | 30 | | | | | | | | |
| *Veronica teucrium* 'Knallblau' | Ehrenpreis | 25 | 7–12 | 25 | | | | | | | | |
| *Viola odorata* 'Königin Charlotte' | Duftveilchen | 10 | 15–20 | 20 | | | | | | | | |

| Botanischer Name | Deutscher Name | Höhe cm | Stück je m² | Pflanz-abstand | Blütezeit und Blütenfarbe/Blattfärbung | | | | | | | |
|---|---|---|---|---|---|---|---|---|---|---|---|---|
| | | | | | Mrz | Apr | Mai | Juni | Juli | Aug | Sep | Okt |
| **Zwiebelpflanzen** | | | | | | | | | | | | |
| *Crocus vernus* 'Vanguard' | Krokus, lila | 10 | | 8 | | | | | | | | |
| *Crocus chrysanthus* 'Cream Beauty' | Krokus | 10 | | 8 | | | | | | | | |
| *Galanthus nivalis* | Schneeglöckchen | 10 | | 8 | | | | | | | | |
| Tulpe 'White Marvel' | einfache, frühe Tulpe | 40–60 | | 12 | | | | | | | | |
| Tulpe 'Merry Christmas' | einfache, frühe Tulpe | 40–60 | | 12 | | | | | | | | |
| Lilien, orientalische Hybr. 'Casablanca' | weiß | 120 | | 20 | | | | | | | | |

## Prachtstauden für das sonnige Gartenbeet (warme Farben)

| Botanischer Name | Deutscher Name | Höhe cm | Stück je m² | Pflanz-abstand | Mrz | Apr | Mai | Juni | Juli | Aug | Sep | Okt |
|---|---|---|---|---|---|---|---|---|---|---|---|---|
| **Gerüstbildner** | | | | | | | | | | | | |
| *Calamagrostis* x *acutiflora* 'Karl Foerster' | Reitgras | 60/150 | 2–3 | 80 | | | | | | | | |
| *Panicum virgatum* 'Hänse Herms' | Ruten-Hirse | 60/90 | 2–3 | 80 | | | | | | | | |
| *Pennisetum alopecuroides* 'Hameln' | Lampenputzergras | 35/50 | 2–4 | 60 | | | | | | | | |
| *Ageratina altissima* 'Chocolate' | Dunkler Dost | 100 | 2–3 | 80 | | | | | | | | |
| *Aster novae-angliae* 'Barr's Blue' | Raublattaster | 160 | 2–3 | 80 | | | | | | | | |
| *Helenium*-Hybr. 'Moerheim Beauty' | Sonnenbraut | 90 | 3–5 | 60 | | | | | | | | |
| *Helenium*-Hybr. 'Baudirektor Linné' | Sonnenbraut | 100 | 3–5 | 60 | | | | | | | | |
| *Helianthus decapetalus* 'Soleil d'Or' | Stauden-Sonnenblume | 140 | 2–3 | 80 | | | | | | | | |
| *Heliopsis helianthoides* var. *scabra* 'Karat' | Sonnenauge | 120 | 3–5 | 60 | | | | | | | | |
| *Rudbeckia nitida* 'Herbstsonne' | Sonnenhut | 200 | 1–3 | 90 | | | | | | | | |
| **Begleitstauden** | | | | | | | | | | | | |
| *Chrysanthemum-grandiflorum*-Hybr. 'Ordensstern' | Chrysantheme | 50 | 5–7 | 40 | | | | | | | | |
| *Doronicum orientale* 'Magnificum' | Gämswurz | 40 | 7–9 | 30 | | | | | | | | |
| *Erigeron*-Hybr. 'Dunkelste Aller' | Feinstrahlaster | 60 | 5–7 | 40 | | | | | | | | |
| *Hemerocallis citrina* | Zitronengelbe Taglilie | 90 | 3–5 | 60 | | | | | | | | |
| *Hemerocallis*-Hybr. 'Crimson Pirate' | Taglilie | 70 | 3–5 | 60 | | | | | | | | |
| *Heuchera micrantha* 'Palace Purple' | Purpurglöckchen | 30/60 | 7–9 | 30 | | | | | | | | |
| *Iris sibirica* 'Superba' | Sib. Schwertlilie | 90 | 5–9 | 35 | | | | | | | | |
| *Liatris spicata* | Prachtscharte | 80 | 7–9 | 30 | | | | | | | | |
| *Polemonium caeruleum* | Jakobsleiter | 80 | 5–9 | 35 | | | | | | | | |
| *Rudbeckia fulgida* var. *sullivantii* 'Goldsturm' | Sonnenhut | 70 | 7–9 | 30 | | | | | | | | |
| **Einfassung, Bodendecker** | | | | | | | | | | | | |
| *Ajuga reptans* 'Atropurpurea' | Kriechender Günsel | 15 | 10–15 | 25 | | | | | | | | |
| *Alchemilla mollis* | Frauenmantel | 35 | 5–7 | 40 | | | | | | | | |
| *Ceratostigma plumbaginoides* | Chinesische Bleiwurz | 20 | 9–12 | 30 | | | | | | | | |
| *Chrysogonum virginianum* | Goldkörbchen | 25 | 9–12 | 30 | | | | | | | | |
| *Coreopsis-verticillata*-Hybr. 'Moonbeam' | Mädchenauge | 40 | 9–12 | 30 | | | | | | | | |
| *Primula-hortensis*-Hybriden | Gartenprimeln | 15 | 15–25 | 20 | | | | | | | | |

| Botanischer Name | Deutscher Name | Höhe cm | Stück je $m^2$ | Pflanz-abstand | Blütezeit und Blütenfarbe/Blattfärbung | | | | | | | |
|---|---|---|---|---|---|---|---|---|---|---|---|---|
| | | | | | Mrz | Apr | Mai | Juni | Juli | Aug | Sep | Okt |
| **Zwiebelpflanzen** | | | | | | | | | | | | |
| *Anemone blanda* 'Blue Shades' | Strahlen-Anemone | 10 | | 8 | | | | | | | | |
| *Crocus chrysanthus* 'Saturnus' | Krokus | 10 | | 8 | | | | | | | | |
| *Crocus* 'Jeanne d'Arc' | Großbl. Gartenkrokus | 15 | | 8 | | | | | | | | |
| *Crocus* 'Pickwick' | Großbl. Gartenkrokus | 15 | | 8 | | | | | | | | |
| *Fritillaria imperialis* | Kaiserkrone | 90 | | 20 | | | | | | | | |
| *Narcissus cyclamineus* 'Peeping Tom' | Alpenveil.-Narzisse | 30 | | 10 | | | | | | | | |
| *Narcissus poeticus* 'Actaea' | Dichter-Narzisse | 40 | | 12 | | | | | | | | |
| **Streupflanzen** | | | | | | | | | | | | |
| *Aquilegia-vulgaris*-Hybr. 'Dunkelblaue Riesen' | Gewöhliche Akelei | 60 | 9–12 | 25 | | | | | | | | |
| *Myosotis sylvatica* (anuell) | Vergissmeinnicht | 30 | 9–12 | 25 | | | | | | | | |
| *Pennisetum setaceum* 'Rubrum' (anuell) | Lampenputzergras | 50 | 7–9 | 30 | | | | | | | | |

## Leuchtend gelb und kupferrot

Gelb durchstrahlt die Pflanzung vom Aufblühen des ersten Krokus bis zum Verlöschen der letzten Chrysanthemenblüte. Den Höhepunkt flammender Farbigkeit erreicht sie nach Johanni, wenn Sonnenauge, Sonnenhut und Sonnenblumen um die Wette blühen. Bronzerote und kupferfarbene Blütentöne tragen das gelbe Leuchten. Nur im Frühsommer und im Herbst gibt es in Gestalt von Sibirischer Schwertlilie und Jakobsleiter einerseits, sowie blauen Raublattastern und Chinesischer Bleiwurz zum anderen einen komplementären Kontrast.

*Im Hochsommer dominieren bei den Beetstauden die gelben Blütenfarben. Hoher und niedriger Sonnenhut werden von bronzeroter Sonnenbraut, Kugeldistel und Raugras begleitet.*

## Rosen und ihre Begleiter

Als Königin der Blumen beansprucht die Rose einen „Hofstaat“ sprich Stauden mit den gleichen Standortansprüchen. Die Lage sollte sonnig, der Boden locker, durchlässig, nährstoffreich und nicht zu trocken sein. Das Rosensortiment ist außerordentlich vielfältig, nicht nur hinsichtlich der Blütenfarbe, ihrer Füllung und des Duftes, sondern auch in Bezug auf Wuchsform und Pflanzencharakter. Für die Bepflanzung eines Beetes wird man remontierende Strauchrosen, Kleinstrauchrosen, Edelrosen oder Beetrosen auswählen, vielleicht auch Kletterrosen, sofern ihnen eine Stütze zur Verfügung steht. Bei den Blütenfarben ist es ratsam, entweder warme Farbtöne, also Gelb, Apricot, bernstein- oder lachsfarben auszuwählen oder sich auf weiße, rosa oder rote Farben zu beschränken. Die begleitenden Stauden müssen diese Farbklänge unterstützen, ohne ihnen Konkurrenz zu machen. Am besten gelingt dies mit weißen und blauen Blüten. Das harmoniert mit beiden Varianten der Rosenfarben. Graulaubige Pflanzen passen besonders gut zu weiß, rosa und rot blühenden Rosen. Dazu zählen auch Gewürzpflanzen wie Salbei und Lavendel.

Eine wichtige Rolle spielen die Frühjahrsblüher: Blumenzwiebeln und niedrige Blütenpolster. Auf ihnen ruht das Auge des Betrachters, während die Rosen sich auf ihren Auftritt vorbereiten. Nach ihrer Hauptblüte im Juni legen sie eine Atempause bis zum Spätsommer ein. Diese Lücke füllen Weißer Sonnenhut, Blaue Kugeldisteln und Flammenblumen. Stauden verlängern nicht nur die Blütezeit im Staudenbeet, sie geben ihm auch mit ihren Laubstrukturen das ganze Jahr über einen ansprechenden Rahmen.

## Begleitstauden für Rosen

| Botanischer Name | Deutscher Name | Höhe cm | Stück je m² | Pflanz-abstand | Blütezeit und Blütenfarbe/Blattfärbung | | | | | | | |
|---|---|---|---|---|---|---|---|---|---|---|---|---|
| | | | | | Mrz | Apr | Mai | Juni | Juli | Aug | Sep | Okt |
| **Gerüstbildner** | | | | | | | | | | | | |
| Remontierende Rosen in Weiß, Rosa und Rot (alternativ in Gelb, Apricot, Lachs) | | | | | | | | | | | | |
| *Helictotrichon sempervirens* | Blaustrahl-Hafer | 40/120 | 2–3 | 80 | | | | | | | | |
| *Miscanthus sinensis* 'Gracillimus' | Chinaschilf | 130/150 | 1–2 | 100 | | | | | | | | |
| *Aster cordifolius* 'Ideal' | Herzblättrige Aster | 120 | 2–4 | 80 | | | | | | | | |
| *Delphinium-elatum*-Hybr. 'Sommernachtstraum' | Rittersporn | 150 | 2–3 | 80 | | | | | | | | |
| *Echinacea purpurea* 'Alba' | Roter Sonnenhut | 70 | 7–9 | 30 | | | | | | | | |
| *Echinops ritro* 'Veitch's Blue' | Kugeldistel | 90 | 3–5 | 60 | | | | | | | | |
| *Phlox-paniculata*-Hybr. 'Aida' | Flammenblume | 80 | 3–5 | 60 | | | | | | | | |
| **Begleitstauden** | | | | | | | | | | | | |
| *Campanula lactiflora* 'Superba' | Dolden-Glockenblume | 80 | 3–5 | 60 | | | | | | | | |
| *Erigeron*-Hybr. 'Schwarzes Meer' | Feinstrahlaster | 60 | 5–7 | 40 | | | | | | | | |
| *Erigeron*-Hybr. 'Sommerneuschnee' | Feinstrahlaster | 60 | 5–7 | 40 | | | | | | | | |
| *Iris-media*-Hybr. | Bart-Iris | 40–70 | 5–7 | 40 | | | | | | | | |
| *Leucanthemum-maximum*-Hybr. 'Beethoven' | Sommermargerite | 80 | 5–7 | 40 | | | | | | | | |
| *Nepeta* x *faassenii* 'Six Hill's Giant' | Katzenminze | 50 | 4–6 | 50 | | | | | | | | |
| *Pseudolysimachion longifolium* subsp. *longifolium* 'Blauriesin' | Langblättriger Ehrenpreis | 70 | 5–7 | 40 | | | | | | | | |
| *Platycodon grandiflorus* 'Mariesii' | Ballon-Glockenblume | 50 | 9–12 | 25 | | | | | | | | |
| *Salvia nemorosa* 'Ostfriesland' | Steppen-Salbei | 50 | 7–9 | 30 | | | | | | | | |
| *Salvia officinalis* 'Berggarten' | Gewürz-Salbei | 40 | 5–7 | 40 | | | | | | | | |
| **Einfassung, Bodendecker** | | | | | | | | | | | | |
| *Aster dumosus* 'Snowflurry' | Kissen-Aster | 20 | 7–9 | 30 | | | | | | | | |
| *Aubrieta*-Hybr. 'Blue Emperor' | Blaukissen | 10 | 12–15 | 20 | | | | | | | | |
| *Aubrieta*-Hybr. 'Red Carpet' | Blaukissen | 10 | 12–15 | 20 | | | | | | | | |
| *Dianthus gratianopolitanus* | Pfingstnelke | 15 | 9–12 | 25 | | | | | | | | |
| *Campanula portenschlagiana* | Teppich-Glockenblume | 10 | 9–12 | 25 | | | | | | | | |
| *Geranium renardii* | Kaukasus-Storchschnabel | 30 | 7–9 | 30 | | | | | | | | |
| *Iberis sempervirens* 'Schneeflocke' | Schleifenblume | 25 | 7–9 | 30 | | | | | | | | |
| *Lavandula angustifolia* 'Hicote Blue' | Lavendel | 35 | 5–7 | 40 | | | | | | | | |
| *Stachys byzantina* 'Silver Carpet' | Ziest | 15 | 9–12 | 25 | | | | | | | | |
| *Pseudolysimachion spicatum* subsp. *incanum* | Ehrenpreis | 30 | 9–15 | 20 | | | | | | | | |

| Botanischer Name | Deutscher Name | Höhe cm | Stück je m² | Pflanz-abstand | Blütezeit und Blütenfarbe/Blattfärbung | | | | | | | |
|---|---|---|---|---|---|---|---|---|---|---|---|---|
| | | | | | Mrz | Apr | Mai | Juni | Juli | Aug | Sep | Okt |
| **Zwiebelpflanzen** | | | | | | | | | | | | |
| *Allium giganteum* 'Globemaster' | Riesen-Lauch | 90 | | 12 | | | | | | | | |
| *Anemone blanda* 'Blue Shades' | Strahlen-Anemone | 10 | | 8 | | | | | | | | |
| *Anemone blanda* 'White Splendour' | Strahlen-Anemone | 10 | | 8 | | | | | | | | |
| *Galanthus nivalis* | Schneeglöckchen | 10 | | 8 | | | | | | | | |
| *Lilium-lancifolium*-Hybr. 'Sweet Surrender' | Tiger-Lilie | 70 | | 20 | | | | | | | | |
| *Tulipa kaufmanniana* 'Ancilla' | | 20 | | 12 | | | | | | | | |
| Tulpen, mittlere und späte in Weiß, Rosa, Karmin, Violett | | 40–60 | | 12 | | | | | | | | |

## Blütenpracht im Halbschatten

Im kühlen Halbschatten, etwa an der Nord- oder Ostseite eines Gebäudes, gedeihen auf gutem Gartenboden Prachtspieren und Eisenhut. Unterschiedlich hohe Prachtspieren blühen in Weiß, Rosa und Purpurrot. Der Eisenhut bildet den Hintergrund. Im Herbst gesellt sich die Silberkerze dazu.

Zum fein gegliederten Laub dieser Stauden bilden Funkien einen wirkungsvollen Blattkontrast. Die grafische Gestalt ihrer großblättrigen Horste kann je nach Art und Sorte vielerlei Grüntöne beisteuern. So gibt es graugrün belaubte Funkien, hell- und sattgrüne, solche mit zartgelbem Blattrand oder deutlich weißbunte Hybriden. Die in der Liste aufgeführte Lanzenblattfunkie bleibt verhältnismäßig klein. Von der Plantaginea-Hybride 'Royal Standard' kann man das nicht sagen. Über ihrem ansehnlichen, hellgrünen Blatthorst trägt sie weiße, duftende Blüten, die an Lilien erinnern.

Im zeitigen Frühjahr blüht es auf diesem Beet blau und gelb. Die Blütentrompeten der Narzissen schaukeln über einer Bodendecke aus Gedenkemein, Golderdbeere und Lungenkraut. Das Kaukasusvergissmeinnicht 'Jack Frost' fällt nicht nur durch seine himmelblauen Blütchen auf, sondern auch durch die weiß gefleckten Blätter, die das Beet noch schmücken, wenn bereits die Prachtspieren blühen. Das Tränende Herz in seiner weiß blühenden Form verabschiedet das Frühjahr und leitet zur Sommerblüte über. Bunte Japan-Segge und Rotschleier-Farn sind immergrün und somit vor allem für den Winteraspekt der Pflanzung bedeutsam.

*Das kompakte Laub der graublauen Funkie (Hosta 'Hadspen Blue') steht in schönem Kontrast zu den zarten, feingliedrigen Astilben.*

*Im Mai erfreuen uns die Hasenglöckchen (Hyacinthoides hispanica). Es gibt Sorten mit weißen, blauen und lila Blüten.*

**Beetstauden im Halbschatten** (Boden feucht, mäßig nährstoffreich)

| Botanischer Name | Deutscher Name | Höhe cm | Stück je m² | Pflanz-abstand | Blütezeit und Blütenfarbe/Blattfärbung | | | | | | | |
|---|---|---|---|---|---|---|---|---|---|---|---|---|
| | | | | | Mrz | Apr | Mai | Juni | Juli | Aug | Sep | Okt |
| **Gerüst** | | | | | | | | | | | | |
| *Carex pendula* | Riesen-Segge | 60/140 | 2–3 | 80 | | | | | | | | |
| *Aconitum carmichaelii* 'Arendsii' | Eisenhut | 120 | 6–8 | 35 | | | | | | | | |
| *Aconitum napellus* | Eisenhut | 110 | 6–8 | 35 | | | | | | | | |
| *Anemone hupehensis* var. *japonica* 'Honorine Jobert' | Japan-Anemone | 110 | 4–6 | 50 | | | | | | | | |
| *Cimicifuga ramosa* | September-Silberkerze | 180 | 3–5 | 60 | | | | | | | | |
| *Thalictrum flavum* subsp. *glaucum* | Gelbe Wiesenraute | 200 | 3–5 | 60 | | | | | | | | |
| **Begleitstauden** | | | | | | | | | | | | |
| *Carex morrowii* 'Variegata' | Bunte Japan-Segge | 30/40 | 5–7 | 40 | | | | | | | | |
| *Dryopteris erythrosora* | Rotschleier-Farn | 70 | 3–5 | 60 | | | | | | | | |
| *Astilbe-arendsii*-Hybr. 'Brautschleier' | Prachtspiere | 80 | 5–7 | 40 | | | | | | | | |
| *Astilbe-arendsii*-Hybr. 'Fanal' | Prachtspiere | 60 | 7–9 | 30 | | | | | | | | |
| *Brunnera macrophylla* 'Jack Frost' | Kaukasusvergissmeinnicht | 40 | 7–9 | 30 | | | | | | | | |
| *Dicentra spectabilis* 'Alba' | Tränendes Herz | 80 | 3–5 | 60 | | | | | | | | |
| *Geranium sylvaticum* 'Mayflower' | Wald-Storchschnabel | 60 | 5–9 | 35 | | | | | | | | |
| *Hosta* 'Lancifolia' | Lanzenblatt-Funkie | 30/50 | 7–9 | 30 | | | | | | | | |
| *H.-plantaginea*-Hybr. 'Royal Standard' | Funkie | 50/70 | 3–5 | 60 | | | | | | | | |
| *Meconopsis cambrica* | Wald-Scheinmohn | 30 | 10–15 | 20 | | | | | | | | |
| **Bodendecker** | | | | | | | | | | | | |
| *Astilbe-glabberima*-Hybr. 'Sprite' | Prachtspiere | 30 | 9–12 | 25 | | | | | | | | |
| *Omphalodes verna* | Gedenkemein | 15 | 10–15 | 20 | | | | | | | | |
| *Pulmonaria angustifolia* 'Azurea' | Schmalblättriges Lungenkraut | 25 | 10–15 | 20 | | | | | | | | |
| *Waldsteinia geoides* | Golderdbeere | 25 | 9–12 | 25 | | | | | | | | |
| **Zwiebelpflanzen** | | | | | | | | | | | | |
| *Chionodoxa-luciliae*-Sorten | Schneeglanz | 15 | | 10 | | | | | | | | |
| *Eranthis hyemalis* | Winterling | 10 | | 8 | | | | | | | | |
| *Narcissus-pseudonarcissus*-Sorten | Trompeten-Narzisse | 40 | | 15 | | | | | | | | |
| *Hyazinthoides-hispanica*-Sorten | Hasenglöckchen | 25 | | 10 | | | | | | | | |

## Jeder Staude ihren Platz

Die vorliegenden Pflanztabellen geben nicht nur Auskunft darüber, welche Pflanzen den verschiedenen Lebensbereichen zuzuordnen sind und miteinander eine ansprechende Staudenkomposition ergeben, sondern auch, wie dicht man sie pflanzen sollte. Deshalb ist in einer Spalte der Pflanzenbedarf in Stück/m² angegeben. Diese Information ist bei der Mengenermittlung hilfreich. Dazu schätzt man als Erstes den durchschnittlichen Pflanzenbedarf ab. Je nach Größe der zu verwendenden Pflanzen kann das recht unterschiedlich sein. Bei üppigen Beetstauden rechnet man mit etwa 5 Stück/m², flächige Pflanzungen beispielsweise der Freiflächen erfordern 7 Stück/m², während man bei Waldbodenstauden durchaus mit 10 bis 15 Stück/m² rechnen muss. Die Blumenzwiebeln gehen nicht in diese Berechnung ein.

Nachdem der Gesamtbedarf für eine Fläche ermittelt ist, geht es ans Verteilen. Am besten geschieht dies in Form eines Bepflanzungsplanes. Und dazu ist es gut, die entsprechenden Pflanzabstände zu kennen. Auch sie sind in einer eigenen Spalte aufgeführt.

**So wird das Staudenbeet bepflanzt**

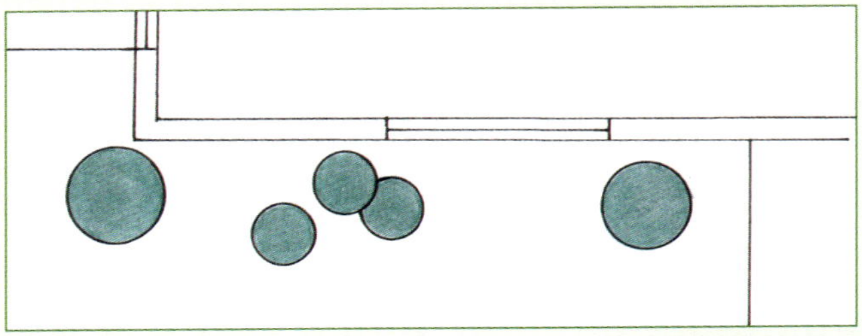

Bei der Zusammenstellung beginnt man mit den **Gerüstbildnern**. Sie werden einzeln oder höchstens in Dreiergruppen rhythmisch auf der Fläche angeordnet. Weil sie andere Pflanzen überragen, stehen sie im Hintergrund bzw. in der Mitte der Pflanzfläche.

Ihnen werden die **Begleitstauden** zugeordnet. Sie bilden kleine Gruppen von drei bis sieben Stück, je nach Pflanzenart und Beetgröße.

Danach legt man die Flächen für die verschiedenen **Bodendecker** fest. Die hierfür verwendeten Arten bleiben relativ niedrig und breiten sich flächig aus. Diesen Eigenschaften soll ihre

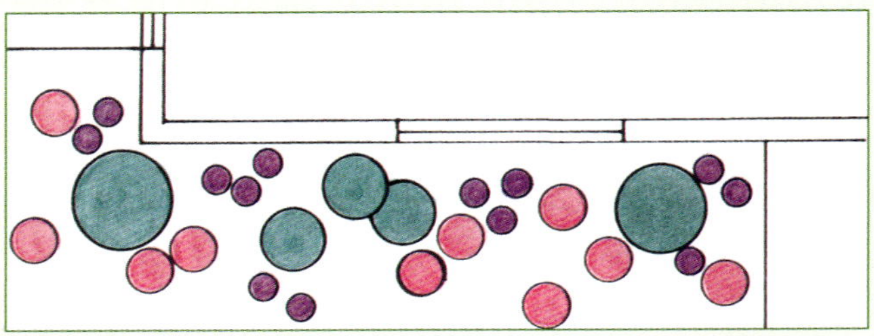

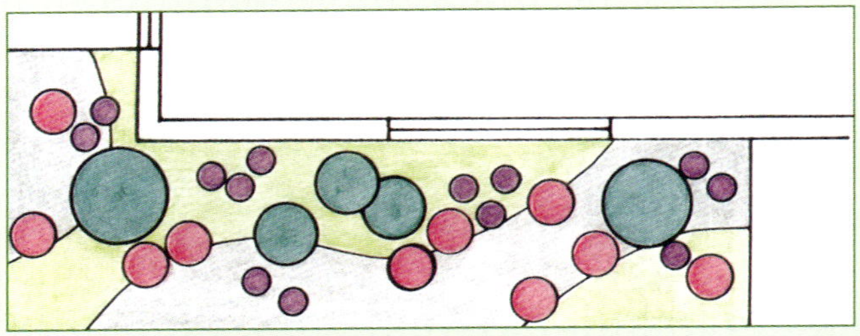

Verteilung auf dem Beet entsprechen. Man pflanzt sie in größeren Gruppen, oft mit 15 und mehr Exemplaren. Die Pflanzen für Beeteinfassungen werden flächig oder bandförmig am Rand verwendet. Hier sind die Gruppen kleiner und umfassen je nach Pflanzenart oft nur fünf bis zehn Stück.

Zum Schluss werden die **Blumenzwiebeln** verteilt. Man setzt sie in lockeren Tuffs von fünf bis 50 Stück zwischen die Stauden. Tulpen, Narzissen und Kaiserkronen stehen am besten so zwischen den Begleitstauden, dass sie zwar zu ihrer Blütezeit gut zur Geltung kommen, aber später, wenn ihr Laub vergilbt, von andern Stauden verdeckt werden.

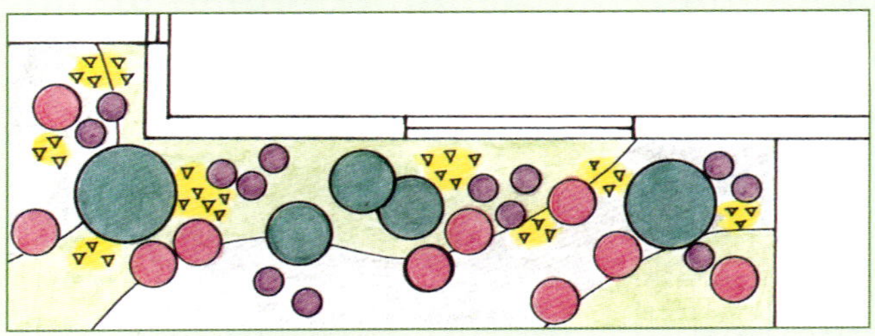

In derselben Reihenfolge wie die Planung verläuft auch die Bepflanzung eines Beetes. Man achtet darauf, dass ausgetrocknete Topfballen gewässert werden, legt die Stauden dann der Planung entsprechend nacheinander aus und setzt sie schließlich in der richtigen Tiefe. Die Wurzeln müssen ganz mit Substrat bedeckt sein, Überdauerungsknospen oder Blattrosetten sind an der Bodenoberfläche. Der beste Zeitpunkt für die Staudenpflanzung ist das Frühjahr. Erst wenn die Stauden gepflanzt sind, werden die Zwiebeln locker verteilt und in den Boden gebracht. Ihre Pflanztiefe entspricht etwa der dreifachen Zwiebeldicke.

Die Planung und Anlage einer ansprechenden, dauerhaften Pflanzung mag vielleicht kompliziert erscheinen. Und tatsächlich ist es keine ganz leichte Kunst, einen Garten in vollendeter Schönheit zu bepflanzen. Trotzdem kann sich jeder, der ein wenig gärtnerisches Geschick hat, daran wagen. Man muss das Ziel ja nicht ganz so hoch stecken. Möglicherweise gelingt nicht alles beim ersten Mal. Und was in einem Jahr nicht gedieh, wird man im kommenden durch besser Geeignetes ersetzen. Auch so kann sich ein gutes Gartenbild entwickeln.

Alles Natürliche ist dem Wandel unterworfen. So lässt sich das Gartenjahr einem Theaterstück vergleichen. Die Darsteller sind die Pflanzen. Ihr Auftritt ist das Wachsen, Blühen und Fruchten. Wir bewundern ihr Zusammenspiel, ihre Farben und Düfte, freuen uns an den Blütenbesuchern und sind ärgerlich, wenn Störenfriede in Gestalt von Schnecken und Blattläusen unseren Favoriten zusetzen. Das Wetter kann das Stück zu einer heiteren Komödie werden lassen oder mit Regen, Hagel und Sturm alles niederdrücken, sodass die Tragödie ihren Lauf nimmt. Aber gute Gärtner hoffen auch dann noch auf ein Happy End.

Wenn der Winter kommt, treten die Darsteller ab. Nur die Kulissen bleiben stehen. Die Aufführung ist zu Ende. Obwohl das Stück im nächsten Jahr noch einmal gespielt wird, so ist es doch nicht dasselbe. Vielleicht gibt es neue Rollen, neue Darsteller und möglicherweise zeichnet das Wetter einen ganz anderen Verlauf vor. Bei alledem sind wir Gärtner zugleich Regisseure und Zuschauer. Und das Schönste daran: Es bleibt immer spannend.

# Aus dem Verlagsprogramm

## Gesundheit

Dr. Eleonore Hohenberger

### Gewürzkräuter und Heilpflanzen

Für Kräuter ist im Grunde in jedem Garten Platz. Beschrieben werden der Anbau, die Ernte sowie die Inhaltsstoffe und deren medizinische Wirkung und Anwendung. Zu den wichtigsten Pflanzen gibt es Rezepte für die Verwendung in der Küche bzw. für die Herstellung von Tees, Salben und Tinkturen.

21 x 20 cm, 84 Seiten, 109 Farbbilder, 89 Pflanzen Euro **6,00**

## Garten

Dr. Fritz Köhlein

### Dauerhafte Gärten durch langlebige Stauden

Mit diesem umfangreichen und reich bebilderten Buch soll die langjährige Erfahrung des Autors mit Dauersiegern weitergegeben werden. Für die langlebigsten Arten und Sorten gibt es Hinweise zu den optimalen Standortbedingungen, für die Verwendung im Garten und zu den geeigneten Begleitpflanzen.

21 x 20 cm, 216 Seiten, 350 Farbbilder Euro **15,00**

Dr. Eleonore Hohenberger

### Der Bauerngarten im Wandel der Zeiten

Bauerngärten sind in jeder Epoche ein Spiegel der allgemeinen Gartenkultur. In ihnen steckt die Gartenweisheit von Generationen. So bilden Bauerngärten heute mit ihrer Vielseitigkeit und ihrem Pflanzenreichtum einen guten Kompromiss zwischen übertrieben gepflegten und allzu naturnahen Gärten.

21 x 20 cm, 56 Seiten, 78 Farbbilder Euro **4,10**

## Ökologie

Helmut Hintermeier

### Blütenpflanzen und ihre Gäste Teil 1/Teil 2

In der langen Geschichte der Evolution haben sich zwischen Blüten und Insekten Anpassungen von verblüffender Variabilität herausgebildet, die in jedem blühenden Garten zum eigenen Forschen geradezu herausfordern. Dazu geben diese Broschüren vielfältige Anregungen.

Teil 1/Teil 2: jeweils 160 Seiten, 37/28 Zeichnungen, 307/354 Farbbilder je Euro **12,50**

# Die Garten- und Versandbuchhandlung des Obst- und Gartenbauverlages

- Über 2.000 verschiedene Fachbücher
- Modernes Antiquariat
- Qualitäts-Gartenwerkzeuge wie Scheren, Sägen, Messer
- Fachzeitschrift »Der praktische Gartenratgeber«

Obst- und Gartenbauverlag
Herzog-Heinrich-Straße 21 · 80336 München
Telefon (0 89) 54 43 05-14/15 · Fax (0 89) 5 32 88 41
E-Mail bestellung@gartenbauvereine.org
Online-Shop www.gartenratgeber.de/shop

U-Bahnstation Goetheplatz, Parkplätze direkt vor dem Haus
**Öffnungszeiten: Mo–Do 8–16.30 Uhr, Fr 8–14 Uhr**

# Der praktische Gartenratgeber

## Die Fachzeitschrift für Gartenfreunde und Verbandsorgan der Gartenbauvereine in Bayern

Die Zeitschrift können Sie über Ihren Gartenbauverein abonnieren oder direkt beim Obst- und Gartenbauverlag:
Postfach 15 03 09 · 80043 München · Telefon (0 89) 54 43 05-24 · Fax (0 89) 5 32 88 41 · E-Mail bestellung@gartenbauvereine.org

**Jeden Monat neu!**

- Ausführlicher monatlicher Arbeitskalender
- Gartengestaltung und Pflanzenverwendung
- Naturgemäßer Pflanzenschutz
- Anbau von Obst und Gemüse
- Gesundheit aus dem Garten
- Landespflege und Ortsverschönerung
- Aktuelles aus Wissenschaft und Forschung für die Praxis
- Rezepte – Aus dem Garten in die Küche
- Kinder- und Jugendseite

**Einzel-Abo**

Euro **18,41**

inkl. Versand innerhalb D

*Über Ihren Gartenbauverein besteht die Möglichkeit, den »Gartenratgeber« zu einem vergünstigten Preis zu beziehen:*

**Vereins-Abo ab**

Euro **9,20**

inkl. Versand

Unsere Abonnement-Verwaltung hilft Ihnen gerne weiter:
Telefon (0 89) 54 43 05-24

# Gartenbauvereine
## helfen Mensch und Natur!

Die Mitgliedschaft in einem Gartenbauverein eröffnet viele Möglichkeiten die Gartenleidenschaft zu teilen. Gleichzeitig erhalten Sie Informationen zu allen Fragen rund um den Garten.

**Kompetenz & Erfahrung**
Wir geben unseren Mitgliedern praxisnahe Hilfestellung zur Anlage und Pflege von Gärten. Wir fördern den Erfahrungsaustausch über den Gartenzaun hinweg.

**Natur & Familie**
Wir sensibilisieren und begeistern auch Kinder und junge Menschen für die Belange der Natur. Wir erhalten die Natur für unsere Kinder als ein lebens- und erlebenswertes Gut.

**Gartenkultur & Landespflege**
Wir vermitteln Freude am Garten. Wir leisten unseren aktiven Beitrag zur Verschönerung der Dörfer, Gemeinden und Städte durch naturnahe Gärten, Wettbewerbe, Pflanzaktionen und Patenschaften.

Bayerischer Landesverband für Gartenbau und Landespflege e.V.

### Willkommen in einer großen Gemeinschaft

Mehr als 535.000 Mitglieder in über 3.300 Vereinen sind unter dem Dach des Bayerischen Landesverbandes für Gartenbau und Landespflege e.V. zusammengeschlossen.
Nicht nur von anderen fordern, sondern selbst anpacken und mit positiven, nachahmenswerten Beispielen neue Wege aufzeigen, ist unser Erfolgsrezept.

Seit über 100 Jahren treten wir ein für die Förderung von Obst- und Gartenbau, Umweltschutz, Heimatpflege und somit für die gesamte Landeskultur.

Ziel unserer Bildungsarbeit ist es, ein verstärktes ökologisches Verständnis bei möglichst vielen Bürgern zu wecken sowie für die Bewahrung und Förderung der Natur in Garten, Siedlung und Landschaft als »Kulturaufgabe« zu werben. Die Dachorganisation der Gartenbauvereine ist deshalb bemüht, mit praxisnahen Unterlagen in Form von Diaserien, Merk- und Fachblättern, Broschüren sowie der Monatszeitschrift »Der praktische Gartenratgeber« die bestmögliche Beratung zu leisten. Darüber hinaus werden mit Schwerpunktprogrammen und Wettbewerben im ganzen Land wichtige Aktivitäten ausgelöst.

Herzog-Heinrich-Straße 21
80336 München
**Telefon**
(0 89) 54 43 05-0

**Fax**
(0 89) 5 32 88 41
**E-Mail**
info@gartenbauvereine.org

**Weitere Informationen auch über die Gartenbauvereine in Ihrer Nähe finden Sie im Internet unter: www.gartenbauvereine.org oder fordern Sie unser kostenloses Faltblatt an.**